Edeltraud Vomberg
unter Mitarbeit von
Wilfried Reinhartz, Martina Maaßen-Pyritz

Qualitätsmanagement in Beschäftigungs- und Qualifizierungsgesellschaften

Zweiter Arbeitsmarkt

herausgegeben von
Prof. Dr. Achim Trube
(Universität Siegen)

Band 8

LIT

Edeltraud Vomberg
unter Mitarbeit von
Wilfried Reinhartz, Martina Maaßen-Pyritz

Qualitätsmanagement in Beschäftigungs- und Qualifizierungsgesellschaften

Ein wirkungsvolles Mittel zur Förderung
der Beschäftigungsfähigkeit?

Ergebnisse einer qualitativen Studie in Wohlfahrtsorganisationen

LIT

Satz und Layout: Wilfried Reinhartz, Wegberg
Lektorat: Dr. Dietrich Brandt, Aachen

Studentische Mitarbeit: Esther Ochoa Fernandez, Silke Rickert und
Katja Sönichsen; Hochschule Niederrhein, Mönchengladbach

Das Forschungsprojekt und die Veröffentlichung wurden gefördert aus Mitteln
des Bundesministeriums für Bildung und Forschung aus dem Förderprogramm
„anwendungsorientierte Forschung und Entwicklung (aFuE)"

Bibliografische Information Der Deutschen Bibliothek
Die Deutsche Bibliothek verzeichnet diese Publikation in der Deutschen
Nationalbibliografie; detaillierte bibliografische Daten sind im Internet
über http://dnb.ddb.de abrufbar.

ISBN 3-8258-6872-9

© LIT VERLAG Münster 2004
Grevener Str./Fresnostr. 2 48159 Münster
Tel. 0251–23 50 91   Fax 0251–23 19 72
e-Mail: lit@lit-verlag.de   http://www.lit-verlag.de

Vorwort

Es gibt viele Menschen und Organisationen, die mit der Entstehung dieses Buches in Verbindung stehen:

Zunächst gilt der Dank dem Bundesministerium für Bildung und Forschung der Bundesrepublik Deutschland, das das Forschungsprojekt, aus dem heraus dieses Buch entstand, gefördert hat. Ebenfalls möchte ich aber auch der Hochschule Niederrhein danken, die durch die Unterstützung bei der Antragstellung, durch zeitweise Freistellung von Lehrverpflichtungen und durch materielle Unterstützung mit für den Erfolg des Forschungsprojektes gesorgt hat.

Ein Forschungsvorhaben zum Thema „Einsatz qualitätssichernder Maßnahmen in Einrichtungen des Zweiten Arbeitsmarktes und ihre Wirkung auf die Beschäftigungsfähigkeit von am Arbeitsmarkt besonders benachteiligten Personen" wäre nichts ohne die Beteiligung von Einrichtungen aus diesem Tätigkeitsfeld. Deshalb gilt unser ganz besonderer Dank den zehn Beschäftigungs- und Qualifizierungsgesellschaften aus Nordrhein-Westfalen, die bereit waren, das Forschungsteam mit vielen Details über ihr Qualitätsmanagement zu versorgen. Diese zehn Organisationen haben Betriebsgeheimnisse offen gelegt, um eine Beurteilung des Standes des Qualitätsmanagements überhaupt erst möglich zu machen. Sie haben dem Forschungsprojekt viel Zeit geschenkt, indem sie an Befragungen mitgewirkt haben, zu Workshops in die Hochschule gekommen sind und den Teilnehmern aus Maßnahmen die Möglichkeit gegeben haben, dem Forschungsteam auf Fragen zu antworten. Ich halte die uns entgegen gebrachte Offenheit in keiner Weise für selbstverständlich und bedanke mich ausdrücklich für das große uns entgegen gebrachte Vertrauen.

Ebenso bedanken ich mich bei allen anderen Kooperationspartner, die uns für Befragungen, Workshops und fachlichen Austausch zur Verfügung standen. Ein Forschungsprojekt, das praxisrelevante Fragen beantworten will, braucht diese vertrauensvolle Zusammenarbeit, die uns vergönnt war.

Bedanken möchte ich mich auch bei dem hauptamtlichen wissenschaftlichen Mitarbeiter Wilfried Reinhartz und der wissenschaftlichen Mitarbeiterin Martina Maaßen-Pyritz. Sie haben mit großer Zähigkeit die Flut von Daten, die durch Interviews und Befragungen zusammengetragen wurden systematisiert, analysiert, bewertet und daraus das Ergebnis erarbeitet, das nun im zweiten Teil des Buches vorliegt. Wilfried Reinhartz hat darüber hinaus mit viel Einsatz den Text gesetzt, die Grafiken überarbeitet und das Layout erstellt. Weiter bedanke ich mich bei den studentischen Mitarbeiterinnen Esther Ochoa Fernandez, Silke Rickert und Katja Sönnichsen, die mit zum Gelingen des Projektes beigetragen haben, sowie bei meiner Mitarbeiterin Frau Johanna Lohrmann für die tatkräftige Unterstützung.

Unser ganz besonderer Dank gilt Dr. Dietrich Brandt, der das Manuskript zu diesem Buch lektoriert und zahlreiche Anregungen gegeben hat, Dinge so darzustellen, dass sie nicht nur uns „Eingeweihten" nachvollziehbar sind. Wir hoffen, dass mit der nun vorliegenden Fassung dieses Ansinnen gelungen ist und viele, die über die Sicherung und Entwicklung der Qualität in der Beschäftigungsförderung diskutieren, davon profitieren können.

Nicht zuletzt möchte ich meiner Familie und den Lebenspartnern und Familien der MitarbeiterInnen danken, die in den vergangenen Monaten viel Geduld aufbrachten, um uns die Fertigstellung dieses Buches zu ermöglichen, sowie all jenen, die - ohne hier namentlich aufgeführt zu sein- zum Gelingen dieses Buches beigetragen haben.

Mönchengladbach, im Oktober 2003

Prof. Dr. Edeltraud Vomberg

Inhaltsverzeichnis

Vorwort
Inhaltsverzeichnis
Abkürzungsverzeichnis

Einleitung 17
1 Arbeitslosigkeit in Deutschland 20
   1.1 Entwicklung in groben Linien seit 1945 im Zusammenhang
        von konjunkturellen und strukturellen Umbrüchen 20
   1.2 Spezifische Disparitäten auf dem deutschen Arbeitsmarkt 23
   1.3 Arbeitslosigkeit in Nordrhein-Westfalen, dem Feld der
        Untersuchung 26
   1.4 Vergleichswerte zu europäischen Nachbarn 27
   1.5 Aktuelle arbeitsmarktpolitische Debatte in der
        Bundesrepublik Deutschland 28
       1.5.1 Die wichtigsten Vorschläge der Hartz-Kommission 29
       1.5.2 Forderungen der Arbeitsgruppe Alternative
              Wirtschaftspolitik 32
       1.5.3 Subventionierte Beschäftigung im Kontext eines
              neoliberalen arbeitmarktpolitischen Konzeptes 34
2 Die Beschäftigungspolitische Debatte in der EU 38
   2.1 Beschäftigungspolitik als gemeinsame Aufgabe der
        Mitgliedsstaaten 38
       2.1.1 Die ersten Schritte zu einer gemeinsamen
              Beschäftigungspolitik 38
       2.1.2 Die neue Beschäftigungsstrategie 41
       2.1.3 Der Luxemburg-Prozess 42
   2.2 Der ESF als beschäftigungspolitisches Instrumentarium 47
   2.3 Beschäftigungsfähigkeit als Schlüsselbegriff der EU-
        Strategien 52
       2.3.1 Beschäftigungspolitische Leitlinien der EU 52
       2.3.2 Der Begriff der Beschäftigungsfähigkeit 54

  2.3.3 Operationalisierung der Beschäftigungsfähigkeit für das Forschungsprojekt 59
  2.3.4 Anwendung des Begriffs der Beschäftigungsfähigkeit auf Beschäftigungs- und Qualifizierungsgesellschaften 62

3 Soziale Beschäftigungs- und Qualifizierungsgesellschaften als Teil des Zweiten Arbeitsmarktes 66
 3.1 Zielgruppen und Definition des Feldes 66
 3.2 Soziale Beschäftigungs- und Qualifizierungsgesellschaften im Dritten Sektor 68
  3.2.1 Das Sektorenmodell 68
  3.2.2 Soziale BQGen als Reaktion auf Markt- und Staatsversagen 70
 3.3 Grundwidersprüche des Zielsystems und der Einbindung in verschiedene Partnerschaften 72
  3.3.1 Beschäftigungs- und Qualifizierungsgesellschaften im Spannungsfeld von Sozialsystem und marktwirtschaftlicher Existenzsicherung 72
  3.3.2 Zielwiderspruch zwischen Arbeitsmarktintegration, Sozialintegration und fiskalischem Ertrag 75
 3.4 Abgrenzung des Untersuchungsfeldes Beschäftigungs- und Qualifizierungsgesellschaften 78
 3.5 Zur Finanzierung von Sozialen BQGen 81
 3.6 Entwicklungstrends in der Finanzierung 84

4 Entwicklung des Qualitätsgedankens in der beruflichen Weiterbildung und Beschäftigungsförderung 89
 4.1 Die Diskussion um Qualitätsmanagement im Feld der Weiterbildung 89
 4.2 Qualitätsmanagement als geübte Praxis in Einrichtungen der Weiterbildung und beruflichen Bildung 91
 4.3 Qualitätsmanagementanforderungen der Finanzmittelgeber für BQGen 94
  4.3.1 Qualitätsanforderungen des SGB III bis 31.12.2002 in der beruflichen Weiterbildung 94

4.3.2   Qualitätsanforderungen des SGB III ab 1.1.2003 in der
        beruflichen Weiterbildung 96
4.3.3   Auswirkungen der Qualitätsvorgaben im neuen SGB III 98
4.3.4   Regelungen zur Qualitätssicherung des SGB III in der
        Benachteiligtenförderung 99
4.3.5   Qualitätsanforderungen des Sozialhilfeträgers im Rahmen
        des BSHG § 93 102
4.3.6   Anforderungen des Landes NRW und des ESF -
        exemplarisch 104
4.3.7   Qualitätsanforderungen des § 78 SGB VIII 105

5   Qualitätsmanagementsysteme in der Praxis der Beschäftigungs-
    und Qualifizierungsgesellschaften. 107
    5.1   QM-Ansätze in der Anwendung in Beschäftigungs- und
          Qualifizierungsgesellschaften 107
    5.2   Qualitätsmanagement mit dem EFQM-Modell für
          Excellence 110
          5.2.1   Das EFQM-Modell für Excellence als TQM-Ansatz - auch
                  für die Soziale Arbeit 110
          5.2.2   Die Grundstruktur des EFQM-Modells für Excellence 112
          5.2.3   Selbstbewertung als Beobachtungsinstrumentarium 116
    5.3   Qualitätsmanagement nach DIN EN ISO 9000:2000 ff. 119
    5.4   Qualitätsmanagement(muster)handbücher für
          Beschäftigungs- und Qualifizierungsgesellschaften 123
          5.4.1   Das EFAS Qualitätsmanagement-Musterhandbuch 123
          5.4.2   Das Qualitätsmanagementsystem der Arbeiterwohlfahrt 125
          5.4.3   Qualitätsmanagementhandbuch des Verbandes Bremer
                  Beschäftigungsträger 125
          5.4.4   Das Muster-Qualitätsmanagementhandbuch der
                  Bundesarbeitsgemeinschaft Arbeit e.V. 127
    5.5   Andere Zugänge zum Thema Qualitätsmanagement 128

6   Anlage und Design des QMiB-Forschungsprojektes 130
    6.1   Methodische Probleme der Ermittlung von Wirkung in der
          Arbeitsmarktpolitik 130
          6.1.1   Anforderungen an Wirkungsforschung 130
          6.1.2   Der gewählte Arbeitsansatz 133

6.2	Kontextorientierte Evaluation von Wirkungen	136
6.3	Gesamtziel und Teilziele des Forschungsprojektes QMiB	139
6.4	Aufbau der Untersuchungsreihe	142
	6.4.1 Arbeitsschritte der Befragungen	142
	6.4.2 Strukturierung der Befragungen	146
6.5	Kriterien zur Auswahl der untersuchten Beschäftigungs- und Qualifizierungsgesellschaften	148
	6.5.1 Entwicklungsstadium des QM	148
	6.5.2 Strukturqualität	149
	6.5.3 Prozessqualität	150
	6.5.4 Ergebnisqualität	151
	6.5.5 Übersicht über die Anforderungen an zu untersuchende BQGen	152
6.6	Die untersuchten BQGen in zusammengefassten Daten	152
7	Die EFQM-RADAR-Card als Evaluationsinstrument	159
8	Analyse des QM-Standes in den 10 Partnereinrichtungen	166
8.1	Die Einrichtungsbefragung	166
	8.1.1 Rahmenentscheidungen	166
	8.1.2 Entwicklung des Befragungsinstruments	167
	8.1.3 Aufbau und Layout des Befragungsinstruments	170
	8.1.4 Durchführung der Befragung	171
	8.1.5 Auswertungsverfahren	172
	8.1.6 Aussagekraft der durch Interview erhobenen Daten	174
	8.1.7 Ergebnisse der Einrichtungsbefragung	175
	8.1.8 Die identifizierten Best-Practice-Modelle	182
8.2	Die Mitarbeiterbefragung	185
	8.2.1 Rahmenentscheidungen	185
	8.2.2 Entwicklung des Befragungsinstruments	186
	8.2.3 Aufbau und Layout des Befragungsinstruments	188
	8.2.4 Durchführung der Befragung	189
	8.2.5 Auswertungsverfahren	190
	8.2.6 Aussagekraft der durch den Fragebogen erhobenen Daten	192
	8.2.7 Ergebnisse der Mitarbeiterbefragung	192
	8.2.8 Die Kernprozesse im Vergleich	195

8.3 Der Qualitätsmanagementstand der Organisationen - Zusammenfassung der Ergebnisse der Einrichtungsbefragung und der Mitarbeiterbefragung 196
    8.3.1 Organisationsübergreifende numerische Ergebnisse auf der Ebene der EFQM-Teilkriterien 196
    8.3.2 Organisationsübergreifende qualitative Bewertung des QM auf der Ebene der Kernprozesse 199
    8.3.3 Ergebnisse der Organisationsbefragung auf der Ebene der Kernprozesse und Einzelorganisationen 206
8.4 Bewertung der Ergebnisse 211
9 Die Wirkung des Qualitätsmanagements auf die Beschäftigungsfähigkeit der Teilnehmer in BQGen 215
  9.1 Befragung von Teilnehmern in Maßnahmen der BQGen 215
    9.1.1 Rahmenentscheidungen 215
    9.1.2 Entwicklung des Befragungsinstruments 216
    9.1.3 Durchführung und Auswertung der Befragung 219
  9.2 Ergebnisse der Teilnehmerbefragung 221
    9.2.1 Ergebnisse der Teilnehmerbefragung bezogen auf die EFQM-Teilkriterien 221
    9.2.2 Organisationsbezogene Ergebnisse der Teilnehmerbefragung 226
  9.3 Vergleich der Organisationsbefragung und der Teilnehmerbefragung 234
  9.4 Bewertung der Ergebnisse der Teilnehmerbefragung 236
10 Beschäftigungsfähigkeit aus der Sicht von Arbeitgebern und Multiplikatoren 239
  10.1 Befragung von Arbeitgebern des Ersten Arbeitsmarktes 239
    10.1.1 Rahmenentscheidungen 239
    10.1.2 Entwicklung und Durchführung der Befragung 240
    10.1.3 Ergebnisse der Arbeitgeberbefragung bezüglich Beschäftigungsfähigkeit 243
    10.1.4 Befragungsergebnisse bezüglich der Einstellung von Teilnehmern 248
    10.1.5 Befragungsergebnisse bezüglich der generellen Vermittelbarkeit 250

    10.1.6 Bewertung der Ergebnisse 253
10.2 Focusgruppe mit Multiplikatoren 254
    10.2.1 Das Konzept der moderierten Focusgruppe 254
    10.2.2 Anforderungen der Multiplikatoren an Ergebnisse bei den Teilnehmern von Maßnahmen in BQGen 256
    10.2.3 Anforderungen der Multiplikatoren an die Träger von Maßnahmen in BQGen 258
    10.2.4 Bewertung der Ergebnisse 260
11 Erkenntnisse und Erfordernisse - ein Resümee 262
11.1 Ergebnisse im Vergleich der Einrichtungs-, Mitarbeiter- und Teilnehmerbefragungen 262
    11.1.1 Vergleich aus der Perspektive der Mitarbeiterbefragung 262
    11.1.2 Vergleich aus der Perspektive der Teilnehmerbefragung 264
    11.1.3 Verbesserungsbedarfe im QM der BQGen: ein Abgleich der Perspektiven von Einrichtungsleitungen, Mitarbeitern und Teilnehmern 268
11.2 Vergleich der Anforderungen der externen Schlüsselkunden mit dem QM der BQGen 270
12 Empfehlungen zur sozialpolitischen Gestaltung des zukünftigen Umgangs mit QM in BQGen und in arbeitsmarktpolitischen Maßnahmen. 273
12.1 Hinweise für Zertifizierungsverfahren bzw. externe QM-Prüfungen 273
12.2 Hinweise für notwendige zukünftige Strategien 274
12.3 Fazit 275
Literaturverzeichnis 277
Abbildungsverzeichnis 290
Tabellenverzeichnis 295

Anhang A-H

Abkürzungsverzeichnis

ABM	Arbeitsbeschaffungsmaßnahme
AO	Abgabenordnung
ASS	Arbeit statt Sozialhilfe
AW AG	Gesellschaft für Arbeit und Weiterbildung Aachen AG
AWO	Arbeiterwohlfahrt
BA	Bundesanstalt für Arbeit
BAG Arbeit	Bundesarbeitsgemeinschaft Arbeit e.V.
BfA	Bundesversicherungsanstalt für Angestellte
BG	Berufsgenossenschaft
BiBB	Bundesinstitut für Berufsbildung
BMBF	Bundesministerium für Bildung und Forschung
BQG	Beschäftigungs- und Qualifizierungsgesellschaft
BRD	Bundesrepublik Deutschland
BSHG	Bundessozialhilfegesetz
Bspw.	Beispielsweise
DIN	Deutsche Industrienorm
EBO	Europäisches Beschäftigungsobservatorium
EFAS	Evangelischer Fachverband Arbeit und Soziale Integration e.V.
EFQM	European Foundation for Quality Management
EG	Europäische Gemeinschaft

EGT	Eingliederungstitel
EGV	Vertrag zur Gründung der Europäischen Gemeinschaft (Römischer Vertrag von 1957), geändert durch den Amsterdamer Vertrag
EN	Europäische Norm
EQUAL	Förderprogramm des ESF im Rahmen der Gemeinschaftsinitiativen der EU
ESF	Europäischer Sozialfonds
EU	Europäische Union
EUG	Vertrag über die Europäische Union (Maastrichter Vertrag von 1992), geändert durch den Amsterdamer Vertrag
FbW	Förderung der beruflichen Weiterbildung nach SGB III
ff.	ferner folgende
FSC	Forest Stewardship Council. Zertifizierung nachhaltiger (ökologischer) Forstwirtschaft
GmbH	Gesellschaft mit beschränkter Haftung
HACCP	Lebensmittelspezifisches System der Prävention (Gastronomiezertifikat): *H*azard = Gefährdung, Gefahr für die Gesundheit *A*nalysis = Analyse, Untersuchung der Gefährdung *C*ritical = kritisch, entscheidend für die Beherrschung *C*ontrol = Lenkung, Überwachung der Bedingungen *P*oint = Punktstelle im Verfahren
HGB	Handelsgesetzbuch
i.d.R.	in der Regel
i.o.g.	im oben genannten
IAB	Institut für Arbeitsmarkt- und Berufsforschung
IHK	Industrie- und Handelskammer

ISO	International Standardisation Organisation
LVA	Landesversicherungsanstalt
NAP	Nationaler Aktionsplan
NRW	Nordrhein-Westfalen
o.g.	oben genannt
ÖBS	öffentlicher Beschäftigungssektor
OECD	Organisation für wirtschaftliche Zusammenarbeit und Entwicklung
PBQ	persönliche und berufliche Qualifizierung und Beschäftigung
PQ SYS	Paritätisches Qualitätssystem
PSA	PersonalServiceAgentur
UVV	Unfall-Verhütungs-Vorschriften
QE	Qualitätsentwicklung
QM	Qualitätsmanagement
QMiB	Forschungsprojekt unter dem Titel „Einsatz qualitätssichernder Maßnahmen in Einrichtungen des Zweiten Arbeitsmarktes und ihre Wirkung auf die Beschäftigungsfähigkeit von am Arbeitsmarkt besonders benachteiligten Personen" (Kurztitel: **Q**ualitätsmanagement **i**n **B**eschäftigungs- und Qualifizierungsgesellschaften)
RADAR-Card	**R**esults (Ergebnisse), **A**pproach (Vorgehen), **D**eployment (Umsetzung), **A**ssessment and **R**eview (Bewertung und Überprüfung) – Verfahren zur Bewertung einer Organisation nach dem EFQM-Modell für Excellence
SAM	Strukturanpassungsmaßnahme
SCI	Service Civil International

SEN	Soester Entwicklungsnetz für Ausbildung und Qualifikation e.V.
SGB	Sozialgesetzbuch
SPB	Sozialpädagogische Begleitung
TQM	Total Quality Management
VERM	Vermittlung
VOB	Vergabeordnung Bau
z.B.	zum Beispiel
z.T.	zum Teil
ZAQ	Zentrum für Ausbildung und berufliche Qualifikation Oberhausen e.V.
ZWD	Zukunftswerkstatt Düsseldorf

Einleitung

Mit dem Titel dieses Buches „Qualitätsmanagement in Beschäftigungs- und Qualifizierungsgesellschaften - Ein wirkungsvolles Mittel zur Förderung der Beschäftigungsfähigkeit?" wird ein Thema behandelt, das in mehrfacher Hinsicht sehr aktuell ist. In der öffentlichen Debatte wird immer wieder mehr Qualität in Maßnahmen der Beschäftigungsförderung, mehr Arbeitsmarktnähe sowie größere Vermittlungsorientierung als Merkmal von Qualität gefordert. Pauschalierende Negativurteile über die Unzulänglichkeit der Konzepte der Förderung von *besonders Benachteiligten am Arbeitsmarkt* werden von denen ausgesprochen, die sich mit der Zielgruppe wenig befassen bzw. diese spezielle Zielgruppe - im Rahmen der neuerlichen Mainstream-Haltung der Hartz'schen Sichtweise auf Probleme des Arbeitsmarktes - längst abgeschrieben haben.

Beschäftigungs- und Qualifizierungsgesellschaften (BQGen) als Einrichtungen des Zweiten Arbeitsmarktes, die meist wohlfahrtsverbandlich eingebunden sind, sehen in Exklusionsprozessen des Arbeitsmarktes dagegen kein Naturgesetz. Sie orientieren sich an den Schwächsten unserer Wohlfahrtsgesellschaft und versuchen, die benachteiligten Menschen zu einer Teilhabe an gesellschaftlichen Prozessen durch den Zugang zu Erwerbsarbeit zu befähigen, den diese alleine nicht erreichen würden.

Die in diesem Buch präsentierten Forschungsergebnisse zeigen, dass es sich lohnt, für die Organisationen eine Lanze zu brechen, die sich - trotz massiv verschlechterter Rahmenbedingungen für den Zweiten Arbeitsmarkt - dem Existenzkampf um ihr organisationales Überleben stellen; denn diese Organisationen haben einen ethischen Auftrag übernommen, den es gerade unter verschärften, sozial kälter werdenden gesellschaftlichen Bedingungen fortzuführen gilt.

Das Buch ist in zwei Teile gegliedert. Der *erste Teil* befasst sich mit den *Rahmenbedingungen* und der Definition bzw. Charakterisierung des Arbeitsfeldes der BQGen, die den sozialen Auftrag in den Vordergrund stellen. Er beschreibt auch die Entwicklungen im Bereich des Qualitätsmanagements in diesem Arbeitsfeld. Der *zweite Teil* stellt ein *Forschungsprojekt* vor, in dem versucht wurde, der Frage nachzugehen, inwiefern das Qualitätsmanagement in BQGen auf die Förderung der *Beschäftigungsfähigkei*t von Maßnahmeteilnehmern wirkt.

Die Chancen zur Förderung von Beschäftigungsfähigkeit in BQGen hängen von so komplexen Rahmenbedingungen ab, dass wir - im *ersten Teil* des Buches - eine Darstellung dieser Rahmenbedingungen für die arbeitsmarktpolitische Förderung von Benachteiligten im Rahmen von BQGen für unbedingt erforderlich halten. Einerseits spielt dabei die Arbeitsmarktentwicklung mit der Ausgrenzung bestimmter Personengruppen aus dem Arbeitsmarkt eine wichtige Rolle, die in Kapitel 1 - auch in ihrer historischen Genese - grob skizziert wird. Wichtige Rahmenbedingungen für die Arbeit von BQGen setzt die Europäische Union (EU) im Rahmen der gemeinsamen Beschäftigungspolitik, deren Grundzüge in Kapitel 2 erläutert werden. Mit Kapitel 3 werden die BQGen als Organisationen des Zweiten Arbeitsmarktes in ihren systemstrukturellen Bezügen betrachtet. Dabei sind sowohl die Einordnung in das deutsche Wohlfahrtssystem (Kapitel 3.2) als auch die sie umgebenden und bedingenden Widersprüche des Zielsystems (Kapitel 3.3) bedeutsam. Die Abgrenzung zu anderen Formen von Beschäftigungsgesellschaften hilft dabei, die Position der BQGen als *Sozialen BQGen* zu verdeutlichen (Kapitel 3.5); daran anknüpfend sind ihre wichtigsten materiellen Existenzgrundlagen auf der Basis der Sozialgesetze der Bundesrepublik Deutschland beschrieben (Kapitel 3.6).

Das Bemühen um Qualität ist einerseits ethische Selbstverpflichtung der BQGen. Andererseits spielen in diesem Arbeitfeld die Forderungen nach Qualitätsnachweisen eine immer größere Rolle. Diesem Aspekt wenden wir uns in Kapitel 4 zu, das die Diskussion des Qualitätsmanagements im Feld der beruflichen Weiterbildung allgemein beleuchtet, ferner zeigt Kapitel 4 die gesetzlichen Verpflichtungen zu Qualitätsentwicklung, -sicherung und -management in bundesrepublikanischen Sozialgesetzen auf.

BQGen und ihre Verbände haben das Thema Qualitätsentwicklung bereits seit vielen Jahren aktiv verfolgt. Im Kapitel 5 geben wir einen Überblick über bisher häufig angewandte Verfahren des Qualitätsmanagements (Kapitel 5.1 bis 5.3) sowie über branchenspezifische Zugänge (Kapitel 5.4) aus dem Arbeitsfeld.

Im *zweiten Teil* des Buches wird in Kapitel 6 zunächst das Design der durchgeführten Untersuchung präsentiert; in Kapitel 7 wird dann ein Instrument zur Bewertung des Qualitätsmanagements in den BQGen - die RADAR-Card[1] der

---

[1] © EFQM 1999-2003. Alle im Verlauf dieser Veröffentlichung erwähnten Konzepte, Methoden und Instrumente der EFQM sind gesetzlich geschützt.

European Foundation for Quality Management (EFQM) - hinsichtlich ihrer Brauchbarkeit für den Forschungsansatz erläutert.

Kapitel 8 und 9 stellen die durchgeführten Untersuchungen *innerhalb der BQGen* sowie deren Ergebnisse dar, während in Kapitel 10 die Ergebnisse der Befragungen bei *Arbeitgebern* und *anderen Interessengruppen* der BQGen zusammengefasst werden. In Kapitel 11 und 12 schließen wir die Analyse zur Forschungsfrage mit wichtigen - auch aktuell politischen - Schlussfolgerungen und Empfehlungen für die BQGen und für die Politik.

1 Arbeitslosigkeit in Deutschland

Die Entwicklung auf dem Arbeitsmarkt seit Gründung der Bundesrepublik Deutschland lässt sich in einem groben Raster in zwei Zeiträume unterteilen. In einem ersten Abschnitt, der Zeit bis 1967, sinkt die Arbeitslosigkeit, wenn auch mit kleinen Schwankungen, stetig. Im öffentlichen Bewusstsein bleibt dieser Zeitraum als „Wirtschaftswunder" mit dem Wiederaufbau nach dem Zweiten Weltkrieg in Erinnerung.

Die Weltwirtschaftskrise von 1967 ist gleichzeitig der Beginn eines zweiten Zeitabschnittes. Hier sind zwar uneinheitliche Bewegungen am Arbeitsmarkt zu erkennen, doch in der Tendenz ist ein stetiger Anstieg der Arbeitslosigkeit zu verzeichnen. In diese Periode fallen sowohl der Ölpreisschock (1973/74) als auch eine rasante Entwicklung des Strukturwandels und der Rationalisierung mit Anfang der 80er Jahre. Nur die Wiedervereinigung der beiden deutschen Staaten hat von 1990 bis 1992 für eine spürbare Besserung der Situation auf dem Arbeitsmarkt gesorgt. Darüber hinaus wirken sich die fortschreitende Globalisierung und die Abhängigkeit Deutschlands als Exportnation vom Wirtschaftswachstum der US-Wirtschaft in dieser Zeit zusätzlich belastend aus.

1.1 Entwicklung in groben Linien seit 1945 im Zusammenhang von konjunkturellen und strukturellen Umbrüchen

Seit ihrer Gründung 1948 erfasst die Bundesanstalt für Arbeit die Zahl der Arbeitslosen; dabei haben sich im Laufe der Zeit die Berechnungsgrundlagen immer wieder verändert[2].

In den Anfangsjahren nach Gründung der Bundesrepublik wird die Zahl der Arbeitslosen mit einer Quote von 11 % im Jahr 1950 durch die Konstituierung der staatlichen Institutionen, wie der Bundesanstalt für Arbeit, erstmals erfasst und sichtbar. Parallel dazu wächst die Zahl der zu erfassenden Personen durch die Heimkehr Kriegsgefangener und den Zuzug der Vertriebenen aus den ehemaligen Ostgebieten stark an. Zudem sind durch die Zerstörungen des Zweiten Weltkrieges praktisch weder industrielle Infrastruktur noch Arbeit in diesem wichtigen Sektor vorhanden. Mit dem Aufbau dieser Infrastruktur in den Gründerjahren, gefolgt von dem Boom in den 60er Jahren - im öffentlichen Bewusst-

---

[2] vgl. Bundesanstalt für Arbeit (2002a); Statistik: Arbeitslose und Arbeitslosenquote im Bundesgebiet Jahresdurchschnitte.

sein als „Wirtschaftswunder" bekannt - sinkt die Arbeitslosenquote stetig. Ihren historischen Tiefstand erreicht sie im Jahr 1962 mit 0,7%[3], eine Zahl, die als Vollbeschäftigung bezeichnet werden kann, da es sich bei dieser Arbeitslosigkeit lediglich um friktionelle[4] handelt. In diesem Zeitraum wird die Entwicklung von einem Wirtschaftswachstum von 4,4% per anno getragen. Es entsteht sogar ein Arbeitskräftemangel, der mit der inländischen Bevölkerung nicht aufgefangen werden kann. In der Folge werden verstärkt Erwerbspersonen im Ausland, vor allem aus Italien, Spanien und der Türkei angeworben.

Das dynamische Wachstum der Bundesrepublik Deutschland (BRD) in den 60er-Jahren begründet sich in der zunehmenden Exportorientierung der Wirtschaft. Somit schlägt sich die weltweite Rezession der Jahre 1966/67 auch auf dem deutschen Arbeitsmarkt nieder. Im Jahre 1967 steigt die Arbeitslosenquote erstmalig auf 2,1%. In den folgenden Jahren sinkt diese Quote wieder auf 1,2% in 1973. Zieht man zum Vergleich die Kennzahlen des Wirtschaftswachstums im gleichen Zeitraum heran, wird eine starke Abhängigkeit dieser beiden Werte in ihrer Entwicklung deutlich. Das Jahr 1967 beschert der BRD ein erstmaliges Minus in der Wachstumsrate von -0,8%, analog dazu steigt die Zahl der Arbeitslosen. Nach dieser Konjunkturdelle zieht das Wachstum 1968 um 5,7 % und 1969 um 7,5 % an. In diesen Jahren zeigt sich auch auf dem Arbeitsmarkt eine Erholung.

Den folgenden Zeitabschnitt kennzeichnet ein Anstieg der Sockelarbeitslosigkeit, der auch durch Schwankungen in der Entwicklung der Arbeitslosenquote nicht mehr durchbrochen wird. Ausgelöst durch den Ölpreisschock 1973/74, schlägt sich die Abhängigkeit der westlichen Wirtschaft von fossilen Brennstoffen in einer Rezession, mit den damit verbundenen niedrigen Wachstumsraten der Wirtschaft, auch auf dem Arbeitsmarkt nieder[5]. In den nachfolgenden Jahren bis 1979 erholt sich die Konjunktur wieder, die Arbeitslosenquote fällt auf 4,1 %. Anschließend sinkt das Wachstum wieder auf -0,9 % in 1982. Bis dahin folgt die Entwicklung auf dem Arbeitsmarkt - leicht um ein bis zwei Jahre ver-

---

[3] Diese Quote hat - abgesehen von den Jahren 1963/64 - mit 0,8%, bis einschließlich 1966 Bestand. Vgl. Bundesanstalt für Arbeit (2002a) Statistik: Arbeitslose und Arbeitslosenquote im Bundesgebiet, Jahresdurchschnitt.
[4] Arbeitslosigkeit, die nur durch Wechsel von Arbeitsplätzen oder durch natürliche Suchzeiträume bedingt ist, sich aber nicht verhärtet und eine hohe Fluktuationsrate (Zugänge in und Abgänge aus Arbeitslosigkeit) hat.
[5] Wachstumsrate 1975 -1,3% (0,6%), Arbeitslosenquote 1975 4,7% (2,6%), in Klammern Vorjahreswerte vgl. Bundesanstalt für Arbeit (2002a)

setzt - der Wachstumskurve durch eine Abnahme der Arbeitslosenquote auf 3,8 % in den Jahren 1979/80 und steigt wiederum in den Jahren 1981/82 auf 7,5%.

Ab dann beginnt eine Abkopplung der Korrelation dieser beiden Werte. Die parallele Entwicklung von steigendem Wachstum und sinkender Arbeitslosenquote endet. Die Wachstumsrate schwankt zwischen 1983 - 1988 um die 2 %, der Arbeitsmarkt entspannt sich jedoch nicht und die Zahl der Arbeitslosen steigt über einen vorläufigen Höchststand von 9,3 % in 1985 auf 8,7 % in 1988.

Einen kurzen Aufschwung hinsichtlich Wachstum und ein damit verbundenes Sinken der Arbeitslosenquote erlebte die BRD mit der Wiedervereinigung. Die Investitionen des „Aufbau Ost" sind im Effekt vergleichbar mit den Gründerjahren der BRD. Die Angleichung der Infrastruktur im Osten, parallel dazu eine starke Nachfrage nach Konsumgütern in den neuen Bundesländern, bescheren einen Anzug des Wirtschaftswachstums, einhergehend mit einer kurzfristigen und marginalen Erholung des Arbeitsmarktes bis 1991[6]. Im darauffolgenden Jahrzehnt flaut die Konjunktur merklich ab, begleitet von einem Anstieg der Arbeitslosenquote, die 1997 zunächst einen Höhepunkt von 12,7% Arbeitslosigkeit erreicht.

Dass die Arbeitslosenquote sich in den letzten 25 Jahren, trotz stetig wachsender Wirtschaft, negativ entwickelt hat, hat vielschichtige Ursachen. Hauptsächlich sind für die BRD der Strukturwandel in der Wirtschaft, die fortschreitende Technisierung der Arbeitswelt und eine zunehmende Globalisierung der Märkte anzuführen. Diese Gründe in ihrer Auswirkung auf den Arbeitsmarkt isoliert zu bewerten fällt schwer, da sie sich zum großen Teil gegenseitig bedingen. So drängen mit weltweit zunehmender Industrialisierung mehr billig produzierende Länder auf die Märkte. Die Folge ist, dass in den 80er Jahren die Schwerindustrie[7] in Deutschland im internationalen Vergleich zu teuer produziert und massiv Arbeitsplätze abbauen muss. Parallel dazu werden mit der Technisierung der Arbeitswelt Stellen wegrationalisiert, um im Sinne der Konkurrenzfähigkeit auch auf diese Weise die Produktionskosten niedrig zu halten. In diesem Punkt wiegt für die BRD die marode Industrielandschaft im Osten besonders schwer. Dort sind gerade Anfang der 90er Jahre die Betriebe, bedingt durch rückständi-

---

[6] Wachstumsraten 1990/91 5,7 und 5,0%; im Vergleich Arbeitslosenquote 1989 7,9% und 1991 7,3%; vgl. Bundesanstalt für Arbeit (2002a)
[7] z.B.: Stahl, Bergbau und Schiffbau

ge Technik und Qualität, massenhaft zusammengebrochen.[8] Im Gegensatz zur Schrumpfung der primären und sekundären Sektoren expandiert der tertiäre Sektor. Doch kann der Zuwachs der Beschäftigung im Bereich Dienstleistung, zumal auch hier die Technik zunehmend den Menschen ersetzt, nur für wenig bis keine Entlastung auf dem Arbeitsmarkt sorgen. Darüber hinaus sind die Wachstumsraten der Wirtschaft, die in ihrer Tendenz gegen Null laufen, nicht in der Lage dem Trend entgegen zu wirken, da sie die Beschäftigungsschwelle nicht mehr überschreiten.

1.2 Spezifische Disparitäten auf dem deutschen Arbeitsmarkt

Ost - West - Vergleich

Im Betrachtungszeitraum Dezember 2001 bis Dezember 2002 hat sich die Situation auf dem Arbeitsmarkt drastisch verschlechtert. Mit Abschluss des Jahres 2002 vermeldet die Bundesrepublik Deutschland eine Arbeitslosenquote von 10,1%. Dem gegenüber steht ein Vorjahreswert von 9,6%. Im Dezember 2002 sind bei der Bundesanstalt für Arbeit, in absoluten Zahlen ausgedrückt, 4.225.104 Menschen als Arbeitslose registriert, im Vergleich zum Vorjahresmonat hat sich die Zahl um 261.601 erhöht, was eine Steigerung von 6,6% bedeutet.[9] Diese Entwicklung ergibt sich auch aus dem niedrigen Wirtschaftswachstum für das Jahr 2002[10], einhergehend mit einer gesunkenen Binnennachfrage. Zwar steigen die für die Exportnation Deutschland wichtigen Ausfuhren um 7%, doch können hier offensichtlich nicht im nennenswerten Umfang Arbeitsplätze geschaffen werden. Gemessen an 2001 ist letztlich sogar das Gegenteil der Fall. So sinkt die Zahl der sozialversicherungspflichtigen Beschäftigten um 477.487 im Jahr 2002 auf 27.704.206, dies bedeutet gegenüber dem Vorjahr ein minus von 1,7%[11]. Dies resultiert einerseits aus einem Zuwachs bei den Insolvenzen von 25% in 2002 gegenüber 2001[12], andererseits aus verschiedenen Massenentlassungen, wie z.B. bei Firmen wie Telekom, Holzmann und Mobil-

---

[8] Die Auswirkung ist erkennbar in der Diskrepanz der Arbeitslosenquote im Vergleich der Bundesgebiete West/Ost. Arbeitslosenquote 2001 West 7,7% / Ost 17,6% bei einer Quote von 9,6% BRD gesamt, vgl. Bundesanstalt für Arbeit (2003a)
[9] vgl. Bundesanstalt für Arbeit, (2003a)
[10] Das Wirtschaftswachstum betrug im Jahr 2002 0,2%, das niedrigste seit 1993. vgl. statistisches Bundesamt (2003)
[11] Vergleich Oktober 2002 : Oktober 2001, vgl. Bundesanstalt für Arbeit (2003a)
[12] Vergleich September 2002 - September 2001, vgl. Handelsblatt (2002)

com, die im Mittelpunkt des öffentlichen Interesses standen. Begleitet von fortschreitender Globalisierung, weltweit abflauender Konjunktur und den schlechten Wirtschaftsdaten der führenden Wirtschaftsmacht USA wirkt sich dieses Zusammenspiel negativ auf dem Arbeitsmarkt aus.

Im Vergleich der Bundesgebiete schneidet der Osten mit 18,4% (17,6%)[13] deutlich schlechter als der Westen ab, in dem 8,2% (7,7%) der Bevölkerung arbeitslos gemeldet sind. Gemessen an Zahlen für das Jahr 2001 hat der Westen zwar ebenfalls eine höhere Steigerungsrate zu verzeichnen[14], doch im Gesamtvergleich schneidet der Osten weiterhin schlechter ab. Die Gründe für diese Diskrepanz zwischen den Regionen liegen nach wie vor in den Schwierigkeiten des Strukturwandels der ostdeutschen Wirtschaft nach der Wiedervereinigung.

Geschlechtsspezifische Unterschiede auf dem Arbeitsmarkt

Geschlechtsspezifisch betrachtet sind Männer von dieser Entwicklung stärker betroffen als Frauen. Frauen profitieren eher als Männer von der Expansion im Bereich der Dienstleistungstätigkeiten und Teilzeitbeschäftigung, während die Beschäftigungen im primären Sektor, in dem Frauen traditionell benachteiligt wurden, rückläufig sind. Im Dezember 2002 stellen die Frauen einen Anteil von 44,1% unter den Arbeitslosen, dies ist gleichbedeutend mit einer Quote von 10,5%, bezogen auf abhängige zivile weibliche Erwerbspersonen insgesamt (Vorjahresquote 10,2%). Die Quote bei den Männern steigt im gleichen Zeitraum um 1%-Punkt an; so liegt diese im Dezember 2001 bei 10,9% und im darauffolgenden Jahr bei 11,9%[15].

Jugendliche und ältere Arbeitslose

Jugendarbeitslosigkeit stellt auch in 2002 weiterhin ein großes Problem dar. Trotz Auflage des Sofortprogramms zum Abbau der Jugendarbeitslosigkeit im dritten Jahr steigt die Zahl der unter 25-jährigen Arbeitsuchenden an. 488.278 junge Menschen sind im Dezember 2002 ohne Arbeit, das sind gegenüber dem Vorjahr 39.024 mehr. Mit einer Steigerungsrate von 8,7% stellt diese Gruppe den Spitzenreiter der Arbeitslosigkeitszuwächse. Wenn man nur das letzte Quartal in 2002 betrachtet, verringert sich die Quote von 9,9 % im September

---

[13] In Klammern Vorjahreswerte, vgl. Bundesanstalt für Arbeit (2003a)
[14] Westen/Ost: Zuwachs der Arbeitslosen um 7,6%/4,8%, arbeitslos gemeldete Personen 2.779.577/1.445.527 Dezember 2002 = 195.620/65.981 mehr gegenüber Dezember 2001, vgl. Bundesanstalt für Arbeit (2003a)
[15] vgl. Bundesanstalt für Arbeit (2003a)

auf 9,4%[16] im Dezember, doch ist dies allein auf den späteren Beginn von Ausbildungsverhältnissen zurückzuführen und nicht als grundsätzlicher Trend zu bewerten. Dem gegenüber steht ein Rückgang der Arbeitslosenzahlen bei den Älteren. Im Jahresvergleich sind im Dezember 2002 76.194 Personen über 55 Jahre weniger arbeitslos gemeldet als im gleichen Monat 2001. Der Rückgang von 11,7% ist keineswegs darin begründet, dass nun „Erfahrung" auf dem Arbeitsmarkt gefragt ist, sondern dass in der Beschäftigungspolitik des Arbeitsamtes, auf Grund der fehlenden Perspektiven für Ältere, stärker Frühverrentung gefördert wurde.[17]

Langzeitarbeitslose und ausländische Mitbürger

Die Zahl der Langzeitarbeitslosen und arbeitslosen Ausländer nimmt entsprechend dem allgemeinen Trend ebenfalls zu. Der Anteil der Langzeitarbeitslosen steigt im Jahr 2002 um 6,5% an, dies bedeutet einen Zuwachs um 83.045 auf 1.355.646 Personen, die langfristig ohne Beschäftigung sind. Durch die fortschreitende Technisierung der Arbeitswelt verlieren Langzeitarbeitslose schnell den Anschluss an den Arbeitsmarkt, der auch durch Qualifizierung kaum wieder zu gewinnen ist. Darüber hinaus verschlechtert sich mit fortschreitender Dauer der Arbeitslosigkeit bei potentiellen Arbeitgebern das Image von Arbeitssuchenden bezüglich Motivation, Arbeitsfähigkeit und -willigkeit. Bei Ausländern führen eher soziokulturelle Bedingungen, vermeintliche und tatsächliche Integrationsschwierigkeit, z.B. Sprache, im Zusammenhang mit einer traditionellen Benachteiligung auf dem Arbeitsmarkt zum Anstieg. Nach den Jugendlichen sind hier die stärksten Zuwächse zu vermerken. So sind 535.233 ausländische Personen im Dezember 2002 arbeitslos, dies entspricht einer Steigerung um 7,1% gegenüber dem Vorjahr[18]. Der Ausländeranteil an allen gemeldeten Arbeitlosen beträgt trotz rückläufiger Zuwanderungszahlen 12,7%[19].

„Nicht-arbeitslose" Arbeitslose

Die Arbeitslosenzahlen der Bundesanstalt für Arbeit bilden nur annäherungsweise die reale Lage des Arbeitsmarktes ab. Grundsätzlich werden nur diejenigen als Arbeitslos gezählt, die vorher einer sozialversicherungspflichtigen Beschäftigung von mehr als 15 Stunden wöchentlich nachgingen. Ebenfalls nicht

---

[16] vgl. Bundesanstalt für Arbeit (2003a)
[17] vgl. Landesarbeitsamt NRW (2003)
[18] Zuwachs in Personen: 35.522 vgl: Bundesanstalt für Arbeit (2003a)
[19] vgl. Bundesanstalt für Arbeit (2003a)

in der Arbeitslosenstatistik erfasst sind jene Arbeitsuchenden, die an Fortbildungs- und Weiterbildungskursen oder Umschulungs- bzw. Arbeitsbeschaffungsmaßnahmen teilnehmen. Nach einer Statistik der Bundesanstalt für Arbeit vom Oktober 2002[20] befanden sich allein 756.871 Personen in Bildungsmaßnahmen wie berufliche Weiterbildung, berufsvorbereitende Lehrgänge, Deutsch-Sprachlehrgänge u.a.. 193.278 Personen nahmen an beschäftigungsschaffenden Maßnahmen teil, davon 134.452 an Arbeitsbeschaffungsmaßnahmen und 58.826 an traditionellen Strukturanpassungsmaßnahmen. Die Zahl der Kurzarbeiter betrug 213.504. 65.000 Personen befanden sich in Altersteilzeit.

1.3 Arbeitslosigkeit in Nordrhein-Westfalen, dem Feld der Untersuchung

Im Rahmen des ab Kapitel 6 dargestellten Forschungsprojektes wurde mit Organisationen des Zweiten Arbeitsmarktes aus Nordrhein-Westfalen (NRW) gearbeitet. Aus diesem Grunde gehen wir im Folgenden kurz auf die Entwicklung der Arbeitslosigkeit in NRW ein.

Nachdem NRW im Jahre 1997 einen historischen Höhepunkt in der Entwicklung der Arbeitslosenquote mit 12,2% erreicht hatte, konnte sich der Arbeitsmarkt in den folgenden Jahren erholen. So sank die Arbeitslosenquote 2001 erstmals seit 1993 wieder in den einstelligen Bereich[21]. Der in diesem Jahr einsetzende Konjunkturabschwung beendet die Erholungsphase und zeigt in der Folge im Jahr 2002 seine Wirkung durch einen, wenn auch geringfügigen, Anstieg der Arbeitslosigkeit auf 10,2% im November[22]. In einer vergleichenden Betrachtung der absoluten Zahlen stellt NRW etwa ein Fünftel aller Arbeitslosen in der BRD[23].

Die Veränderungen bei der Beschäftigung entspringen einem erheblichen Strukturwandel in NRW. Während sich der tertiäre Sektor der Dienstleistung positiv entwickelt und stark expandiert, verliert der primäre Sektor zunehmend an Bedeutung. Die am stärksten betroffenen Branchen des Beschäftigungsabbaus im produzierenden Gewerbe sind sowohl die Stahl-, Textil- und Bekleidungsin-

---

[20] vgl. Bundesanstalt für Arbeit, (2002c)
[21] Stand der Arbeitslosenquote Dezember 2001 9,9%, vgl. Landesarbeitsamt NRW (2002b)
[22] Im Februar 2002 verzeichnet NRW den Jahreshöchststand der Arbeitslosenquote mit 10,5%, vgl. Bundesanstalt für Arbeit (2003a)
[23] Bestand der Arbeitslosen Ende November: BRD (gesamt) 4.025.842 zu NRW 819.101, vgl. Bundesanstalt für Arbeit (2003a)

dustrie und der Bergbau als auch der Maschinenbau und die Sparte Chemie. Auch in NRW profitieren Frauen von der Expansion der Tätigkeiten in der Dienstleistungsbranche. So sinkt die Arbeitslosenquote der Frauen von 11,6% in 1998 auf 9,1% in 2001 und stagniert auf diesem Niveau bis November 2002[24]. Anteilig prozentual gemessen stellen Frauen knapp über 40% der Arbeitslosen in NRW[25].

Die Struktur der Arbeitslosigkeit[26] in NRW in den Jahresdurchschnitten seit 1999 zeigt keine große Schwankungen und folgt dem allgemeinen Trend. In der öffentlichen Diskussion stehen die hohen Zahlen der Jugendarbeitslosigkeit, der Jüngeren unter 25, und der gering Qualifizierten im Vordergrund; aber auch hier hat es in letzten Jahren keine signifikanten Veränderungen gegeben[27].

1.4 Vergleichswerte zu europäischen Nachbarn

Die Entwicklung der Arbeitslosenquote nimmt in allen europäischen Ländern seit 1962 einen ähnlichen Verlauf. Abgesehen von einigen Schwankungen steigt die Quote stetig bis zum Jahre 1992 an. Spanien, Irland, Griechenland oder Italien hatten strukturbedingt eine höhere Arbeitslosenquote als stärker industrialisierte Länder wie Deutschland, Frankreich oder Großbritannien. Vergleicht man die Arbeitslosenquote Deutschlands mit dem europäischen Mittelwert, so bleibt diese in Deutschland bis 2000 konstant unter dem der EU. Erstmals im Jahr 2001 verzeichnet Deutschland eine um 0,1 Prozentpunkte höhere Arbeitslosenquote als der Durchschnitt in Europa[28].

Die Wirtschaftskrise in Europa Anfang der 90er Jahre lässt die Arbeitslosenquote in Europa im Durchschnitt 1994 auf den Spitzenwert von 11,1% anschwellen, einige Länder erreichen in diesem Jahr historische Höchststände[29].

---

[24] Zum Vergleich Arbeitslosenquote Männer: 1998 11,8%; November 2001 10,2%; November 2002 11,1%, vgl. Bundesanstalt für Arbeit (2003a)
[25] Gesamtzahl der Arbeitslosen NRW für 2001 766.277; Anteil Frauen 330.023 = 43,1%; Anteil Männer 436.253 = 56,9%, vgl. Bundesanstalt für Arbeit (2003a)
[26] Aufgeschlüsselt nach Merkmalen wie Nationalität, Altersstruktur, Status des Zielberufs, Gewünschte Arbeitszeit, Berufsausbildung, Stellung im Beruf, Dauer der Arbeitslosigkeit und gesundheitliche Einschränkungen.
[27] vgl. Statistiken und Zahlen des Landesarbeitsamt
[28] Für das Jahr 2001 verzeichnet die BRD eine Arbeitslosenquote von 7,9%, die Arbeitslosenquote im EU-Durchschnitt beträgt für 2001 7,8%, vgl. Eurostat (2002)
[29] In Schweden beträgt die Arbeitslosenquote 9,4%, Irland verzeichnet 16,6% Arbeitslosigkeit und in Spanien klettert die Quote auf 24,1%, vgl. Eurostat (2002)

In der Folge divergiert die Entwicklung des Arbeitsmarktes in Europa. Während in einigen Ländern Europas - auch in Deutschland - die Arbeitslosigkeit zunimmt oder zumindest auf dem hohen Niveau von Anfang der 90er Jahre stagniert, gelingt es in Dänemark, Irland, den Niederlanden, Großbritannien, Finnland, Schweden und Spanien, die Arbeitslosenquote nachhaltig um 40% bis 70 %[30] zu senken. Einer erfolgreichen Bekämpfung der Arbeitslosigkeit ging in diesen Ländern ein breiter gesellschaftlicher und politischer Konsens voraus, der Voraussetzung für moderate Lohnabschlüsse und weiterhin sowohl für Beschneidungen der Arbeitsrechte als auch für den Umbau der sozialen Sicherung war[31]. Eine Aufwertung und Ausweitung von Zeitarbeit und Teilzeitbeschäftigung, insbesondere in den Niederlanden, waren darauf folgende Maßnahmen. In großen Teilen Europas zeigt sich der Arbeitsmarkt - mit den unterschiedlichen gesetzlichen Bestimmungen bezüglich der Deregulierung des Arbeitsrechts, der Leiharbeit oder der Vorschriften für Arbeitszeit - flexibler als in Deutschland. Großbritannien hat den Arbeitsmarkt beinahe vollständig dereguliert - die Höhe des Lohnes ist dort reine Verhandlungssache[32]. Die Folge ist, dass in einigen europäischen Staaten sinkende Arbeitslosenzahlen bei steigender Unterbeschäftigung zu verzeichnen sind.

1.5 Aktuelle arbeitsmarktpolitische Debatte in der Bundesrepublik Deutschland

Die gegenwärtig Zahl an Vorschlägen zur Gestaltung moderner Arbeitsmarktpolitik ist beträchtlich. Die Vorschläge reichen vom *Ifo-Gutachten* unter dem Vorsitz Hans-Werner Sinns, das die wichtigste Ursache für die Arbeitslosigkeit gering qualifizierter Arbeitskräfte nicht in ihrer geringen Qualifikation, sondern im Bezug von Sozialhilfe sieht[33], bis zu den Vorschlägen der *Arbeits-*

---

[30] Vergleichszeitraum (1994 : 2001): Spanien (24,1% : 13,1%); Irland (14,3% : 3,9%); Niederlande (7,1% : 2,3%); Finnland (16,6% : 9,1%); Dänemark (8,2% : 4,5%); Schweden (9,4% : 5,1%); Großbritannien (9,6% :5,1 %),vgl. Eurostat (2002)

[31] Niederlande: Im Zeitraum von 1983 - 1997 stiegen die Löhne um 33% an, im Vergleich dazu in Deutschland um 75% (vgl. Paridon, 1997, S. 200), Neue Regelungen zum Arbeitsunfähigkeitsgesetz und Krankenversicherungsgesetz nehmen die Arbeitgeber stärker in die Pflicht. Die Sozialhilfe wurde an den Nettomindestlohn angeglichen, flexiblere Beschäftigungsverhältnisse geschaffen (vgl. Wenzel/Woltering, (2000), S. 4 ff.) Dänemark: Antizyklische Fiskalpolitik, Flexibilisierung des Arbeitsmarktes und die Ausweitung beruflicher Qualifizierung unter Beibehaltung eines hohen Sozialleistungsniveaus sind die tragenden Säulen des dänischen Modells, vgl. Emmerich (1999), S.12f.

[32] Zu Folgen und Auswirkungen der Deregulierung für Arbeitnehmer vgl. de la Motte (1998)

[33] vgl. Sinn (2002), S.8

gruppe Alternative Arbeitsmarktpolitik, die einen individuellen Rechtsanspruch auf ein Angebot aktiver Arbeitsmarktpolitik fordert[34].

Gruppierungen und Interessensverbände jeder politischen Richtung bieten mehr oder weniger differenzierte Lösungsvorschläge zur Bekämpfung der Arbeitslosigkeit an. Einige dieser Konzepte werden in diesem Kapitel kurz beschrieben. Aktuell handlungsleitend ist insbesondere der Bericht der Hartz-Kommission „Moderne Dienstleistungen am Arbeitsmarkt". Mit dem im August 2002 veröffentlichten Bericht und den darin vorgeschlagenen Maßnahmen wird das Ziel verfolgt, eine Reduktion um 2 Millionen Arbeitslose bis zum 31.12.2005 zu erreichen, oder noch spektakulärer ausgedrückt, bei einer Ausgangszahl von 4 Millionen eine Halbierung der Zahl der Arbeitslosen.

1.5.1 Die wichtigsten Vorschläge der Hartz-Kommission

Das Hartz-Konzept, von dem Teile durch das „Erste und Zweite Gesetz für moderne Dienstleistungen am Arbeitsmarkt"[35] seit 01.01.2003 gültiges Recht geworden sind, sieht weitreichende Veränderungen der Rahmenbedingungen in der Gestaltung des Arbeitsmarktes und der Beschäftigungsförderung vor. Die 13 Module des Konzeptes enthalten sowohl strategische Entwürfe über die Zusammenlegung der Sozialhilfe und der Arbeitslosenhilfe, als auch Privatisierungspläne durch das AusbildungsZeit-Wertpapier, bis zu Ansätzen für schnellere Vermittlung in Beschäftigung durch die sogenannte PersonalServiceAgenturen (PSA). Die operative Umsetzung ist in sehr unterschiedlicher Tiefe beschrieben. Weiterbildung und Qualifizierung als bisher zentrales Element sozialstaatlicher Arbeitsmarktpolitik sind lediglich bei den Personal-Service-Agenturen[36] zu finden, die zwar als „Herzstück des Kommissionsvorschlags"[37] bezeichnet werden, damit jedoch nicht auf die gegenwärtigen Maßnahmen zur Qualifizierung von Langzeitarbeitslosen abzielen. Auch in weiterführenden Ausarbeitungen zu den Hartz-Vorschlägen, wie denen des Kompendiums zur „Bundesweiten Einführung der PersonalServiceAgenturen" ist lediglich von betriebsnahen Qualifizierungsmaßnahmen und modular gestalteten Kurz-Qualifizierungsangeboten[38] die Rede. Eine für die gesamte Trägerlandschaft des

---

[34] vgl. Arbeitsgruppe Alternative Wirtschaftspolitik (2002a), S. 11
[35] Bundestagsdrucksache 15/25 und 16/25 vom 5.11.2002
[36] vgl. Hartz (2002), S. 147 ff
[37] vgl. Hartz (2002), S. 274
[38] vgl. Schickler (2002), Punkt 8.3

Zweiten Arbeitsmarktes überlebenswichtige Planungssicherheit - z.B. in Form eines handlungsorientierten Leitfadens - ist bisher nicht gegeben. In dem am 20.12.2002 verabschiedeten Gesetz „Erstes Gesetz für moderne Dienstleistungen am Arbeitsmarkt" heißt es: „Jedes Arbeitsamt hat für die Einrichtung mindestens einer Personal-Service-Agentur zu sorgen. Aufgabe der Personal-Service-Agentur ist insbesondere, eine Arbeitnehmerüberlassung zur Vermittlung von Arbeitslosen in Arbeit durchzuführen sowie ihre Beschäftigten in verleihfreien Zeiten zu qualifizieren und weiterzubilden."[39].

Im Bereich der Qualifizierung sollen die Maßnahmeformen und -inhalte erhalten bleiben. Dass dies jedoch - angesichts der Zielvorgabe eines ausgeglichenen Haushaltsplans für 2003 bei der BA, welche vollständig ohne Zuschuss des Bundes[40] auskommen sollte - zu massiven Mittelkürzungen im Qualifizierungsbereich führen würde, war absehbar. Die Arbeitsämter haben bereits Mittel in erheblichem Umfang zu den neuen Instrumenten, wie z.B. den PSA, umgeschichtet und aus dem Bereich Förderung der beruflichen Weiterbildung (FbW) abgezogen[41]. Für den Fortbildungs- und Weiterbildungsbereich werden durch das Gesetz „Moderne Dienstleistungen am Arbeitsmarkt" fortan Bildungsgutscheine für Arbeitnehmer, bei denen das Arbeitsamt die Notwendigkeit einer Weiterbildung dem Grunde nach feststellt, ausgegeben.[42]. Danach können zwar die Arbeitnehmer - unter Eingrenzung der Region und des Bildungszieles - ihre Entscheidung, welchen Träger sie wählen, selbständiger als bisher treffen; wie sich der Arbeitnehmer über Weiterbildungsangebote informiert, ist jedoch genauso ungeregelt, wie die Frage nach dem Preis, der Höhe der Kostenübernahme, Dauer und Umfang der Lehrgänge und deren eigentlichem Bildungsziel[43].

Einer der Hauptvorwürfe gegenüber dem Hartz-Konzept zur Reform des Arbeitsmarktes ist der Mangel an einer wissenschaftlichen Analyse, die nicht nur monokausale Schuldzuweisungen aufzeigt, sondern empirisch fundiert und überprüfbar ist. Von vielen Fachleuten und Wissenschaftlern wird kritisiert, dass die Handlungsstrategien der Hartz-Kommission der Komplexität der Probleme und ihrer Ursachen nicht gerecht werden. Insbesondere die Berücksichtigung der Opportunitätskosten und der nicht intendierten Wirkungen, wie die der Sub-

---

[39] vgl. SGB III § 37c
[40] vgl. Bundesanstalt für Arbeit (2003b), S. 22
[41] vgl. Abbildung 1
[42] vgl. SGB III, § 77, Abs. 3
[43] vgl. Schliebeck (2002), S. 2 ff

stitution- und Mitnahmeeffekte, entsprechen nicht wissenschaftlichen Standards[44].

So lautet die Aussage zur Kernfrage der Gefährdung bisher regulärer Arbeitsplätze im Konzept selbst: „Die Effekte der einzelnen Module auf die Reduzierung der Arbeitslosigkeit lassen sich aus verschiedenen Gründen nicht berechnen, zumal sie ihre volle Wirksamkeit erst im Zusammenwirken aller Maßnahmen entfalten. Darüber hinaus verfügt die Wissenschaft derzeit nicht über geeignete Makromodelle, um die komplizierten Wechselwirkungen - z. B. Mitnahme-, Substitutions- und Verdrängungseffekte (...) zu erfassen."[45] Trotz der im Gutachten zugegebenen, fehlenden Analyse differenzierter Zusammenhänge - und einer unpräzisen Berechnung von Entlastungseffekten - prognostiziert das Gutachten einen Entlastungseffekt bei den Arbeitslosenzahlen von 2 Millionen Menschen, die in Arbeit gelangen sollen. Sowohl das Hartz'sche Verlangen nach 1:1-Umsetzung des Konzeptes als auch die kalkulierten Entlastungseffekte für den Arbeitsmarkt wurden von vielen Fachleuten von Beginn an für unmöglich gehalten.[46].

So zeigen Stellungnahmen der Arbeitsgruppe Alternative Wirtschaftspolitik sowie des Instituts für Arbeitsmarkt- und Berufsforschung der Bundesanstalt für Arbeit auf, dass die hoch gesteckten Ziele unrealistisch sind, weil wesentliche Zusammenhänge mit anderen Politikfeldern, die ein Policy-Mix zur Bewältigung der Beschäftigungskrise in Deutschland erfordern würden, nicht angemessen berücksichtigt wurden[47].

Der Hartz-Bericht kommt in seiner Analyse der Schwierigkeiten auf dem Arbeitsmarkt immer wieder zu der Feststellung, dass die Ursachen der hohen Arbeitslosigkeit nicht in erster Linie in der Knappheit an Arbeitsplätzen zu suchen sind, sondern vielmehr dieses Defizit durch Überregulierung bzw. Bürokratismus, passungenaue Vermittlung und zu hohe Lohnkosten entsteht. Dem Hartz-Konzept folgend, beschloss der Bundestag am 20.12.2002 im „Gesetz 1" dem „Ersten Gesetz für moderne Dienstleistungen am Arbeitsmarkt" u. a. die Einrichtung und Förderung der PSA, sowie die Neuausrichtung der beruflichen Weiterbildung. Dieses Gesetz war nicht vom Bundesrat zustimmungspflichtig,

---

[44] vgl. Trube (2002), S. 2 ff
[45] vgl. Hartz (2002a), S. 270
[46] siehe Scherl (2002)
[47] vgl. Koch (2002)

wohingegen alle zustimmungspflichtigen Regelungen in das „Gesetz 2" genommen wurden, das überraschend mit kleinen Kompromisslösungen den Bundesrat in 2002 passierte. In einem dritten Gesetzgebungsverfahren soll in 2003 die Zusammenführung von Arbeitslosenhilfe und Sozialhilfe erfolgen. Der Referentenentwurf war für den 01.07.2003 angekündigt.

1.5.2 Forderungen der Arbeitsgruppe Alternative Wirtschaftspolitik

In der Arbeitsgruppe Alternative Wirtschaftspolitik arbeiten seit 1975 Wirtschaftswissenschaftler und Gewerkschafter an der Entwicklung wirtschaftspolitischer Vorschläge und Perspektiven, die sich an der Sicherung sinnvoller Arbeitsplätze, der Verbesserung des Lebensstandards und dem Ausbau des Systems der sozialen Sicherheit für die Arbeitnehmer sowie wirksamer Umweltsicherung in der Bundesrepublik orientieren. Die Arbeitsgruppe sieht ihre Vorschläge als Alternative zu der vorherrschenden, einseitig kapitalorientierten Position der Unternehmerverbände und der Bundesregierung, welche von einer großen Gruppe von Wirtschaftswissenschaftlern gestützt werden.[48] Auch an der aktuellen Diskussion über die Misere auf dem Arbeitsmarkt, besonders über die Auswirkungen des Hartz-Konzeptes auf die Arbeitsmarktproblematik, ist die Arbeitsgruppe Alternative Wirtschaftspolitik kritisch beteiligt.

In der öffentlichen medialen Debatte wird zunehmend die Auffassung verbreitet, dass das Problem der Arbeitslosigkeit hauptsächlich in der mangelnden Aktivität und Flexibilität der Arbeitslosen gründet. Die Konsequenz aus dieser Annahme ist, dass durch eine weitere Verschärfung der Zumutbarkeitsregelungen und durch Kürzungen der finanziellen Leistungen der Duck auf diesen Personenkreis erhöht werden soll. Aufgrund dessen soll die Arbeitslosigkeit erfolgreich reduziert werden[49]. Ebenso wird der Anschein vermittelt, dass durch eine verbesserte Vermittlung der Arbeitslosen (Hauptanliegen des Hartz-Papiers) ein Beschäftigungszuwachs in Millionenhöhe erreicht werden könnte. Die bestehende eklatante Arbeitsmarktlücke - Schätzungen belaufen sich auf ca. 5,8 Millionen Stellen[50] in der Bundesrepublik - wird jedoch nach Auffassung der Ar-

---

[48] vgl. Arbeitsgruppe Alternative Wirtschaftspolitik (2002d), S. 1-2
[49] vgl. Arbeitsgruppe Alternative Wirtschaftspolitik (2002a), S.5
[50] vgl. Arbeitsgruppe Alternative Wirtschaftspolitik (2002b), S.1

beitsgruppe Alternative Wirtschaftspolitik durch diese Maßnahmen nicht zu schließen sein.

In Kapitel 1.2 wurde gezeigt, dass die besonders benachteiligten Personengruppen am Arbeitsmarkt diejenigen sind, welche über eine geringe Qualifikation verfügen, ferner ältere Arbeitnehmer sowie Arbeitnehmer, die vom Strukturwandel betroffen sind. Adäquate Arbeitsplätze für diesen Personenkreis fallen in immer stärkerem Maße weg[51]. Die Arbeitsgruppe Alternative Wirtschaftspolitik fordert gerade für diese Personen, ihnen neue Chancen zu geben, um der Gefahr der sozialen Ausgrenzung in Folge von Langzeitarbeitslosigkeit zu entgehen. So fordert sie, dass die passiven Leistungen für Arbeitslose nicht gekürzt werden. Diese passiven Leistungen ermöglichen den Betroffenen eine soziale Sicherung als wesentliche Grundlage für eine erfolgreiche Arbeitsplatzsuche, und weiterhin den Erhalt ihres derzeitigen Lohnniveaus[52]. Sie fordert weiter eine sozialstaatlich orientierte aktive Arbeitsmarktpolitik, die die folgenden zwei Aufgaben zu erfüllen hat:

- das Bereithalten moderner Angebote, die angesichts dynamischer Veränderungsprozesse das Funktionieren des zunehmend flexibleren Beschäftigungssystems unterstützen, und
- das Vermindern aller Ausgrenzungstendenzen, die sich für einzelne Erwerbstätigengruppen aus dem Ungleichgewicht am Arbeitsmarkt ergeben.[53]

Um diese Aufgaben zu bewältigen ist es notwendig, das arbeitsmarktpolitische Instrumentarium zielgerichtet anzuwenden. Die Arbeitsgruppe Alternativer Wirtschaftspolitik fordert den Ausbau der Qualifizierung und Zielgruppenorientierung in der aktiven Arbeitsmarktpolitik entgegen dem derzeitigen Mainstream. Diese hätte zum Ziel, die Beschäftigungsfähigkeit der Arbeitslosen durch Um- oder Weiterqualifizierung als Voraussetzung für die Reintegration in den Arbeitsmarkt auszubauen, und zwar unter der Prämisse der Steigerung der individuellen Fähigkeiten des Einzelnen bei gleichzeitiger Beachtung der Anforderungen des regionalen Arbeitsmarktes. Hierbei wäre noch zu beachten,

---

[51] vgl. Reinberg (2003)
[52] vgl. Arbeitsgruppe Alternative Wirtschaftspolitik (2002b), S.5
[53] vgl. Arbeitsgruppe Alternative Wirtschaftspolitik (2002b), S. 3

dass eine qualitativ hochwertige Weiterbildung auf eine nachhaltige Eingliederung und nicht auf kurzfristige Vermittlung setzten sollte.[54]

Eine weitere Forderung ist der Ausbau und nicht der Abbau öffentlich geförderter Beschäftigungsmaßnahmen. Das gilt besonders für bestimmte Regionen Deutschlands sowie für bestimmte Zielgruppen. Im Hinblick auf die besonderen Vermittlungsschwierigkeiten für einzelne Zielgruppen sind individuell angepasste Förderzeiträume in Betracht zu ziehen. Darauf aufbauend wird ein individueller Rechtsanspruch auf ein Angebot der aktiven Arbeitsmarktpolitik gefordert, welches nicht von Versicherungszeiten abhängig sein sollte. Mit dieser Ausrichtung der Forderungen steht die Arbeitsgruppe konträr zum Hartz-Konzept und zum aktuellen, politisch eingeschlagenen Weg des Umbaus der Arbeitsmarktpolitik.

1.5.3 Subventionierte Beschäftigung im Kontext eines neoliberalen arbeitmarktpolitischen Konzeptes

Soziale Sicherheit, Gesundheit, Wohnen und Bildung gelten als grundlegende Prinzipien sozialstaatlicher Ausrichtung der BRD. Die Verpflichtung des Staates, dafür Sorge zu tragen, schloss in der Vergangenheit auch die Entwicklung einer „mixed economy", d.h. unter anderem eines wirksamen öffentlichen Sektors ein. Diese wurde in der Vergangenheit als Rahmen für die Beeinflussung der Konjunktur verstanden. Dieser auf die keynesianische Ökonomietheorie zurückgehende Denkansatz machte aber in der vergangenen Dekade eine dramatische Wende durch und wurde bald nur noch mit Schuldenpolitik gleichgesetzt.[55] Der oben beschriebene Politikwandel, der sich im Hartz-Konzept ausdrückt, setzt auf Lohnzurückhaltung, sozialen Druck durch Ausweitung prekärer Beschäftigungsverhältnisse und den Rückbau sozialer Transfers. Die Steuerungsimpulse der Regierung bewirken eine Steuerpolitik, die vorrangig auf die Begünstigung von Unternehmen konzentriert ist. Gleichzeitig setzt die Haushaltspolitik - statt auf Vollbeschäftigung - auf den Abbau der Staatsverschuldung, auch wenn dies unter anderem wegen der massiven Probleme am Arbeitsmarkt nicht so recht gelingen mag. Die aus diesem Grund entstandenen Sparprogramme wirken vor allem durch die Reduzierung der Sozialausgaben und verschlechtern damit die Lage der sozial schwächsten Mitglieder unserer

---

[54] vgl. Arbeitsgruppe Alternative Wirtschaftspolitik (2002b), S. 5
[55] vgl. Bischoff, J. (2002), S. 1121-1122

Gesellschaft. Besonders hervorzuheben ist hier insbesondere die sog. „Aktivierung von Arbeitslosen und Sozialhilfeempfängern"[56].

Der hohe Spardruck in den öffentlichen Haushalten ist mit tiefen Einschnitten bei den Beschäftigung schaffenden Arbeitsmarktinstrumenten wie z.B. ABM oder Strukturanpassungsmaßnahmen (SAM) verbunden.[57] Der Abbau arbeitsmarktpolitischer Fördermitteln zeigt sich nicht nur bei der BA: Das Land NRW hat z.B. im Jahr 2003 die Mittel der EFS-kofinanzierten Arbeitsmarktpolitik um ca. 50% reduziert.

Dieser politischen Entwicklung steht die im Kapitel 1.5 beschriebene Forderung der Arbeitsgruppe Alternative Wirtschaftspolitik nach dem Ausbau eines dauerhaften Zweiten Arbeitsmarktes gegenüber; denn wegen der Beschäftigungslücke in Millionenhöhe ist es ausgeschlossen, die Folgeprobleme der Massenarbeitslosigkeit allein durch vermittlungsorientierte aktive Arbeitsmarktpolitik in absehbarer Zeit nachhaltig zu beseitigen.

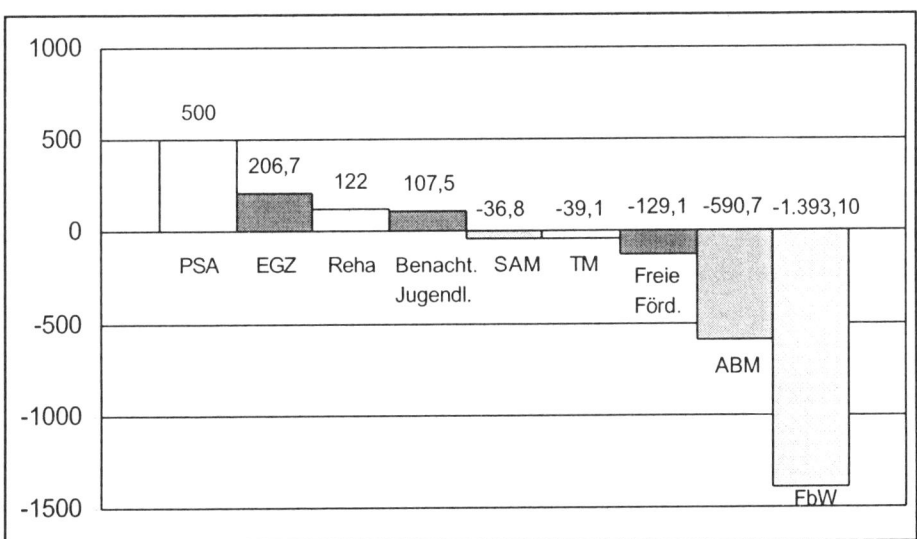

Abbildung 1: Verschiebungen der arbeitsmarktpolitischen Mittel im Eingliederungstitel der Bundesanstalt für Arbeit bundesweit für 2003 in Mio. €
Quelle: Bundesanstalt für Arbeit (2003c)

Deshalb fordert die Arbeitsgruppe Alternative Wirtschaftspolitik seit langem die Einführung eines öffentlichen Beschäftigungssektors (ÖBS) als Ergänzung von aktiver, beschäftigungsorientierter Wirtschaftspolitik und aktiver Arbeitsmark-

---
[56] vgl. Arbeitsgruppe Alternative Wirtschaftspolitik (2002c), S. 1
[57] vgl. Arbeitsgruppe Alternative Wirtschaftspolitik (2002a), S.1-2

politik, um für besonders benachteiligte Gruppen, insbesondere Langzeitarbeitslose, einen Ausweg aus den so genannten Maßnahmekarrieren zu ermöglichen.[58] Den Grund für den Aufbau bzw. Ausbau eines öffentlichen Beschäftigungssektors sieht die Arbeitsgruppe darin, dass auch mit einer alternativen Wirtschaftspolitik nicht die benötigten Arbeitsplätze in der Privatwirtschaft entstehen werden. Das Wirtschaftswachstum lag schon in den letzten Jahrzehnten kaum über den jährlichen Produktivitätssteigerungen, so dass absehbar kein die Beschäftigungsschwelle übersteigendes Wachstum zu erwarten ist. Beschäftigungszuwachs wäre jedoch im Bereich der öffentlichen Güter, wie z.B. im Umweltbereich, in der Verkehrsinfrastruktur u.a. möglich. Ebenso liegen hohe Beschäftigungspotentiale im Bereich der meritorischen Güter, an deren Konsum ein gesellschaftliches Interesse besteht. Beispiele hierfür sind: Kulturangebote, soziale Betreuungsdienste, berufliche Weiterbildung u.a.. Sie gehören nicht zu den direkten staatlichen Leistungen, müssten aber in vielfältiger Weise subventioniert und gefördert werden. Hier könnte ein längerfristiges Wachstumsfeld für mehr Beschäftigung liegen, welches sinnvolle Arbeit bietet.[59]

Der ÖBS unterscheidet sich von den Beschäftigung schaffenden Maßnahmen der aktiven Arbeitsmarktpolitik durch *längerfristige* Beschäftigungsverhältnisse, welche dem Einzelnen die Chance geben sollen, seine Qualifikationen einzubringen und sich weiterzuentwickeln. Gleichzeitig soll mit der Arbeit anderen Menschen geholfen oder der Gesellschaft ein Nutzen erbracht werden. Öffentlich geförderte Beschäftigung beider Varianten lohnt sich, wenn sie professionell betrieben und daran ausgerichtet wird, dass die öffentlich finanzierten Angebote dort ankommen, wo ihr Wirkungsgrad am höchsten ist. Das heißt: es müssen die Zielgruppen gefördert werden, welche die Maßnahmen am dringendsten benötigen. Das bedeutet aber auch, dass Beschäftigungsförderung nicht unnütz produziert oder sich gießkannenmäßig in undifferenzierter Branchensubvention (z.B. Bergbau) erschöpfen darf, sondern treffgenau dort eingesetzt wird, wo der Optimierungsbedarf in der öffentlichen, verkehrlichen, sozialen und ökologischen Infrastruktur am höchsten ist.[60]

Beschäftigung schaffende öffentliche Finanzierung ist ein wichtiger Beitrag zur Weiterentwicklung der dringend benötigten Bildungsentwicklung in Deutsch-

---

[58] vgl. Arbeitsgruppe Alternative Wirtschaftspolitik (2002c), S. 10
[59] vgl. Temps, C. (2002), S.102-104
[60] vgl. Trube, A. (2002b), S.12-13

land. Große Gruppen der Langzeitarbeitslosen verfügen über geringe Qualifikationen und könnten deshalb zunächst nur über geförderte Beschäftigung an den Arbeitsmarkt herangeführt werden. Gibt man diesen Weg auf, verbaut man auch den Rückgang in Bildung.

In einem neoliberalen Konzept der Deregulierung und des Abbaus von Subventionen hat eine Finanzierung von gestützten Arbeitsplätzen jedoch keinen Platz. Diese Grundorientierung ignoriert den strukturellen Mangel an Arbeitsplätzen, wenn sie auf vermittlungsorientierte Politikinstrumente allein setzt. Das im zweiten Teil des Buches dargestellte Forschungsprojekt beschäftigt sich daher, wie in Kapitel 3 näher erläutert wird, mit Organisationen, die in großen Teilen Arbeit und Qualifizierung den besonderen Zielgruppen geben, welche die Hartz-Konzeption aus der aktiven Arbeitsmarktpolitik ausgrenzen wird.

In diesem Kapitel 1 wurde die Entwicklung der Arbeitslosigkeit in Deutschland in ihren wesentlichen Etappen und mit ihren wichtigen Problemgruppen dargestellt. Die aktuellen Ansätze, die versuchen, Reformen am Arbeitsmarkt wirksam werden zu lassen, wurden sowohl aus der Perspektive der „herrschenden Meinung" im Sinne des Hartz-Konzeptes als auch aus der gegenteiligen Sicht, der Sicht der Arbeitsgruppe Alternative Wirtschaftspolitik, skizziert.

Die arbeitsmarktpolitische Richtung in Deutschland wird darüber hinaus immer mehr durch die EU mitgeprägt. Aus diesem Grunde ist für ein Verständnis der Komplexität dieses Handlungsfeldes eine Darstellung der europäischen Rahmennormen wichtig. Hierauf wird im folgenden Kapitel 2 eingegangen.

2 Die Beschäftigungspolitische Debatte in der EU

Die beschäftigungspolitischen Aktivitäten der EU gewinnen zunehmend Einfluss sowohl auf die nationalen beschäftigungspolitischen Ansätze als auch auf die Finanzierung der aktiven Unterstützungssysteme (Beschäftigungsförderung). Weil Beschäftigungs- und Qualifizierungsgesellschaften von den europäischen Entwicklungen und deren Einflüssen auf die nationale Handlungsweise in vielfacher Weise abhängig sind, wird im folgenden Kapitel die Entwicklung hin zu einer gemeinsamen europäischen Beschäftigungsstrategie nachgezeichnet. Dabei wird der Europäische Sozialfonds (ESF) in seiner Bedeutung für das Handlungsfeld umrissen und der im Kontext der europäischen Strategien bedeutsame Begriff der *Beschäftigungsfähigkeit* dargestellt. Er wird im Hinblick auf die Nutzbarkeit für das im zweiten Teil dargestellte Forschungsprojekt eingeführt und auf das Feld der BQGen bezogen.

2.1 Beschäftigungspolitik als gemeinsame Aufgabe der Mitgliedsstaaten

Die Europäische Union ist ein bedeutender Wirtschaftsraum der Welt. Obwohl sie nur 6% der Weltbevölkerung umfasst, erbringt sie über 20% der Gesamtproduktion. Dennoch ist die Fortentwicklung der Beschäftigung und Arbeitslosigkeit ein ernstes Problem in Europa. Die Zahl vorhandener und neu geschaffener Arbeitsplätze reicht nicht aus, um die erwerbsfähige Bevölkerung in vollen Umfang zu beschäftigen. Neben strukturellen Umbrüchen in wichtigen Industriezweigen spielen regionale Unterschiede in der wirtschaftlichen Entwicklung ebenso eine bedeutende Rolle wie die Weiterentwicklung der Qualifikationen erwerbsfähiger Personen. Die Europäische Union reagierte auf diese Gesamtlage mit der Entwicklung der *Europäischen Beschäftigungsstrategie*, die im folgenden Text kurz skizziert wird, um daraus den zentralen Begriff der *Beschäftigungsfähigkeit* abzuleiten.[61]

2.1.1 Die ersten Schritte zu einer gemeinsamen Beschäftigungspolitik

Mit dem am 7.2.1992 beschlossenen und am 1.11.1993 in Kraft getretenen *Vertrag von Maastricht* erhält der Prozess der europäischen Einigung eine neue

---

[61] vgl. Europäische Kommission (2002b), S. 1

Qualität. Der Maastrichter Vertrag ändert die aus den 50er Jahren stammenden *Verträge zur Gründung der Europäischen Gemeinschaft* (EGV). Mit der Begründung der politischen und wirtschaftlichen Union hin zur Währungsunion entsteht ein umfassender Bedarf zur Harmonisierung der Politiken in den Mitgliedsstaaten. Im Maastrichter Vertrag werden Bereiche der gemeinsamen Politik definiert, die in der Folge weiter zu spezifizieren sind. Neben der Aufgabe, eine gemeinsame Währung in Europa einzuführen, wird die engere wirtschaftliche Zusammenarbeit zu einer Kernaufgabe und -kompetenz der EU gemacht.[62] Hieraus resultiert das *Weißbuch* der Europäischen Kommission zu *Wachstum, Wettbewerbsfähigkeit und Beschäftigung*.[63]

Das *Weißbuch* - als zentrale beschäftigungspolitische Diskussionsgrundlage - entsteht aufgrund der Anforderung des Gipfels des Europäischen Rates von 1993 in Kopenhagen. Die Europäische Kommission stellt im Weißbuch die Perspektiven für eine gemeinsame europäische Wirtschafts- und Beschäftigungspolitik dar.[64] Auftrag an die Kommission war es, eine mittelfristige Strategie für Wachstum, Wettbewerbsfähigkeit und Beschäftigung zu entwickeln.[65] Neben der Analyse der damals gegebenen makroökonomischen Rahmenbedingungen beschäftigt sich das Weißbuch mit den für die wirtschaftliche Entwicklung der EU zu setzenden Zielen. Die insgesamt im Weißbuch formulierte wachstumsorientierte Strategie zielt - neben dem Abbau der öffentlichen Verschuldung - auf die Sicherung der Geldwertstabilität, auf eine moderate Einkommensentwicklung und auf eine Öffnung der Märkte nach Osten und Süden.[66] Mit diesen Aspekten der Politikausrichtung werden die Rahmenbedingungen für die zukünftige beschäftigungspolische Ausrichtung abgesteckt. Mit dem Weißbuch werden erste Markierungspunkte für die Entwicklung einer aktiven Arbeitsmarktpolitik mit europäischem Gesicht gesetzt. Im Weißbuch werden im Kapitel III unter der Überschrift 'Beschäftigung' Rahmenbedingungen beschrieben, die die Kommission für eine aktive Arbeitsmarktpolitik und für strukturelle Veränderungen des Arbeitsmarktes als notwendig erachtet.[67] Auf drei Bereiche wird eingegangen: die Ausbildungssituation, die Umsetzung von

---

[62] vgl. Europäische Kommission (1999b), S. 6
[63] vgl. Europäische Kommission (1994)
[64] vgl. Europäische Kommission (1994), S. 9 ff.
[65] Europäische Kommission (2002b), S.3
[66] vgl. Europäische Kommission (1994), S. 57 ff.
[67] vgl. Europäische Kommission (1994), S. 143 ff.

Wachstum in Beschäftigung und die Senkung der Abgabenbelastung der Arbeit.[68]

Die zielgruppenspezifische Beschäftigungsförderung nimmt im Weißbuch nur einen geringen Stellenwert ein und wird der wachstumsorientierten Beschäftigungsförderung eindeutig untergeordnet.[69] Die wesentlichen im Weißbuch genannten Eckpunkte für die aktive zielgruppenorientierte Arbeitsmarktpolitik sind:

- Integration bzw. Reintegration von Langzeitarbeitslosen durch Anreize zur Erwerbstätigkeit statt zur Nicht-Erwerbstätigkeit,
- Kooperation von privatem und öffentlichem Sektor mit gemeinnützigen Einrichtungen,
- Gemeinnützige Arbeit für Arbeitslose, und
- Stärkung der Chancengleichheit auf dem Arbeitsmarkt für Frauen und Männer.[70]

Im Dezember 1994 definierte der Europäische Rat in Essen die ersten auf europäischer Ebene entwickelten kurz- und mittelfristigen Aktionslinien für die Beschäftigung. Es werden fünf prioritäre Bereiche für die nationale Beschäftigungspolitik festgesetzt:

- Förderung von Investitionen in die Berufsbildung,
- Steigerung der Beschäftigungsintensität des Wachstums,
- Senkung der Lohnnebenkosten,
- Verstärkung der Wirksamkeit der Arbeitsmarktpolitik,
- Verstärkung der Maßnahmen zugunsten der von der Arbeitslosigkeit besonders betroffenen Gruppen[71].

Sowohl der Gipfel in Madrid[72] (15./16.Dez. 1995), der die in Essen beschlossene Strategie der Beschäftigungspolitik bestätigt, als auch der Gipfel in Dublin[73] (13./14. Dez. 1996), der den Bericht mit dem Titel: „Beschäftigung und Wachstum in Europa: der Weg in die Zukunft" annimmt, fordern die Verstärkung der

---

[68] vgl. Europäische Kommission (1994), S. 143 ff.
[69] vgl. Europäische Kommission (1994), S. 163
[70] vgl. Europäische Kommission (1994), S. 163
[71] Europäische Kommission (2002a)
[72] vgl. Europäische Kommission (2003b)
[73] vgl. Europäische Kommission (2003c)

aktiven arbeitsmarktpolitischen Maßnahmen zur Beschäftigungsförderung und der Investitionen in die Humanressourcen.[74]

2.1.2 Die neue Beschäftigungsstrategie

Die in Essen eingeleitete Strategie bekommt mit dem *Vertrag von Amsterdam*[75] erstmals einen verbindlichen Ausdruck. Der Vertrag von Amsterdam wurde am 2. Oktober 1997 unterzeichnet und trat am 1. Mai 1999 in Kraft. Die Verträge der EU und der Europäischen Gemeinschaft (EG) wurden abgeändert und damit der rechtliche und institutionelle Rahmen zur Unterstützung der europäischen Beschäftigungsstrategie geschaffen; diese Strategie wurde als „Angelegenheit von gemeinsamem Interesse" verankert.

Neben der Festlegung gemeinsamer Regelungen zu den Themenfeldern Sicherheit, Freiheit und Recht sowie Umwelt, Gesundheit und Rechte des Verbrauchers wurden in diesem Vertrag gemeinsame Regularien für die Politikfelder Beschäftigung und Soziales vereinbart.[76] Die Gipfelteilnehmer von Amsterdam verständigen sich darauf, wesentliche Eckpunkte des Vertrages bereits vor der Ratifizierung durch die Einzelstaaten einzuführen. Dies sind:

- „Die Festlegung einer europäischen Strategie durch die Union und die Festlegung nationaler beschäftigungsfördernder Programme durch die Mitgliedsstaaten, die der Rat jährlich auf der Grundlage der gemeinsam festgelegten Strategie bewertet.
- Das Recht der Union, gezielt Maßnahmen zu ergreifen, die die Zusammenarbeit der Mitgliedsstaaten fördern und die Aktion ergänzen.
- Die Schaffung eines Ausschusses für Beschäftigung, der die beschäftigungspolitischen und arbeitsmarktpolitischen Maßnahmen der Mitgliedsstaaten koordiniert."[77]

Mit dieser Vereinbarung ist Beschäftigungs- und Sozialpolitik - trotz des weiterhin bestehenden Dissens über eine EU-Zuständigkeit unter den Mitgliedern - zu einem Anliegen von gemeinsamem Interesse geworden, obwohl der Zuständigkeit der Einzelstaaten für diese Politikfelder weiterhin große Bedeutung eingeräumt wird. Mit dem Amsterdamer Vertrag werden alle Mitgliedsstaaten in

---

[74] vgl. Europäische Kommission (2003b) und Europäische Kommission (2003c)
[75] vgl. Europäische Kommission (2003)
[76] vgl. Europäische Kommission (1999b), S. 10
[77] Europäische Kommission (1999b), S. 11

die gemeinsame Beschäftigungs- und Sozialpolitik einbezogen, was vorher nicht der Fall war, da das Vereinigte Königreich sich mit dem Maastrichter Vertrag hier ausgeschlossen hatte.[78]

Mit dem Amsterdamer Vertrag wird in den Vertrag über die Europäische Union (Maastrichter Vertrag (EUG)) die Erhöhung des Beschäftigungsniveaus als Ziel aufgenommen (Artikel 2 EUG). Damit wird dieses Ziel mit anderen Aspekten der EU-Wirtschaftspolitik gleichgesetzt.

Ebenfalls wird ein neuer Titel zur Beschäftigung in den Vertrag zur Gründung der Europäischen Gemeinschaft (Römischer Vertrag (EGV)) eingefügt (Titel VIII Artikel 125 bis 130). Gemäß diesem Titel sollen die Mitgliedstaaten und die Gemeinschaft auf die Entwicklung einer koordinierten Beschäftigungsstrategie und auf die Förderung der Beschäftigung hinarbeiten[79].

2.1.3 Der Luxemburg-Prozess

1997 werden beim *Sondergipfel zur Beschäftigung in Luxemburg* die Prioritäten für die in Amsterdam vereinbarte Beschäftigungsstrategie festgelegt, die in vier Säulen gegliedert wird:

Säule 1: Beschäftigungsfähigkeit. Hier handelt es sich um die Förderung der Beschäftigungsfähigkeit und die Überwindung des Qualifikationsdefizits. Als konkrete Maßnahmen werden vorgeschlagen:

- Bekämpfung der Langzeit- und Jugendarbeitslosigkeit,
- Übergang von passiven zu aktiven Maßnahmen durch die Erhöhung der Zahl der Personen, die aktive Maßnahmen zur Förderung ihrer Beschäftigungsfähigkeit wahrnehmen,
- Erleichterung des Übergangs von der Schule zum Beruf durch die Verbesserung der Qualität des Schulsystems und durch die Einrichtung oder den Ausbau von Lehrlingsausbildungssystemen.

Säule 2: Unternehmergeist. Grundlage dieses zweiten Schwerpunkts ist die Förderung eines dynamischen und unternehmensfreundlichen Umfelds zur Schaffung von Arbeitsplätzen und zur Entwicklung des Unternehmergeistes. Konkretisiert heißt das:

---

[78] vgl. Europäische Kommission (1999b), S. 11
[79] vgl. Europäische Kommission (1997)

- Leichtere Gründung und Führung von Unternehmen,
- Ausschöpfung der Möglichkeiten für die Schaffung neuer Arbeitsplätze,
- Beschäftigungsfreundlicheres Steuersystem.

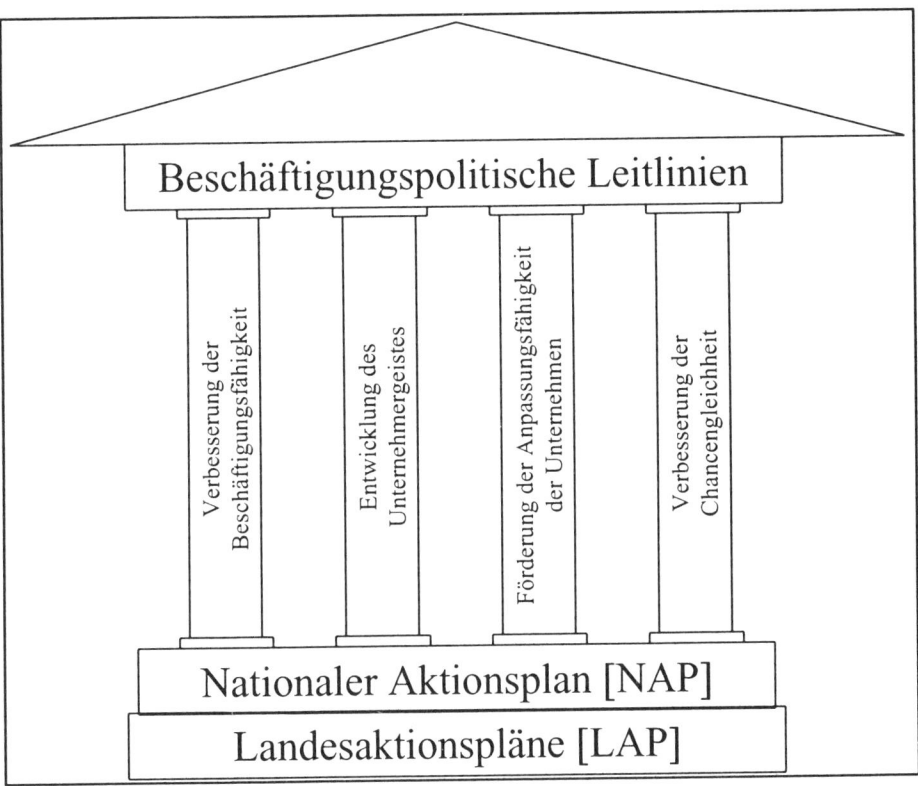

Abbildung 2: Vier-Säulen-Modell

Säule 3: Anpassungsfähigkeit. In diesem dritten Pfeiler geht es um die Förderung der Anpassungsfähigkeit der Unternehmen und ihrer Arbeitnehmer an die neuen Technologien und Märkte, an die industriellen Umstrukturierungsprozesse und an die Entwicklung neuer Produkte und neuer Dienstleistungen. Konkretisiert heißt das:

- Modernisierung der Arbeitsorganisation z.B. durch Regelungen betreffend Arbeitszeiten und lebenslange Weiterbildung,
- Förderung der Anpassungsfähigkeit der Unternehmen durch z.B. steuerliche Begünstigung von betrieblichen Qualifizierungsmaßnahmen.

Säule 4: Chancengleichheit. Hier geht es um die Modernisierung der Gesellschaft, speziell zur Schaffung gleicher Bedingungen für Frauen und Männer, einer Erwerbstätigkeit nachzugehen. Neben diesem Ziel geht es auch um die Integration behinderter Menschen ins Erwerbsleben. Konkretisiert heißt das:

- Bekämpfung der Diskriminierung zwischen Frauen und Männern,
- Vereinbarkeit von Beruf und Familie,
- Erleichterung der Rückkehr in das Arbeitsleben,
- Förderung der Eingliederung behinderter Menschen in das Erwerbsleben[80].

Neben diesen Festlegungen zur Gliederung der Beschäftigungsstrategie beim Sondergipfel des Europäischen Rates in Luxemburg im November 1997 wird auch die Umsetzung der europäischen Beschäftigungsstrategie in beschäftigungspolitische Leitlinien und in Nationale Aktionspläne (NAP) beschlossen. Diese werden fortan jährlich geplant, überwacht und neu angepasst. Im Ablauf des sogenannten *Luxemburg-Prozesses* sind vier Schritte wesentlich:

- Am Anfang des Jahres werden vom Rat und auf Vorschlag der Kommission beschäftigungspolitische Leitlinien festgelegt, die konkrete Ziele für die Mitgliedsstaaten beinhalten.
- Jeder Mitgliedstaat erstellt einen Nationalen Aktionsplan, der die Umsetzung der Leitlinien in die Praxis darstellt.
- Die Kommission und der Rat prüfen gemeinsam die Nationalen Aktionspläne und erstellen einen Beschäftigungsbericht.
- Die beschäftigungspolitischen Leitlinien für das darauf folgende Jahr werden vom Rat genehmigt[81].

Dieser Luxemburg-Prozess ist ebenso wie der Amsterdamer Vertrag notwendig geworden, weil sich die Langzeitarbeitslosigkeit in den europäischen Mitgliedsstaaten auf hohem Niveau verfestigt hat (5,2% der Erwerbsbevölkerung).[82] Da dies bestimmte Bevölkerungsgruppen betrifft, insbesondere Jugendliche, die trotz positiver Wirtschaftsdaten nicht vom Wachstum im Hinblick auf Beschäftigung profitieren können, ist es möglich, sich auf ein einheitliches Vorgehen zu einigen.[83] Mit der Dubliner Erklärung (im Rahmen des Luxemburg-Prozesses) wird deutlich, dass die EU auf eine Umsteuerung in den Steuer- und Sozialschutzsystemen setzt.[84] Mit dem Luxemburg-Prozess werden die EU-

---

[80] Europäische Kommission (2003d)
[81] vgl. Europäische Kommission (2002b)
[82] vgl. Europäische Kommission (2003e), Abs. 3. I.
[83] vgl. Europäische Kommission (2003e), Abs. 3. II.
[84] vgl. Europäische Kommission (2003e), Abs. 3. II.

Instrumente stärker auf die Berufsberatung, Hilfe und Beratung bei der Arbeitsplatzsuche, Ausbildungsprogramme und bezuschusste Arbeitsplätze ausgerichtet.[85] Hierbei wird insbesondere auf die Verzahnung von Berufsberatung und Ausbildung Wert gelegt. Dieser als Luxemburg-Prozess bezeichnete Weg zieht sich durch die folgenden Gipfel weiter. In Wien (11./12.Dez. 1998) wird darauf hingewiesen, dass die Beschäftigungsleitlinien stärker mit der Wirtschaftspolitik verzahnt werden müssen. Es wird ein europäischer Beschäftigungspakt gefordert, der dann in Köln (3.-14.6.1999) geschlossen wird und den Dialog zwischen den für Haushalts-, Währungs-, Lohn- und Strukturpolitik verantwortlichen Stellen in Gang setzt.[86]

Diese - auf den Vereinbarungen des Amsterdamer Vertrages und des Luxemburg-Prozesses beruhende - koordinierte Beschäftigungsstrategie mündet schließlich mit der *Sondertagung des Europäischen Rates in Lissabon* im März 2000[87] in die Verabschiedung der Agenda 2000, die beschäftigungspolitische Leitlinien zur Stärkung der lokalen Ebene in der EU festschreibt.[88] Hier wird festgestellt, dass eine erfolgreiche *Beschäftigungspolitik* nur betrieben werden kann, wenn die Rolle der lokalen Gebietskörperschaften gestärkt wird. Damit werden die Vorteile von Nähe zu den lokalen Wirtschaftsakteuren genutzt: der wirtschaftlichen Macht einer Gebietskörperschaft, den Entscheidungsbefugnissen über Haushaltsmittel für Auftragsvergaben und der Schaffung von Verbindungen zwischen lokalem Bildungssystem und Informationsgesellschaft.[89] Mit der Agenda 2000 wird insbesondere die Rolle des Dritten Sektors betont, der als *förderungswürdig* sowohl hinsichtlich des Nutzens für die Gesellschaft als auch der Integration benachteiligter Personen hervorgehoben wird.[90]

---

[85] vgl. Europäische Kommission (2003e), Abs. 3. III.
[86] vgl. Europäische Kommission (2003a)
[87] Bei der Sondertagung des Europäischen Rates in Lissabon am 23. und 24. März 2000 wird das Ziel der Erreichung der Vollbeschäftigung in Europa betont. Wachstum, Wettbewerbsfähigkeit und Beschäftigung werden als Strategien, immer noch im Sinne des Weißbuches, bestätigt und erneuert. Das Ziel der Vollbeschäftigung in der EU für das Jahr 2010 wird formuliert. vgl. Europäische Kommission (2003d)
[88] vgl. Europäische Kommission (2003f)
[89] vgl. Europäische Kommission (2003f)
[90] vgl. europäische Kommission (2003f)

März 2001	Gipfel von Stockholm: Forderung nach Erhöhung der Erwerbsquote auf 67% und Modernisierung des europäischen Sozialmodells. Konzept zur Verbesserung der Qualität der Arbeit.
März 2000	Sondergipfel von Lissabon: Ziel der Vollbeschäftigung bis 2010 wird betont. Strategie für Wachstum, Wettbewerbsfähigkeit und Beschäftigung (des Weißbuches) wird bestätigt und erneuert. Beschäftigungspolitische Leitlinien 2000 zur Stärkung der lokalen Ebene werden vereinbart (Agenda 2000)
Dez. 1999	Gipfel von Helsinki: Bedeutung einer verstärkten Koordinierung der Beschäftigungspolitik wird betont.
1.5.1999	Inkrafttreten des Amsterdamer Vertrages durch Ratifizierung der 15 Mitgliedsstaaten
Juli 1999	Gipfel von Köln: makroökonomischer Dialog zum Wechselspiel von Geld-, Finanz- und Lohnpolitik
Dez. 1998	Gipfel von Wien: Forderung nach mehr Synergien zwischen beschäftigungspolitischen Leitlinien und der Wirtschaftspolitik
Nov. 1997	Gipfel von Luxemburg: Beginn des sog. Luxemburgprozesses: Entwicklung einer Koordinierung der Beschäftigungspolitiken der Mitgliedsstaaten.
2.10.1997	Unterzeichnung des Amsterdamer Vertrages
Juni 1997	Gipfel von Amsterdam: Amsterdamer Vertrag wird beschlossen mit neuem Titel: Förderung der Beschäftigung als gemeinschaftlicher Aufgabe
Dez. 1996	Gipfel von Dublin: Bericht mit dem Titel: „Beschäftigung und Wachstum in Europa: Der Weg in die Zukunft" wird angenommen
Dez. 1995	Gipfel von Madrid: bestätigt in Essen vereinbarte Strategie
Dez. 1994	Gipfel von Essen: erste europäische Aktionslinien für Beschäftigungspolitik
1994	Veröffentlichung des Weißbuches: Wachstum, Wettbewerbsfähigkeit, Beschäftigung
1993	Gipfel in Kopenhagen
1.11.1992	Inkrafttreten des Maastrichter Vertrages
1992	Gipfel von Maastricht: Maastrichter Vertrag zur Gründung der Europäischen Union

Abbildung 3: Entwicklung der europäischen Beschäftigungsstrategie

Diese Politik der regionalen und ländlichen Entwicklung in der EU soll - eng verzahnt mit der neuen Verordnung über den ESF - eine bessere Unterstützung der lokalen Entwicklungs- und Beschäftigungsinitiativen bewirken.[91]

2.2 Der ESF als beschäftigungspolitisches Instrumentarium

Der ESF, der im Vertrag von Rom zur Gründung der Europäischen Gemeinschaft (1956) verankert ist, ist der älteste Strukturfonds, der in Menschen und ihre *Beschäftigungsfähigkeit* investiert. Er ist das wichtigste Instrument der EU zur Entwicklung der Humanressourcen und zur Verbesserung der Funktionsfähigkeit des Arbeitsmarktes. Der ESF wird von den Mitgliedsstaaten regional verwaltet und unterstützt hauptsächlich Langzeitprogramme, die die Qualifikation der Arbeitnehmer und die unternehmerische Initiative fördern.

Die Ziele des ESF leiten sich aus den für alle europäischen Strukturfonds definierten Zielen ab. Im Laufe der letzten Jahrzehnte wurden zwei Änderungen in diesen Zielen - also auch in den Zielen des ESF - vorgenommen (vgl. Tabelle 1):

- Bis 1993 existierten sechs Ziele, die 1994 in vier zusammengefasst wurden.
- 2000 wurden die Ziele für den Zeitraum 2000-2006 neu festgelegt und auf drei reduziert.

Die letzte Änderung beruht auf der in der Agenda 2000 vorgesehenen Strukturfondsreform, die auf der Tagung des Europäischen Rates in Berlin 1999 zur Unterstützung der Europäischen Beschäftigungsstrategie genehmigt wurde.

Unter *Ziel 3* fallen alle EU-Maßnahmen, die auf die Förderung der Qualifikation der Arbeitskräfte abzielen, soweit sie nicht in den Gebieten von *Ziel 1*[92] durchgeführt werden. Die Maßnahmen, die für eine Finanzierung in Betracht kommen, umfassen folgende Politikbereiche:

- Entwicklung und Förderung aktiver arbeitsmarktpolitischer Maßnahmen zur Bekämpfung der Arbeitslosigkeit,
- Förderung der Chancengleichheit Aller beim Zugang zum Arbeitsmarkt,

---

[91] vgl. Europäische Kommission (2003f)
[92] Ziel 1 - Gebiete sind die besonders strukturschwachen Regionen, die von starken Wandel betroffen sind.

Vor 1993	1993-1999	Ab 2000
Ziel 1: Förderung der Entwicklung und der strukturellen Anpassung der Regionen mit Entwicklungsrückstand	**Ziel 1**: Ab 1993 werden die neuen Bundesländer komplett als Ziel 1 Gebiet anerkannt.	**Ziel 1**: Förderung der ärmsten Regionen der EU (Pro Kopf-BIP von weniger als 75% des Gemeinschaftsdurchschnitts und die ultraperipheren Gebiete des alten Ziel 6)
Ziel 2: Umstellung der Regionen, die von der rückläufigen industriellen Entwicklung im besonderen Maße betroffen sind. Kriterien sind die Höhe der Arbeitslosenquote und der Rückgang der Beschäftigung in der Industrie.	**Ziel 2**: Umstellung der Regionen, die von der rückläufigen industriellen Entwicklung im besonderen Maße betroffen sind. Kriterien sind die Höhe der Arbeitslosenquote und der Rückgang der Beschäftigung in der Industrie.	**Ziel 2**: Wirtschaftliche und soziale Umstellung von Gebieten mit strukturellen Schwierigkeiten (einschließlich der Gebiete, in denen die Sektoren Industrie und Dienstleistung einen sozioökonomischen Wandel durchlaufen, ländliche Gebiete mit rückläufiger Entwicklung, Problemgebiete in den Städten und von der Fischerei abhängige Krisengebiete)
Ziel 3: Bekämpfung der Langzeitarbeitslosigkeit	**Ziel 3**: (Die Ziele 3 und 4 von vor 1993 wurden ab 1993 zusammengefasst im neuen Ziel 3): Bekämpfung der Langzeitarbeitslosigkeit und Erleichterung der Eingliederung der Jugendlichen ins Erwerbsleben.	**Ziel 3**: (Ziel 3 und 4 werden ab 2000 zusammengefasst in das neu formulierte Ziel 3): Unterstützung der Anpassung und Modernisierung der Bildungs-, Ausbildungs- und Beschäftigungspolitiken und -systeme außerhalb der Regionen von Ziel 1
Ziel 4: Erleichterung der Eingliederung der Jugendlichen ins Erwerbsleben.	**Ziel 4(neu)**: Erleichterung der Anpassung der Arbeitskräfte an die industriellen Wandlungsprozesse und an Veränderungen der Produktionssysteme	
Ziel 5:Im Hinblick auf die Reform der gesamten Agrarpolitik a) beschleunigte Anpassung der Agrarstrukturen b) Förderung der Entwicklung des ländlichen Raumes.		
Ziel 6:Förderung der ultraperipheren Gebiete		

Tabelle 1: Entwicklung der Ziele der EU-Förderung in den Stufen bis 1993, 1993-1999 und ab 2000

- Förderung der Beschäftigungsaussichten durch lebenslanges Lernen und Fortbildungssysteme,
- Vorwegnahme und Erleichterung der Umstellung auf den wirtschaftlichen und sozialen Wandel,
- Verbesserung des Zugangs von Frauen zum Arbeitsmarkt[93].

Der ESF soll in den genannten fünf Bereichen, die direkt mit den vier „Pfeilern" der beschäftigungspolitischen Leitlinien in Verbindung stehen, die Nationalen Aktionspläne für Beschäftigung unterstützen. (vgl. Tabelle 1)

Die zur Verfügung stehenden Mittel der Gemeinschaft haben sich in den oben beschriebenen Planungsperioden wie in Tabelle 2 entwickelt

Mitgliedsstaat	*1990-1993*	*1994-1999*	*2000-2006*
Belgien	456	888	1081
Dänemark	194	424	464
Deutschland	2243	7805	11623
Finnland		629	874
Frankreich	2276	5422	6854
Griechenland	1757	2684	4345
Grossbritanien	2694	6398	7500
Irland	1420	2229	1050
Italien	3017	5714	8374
Luxemburg	13	32	44
Niederlande	471	1498	1992
Österreich		615	733
Portugal	2029	3363	4529
Spanien	3772	9653	11917
Schweden		756	1042
Interreg			190
Europa der 12	20342		
Europa der 15		48109	62612

Tabelle 2: Finanzmittel des ESF in den Perioden 1990-1993, 1994-1999 und 2000-2006 für die Mitgliedsstaaten in Mio. €.
Quelle: Europäische Kommission, GD Beschäftigung und Soziales, Mitteilung vom 18.2.2003

In der Bundesrepublik Deutschland werden die Maßnahmen des ESF über das Bundesministerium für Wirtschaft und Arbeit sowie die entsprechenden Länderministerien umgesetzt.

---

[93] Europäische Kommission (1999a)

Für Nordrhein-Westfalen spiegeln sich die beschäftigungspolitischen Leitlinien in der Definition und Umsetzung des *Ziels 3* z.B. in den Politikfeldern, die die Landesregierung definiert hat, wieder. Diese sind folgendermaßen definiert:

Politikfeld A:	Förderung der Beschäftigung
Politikfeld B:	Ausgrenzung vom Arbeitsmarkt verhindern – Beschäftigungsfähigkeit erhöhen
Politikfeld C:	Qualifizierung durch veränderte Systeme berufsbezogener Bildung verbessern
Politikfeld D:	Arbeitsorientierte Modernisierung mit den Beschäftigten und Entwicklung des Unternehmergeistes
Politikfeld E:	Beschäftigung von Frauen besonders fördern

Tabelle 3: Politikfelder der Landesarbeitsmarktpolitik in NRW im Bereich des EU-Ziels 3 (2000-2006)

Durch die Definition dieser Politikfelder sollen die 4 Säulen der Beschäftigungsstrategie durch operative Maßnahmen realisiert werden.

Grundsätzlich umfasst der Weg der Fördermittel drei Schritte, um von der EU zur nationalen Umsetzung zu gelangen. Die Nationalstaaten müssen einen *Plan*, ein *gemeinschaftliches Förderkonzept* und ein *operationelles Programm* vorlegen. Zur Beschleunigung des Verfahrens kann dies auch in Form eines *Einheitlichen Programmplanungsdokumentes* erfolgen. Der *Plan* enthält eine Analyse der nationalen und regionalen Situation bezogen auf die einzelnen Strukturfondsziele. Das *gemeinschaftliche Förderkonzept* wird von jedem Mitgliedsstaat mit der Kommission aufgestellt, wobei Förderschwerpunkt und die Höhe der erforderlichen Mittel festgelegt werden. Die *operationellen Programme* beinhalten die Anträge auf finanzielle Beteiligung der Kommission bei der Umsetzung konkreter Maßnahmen. Auf der Basis dieser operationellen Programme erhalten die Länder der Bundesrepublik Deutschland ihre Mittel, die sie länderspezifisch einsetzen können, während der Großteil der Mittel über die Bundesanstalt für Arbeit oder das Bundesministerium für Wirtschaft und Arbeit in Form von Sonderprogrammen oder im Rahmen von Sozialgesetzbuch (SGB) III-Maßnahmen eingesetzt wird.[94]

Verallgemeinernd lässt sich der Mittelfluss vom ESF zu einer einzelnen arbeitsmarktpolitischen Maßnahme am Beispiel NRWs wie in Abbildung 4 darstellen.

---

[94] Europäische Kommission (2002c)

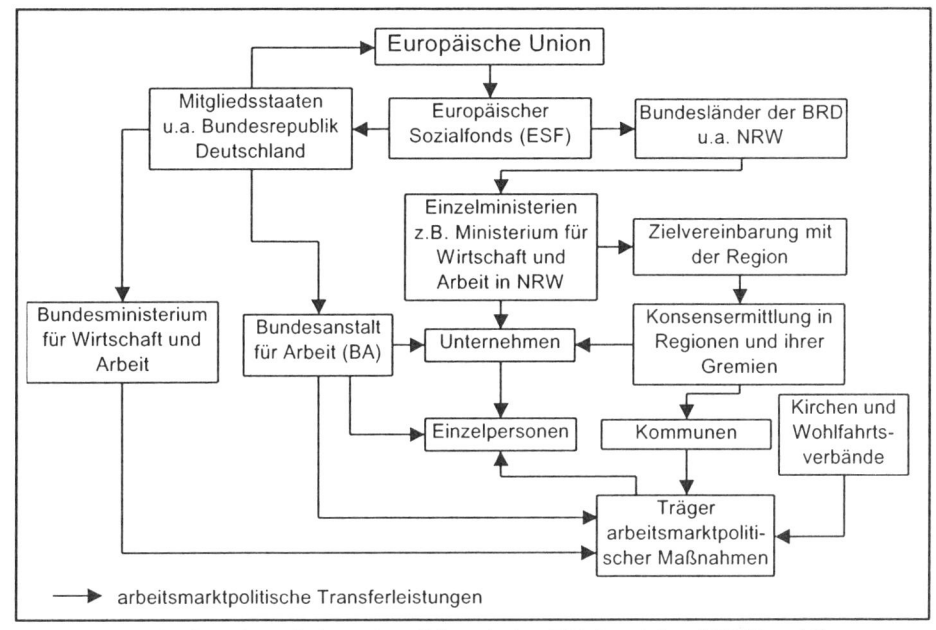

Abbildung 4: Struktur der Arbeitsmarktpolitik zwischen EU, Bund, Land NRW und Kommunen.

Ausgehend von den Beiträgen der Nationalstaaten an die EU werden die Mittel des ESF sowohl über die Bundesregierung als auch über die Bundesländer weitergeleitet. Während auf Bundesebene ESF-Mittel über das Bundesministerium für Wirtschaft und Arbeit und über die Bundesanstalt für Arbeit zur Finanzierung von Maßnahmen eingesetzt werden, fließen andere Teile dieser Mittel über die entsprechenden Länderministerien - in NRW z.B. über das Ministerium für Wirtschaft und Arbeit - weiter.

Von hier aus werden einerseits Unternehmen mit Fördermitteln gestützt, die sich besonderen arbeitsmarktpolitischen Aufgaben stellen. Entsprechend der in Kapitel 2.2 geschilderten ESF-Ziele werden die Mittel eingesetzt und kommen ggf. einzelnen Personen in den Unternehmen oder den Unternehmen selbst zu Gute.

Andererseits werden Mittel über die in NRW praktizierte regionalisierte Arbeitsmarktpolitik verausgabt. Regionale Gremien, die aus unterschiedlichen arbeitsmarktpolitisch relevanten Akteuren zusammengesetzt sind, entscheiden vor Ort über die Priorität von vorgeschlagenen Maßnahmen. Dies geschieht auf der Basis von mit dem Land abgeschlossenen Zielvereinbarungen. Diese regionalen Arbeitsmarktkonferenzen bereiten die abschließend vom Land zu treffende Entscheidung vor. Ist diese erfolgt, fließen die Mittel entweder direkt an den

Träger der Maßnahme oder über die einzelnen der Region angehörenden Gebietskörperschaften an diese Träger. In NRW werden die EFS-Gelder i.d.R. mit Haushaltsmitteln der Landes ergänzt und insgesamt vergeben. Bei den Trägern werden die Mittel ggf. mit weiteren Mitteln, die über die Wohlfahrtspflege, die Bundesanstalt für Arbeit oder andere eingeworben wurden, ergänzt, sofern dadurch keine Doppelförderung entsteht.

Im folgenden Abschnitt wird die beschäftigungspolitische Basis der ESF-Finanzierung erläutert, indem einerseits die beschäftigungspolitischen Leitlinien der EU dargestellt werden. Anderseits wird der Begriff der *Beschäftigungsfähigkeit*, der diesen Leitlinien zu Grunde liegt, erörtert.

Damit wird die theoretische Grundlage für das im zweiten Teil des Buches dargestellte Forschungsprojekt geschaffen.

2.3 Beschäftigungsfähigkeit als Schlüsselbegriff der EU-Strategien

Eine zentrale Aufgabe, die es zur Erreichung des Ziels der Erhöhung des Beschäftigungsniveaus zu erfüllen gilt, ist nach Auffassung des EU-Rates (siehe Kapitel 2.3) die Förderung der *Beschäftigungsfähigkeit*.

Im folgenden Kapitel wird der Begriff der Beschäftigungsfähigkeit als Leitwert für das in diesem Buch beschriebene Forschungsprojekt in Bezug auf die Situation in Beschäftigungs- und Qualifizierungsprojekten operationalisiert.

2.3.1 Beschäftigungspolitische Leitlinien der EU

Wie bereits oben beschrieben und in Kapitel 3, Art. 4, Abs.2 des Vertrages von Amsterdam formuliert, „legt der Rat ... jährlich ... [beschäftigungspolitische] Leitlinien fest, die die Mitgliedsstaaten in ihrer Beschäftigungspolitik berücksichtigen."[95]

Für die hier vorzunehmende Betrachtung ist die Säule I (Beschäftigungsfähigkeit) des im vorherigen Kapitel dargestellten Vier-Säulen-Modells relevant. Dazu gehören die Aspekte:

- Bekämpfung der Jugendarbeitslosigkeit und Verhütung von Langzeitarbeitslosigkeit,

---

[95] Europäische Kommission (1997), S.3

- Übergang von passiven zu aktiven Maßnahmen,
- Förderung eines Partnerschaftskonzepts,
- Erleichterung des Übergangs von der Schule zum Beruf,
- Schaffung eines Arbeitsmarktes, der allen offen steht.[96]

In den Ausformulierungen zu einzelnen Unterpunkten finden sich Hinweise auf das Verständnis der EU zum Begriff der Beschäftigungsfähigkeit.

So findet sich zu dem Unterpunkt *Bekämpfung der Jugendarbeitslosigkeit und Verhütung von Langzeitarbeitslosigkeit* die Zusage, dass

„... sich die Mitgliedstaaten verstärkt bemühen, präventive Strategien auszuarbeiten, die auf eine frühzeitige Ermittlung der individuellen Bedürfnisse und auf die Verbesserung der Beschäftigungsfähigkeit abzielen."[97]

Unter anderem wird gefordert,

„1. daß allen Jugendlichen ein Neuanfang in Form einer Ausbildung, einer Umschulung, einer Berufserfahrung, eines Arbeitsplatzes oder einer anderen die Beschäftigungsfähigkeit fördernden Maßnahme ermöglicht wird, ehe sie sechs Monate arbeitslos sind;

2. daß arbeitslosen Erwachsenen ... ein Neuanfang ermöglicht wird, ehe sie zwölf Monate arbeitslos sind."[98]

Im Unterpunkt *Übergang von passiven zu aktiven Maßnahmen* wird festgelegt:

„Die Sozialleistungssysteme, Steuersysteme und Ausbildungssysteme sind ... zu überprüfen und so anzupassen, daß sie zur Förderung der Beschäftigungsfähigkeit der Arbeitskräfte beitragen. Jeder Mitgliedsstaat

3. bemüht sich, die Zahl der Personen spürbar zu erhöhen, die in den Genuß aktiver Maßnahmen zur Förderung ihrer Beschäftigungsfähigkeit kommen. ...

4. wird seine Steuer- und Leistungssysteme überprüfen und gegebenenfalls neu ausrichten und Arbeitslosen und anderen Nichterwerbstätigen Anreize

---

[96] vgl. Europäische Kommission (1999c), Anhang
[97] Europäische Kommission (1999c), Anhang
[98] Europäische Kommission (1999c), Anhang

bieten, sich um Arbeit oder Maßnahmen zur Verbesserung ihrer Beschäftigungsfähigkeit zu bemühen ..."[99]

Im Unterpunkt *Förderung eines Partnerschaftskonzepts* heißt es, dass sich

„... die Mitgliedsstaaten und die Sozialpartner bemühen, zur Heranbildung qualifizierter und anpassungsfähiger Arbeitskräfte die Möglichkeiten für lebensbegleitendes Lernen ... auszubauen, und ... eine Definition des lebensbegleitenden Lernens vor[zu]nehmen, um Ziele .. für jene Personen zu setzen, die in den Genuß [oben genannter, aktiver] Maßnahmen kommen."[100]

Im Unterpunkt *Erleichterung des Übergangs von der Schule zum Beruf* werden die Mitgliedsstaaten aufgefordert

„.. die Qualität ihres Schulsystems zu verbessern, damit die Zahl der Schulabbrecher spürbar verringert wird. [sowie] ... dafür Sorge zu tragen, daß die Jugendlichen besser befähigt werden, sich an den technologischen und wirtschaftlichen Wandel anzupassen und daß ihnen den Bedürfnissen des Arbeitsmarktes entsprechende Qualifikationen vermittelt werden; ..."[101]

Im letzten Unterpunkt *Schaffung eines Arbeitsmarktes, der allen offen steht* wird in Aussicht gestellt

„... den Bedürfnissen behinderter Menschen, ethnischer Minderheiten und anderen Gruppen und Einzelpersonen, die .. benachteiligt sind, besondere Aufmerksamkeit [zu] schenken und geeignete präventive und aktive politische Ansätze [zu] entwickeln, um die Eingliederung der Betreffenden in den Arbeitsmarkt zu fördern."[102]

2.3.2 Der Begriff der Beschäftigungsfähigkeit

Obwohl die *Beschäftigungsfähigkeit* auf der Sondertagung des Europäischen Rates über Beschäftigungsfragen in Luxemburg 1997 als ein wesentlicher Eckpfeiler der Europäischen Arbeitsmarktpolitik definiert wurde, ist die Definition dessen, was unter dem Begriff *Beschäftigungsfähigkeit* verstanden wird, abhängig vom Standpunkt des Beobachters sowie von der historischen Entwicklung des Begriffsverständnisses.

---

[99] Europäische Kommission (1999c), Anhang
[100] Europäische Kommission (1999c), Anhang
[101] Europäische Kommission (1999c), Anhang
[102] Europäische Kommission (1999c), Anhang

Die meisten Definitionen bleiben mehr oder weniger nahe bei der allgemein verbreiteten Auffassung dessen, was zu einer Wettbewerbsfähigkeit auf dem Arbeitsmarkt an individuellen Eigenschaften und Befähigungen benötigt wird. Von Pádraig Flynn, dem EU-Kommissar für Beschäftigungspolitik, stammt die Definition: „Beschäftigungsfähigkeit ist die Ausstattung der Menschen mit den notwendigen Qualifikationen".[103]

Im nationalen beschäftigungspolitischen Aktionsplan der Bundesrepublik Deutschland wird von „... grundlegenden Qualifikationen ..., die auf dem Arbeitsmarkt verlangt werden..."[104], gesprochen. Laut dem Basisinformationsbericht *Beschäftigungsfähigkeit: Konzepte und Maßnahmen* des Europäischen Beschäftigungsobservatorium (EBO) bedeutet der Begriff „...in diesem Kontext dynamische und auf den neuesten Stand gebrachte Fertigkeiten sowie arbeitsmarktorientiertes Verhalten der gesamten Erwerbsbevölkerung."[105] Mit dem Versuch, Beschäftigungsfähigkeit als Messgröße zu operationalisieren,[106] entfaltet sich eine hohe Komplexität von Einflussfaktoren, die Beschäftigungsfähigkeit ausmachen und definieren können. Die Komplexität des Begriffs ist zudem parallel zur Entwicklung der Annahmen über das Wesen des Arbeitsmarktes angewachsen, was den Verfall des Erklärungs- und Nutzwerts der jeweils aktuellen Definition noch beschleunigt. Wie sich die Definition von Beschäftigungsfähigkeit im Laufe des vergangenen Jahrhunderts entwickelte, soll Tabelle 4 veranschaulichen.

Die ersten Schritte in der Entwicklung der Konzepte von Beschäftigungsfähigkeit wurden bereits zu Anfang des 20. Jahrhunderts unternommen. Bis in die 1940er Jahre hinein wurden nach diesem *Konzept der ersten Generation* (Definition E1[107]) die Betroffenen in „...,beschäftigungsfähige' oder ,beschäftigungsunfähige'..."[108] unterschieden. Als Grundlage für arbeitsmarktpolitische Instrumente ist diese Definition deshalb kaum geeignet.

---

[103] Flynn (1998), S.3
[104] Bundesrepublik Deutschland (2001), S. 27
[105] Gazier (2002), Einleitung
[106] z.B. zur Durchführung konkreter beschäftigungspolitischer Aktivitäten
[107] Für die Kurzbezeichnungen der Definitionen der Beschäftigungsfähigkeit wurden hier aus Kompatibilitätsgründen zur tabellarischen Darstellung die Originalbezeichnungen (E1-E7, E steht für employabilité) anstelle der deutschen Übersetzung (B1-B7) verwendet.
[108] vgl. Gazier (2002), S.23

Definition	Betroffene Bevölkerungsgruppe	Statistischer Inhalt	Operativer Inhalt
Erste Generation			
E1: Dichotomische Beschäftigungsfähigkeit (Beginn des 20. Jhdts. bis in die 1940er Jahre)	Verfügbarkeit tauglicher Arbeitnehmer, arbeitslose Familien	Drei Kriterien zur Bezeichnung der „Beschäftigungsfähigkeit": - Alter (15-64 Jahre) - keine physische/ psychische Behinderung - keine Familienverpflichtungen (z.B. Kinderbetreuung)	Statist. und administr. Aufteilung der Entscheidung über Notmaßnahmen für arbeitslose Familien: Beschäftigungsunfähige erhalten Bargeld und Sachhilfen; Beschäftigungsfähige werden für öffentliche Notstandsarbeiten eingesetzt.
Zweite Generation			
E2: Sozialmedizinische Beschäftigungsfähigkeit: Entfernung zu reintegrativer und regulärer Beschäftigung (1960 bis Beginn 1980er Jahre)	Behinderte Personen	Individuelle Tests und Indikatoren: - funktionelle Bilanzen - (partielle) Rangordnungen der Beschäftigungsfähigkeit	Wiedereingliederungsziel: Bewertung und Überwindung von regulärer Beschäftigung entgegenstehenden Hindernissen; Festlegung von Schwerpunkten und Terminen
E3: Beschäftigungsfähigkeit der Arbeitskräfte: Entfernung zu regulärer Beschäftigung (1960er bis Beginn 1980er Jahre)	Benachteiligte Personen und Gruppen	Integrierte Rangordnung der Beschäftigungsfähigkeit für individuelle Beurteilungen: Kombination von medizinischem Befund mit Fertigkeiten (Wissen, Ausbildung, Arbeitserfahrung) und sozialer Akzeptanz (äußere Erscheinung, Vorstrafen)	
E4: Übergangs-Beschäftigungsfähigkeit: Geschwindigkeit des Abgangs aus Arbeitslosigkeit (1980er Jahre)	Arbeitslose Gruppen	Abgang bestimmter Gruppen aus Arbeitslosigkeit; Beschäftigungs-fähigkeit ist das Gegenteil der durchschnittlichen Arbeitslosig-keitsdauer einer Bevölkerungsgruppe; Beschäftigungsfähigkeit und „Anfälligkeit" (d. h. die Wahrscheinlichkeit, arbeitslos zu werden) sind die beiden Komponenten der „Selektivität" der Arbeitslosigkeit. Wenn Übergangsbeschäftigungsfähigkeit als festgelegte durchschnittliche Beschäftigungsfähigkeit einer bestimmten Gruppe definiert wird, kann sie durch eine „differentielle Beschäftigungsfähigkeit" ergänzt werden, die die Schwierigkeiten einer Person innerhalb der Gruppe bestimmt, die mit bestimmten persönlichen Merkmalen verbunden sind.	Gesamtnachfrage und Durchsickerperspektive. Eine Phase wirtschaftlichen Rückgangs verschlechtert die Beschäftigungsfähigkeit, ein Aufschwung verbessert sie. Die relativen Nachteile einiger Minderheitengruppen auf dem Arbeitsmarkt sollen vor allem über nachhaltiges Wachstum, ergänzt durch Sozial- und Antidiskriminierungspolitik, behoben werden.

Definition	Betroffene Bevölkerungsgruppe	Statistischer Inhalt	Operativer Inhalt
Dritte Generation			
E5: Beschäftigungsfähigkeit als Arbeitsmarktleistung: Erwartete Leistung auf dem Arbeitsmarkt (1980er bis Mitte 1990er Jahre)	Einzelpersonen und Gruppen	„Arbeitsmarktergebnis": Für einen gegebenen Zeitraum und für eine Einzelperson die prognostizierte Beschäftigungszeit x prognostizierter durchschnittliche tägliche Arbeitsstunden x prognostizierter durchschnittlicher Stundenverdienst; die Wahrscheinlichkeit eines solchen Arbeitsmarktergebnisses wird nach statistischen Modellen geschätzt	Beurteilung und Vergleich der Auswirkungen bestimmter arbeitsmarktpolitischer Programme oder Ausbildungsmaßnahmen
E6: Initiativbezogene Beschäftigungsfähigkeit: Marktfähigkeit angesammelter individueller Fertigkeiten (späte 1990er Jahre)	Einzelpersonen	Human- und Sozialkapital (Sozialkapital: quantitative und qualitative Beurteilung der Verbindungen im sozialen Netzwerk; die besten Netzwerke sind groß und bestehen aus unverbundenen Kontakten.)	Gesamtperspektive: Förderung individueller Initiativen auf dem Arbeitsmarkt sowie Bildung grenzenloser Laufbahnen, drei operationale Inhalte: - Entwicklung von lebenslangem Lernen - Verbesserung der Informationen über den Arbeitsmarkt - Flexibilisierung des Arbeitsmarkts
E7: Interaktive Beschäftigungsfähigkeit: Relative Fähigkeit eines Individuums auf der Grundlage der Interaktion von persönlichen Merkmalen und Arbeitsmarktanforderungen, eine sinnvolle Beschäftigung zu finden (ab Ende der 1990er Jahre)	Einzelpersonen und Gruppen	Festgelegte statistische Profile: Liste der individuellen Merkmale und Laufbahnen in Bezug auf den Arbeitsmarktkontext sowie im Zusammenhang mit beobachteter oder prognostizierter Arbeitsmarktanforderung	Neuorientierung der Arbeitsmarktpolitik in Richtung Aktivierung und vorbeugende Maßnahmen: multidimensionale und ausgehandelte Ansätze im Zusammenhang mit Sozialpartnern, Unternehmensentwicklung und Anpassung der Arbeitnehmer innerhalb der Unternehmen

Tabelle 4: (Doppelseitig) Historische Entwicklung der Modelle von Beschäftigungsfähigkeit
Quelle: Gazier (2002)

In den Definitionen bzw. Modellen der Beschäftigungsfähigkeit, die von Beginn der 1960er Jahre bis zu Beginn der 1980er Jahre angewandt wurden (Definitionen E2+E3; zweite Generation), ist die Aufnahmefähigkeit des Arbeitsmarktes ein Einflussfaktor, der noch keine Berücksichtigung findet.

Im Mittelpunkt steht weiterhin die Identifizierung von *in* und *an der* Person zu lokalisierenden Vermittlungshemmnissen, um diese Personen mit Hilfe von kurativen (heilenden) oder kompensatorischen (ausgleichenden) Maßnahmen auf einem als *unbegrenzt aufnahmefähig* aufgefassten Arbeitsmarkt *in* bzw. *wieder in* Beschäftigung zu bringen, bzw. sie als *nicht beschäftigungsfähig* auszusortieren.

Eine von den bisherigen Definitionen völlig abweichende Sichtweise ist die der „fließenden Beschäftigungsfähigkeit" (E4). Diese Beschäftigungsfähigkeit wird daran gemessen, wie schnell eine Person wieder in Arbeit vermittelt werden kann und wie hoch innerhalb einer Gruppe von Arbeitslosen der Anteil derer ist, die ein Jahr und länger arbeitslos sind. Hier wird erstmals der Zusammenhang von Beschäftigungsfähigkeit und Aufnahmekapazität des Marktes deutlich.[109] Bei guter Konjunktur erfolgen wenig Selektion und somit geringe Verbleibzeiten in der Arbeitslosigkeit, bei schlechter Konjunktur erfolgen hohe Selektion und hohe Verbleibzeiten in der Arbeitslosigkeit.

Bei den Ansätzen, die vom Beginn der 1980er Jahre bis über die Mitte der 1990er Jahre hinaus entwickelt wurden (Definitionen E5-E7; dritte Generation), werden zunehmend die Zusammenhänge zwischen den vielfältigen arbeitsmarktpolitischen Einflussfaktoren berücksichtigt. Die Bedeutung des *relativen Werts* vorgefundener oder erworbener *Qualitäten* und *Potentiale* der betoffenen Personen oder Gruppen in Bezug auf die jeweils aktuelle Lage eines *nicht unbegrenzt aufnahmefähigen* Arbeitsmarktes wird orientierungsleitend.

Während die Definition E5 als neutrale, statistisch nutzbare Bewertungsplattform zur Evaluation arbeitsmarktpolitischer Maßnahmen dient, enthält die Definition E6 mehr oder weniger deutlich die Aufforderung zur selbstverantwortlichen, *unternehmerischen* Haltung in Bezug zu den eigenen Potentialen in einem postulierten *freien* Arbeitsmarkt. Selbstverantwortliche Akkumulation von am Arbeitsmarkt verwertbaren *Qualitäten* in Form von Karriereplanung bzw. „le-

---

[109] vgl. Gazier (1999)

benslangem Lernen", wie es die EU formuliert, wird als angemessene Antwort von den Leistungsfähigen auf diese Forderung erwartet.

Dass hierbei die weniger Leistungsfähigen, ganz zu schweigen von den benachteiligten Personen, von vorne herein geringere Chancen im Konkurrenzkampf um die stärker abnehmenden, geringere Qualifizierung erfordernden Arbeitsplätze haben, wird als Eigenschaft eines in seiner Aufnahmefähigkeit begrenzten (und in sofern keinesfalls *freien*) Arbeitsmarktes erkennbar.

Die zum ausgehenden 20. Jahrhundert ins Leben gerufene *europäische Beschäftigungsstrategie* der EU (vgl. Kapitel 2.1) legt für ihre Vorgehensweise die Definition E7 zugrunde. Mit *aktiven* Maßnahmen zur Entwicklung der in den Arbeitsmarktkontext gestellten individuellen Beschäftigungsfähigkeit sollen die Chancen Arbeitsloser oder von Arbeitslosigkeit Bedrohter verbessert werden. Aus der Logik dieser *interaktiven* Definition von Beschäftigungsfähigkeit folgt zwingend, dass Maßnahmen, die aktivierend auf die *Anbieter* von Arbeitsleistung (Arbeitssuchende) einwirken, von Maßnahmen zur Aktivierung der *Abnehmer* dieser Leistung (Arbeitgeber) mit dem Ziel der Erweiterung des Arbeitsplatzangebots begleitet sein müssen[110].

In wieweit bereits eingeleitete bzw. noch einzuleitende Maßnahmen zur Verbesserung der Situation auf dem europäischen und nationalen/regionalen Arbeitsmarktes zielgerichtet sind, kann im Rahmen dieses Berichts nicht behandelt werden. Hierzu verweisen wir auf die bereits in Teilen behandelten Artikel von Bernard Gazier[111].

2.3.3 Operationalisierung der Beschäftigungsfähigkeit für das Forschungsprojekt

Für das im zweiten Teil dieses Buches beschriebene Forschungsprojekt kann nun auf der Basis des *interaktiven Ansatzes* E7 ein Modell zur Operationalisierung des Begriffs *Beschäftigungsfähigkeit,* bezogen auf die Praxis von Beschäftigungs- und Qualifizierungsgesellschaften, abgeleitet werden.

Um die Einflussfaktoren auf die Beschäftigungsfähigkeit herauszuarbeiten, die für Einrichtungen des Zweiten Arbeitsmarktes in der Arbeit mit ihrer Klientel

---

[110] Dies gilt vor allem, weil die offiziell erfasste Arbeitslosenzahl die Zahl der offiziell erfassten freien Arbeitsplätze um ein Vielfaches übersteigt.
[111] vgl. Gazier (2001), S 32 ff. und Gazier (2002)

von Bedeutung sind, müssen diese Einflussfaktoren zunächst identifiziert werden.

Als primäre Einflussfaktoren können Angebot und Nachfrage am Arbeitsmarkt benannt werden.

Arbeitskräfteangebot (Erwerbspersonenpotential) bedingt durch:	Arbeitskräftenachfrage bedingt durch:
Bevölkerungsentwicklung Berufseintritts- und Berufsaustrittsalter Erwerbsbeteiligung von Frauen Wanderungsbewegungen Gesetzliche Regelungen	Wirtschaftsentwicklung Produktivitätsentwicklung Arbeitszeitentwicklung Strukturwandel Globalisierung Gesetzliche Regelungen

Tabelle 5: Einflussfaktoren auf Angebot und Nachfrage auf dem Arbeitsmarkt [112]

Als sekundäre Einflussfaktoren sind die aus der Bewerberkonkurrenz um das Arbeitsplatzangebot resultierenden zentralen Faktoren zu benennen[113]:

Alter Arbeitsweltbezogene Grundkompetenz Behinderung Familiäre Bindung Physische und psychische Konstitution Sozialisation Verhalten	Äußere Erscheinung Berufliche Qualifikation Bildungsgrad Geschlecht Mobilität Sozialkompetenz am Arbeitsplatz

Tabelle 6: Einflussfaktoren aus der Bewerberkonkurrenz (unvollständig)

In einer ersten Differenzierung werden die primären und sekundären Einflussfaktoren danach unterschieden, ob sie sich überwiegend als *strukturell bedingt* oder eher als *individuell bedingt* erweisen.

Unter den *strukturellen Faktoren* sollen diejenigen Einflussfaktoren zusammengefasst werden, die:

- nicht im Einflussbereich des Individuums liegen (z.B.: Alter, Geschlecht)
- oder überwiegend aus sozialer Einbindung bzw. sozialer Verantwortung resultieren (familiäre Bindung, Mobilität).

---

[112] vgl. Bäcker (2000), S. 256ff
[113] Diese Faktoren stellen wesentliche Faktoren, jedoch nicht alle relevanten dar.

Unter den *individuellen Faktoren* sollen diejenigen Einflussfaktoren zusammengefasst werden, die:

- überwiegend durch Entscheidungen des Einzelnen im Rahmen seiner lebensgeschichtlichen Prägung[114] und
- ohne direkte lebensentwurfverändernde Wirkung auf Andere beeinflusst werden können.

Strukturelle Faktoren	Individuelle Faktoren
Alter	Äußere Erscheinung
Arbeitskräfteangebot	Arbeitsweltbezogene Grundkompetenz
Arbeitskräftenachfrage	Berufliche Qualifikation
Behinderungen	Bildungsgrad(Allgemeinbildung)
Familiäre Bindungen	Physische und psychische Konstitution
Geschlecht	Sozialkompetenz am Arbeitsplatz
Mobilität	Sozialisation
	Verhalten

Tabelle 7: Einflussfaktoren strukturell-individuell

Arbeitsmarktbezogene Faktoren	Personenbezogene Faktoren
Arbeitskräfteangebot	Äußere Erscheinung
Arbeitskräftenachfrage	Alter
Arbeitsweltbezogene Grundkompetenz	Behinderungen
Berufliche Qualifikation	Bildungsgrad (Allgemeinbildung)
Sozialkompetenz am Arbeitsplatz	Familiäre Bindungen
	Geschlecht
	Physische und psych. Konstitution
	Mobilität
	Sozialisation
	Verhalten

Tabelle 8: Einflussfaktoren arbeitsmarktbezogen - personenbezogen

In einem zweiten Schritt werden die Einflussfaktoren, alternativ zum ersten Schritt, danach unterschieden, ob sie sich als *arbeitsmarktbezogen*, d.h. aus den Anforderungen der Arbeitswelt resultierend, oder als *personenbezogen*, d.h. als der einzelnen Person zugeschriebene Einflussfaktoren, darstellen lassen. Diese Unterscheidung findet sich in Tabelle 8 wieder.

---

[114] Diese Faktoren verstehen wir als zumindest kurativ durch den Einzelnen beeinflussbar, wenn auch nicht ursächlich vom Individuum zu verantworten.

2.3.4 Anwendung des Begriffs der Beschäftigungsfähigkeit auf Beschäftigungs- und Qualifizierungsgesellschaften

Aus der Integration der beiden im vorigen Abschnitt dargestellten Unterscheidungsebenen ergibt sich die Darstellung in Abbildung 5:

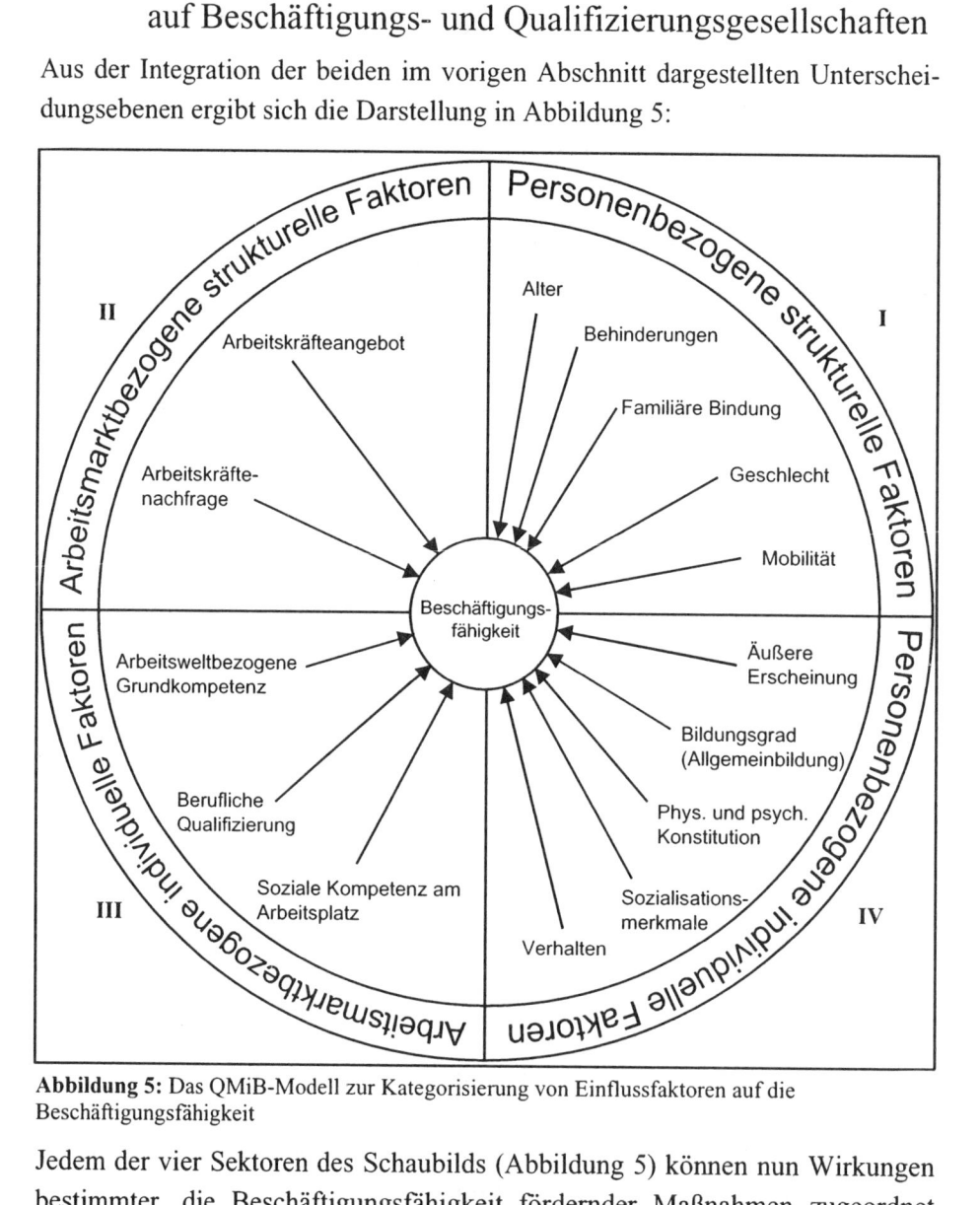

Abbildung 5: Das QMiB-Modell zur Kategorisierung von Einflussfaktoren auf die Beschäftigungsfähigkeit

Jedem der vier Sektoren des Schaubilds (Abbildung 5) können nun Wirkungen bestimmter, die Beschäftigungsfähigkeit fördernder Maßnahmen zugeordnet werden.

- Sektor I: Personenbezogene strukturelle Faktoren:
  Dieser Sektor ist die Domäne der kompensatorischen Maßnahmen, die zum einen in Form direkt personenbezogener Hilfeleistung (etwa bei der öffentli-

chen Kofinanzierung eines behindertengerechten Arbeitsplatzes), zum anderen in Form von gesellschaftspolitischen Weichenstellungen (Frauenförderung, einkommensabhängig kofinanzierte Vollzeit-Kinderbetreuung, Ganztagsschulen usw.) strukturelle Benachteiligungen bestimmter Personengruppen ausgleichen.

- Sektor II: Arbeitsmarktbezogene strukturelle Faktoren:
Hier wirken die direkt auf die Arbeitsmarktstruktur gerichteten Maßnahmen der Wirtschafts- und Arbeitsmarktpolitik der EU sowie von Bund, Ländern und Gemeinden.

- Sektor III: Arbeitsmarktbezogene individuelle Faktoren:
Ausbildung und Qualifizierung, Fort- und Weiterbildung sowie Beschäftigungsmaßnahmen zur Teilhabe an der Arbeitswelt greifen in diesem Sektor.

- Sektor IV: Personenbezogene individuelle Faktoren:
In diesem Sektor werden kurative Maßnahmen mit den einzelnen Betroffenen durchgeführt. Hier sind u. a. Beratung, Therapie, Rehabilitation und sozialarbeiterische sowie sozialpädagogische Interventionen wirkungsvolle Hilfen zur Förderung der Beschäftigungsfähigkeit.

Es lässt sich festhalten: Die von öffentlichen Geldgebern bewilligten Maßnahmen, die in Beschäftigungs- und Qualifizierungsgesellschaften zur Förderung der Beschäftigungsfähigkeit der zugewiesenen Klientel (überwiegend am Arbeitsmarkt benachteiligte Personen) durchgeführt werden, sind aufgrund der besonderen Lage dieser Klientel zumeist Gemische von Aufgaben aus den Sektoren III und IV.

Die Aufgabenstellungen, die sich für die Beschäftigungs- und Qualifizierungsgesellschaften aufgrund der verschiedenen zu bedienenden Sektoren unseres Modells ergeben, lassen sich als drei voneinander klar abgrenzbare *Kernprozesse* innerhalb der Ablauforganisation identifizieren und beschreiben.

a. Kernprozess: Sozialpädagogische Begleitung (SPB)
In diesem Kernprozess sind die Aufgaben des Sektors IV zusammengefasst. In Bezug auf die im zweiten Teil dieses Buches beschriebe Forschung kann dieser Kernprozess wie folgt definiert werden:

Er umfasst die allgemeinen sozialen, sowie lebenspraktischen Hilfeleistungen z.B.: Vermittlung von Beratung, Sprachkurse, das Erstellen von Lösungsstrategien für persönliche und familiäre Probleme, Hilfestellung bei Entschuldung, Sucht- und Verhaltensproblemen.[115]

b. *Kernprozess: Persönliche und Berufliche Qualifizierung und Beschäftigung (PBQ)*
Hierin wird der überwiegende Teil der Aufgaben aus Sektor III zusammengefasst. Bezogen auf die zu untersuchenden Organisationen im zweiten Teil dieses Buches kann dieser Kernprozess wie folgt definiert werden:
Er umfasst die berufliche Qualifizierung (und die Beschäftigung) wie z.B. Arbeitseinsätze, die mit der Durchführung von fach- und berufsbezogenem Unterricht oder der Anleitung in praktischen Tätigkeiten verbunden sind, sowie die persönliche Qualifizierung mit z.b. Kommunikations- und Konflikttraining, Einübung von Pünktlichkeit und Verlässlichkeit, Aktivierung der Selbststeuerung.

c. *Kernprozess: Vermittlung in den Ersten Arbeitsmarkt (VERM)*
Hier werden die Aufgaben des Sektors IV aus dem Aufgabenkomplex Arbeitsmarktbezogene Grundqualifikation, die sich mit dem *Selbstmarketing am Arbeitsmarkt* befassen, mit den *Dienstleistungen* zusammengefasst, *die die Organisation erbringt*, um der Klientel einen Zugang zum Arbeitsmarkt zu erleichtern. Es handelt sich somit um Arbeitseinsätze im Bereich der Tätigkeiten, die direkt dazu führen, die Klientel in den Ersten Arbeitsmarkt zu vermitteln, wie z.B. Kontaktaufnahme zu Arbeitgebern, Bewerbungstraining, Organisation von Stellenbörsen usw..

Um im Rahmen des im zweiten Teil des Buches dargestellten Forschungsprojektes zu einer Beurteilung zu kommen, inwieweit das Qualitätsmanagement einer BQG geeignet ist, die *Beschäftigungsfähigkeit* der Maßnahmeteilnehmer zu fördern, gilt es, mit geeigneten Instrumenten die drei Kernprozesse der Einrichtungen hinsichtlich ihrer Wirkung auf die im Einflussbereich der Organisation liegenden Faktoren (aus Sektor IV, III) zu analysieren. Zielrichtung müssen dabei die sich je verändernden Rahmenbedingungen des Sektors II sein. Dabei spielen sowohl die (nicht vorhandene vollständige) Aufnahmefähigkeit des Arbeitsmarktes als auch die Befähigung der Maßnahmeteilnehmer zur Teilnahme am Rotationsprozess des Arbeitsmarktes eine wichtige Rolle.

---

[115] vgl. Trube (1998)

Der Kontext der Entwicklung einer europäischen Beschäftigungsstrategie wirkt auf die Handlungsziele und -optionen der BQGen insofern ein, als diese durch ein *nationales* politisches Umfeld bestimmt werden, das diese *europäischen* Gedanken in politisches Handeln umsetzen muss. Die Ausrichtung der europäischen - und damit auch der nationalen - beschäftigungspolitischen Strategie am Leitziel der Förderung der Beschäftigungsfähigkeit ist ein dominantes Denkkonstrukt geworden. Wenn im zweiten Teil des Buches die Forschung bezüglich der Wirkung des Qualitätsmanagement (QM) in BQGen auf die *Förderung der Beschäftigungsfähigkeit* der Teilnehmer in Maßnahmen erörtert wird, so wird dort auf die europäische Beschäftigungsstrategie und den Begriff der *interaktiven Beschäftigungsfähigkeit* als den zentralen Theoriekonstrukten, wie sie hier dargestellt wurden, Bezug genommen. Diese Beschäftigungs- und Qualifizierungsgesellschaften werden in dem hier folgenden Kapitel näher beschrieben. Dabei steht das Konzept der „Sozialen" BGQ im Mittelpunkt.

3 Soziale Beschäftigungs- und Qualifizierungsgesellschaften als Teil des Zweiten Arbeitsmarktes

Der Markt der Institutionen, die sich mit berufs- und beschäftigungsfördernden Angeboten befassen, ist immer größer geworden. Für das im zweiten Teil des Buches dargestellte Forschungsprojekt wurden verschiedene Gesellschaften ausgewählt, die sich unter dem Begriff der „Sozialen" BQG subsumieren lassen. In diesem Kapitel wird das Feld, in dem diese Organisationen sich betätigen, definiert. Es werden ihre spezifischen Zielsetzungen und Rahmenbedingungen im Sozialsystem der Bundesrepublik Deutschland beleuchtet. Die sich daraus ergebenden Zielwidersprüche bzw. -konflikte haben maßgeblichen Einfluss auf die Entwicklung von Qualitätsmanagement, wie es in dem Forschungsprojekt untersucht wurde. Es werden elementare Rahmenbedingungen der Finanzierung von BQGen aufgezeigt, ohne jedoch in Details zu gehen. Aus diesen gesetzlichen Bestimmungen zur Finanzierung leiten sich in den jeweiligen Gesetzen verankerte Anforderungen an QM ab, die dann in Kapitel 4 dargestellt werden.

3.1 Zielgruppen und Definition des Feldes

Im Jahre 1982 wurde von der Organisation für wirtschaftliche Zusammenarbeit und Entwicklung (OECD) das Programm „Lokale Initiativen zur Schaffung von Arbeitsplätzen" beschlossen. Dabei handelte es sich um Organisationen, die in Zusammenarbeit unterschiedlicher Sozialpartner sowie lokaler und regionaler Behörden mit dem Ziel entstehen sollten, dauerhafte Beschäftigung zu schaffen. Hierzu wurden sowohl von der OECD, der EG als auch den nationalen Regierungen Förderprogramme aufgestellt. Im Rahmen dieser Bestrebungen entstanden die Beschäftigungsgesellschaften in Trägerschaft von Wohlfahrtsverbänden, gemeinnützigen Zweckvereinen oder Kommunen.[116]

Zu den Zielgruppen der *Sozialen Beschäftigungsgesellschaften* gehören insbesondere die Langzeitarbeitslosen: langzeitarbeitslose Sozialhilfeempfänger, arbeitslose Jugendliche mit und ohne Schul- und Berufsabschluss, gering Qualifizierte; ferner ältere erwerbslose Menschen, die aus dem Erwerbsprozess verdrängt wurden und noch nicht in Systeme der Frühverrentung eingemündet sind; Menschen mit physischen und psychischen Beeinträchtigungen, die häufig keinen oder nur einen geringen Grad eines anerkannten Behindertenstatus haben

---

[116] vgl. Bauer (1992), S. 1306

und nicht in eine Werkstatt für Behinderte integriert werden können oder sollen. Ebenso gehören Frauen nach familienbedingter Erwerbsunterbrechung zur Zielgruppe, da sie häufig mit Dequalifikationsproblemen durch langanhaltende Arbeitsmarktferne zu kämpfen haben.

Soziale Beschäftigungsgesellschaften werden häufig als Einrichtungen des „Zweiten Arbeitmarktes" bezeichnet. Es handelt sich dabei um Organisationen, die Maßnahmen zur Erhöhung der Arbeitsmarktchancen von Arbeitslosen oder durch von Arbeitslosigkeit Bedrohten mit öffentlicher Förderung durchführen. Ihre Förderung durch die öffentliche Hand, d.h. ihre Subventionierung, zielt nicht - wie in Bereichen der Erwerbswirtschaft - auf Investitionen und Produkte ab, sondern auf Beschäftigung und Qualifizierung der o.g. Personengruppen. Dabei wird prinzipiell die Person eingestellt, die leistungsgemindert ist und somit nicht den optimalen wirtschaftlichen Nutzen verspricht. Dies gilt vom Grundsatz auch, wenn wiederholt die Debatte geführt wird, dass die Beschäftigungs- und Qualifizierungsgesellschaften „creaming" (Auswahl der Besten) betreiben würden. Zugang zu einem Arbeitsplatz oder einem Qualifizierungsplatz in einer BQG findet nur, wer vermittlungshemmende Merkmale i.o.g. Sinne hat. Die Personen, die gefördert werden, werden immer befristet eingestellt bzw. gefördert. Der sog. „Zweite Arbeitsmarkt" ist damit ein temporärer Ersatzarbeitsmarkt, in dem die einzelne Person nur vorübergehend verbleiben soll, der aber in den 80er Jahren auch insgesamt nur als vorübergehend notwendig betrachtet wurde. Mit dem Aufbau der ersten Einrichtungen Anfang der 80er Jahre ging man von einem vorrübergehenden Phänomen der Massenarbeitslosigkeit aus. Dies hat sich nicht bewahrheitet, wie wir heute wissen.

Die wesentlichen Aufgabenstellungen der Sozialen BQGen sind die Qualifizierung und Beschäftigung für Menschen mit geringen oder am Arbeitsmarkt nicht verwertbaren Qualifikationen, ferner die Arbeitsgewöhnung für Langzeitarbeitslose und die Vermittlung in reguläre Beschäftigung. Ebenso wie die Nachqualifizierung von Frauen nach familienbedingter Erwerbsunterbrechung ist aber auch die Förderung von Jugendlichen vor und an der 1. und 2. Schwelle (Schulabschlüsse, ausbildungsbegleitende Hilfen, Arbeitsmotivierung, Ausbildung und Vermittlung in Arbeit) ein Zentralanliegen der BQGen.

Die Kernleistungen in BQGen liegen somit in der *Persönlichen und Beruflichen Qualifizierung*, der *Sozialpädagogischen Begleitung* während der Maßnahmen und im Übergang in Beschäftigung durch *Vermittlung in den Ersten Arbeitsmarkt* oder in weiterführende Maßnahmen.

Dies wird in Form verschiedener Rechtsverhältnisse zwischen BQG und geförderter Person umgesetzt. Einige Personen, bei denen der Aspekt der Beschäftigung im Vordergrund steht, erhalten *Arbeitsverträge*, wie z.B. bei Förderung in ABM der BA und bei Arbeit statt Sozialhilfe (ASS) mit Förderung nach dem Bundessozialhilfegesetz (BSHG). Andere Teilnehmer an Maßnahmen haben *Fortbildungsverträge* oder sogar nur den Status als *Beschäftigte in gemeinnütziger Arbeit*, der kein Rechtsverhältnis zum Träger begründet.

Diese Maßnahmen werden arbeitsmarktpolitisch auf der lokalen Ebene initiiert und durchgeführt. Dabei arbeiten die am Arbeitsmarkt beteiligten Akteure (Arbeitsämter, Sozialämter, Weiterbildungseinrichtungen, Gewerkschaften und Arbeitgeberverbände, Qualifizierungs- und Beschäftigungsgesellschaften, Handwerkskammern, Industrie- und Handelskammern, Unternehmen und Handwerksbetriebe) zum Teil zusammen.[117]

Im folgenden wird dieser Markt genauer spezifiziert, um den Untersuchungsgegenstand des in diesem Buch dargestellten Forschungsprojektes, nämlich die Sozialen Beschäftigungs- und Qualifizierungsgesellschaften, genauer zu bestimmen.

3.2 Soziale Beschäftigungs- und Qualifizierungsgesellschaften im Dritten Sektor

3.2.1 Das Sektorenmodell

Soziale BQGen werden dem Dritten Sektor bzw. intermediären Bereich zugerechnet. Dies basiert auf der analytischen Unterscheidung von drei Sektoren in der bundesrepublikanischen Wirtschaftsverfassung. Organisationen können in diesem Sektorenmodell entsprechend der Ausrichtung ihrer wirtschaftlichen Tätigkeit als *erwerbswirtschaftlich-private*, *staatliche* und *nicht-gewinnorientierte, intermediäre Einrichtungen* differenziert werden.

Erwerbswirtschaftliche Organisationen, werden dem *Ersten Sektor, dem Markt* zugerechnet. Deren Betätigung regelt sich durch Angebot und Nachfrage am

---

[117] vgl. Knigge (1999) S. 14

Markt. Ebenso wird die Einstellung oder auch Entlassung von Personal durch Marktfaktoren determiniert.

Dem *Zweiten Sektor*, dem Staat, gehören die öffentlichen Institutionen sowie Bund, Länder und kommunale Gebietskörperschaften an. Ihre Tätigkeit wird politisch gesteuert und aus öffentlichen Mitteln finanziert, die wiederum im Rahmen der Gesetzgebung über Steuern und Abgaben eingeworben werden.

Der *Dritte Sektor* - oder auch *Non-Profit-Sektor* - wird auch als informeller oder *intermediärer Sektor* bezeichnet. Mit diesen Begriffen wird das Handlungsfeld zwischen Markt und Staat beschrieben.

Die zentralen Merkmale der Organisationen des *Dritten Sektors* sind das Verfolgen nicht-erwerbswirtschaftlicher Ziele, Einbindung von freiwilligem Engagement[118] und Leistungserbringung, Partizipationsmöglichkeiten von Mitgliedern und Mitarbeitern, häufig Abhängigkeit von Spenden, Mitgliedsbeiträgen und öffentlicher Förderung.

„In der Abgrenzung von Sektoren wird neben Hierarchie (Staat) und Marktkonkurrenz (Wirtschaft) auch das Steuerungsprinzip Solidarität formuliert und als potentielles Merkmal des Dritten Sektors vorgeschlagen."[119] Institutionen in diesem Segment setzen da an, wo marktwirtschaftliche Regelungen nicht greifen, und wo Menschen nicht über den Markt versorgt werden oder bedarfsgerechte Angebote aufgrund anderer politischer Prioritätensetzung nicht berücksichtigt werden. Dort, wo *Markt* und *Staat* versagen, springen Verbände, Vereine und andere Non-Profit-Organisationen handelnd aus dem *Dritten Sektor* ein.

Soziale BQGen haben im so definierten Dritten Sektor ihre Verortung. In einer großen Zahl in den 1980er Jahren gegründet, sind sie angetreten, um den Mangel am Arbeitsmarkt durch subsidiäre Tätigkeit zwischen Markt und Staat auszugleichen bzw. deren massive negative Folgen abzumildern.

Als Organisationen des Dritten Sektors[120] lassen sich BQGen wie folgt charakterisieren[121]:

---

[118] vgl. Hauser (1997), S. 65
[119] vgl. Grunow (1995), S 259
[120] vgl. hierzu auch Trube (1997), S. 121: Orientierung an der Erreichung bestimmter Sachziele; keine Gewinnorientierung; Unabhängigkeit gegenüber direkten externen Einflüssen (z.B. des Staates), jedoch i.d.R. Existenz finanzieller Dependenzen zum Staat; geprägt durch eher informelle, mitgliedschaftliche und korporatistische Strukturen; gekennzeichnet auch durch Ehrenamtlichkeit; eher nach einem solidarischen als nach bürokratischen oder marktorientierten Mustern han-

- gemeinnützige Einrichtungen mit Sachzielen im nicht-erwerbswirtschaftlichen, ideellen Bereich;
- Initiativen und Beschäftigungsbetriebe, die, abgesehen von Finanzzuweisungen und Leistungsentgelten der öffentlichen Hand, unabhängig von Weisungen und Direktionen des Landes oder der Kommune sind;
- Vereine und gemeinnützige Gesellschaften, die mitgliedschaftlich und wohlfahrtsverbandlich organisiert sind und sich in korporatistischen Beziehungen zu den Arbeitsämtern, Gebietskörperschaften und lokalpolitischen Arbeitsmarktakteuren befinden;
- Organisationen, die sich solidarisch für ihr Klientel der Arbeitslosen einsetzen und eher sozialarbeiterische als bürokratisch-arbeitsrechtliche Handlungskonzepte anwenden;
- wohlfahrtsverbandliche oder frei-gemeinnützige Institutionen, die in Bereichen der Leistungen des SGB III, der Jugendberufshilfe nach KJHG, der Hilfen zur Arbeit nach BSHG im Rahmen subsidiärer Leistungserbringung angesiedelt sind.

3.2.2 Soziale BQGen als Reaktion auf Markt- und Staatsversagen

Aus der Verortung zwischen Markt und Staat ergibt sich die besondere Position, die die BQGen haben.[122] In den letzten 20 Jahren waren sie weithin akzeptiert, da der gesellschaftliche Konsens so gestaltet war, dass ein öffentlich geförderter Sektor, insbesondere für die Abmilderung der Folgen der Massenarbeitslosigkeit, gewollt war. Mit zunehmender Tendenz zur Dominanz neoliberaler Wirtschaftpolitik und mit der Freigabe zahlreicher Regulierungen zugunsten des sogenannten „freien Wettbewerbs" gerät dieser Sektor mehr und mehr unter Druck. Während 1993 die damalige Familienministerin Christine Bergmann mitverantwortlich für die Herausgabe des Memorandums „Initiative für einen öffentlich geförderten Beschäftigungssektor (Zweiter Arbeitsmarkt)"[123] zeichnete, nehmen heute die Bundesregierung und viele der Länderregierungen von den

---

delnd; bevorzugt gegenüber staatlichen Aktivitäten (Subsidiaritätsprinzip); direktes Angebot der Leistungen nach dem Verhältnis Angebot und Nachfrage.
[121] vgl. Reichard (1988a), S. 363 ff. und (1988b), S 77
[122] vgl. dazu auch die Beschreibung der Aufgabenstellung bei Kantel (2002), S. 127, der die Problematik der marktfernen Arbeiten der BQGen bei gleichzeitigem Auftrag der Arbeitsmarktintegration am Beispiel von ABM beschreibt.
[123] Bergmann (1993)

darin enthaltenen Forderungen nach öffentlich geförderter Beschäftigung für Menschen ohne Chancen auf dem Arbeitsmarkt immer mehr Abstand. Diese Entwicklung zeigt sich deutlich seit dem Job-AQTIV-Gesetz, das das Prinzip von Fördern und Fordern und die passgenaue und schnellere Vermittlung ins Zentrum der Handlungsoptionen stellte.[124]

Der Markt erfüllt seine Funktion, das Gleichwicht von Arbeitsangebot und Arbeitsnachfrage herzustellen, schon seit vielen Jahren nicht mehr. Mit Blick auf die Entwicklung der Aufnahmefähigkeit des Arbeitsmarktes und der Beschäftigung von Arbeitslosen kann von einem akuten Marktversagen seit rund zwei Jahrzehnten gesprochen werden.[125] Dem Staat gelingt es ebenso wenig, diesen Mangel durch politische Maßnahmen zu kompensieren. Folge dieses Staatsversagens ist es in den letzten zwei Jahrzehnten gewesen, immer mehr Verantwortung für die kompensatorische Lösung der strukturellen Arbeitsmarktkrise in den Dritten Sektor zu verlagern. Das Problem Arbeitslosigkeit sollte für lange Zeit über den Non-Profit-Bereich aufgefangen und gelöst werden.[126] „Die Insuffizienz des Ersten Sektors, d.h. des Marktes, und die unzureichenden Lösungskapazitäten des Zweiten Sektors, d.h. des Staates - insbesondere des Bundes -, haben zur Verschiebung des Problems geführt, und zwar speziell mit dem verhärteten Teil seiner Folgen".[127] Trube spricht in diesem Zusammenhang von einer Transferenz des Problems „Arbeitslosigkeit" in den Non-Profit-Beschäftigungssektor. „Insbesondere in seinen verhärteten Segmenten scheint es zunehmend vom Markt über den Staat auf die kommunale Ebene transferiert zu werden, wobei es dort - vor allem was die Durchführungsverantwortung betrifft - teilweise nochmals verschoben wird, und zwar vorwiegend zu Non-Profit-Organisationen z.B. des frei-gemeinnützigen Bereichs".[128] Trotz eines ausdifferenzierten Politikmixes von Finanz-, Ordnungs-, Arbeitsmarkt- und Tarifpolitik gelingt es nicht mehr, Arbeitsangebot und Arbeitsnachfrage in der Bundesrepublik auszugleichen.

Dieser sektoralen Verschiebepraxis wird neuerdings durch die gesetzliche Umsetzung der Vorschläge der Hartz-Kommission ein neuer Trend gegenübergestellt. Mit dem Aufbau von PSA wird die Bekämpfung der Arbeitslosigkeit

---

[124] Wiedemeyer (2002), S. 61 ff., vgl. Trube (2002a), S. 5
[125] vgl. Trube (1994), S.343
[126] vgl. Trube (1994), S. 343
[127] vgl. Trube (1997), S. 117
[128] vgl. Trube (1997), S. 116 und Kapitel 1.5. dieses Buches

vermeintlich wieder in die Marktverantwortung zurückgegeben. Mit den Job-Centern wird versucht, die Verantwortung des Zweiten Sektors, Arbeitsamt und ggf. Kommune wieder zu stärken. Hier wurde das Staats- und Marktversagen offensichtlich erkannt. Ob die verordnete Therapie jedoch helfen wird, bleibt fraglich und ist inzwischen in vielen Analysen kritisch eingeschätzt worden.[129] Für die über zwei Jahrzehnte gewachsenen und in die Verantwortung eingesprungenen Teile des Dritten Sektors, die BQGen, sieht die Zukunft allerdings so aus, als würden sie durch die Rückbesinnung auf die Marktregulationskräfte und staatlichen Steuerungskräfte ihre Existenzberechtigung verlieren. Die Gesetzgebungsprojekte in Folge des Hartz-Konzeptes jedenfalls schwächen ihre Position in hohem Maße und bedrohen sie in ihrer Grundsubstanz.[130]

3.3 Grundwidersprüche des Zielsystems und der Einbindung in verschiedene Partnerschaften

Fragt man nach dem Nutzen und Sinn von Sozialen BQGen, so muss das Zielsystem betrachtet werden, in das sie eingebettet sind. Die komplexen Rahmenbedingungen der Einrichtungen des Zweiten Arbeitsmarktes spielen eine wichtige Rolle, wenn die Frage nach der Förderung der Beschäftigungsfähigkeit für besonders Benachteiligte untersucht werden soll.

3.3.1 Beschäftigungs- und Qualifizierungsgesellschaften im Spannungsfeld von Sozialsystem und marktwirtschaftlicher Existenzsicherung

Der Zweite Arbeitsmarkt sieht sich einem komplexen Kunden- und Stakeholdersystem gegenüber. Vielfältige gesellschaftliche Teilsysteme, Organisationen und Personengruppen erwarten unterschiedliche Leistungserbringung und Zielrealisierung. Hierzu gehören (Abbildung 6):

- die Finanzmittelgeber für Maßnahmen (Arbeitsämter, Kommunen, Bundesländer, Europäische Union),
- die Teilnehmer an Beschäftigungs- und Qualifizierungsmaßnahmen,

---

[129] vgl. Autorengemeinschaft (2002), vgl. Arbeitsgruppe Alternative Wirtschaftspolitik (2002), vgl. bag arbeit (2002b)
[130] vgl. Arbeitsgruppe Alternative Wirtschaftspolitik (2002a), S. 9 ff.. Die existenzbedrohenden Veränderungen wirken natürlich auch auf Profit-Organisationen in diesem Arbeitsfeld.

- die Käufer von Produkten und Dienstleistungen, die in den Beschäftigungsbereichen der Gesellschaften erbracht werden,
- die potentiellen Arbeitgeber als „Abnehmer" der Maßnahmeteilnehmer.

Soziale Beschäftigungs- und Qualifizierungsgesellschaften sind i.d.R. im Sinne der Abgabenordnung (AO) mit einem als gemeinnützig anerkannten Zweck tätig. Da sie in einem großen Umfang Aufgaben wahrnehmen, die die öffentliche Hand ihnen überträgt bzw. die gemeinwohlorientiert sind, wie „Integration in die Arbeitswelt", „Soziale Unterstützung von Erwerbslosen" etc., genießen die Einrichtungen die Vergünstigungen der AO § 65. Als Zweckbetriebe dürfen sie dann nur im notwendigen Umfang am Markt tätig sein, um ihren eigentlichen Zweck zu erfüllen[131]. Sie unterliegen also starken Restriktionen und werden von den Finanzbehörden diesbezüglich auch rigide kontrolliert und überwacht.

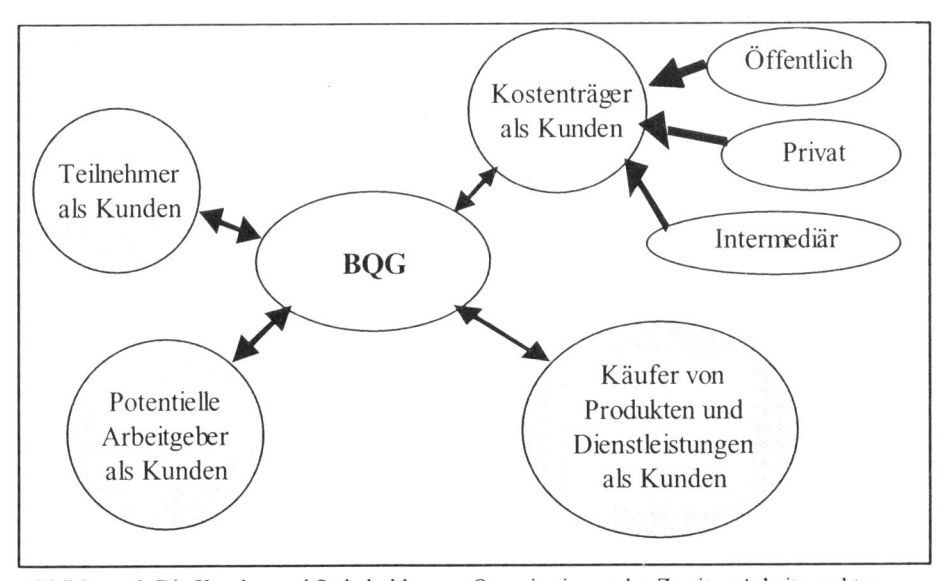

Abbildung 6: Die Kunden und Stakeholder von Organisationen des Zweiten Arbeitsmarktes

Die Finanzierung erfolgt in Teilen aus öffentlichen Mitteln[132]. Nur selten sind sie völlig öffentlich subventioniert.[133] Eine staatliche Dauersubventionierung von Beschäftigungsgesellschaften ist weder politisch gewollt noch in Zeiten

---

[131] Diese ist nur dann gegeben, wenn „der wirtschaftliche Geschäftsbetrieb zu nicht begünstigten Betrieben derselben oder ähnlicher Art nicht in größerem Umfang in Wettbewerb tritt als es bei der Erfüllung der steuerbegünstigten Zwecke unvermeidbar ist". Vgl. Abgabenordnung § 65 Nr. 3
[132] durch Kommunen, BA, Länder und ESF
[133] vgl. Bauer (1992), S. 1307

leerer öffentlicher Kassen erreichbar. Basierend auf dem öffentlich alimentierten Abhängigkeitsverhältnis sind die Beschäftigungsgesellschaften in der Regel primär darauf ausgerichtet, befristete, öffentlich subventionierte Arbeitsverhältnisse für am Arbeitsmarkt Benachteiligte bereitzustellen. Für die nicht öffentlich finanzierten Anteile der Betreuung, Anleitung, Qualifizierung und des Managements der Organisationen muss eine marktwirtschaftliche Ausrichtung ihre Existenz sichern. Dies geschieht durch den Erwerb von Eigenmitteln durch Herstellung von Produkten und Dienstleistungen, die auf dem freien Markt bestehen können. Ihre Umsetzung ist allerdings durch geltende Rechtsnormen erheblich erschwert.

Hohe Produktivität durch einen effizienten Ressourceneinsatz ist mit begrenzten und zeitlich eng limitierten finanziellen Mitteln und mit Personen, die zum Teil arbeitsentwöhnt und in ihren Leistungen gemindert sind, sehr schwer zu realisieren. Auch die eingeschränkten Management- und Entscheidungsspielräume aufgrund der Abhängigkeiten von den Zuwendungsgebern machen dies zu einem fast aussichtslosen Unterfangen. Als weiteres Problem kommen die rigiden Auflagen im Hinblick auf *Zusätzlichkeit* und *öffentliches Interesse* hinzu. Um einer evtl. Bevorteilung durch öffentliche Zuschüsse gegenüber privat am Markt operierenden Unternehmen vorzubeugen, werden Beschäftigungsgesellschaften „in marktferne Nischen abgedrängt, in denen sie von lokalen Wirtschaftskreisläufen weitgehend abgeschnitten und in exklusiver Abhängigkeit von staatlichen Geldgebern gehalten werden".[134] Dies verwehrt den Beschäftigungsgesellschaften weitgehend die Möglichkeit, eigenständige ertragsbringende Angebote zu entwickeln und sich damit am Markt zu positionieren.

Zusätzlich zu diesen Schwierigkeiten sinken seit einigen Jahren die Zuschussraten zur Förderung von Maßnahmen. Kosten, die rund um die Beschäftigung von Personen der Zielgruppen anfallen, müssen anders gedeckt werden. Dies hat zur Folge, dass die Tätigkeit am Markt verstärkt werden muss, um den Zweck der Einrichtungen noch zu erfüllen und um wirtschaftlich überleben zu können. Die Einrichtungen leben somit in dem Dauerkonflikt zwischen reduzierten öffentlichen Zuwendungen, Erfüllung einer öffentlichen Aufgabe und einer strengen Restriktion im Hinblick auf die Teilhabe am Markt. Den Sprung von einem

---

[134] vgl. Evers (1999), S. 13. Hier sind insbesondere die Gemeinnützigkeitsregularien des Steuerrechts und wettbewerbsrechtliche Rahmenbedingungen zu nennen, die es den BQGen erschweren, selbst erwirtschaftete Beiträge zu der geforderten Leistung beizutragen.

Zweckbetrieb in einen steuerpflichtigen wirtschaftlichen Geschäftsbetrieb zu machen, ist mit dem Klientel, das gerade wegen der Leitungsminderung eingestellt wird, kaum oder nur mit großen Risiken möglich.

In diesem Spannungsfeld stellen die unterschiedlichen Beteiligten am Geschehen einer BQG unterschiedliche, z.T. widersprüchliche Anforderungen an die Leistungen.

3.3.2 Zielwiderspruch zwischen Arbeitsmarktintegration, Sozialintegration und fiskalischem Ertrag

Einrichtungen des Zweiten Arbeitsmarktes müssen sich mit der von Trube[135] zutreffend beschriebenen Mehrzielproblematik zwischen Arbeitsmarktintegration, sozialer Integration und fiskalischem Ertrag auseinandersetzen. Die unterschiedlichen Zieldimensionen lassen sich wie folgt darstellen:

Arbeitsmarktpolitisches Integrationsziel: Arbeitsmarktintegration

Durch Gewinnung von Berufspraxis und Ausgleich von Qualifikationsdefiziten soll die Verbesserung der Vermittlungschancen erreicht werden. Als Sachziel geht es vorwiegend um die Wiedereingliederung von Arbeitslosen in den Ersten Arbeitsmarkt und daher um die konkrete Orientierung an Beschäftigungsstrukturen und Leistungsstandards im Ersten Arbeitsmarkt.

Dabei wird spätestens seit dem Job-AQTIV-Gesetz deutlich, dass dem Ziel der Arbeitsmarktintegration politisch immer höherer Stellenwert eingeräumt wird. Als Beispiel ist hier zu erwähnen, dass Vermittlungsquoten bei der FbW in Höhe von 70% von der Bundesanstalt für Arbeit eingefordert werden.

Soziales Integrationsziel: Sozialintegration

Durch persönliche Stabilisierung und sinnstiftende Beschäftigung sollen besonders Benachteiligte wieder eine soziale Integration und eine Verbesserung ihrer Lebenssituation erfahren. Trube bezeichnet die an den Zweiten Arbeitsmarkt gerichtete Doppelzielanforderung der Arbeitsmarkt- und Sozialintegration als *bipolares Zielsystem*. Die vom Ersten Arbeitsmarkt Benachteiligten sollen wieder diesem ausgrenzenden System zur Reintegration „überführt" werden.

---

[135] vgl. Trube (1997), S. 135

Dieser Prozess soll unter besonderen Schwierigkeiten verwirklicht werden und zwar unter markteinschränkenden Bedingungen[136] und mit Beschäftigten, die aufgrund von „Behinderungen" keinen Zugang zum Ersten Arbeitsmarkt erhalten bzw. nicht mehr haben.

Wirtschaftliches Ziel: Fiskalischer Ertrag

Hinzu kommt eine weitere Anforderung, beruhend auf dem Kosten-Nutzen-Aspekt: *der fiskalische* Ertrag.[137] Aufgrund der steigenden Sozialhilfekosten für die Kommunen, bedingt durch die Massenarbeitslosigkeit, rückte in den vergangenen Jahren die Frage nach der Wirtschaftlichkeit der Fördermaßnahmen und Projekte immer stärker in den Vordergrund. Die Kommune erwartet von den Aufwendungen im Bereich „Hilfe zur Arbeit" nach BSHG eine Einsparung in den Sozialhilfekosten. Die Aufwendungen für die Arbeitsförderung der Sozialhilfeempfänger sollen Erträge durch Einsparungen bei den Sozialhilfekosten z.B. aufgrund von Beschäftigungsaufnahme oder Transfer in die Sozialversicherungssysteme erzielen.[138]

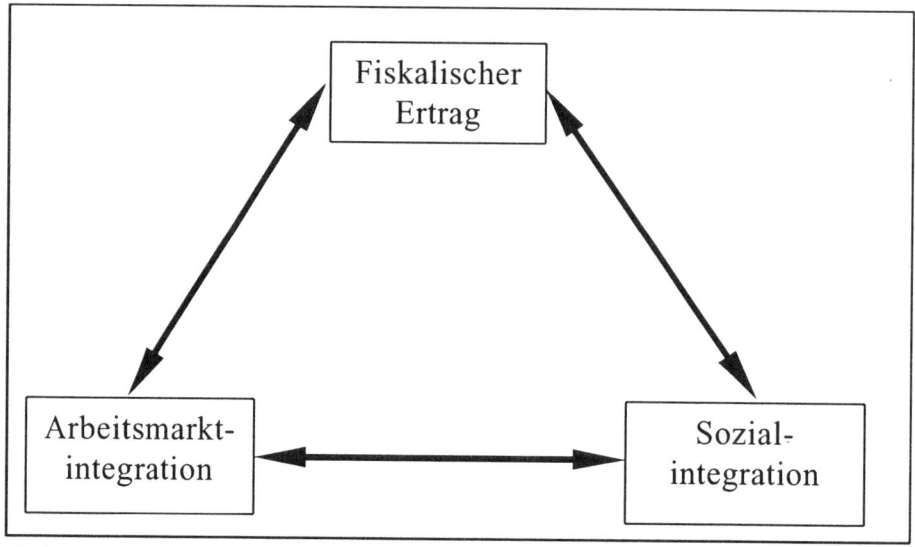

Abbildung 7: Die Mehrzielproblematik arbeitsmarktpolitischer Projekte

---

[136] Ohne in Konkurrenz zu Einrichtungen des öffentlichen Dienstes oder der erwerbswirtschaftlichen Unternehmen treten zu dürfen, wird erwartet, Marktintegration im Sinne von den Marktbedingungen entsprechenden Lern- und Arbeitsweisen mit der Produktion von Gütern oder Dienstleistungen zu erreichen; diese Produktion soll durch eine Belegschaft von am Ersten Arbeitsmarkt Ausgegrenzten erbracht werden.
[137] vgl. Trube (2002a), S. 8
[138] vgl. Trube (1997), S. 139

Trube bezeichnet die aufgeführte Mehrzielproblematik als *magisches Dreieck*. Die Mehrzielproblematik des Zweiten Arbeitsmarktes bildet mit ihren Sollkategorien „Arbeitsmarktintegration", „Sozialintegration" und „Fiskalischer Ertrag" ein Erwartungsdreieck aus oftmals widersprüchlichen Erfolgsgesichtspunkten. Das Dreieck hat angesichts der tendenziellen Inkompatibilitäten gleichsam „magischen" Charakter.[139]

Effektivität[140] ist im Sinne dieses Zielantagonismus folglich immer nur unzureichend zu realisieren. Zu dieser Problematik tritt dann noch hinzu, dass die Realisation von Effizienz (Wirtschaftlichkeit) für die öffentlichen (und auch privaten) Kostenträger immer mehr an Bedeutung gewinnt. Dabei stellt sich die Frage, an welchen Kriterien diese Effizienz gemessen werden kann. Ob die Relation von Aufwand und Ertrag in arbeitsmarktpolitischen Maßnahmen angemessen ist, hängt immer von den gesetzten Zielkategorien ab; es hängt ferner davon ab, inwiefern und wie diese messbar sind.[141] Auf jeden Fall aber sollen sie für den jeweiligen Kostenträger eine mittel- und langfristige Kostenentlastung bringen.

Insbesondere die Mehrzielproblematik stellt die Beschäftigungs- und Qualifizierungsgesellschaften vor spezifische Bewertungs- und Orientierungsprobleme. Es ist kaum anzunehmen, dass einzelne Maßnahmen in *allen* Zielkategorien gleichermaßen Erfolg aufweisen. Ein breiter Integrationsansatz für Benachteiligte und Leistungsschwache führt eher zu einer niedrigen marktwirtschaftlichen Existenzsicherung. Eine starke Selektion bei der Auswahl der Maßnahmeteilnehmer/innen hinsichtlich potentieller Vermittlungschancen führt eher zu einer hohen Vermittlungsquote. „Es ist aber sicherlich so, dass man nicht alles gleichzeitig haben kann - maximale Sozialintegration, maximale Vermittlungserfolge, hohe Eigenwirtschaftlichkeit und zugleich eine völlig harmonische Einpassung in ein übergeordnetes kommunales Zielsystem. Man muss sich entscheiden - und vielleicht in der Bündelung mehrerer ‚second-best'-Lösungen das *Optimum* im Hinblick auf die Entwicklungsziele des Gesamtsystems erreichen."[142]

---

[139] vgl. Trube (1997), S. 141
[140] zur Frage von Effektivität und Effizienz im Zweiten Arbeitsmarkt vgl. Trube (2002a), S. 6
[141] vgl. Trube (1997), S. 148 ff.
[142] vgl. Evers (1999), S. 8

Ebenso stellen sich aufgrund der dreifachen Zielfunktion - Marktintegration, Sozialintegration und fiskalischer Ertrag - Effektivitäts- und Effizienz-Konflikte ein[143]:

- Vermehrung des kostenträchtigen Produktionsfaktors Arbeit zu Lasten der betrieblichen Effizienz,
- geringe Effizienz der Maßnahmeteilnehmer bei hoher Effektivität der Erreichung der Zielgruppe,
- Integration statt Ausgrenzung von Personen mit Anpassungsschwierigkeiten,
- bedingtes Konkurrenz- und Marktverbot bei hoher Forderung nach Eigenwirtschaftlichkeit,
- Zusatzkosten im Sozialbereich durch die Bereitstellung sozialarbeiterischer Beratung und Begleitung.

Nach Trubes Ansicht „reduziert sich die Frage des Erfolgs des Zweiten Arbeitsmarktes auf die Frage der Geschicklichkeit des Umgangs mit der Mehrzielproblematik, die durch das magische Dreieck arbeitsmarktpolitischer, sozialpolitischer und fiskalpolitischer Anspruchshaltungen definiert wird."[144] Dieser Geschicklichkeit wird im Bericht zum Forschungsprojekt im zweiten Teil des Buches weiter nachgegangen, denn aus diesen unterschiedlichen Anforderungen leiten sich auch unterschiedliche Anforderungen an die Gestaltung eines Qualitätsmanagements für die BQGen ab. Die Kunst der Gestaltung eines QM-Systems in diesem Sektor besteht darin, diese verschiedenen Anforderungen zu verbinden und scheinbar Unvereinbares zu vereinbaren. Dies schließt ein, an unterschiedlichen Enden der Anforderungen unzulänglich zu bleiben und das Dilemma auszubalancieren. Dies ist das Thema des später zu diskutierenden Forschungsprojektes. Zur Skizzierung des Untersuchungsfeldes folgen nun einige Beschreibungen und Erläuterungen.

3.4 Abgrenzung des Untersuchungsfeldes Beschäftigungs- und Qualifizierungsgesellschaften

Die bisher erörterten allgemeinen Aspekte zur Beschreibung von BQGen werden nun gezielt daraufhin betrachtet, wie sich ein Untersuchungsfeld für die Frage nach der Wirkung von QM auf die Förderung der Beschäftigungsfähigkeit definieren lässt.

---

[143] vgl. Trube (1997), S. 141 ff.

Bei den Sozialen BQGen, die Gegenstand des im zweiten Teil dieses Buches beschriebenen Forschungsprojektes waren, handelt es sich im oben skizzierten Sinne um subsidiär tätige Einrichtungen des intermediären Bereiches. Ein öffentlich-rechtlicher Charakter ist nicht gegeben, auch wenn eine staatliche Beteiligung z.B. als Gesellschafter vorliegen kann. Es besteht eine starke Ausprägung des ideellen Zwecks, i.d.R. durch Gemeinnützigkeit belegt, z.T. mit starker sozialethischer Wertbindung an das Wohlfahrtsmilieu. Es erfolgt typischerweise eine Kombination von Beschäftigung in subventionierter, arbeitsrechtlich gestalteter und sozialversicherungspflichtiger Beschäftigung mit Angeboten der Qualifizierung in Verbindung mit Sozialpädagogischer Begleitung.[145] Für die Organisationen herrscht der Zwang zur Erwirtschaftung von Eigenmitteln durch Produktion und Dienstleistung mit den in Maßnahmen beschäftigten Teilnehmern. Die überwiegenden Aktivitäten bestehen im Low-tech-Bereich für benachteiligte Personen, „die von den Selektionsprozessen auf dem Ersten Arbeitsmarkt systematisch relegiert werden, vermutlich irreversibel ausgegrenzt bleiben bzw. erst gar keinen Marktzutritt erhalten."[146] Diese Personengruppen versprechen geringe Produktivität aufgrund unangepasster Qualifikation, langer Arbeitsentwöhnung, Verhaltens- und Gesundheitsrisiken, und sie haben somit ohne Unterstützung kaum mehr Chancen zur Arbeitsmarkt- und Sozialintegration.[147]

Zur Förderung der Beschäftigung - bzw. zur Vermeidung und zum Abbau der individuellen Arbeitslosigkeit - wird über die Beschäftigungsgesellschaften der Ansatz der individualisierten Förderung zur Erlangung der *Beschäftigungsfähigkeit* verfolgt. Sozialpolitisch am Gemeinwohl ausgerichtet, wird versucht, die Not Einzelner, die systembedingt entstanden ist, zu mildern.[148] In dieser Hinsicht wird auf das Modell zur Kategorisierung von Einflussfaktoren auf die Beschäftigungsfähigkeit verwiesen, das im Kapitel 2.3 dargestellt wurde; dort wurden die Angebote der Sozialen BQGen den Sektoren III und IV zugeordnet.

---

[144] vgl. Trube (1997), S. 144
[145] Dieser wird ggf. öffentlich mit finanziert, wenn der besondere Bedarf anerkannt ist.
[146] vgl. Trube (1997), S. 115
[147] vgl. Trube (1997), S. 116
[148] vgl. Bauer (1992), S. 305, der diesen Ansatz bereits 1992 beschrieb. Auch neuere Ansätze, wie Profiling, Case Management etc. setzen hier an. Dabei steht allerdings stärker die genaue Passung zwischen dem einzelnen Arbeitslosen und dem Arbeitsmarkt im Vordergrund. (Vgl. Bertelsmann Stiftung (2002))

Bei dieser im zweiten Teil beschriebenen Untersuchung bleiben jedoch zwei Typen von Beschäftigungsgesellschaften unberücksichtigt, weil sie in Teilen anderen Rahmenbedingungen unterliegen und mit anderen Zielgruppen verbunden sind als die *Sozialen BQGen*. Die nicht betrachteten Formen sind die *kommunalen Beschäftigungsgesellschaften* und die *erwerbswirtschaftlichen Beschäftigungsgesellschaften*. Die *kommunalen Beschäftigungsgesellschaften* sind i.d.R. im Auftrag der Kommunen in der Abwicklung der Hilfe zur Arbeit nach dem BSHG §§ 18-20 tätig.[149] Sie organisieren in den meisten Fällen in NRW die Abwicklung der Landesarbeitsmarktpolitik in Verbindung mit Förderungen des ESF. Meist sind sie als *Gesellschaft mit beschränkter Haftung* (GmbH) tätig und haben die Stadt, den Kreis oder Einzelgemeinden als Haupt- oder Alleingesellschafter. Manchmal sind sie selber Maßnahmeträger, häufiger sind sie Auftraggeber für Dritte, die die Maßnahmen durchführen. Sofern diese kommunalen BQGen im Mix zwischen Beschäftigung, Qualifizierung und produktiver Arbeit mit eigenen Maßnahmen zur Verbesserung der Beschäftigungsfähigkeit am Markt tätig sind, werden sie hier unter die Sozialen BQGen subsummiert.[150]

Erwerbswirtschaftliche Gesellschaften der Beschäftigungsförderung sind die zweite Form der nicht untersuchten Gesellschaften. Dazu gehören betriebliche Beschäftigungsgesellschaften zum Beschäftigtentransfer im Rahmen von Entlassungswellen und Sozialplan-Maßnahmen. Ebenso wurden die Auffanggesellschaften, die im Zuge der Wiedervereinigung Deutschlands in den neuen Bundesländern entstanden, wegen ihrer spezifischen Aufgabenstellung nicht untersucht. Erwerbswirtschaftliche Bildungsträger im Bereich der Aus-, Fort- und Weiterbildung gehören ebenfalls zu der hier genannten Gruppe der erwerbswirtschaftlichen Träger, wie auch soziale Wirtschaftsbetriebe.[151] Diese sind erwerbswirtschaftliche Betriebe, die mit degressiver Förderung Benachteiligten am Arbeitsmarkt Dauerarbeitsplätze in neuen Marktsegmenten schaffen. Die Länder NRW und Niedersachsen fördern diese Bereiche durch eigene Förderprogramme.

---

[149] vgl. Schulze-Böing (2002)
[150] Eine der Gesellschaften, die im Forschungsprojekt (vgl. Teil II) untersucht wurde, ist eine solche kommunale Gesellschaft.
[151] vgl. Vomberg (2000), vgl. Vomberg (2001), vgl. Vomberg (2003)

3.5 Zur Finanzierung von Sozialen BQGen

Soziale Beschäftigungs- und Qualifizierungsgesellschaften existieren auf der Basis eines mehr oder weniger differenzierten Finanzierungsmixes. Dabei wird die öffentliche Förderung fast immer durch Eigenmittel ergänzt, die - wie oben beschrieben - durch Tätigkeiten am Markt erwirtschaftet werden. Neben dem Hauptzweck der Qualifizierung und Beschäftigung von Benachteiligten am Arbeitsmarkt, gewinnt die Erwirtschaftung von Mitteln durch Lieferungen und Leistungen einen immer größeren Stellenwert. Sowohl der Finanzierungsmix als auch die Zielkonflikte, wie oben beschrieben, führen zu einem diffusen Anforderungsmix in Bezug auf die Qualitätsentwicklung. Qualitätsdefinitionen und Qualitätsanforderungen sind aus jeder Perspektive unterschiedlich und unterschiedlich konkret definiert. Die wichtigsten Finanzierungskonzepte werden im folgenden Abschnitt aufgezeigt.

Hilfe zur Arbeit nach dem BSHG

BQGen finanzieren sich zu einem Teil aus Mitteln des BSHG, die in NRW noch über Landesmittel aus einem kombinierten Programm des Landes und des ESF ergänzt werden. Die Grundlage dafür bildet das BSHG mit den §§ 18-20, der Hilfe zur Arbeit. Besonders wichtig sind der § 19 Abs. 1 mit der Möglichkeit der Schaffung von Arbeitsgelegenheiten, häufig in der Form sozialversicherungspflichtiger, öffentlich geförderter Beschäftigungsverhältnisse, und der § 19 Abs. 2 und 3 mit der Option zur Schaffung von gemeinnützigen und zusätzlichen Arbeitsgelegenheiten. Obwohl das BSHG ursprünglich nicht dazu gedacht war, die Risiken des Arbeitsmarktes abzufangen, ist es heute zu einem Instrument geworden, das hier eine große Rolle spielt.[152]

Förderinstrumente aus dem SGB III

Ein weiterer - bisher wichtiger - Finanzierungsbaustein sind die Förderungen nach den §§ 77-87 SGB III (neu seit 1.1.2003), §§77-93 SGB III (alt bis 31.12.2002) im Bereich der beruflichen Weiterbildung. In diesen Paragraphen regelt das SGB III alle relevanten Finanzierungsbausteine für die Teilnahme an beruflichen Weiterbildungen für den jeweils nach SGB III Berechtigten. Bisher wurde die Förderung des Berechtigten, für den das Arbeitsamt die Maßnahmekosten übernimmt, i.d.R. per Abtretung an den Träger der Maßnahme gezahlt. Der Teilnehmer steht dabei nicht in einem Arbeitsverhältnis zum Träger, son-

---
[152] Schneider (2002), S. 109 f.

dern erhält einen Fort- und Weiterbildungsvertrag.

Bei Arbeitsbeschaffungsmaßnahmen nach § 260 ff. SGB III gehen die zu zahlenden Leistungen direkt an den Träger der Maßnahme, der auf der Basis der Förderung mit dem Teilnehmer ein befristetes sozialversicherungspflichtiges Arbeitsverhältnis abschließt.

Im Bereich der Benachteiligtenförderung - der Förderung von Jugendlichen an der ersten und zweiten Schwelle und von Behinderten - greifen die §§ 61 ff. SGB III und §§ 235-247 SGB III. Hier werden insbesondere die Förderung der Ausbildung und Eingliederung in Beschäftigung sowie die finanziellen Leistungen an Träger von Maßnahmen in diesem Bereich geregelt.

ESF- und Landesförderungen

Zu den gesetzlich geregelten Finanzierungen treten ergänzend Förderungen der Länder. Diese sind in jedem Bundesland anders konstruiert. Wir beziehen uns im Folgenden auf den Bereich Nordrhein-Westfalen. Hier werden die von der Europäischen Union über den ESF zur Verfügung stehenden Gelder, ergänzt durch Haushaltsmittel des Landes, durch ein Verfahren der regionalisierten Arbeitsmarktpolitik[153] an Träger von Maßnahmen vergeben[154]. Dabei richtet sich die Vergabe nach den von der EU festgelegten Zielkulissen und Politikfeldern.[155] Daneben existieren Finanzierungen, die über die Gemeinschaftsinitiativen der EU, wie z.B. EQUAL, als transnationale Projekte abgewickelt werden und die über bundesgesteuerte Verfahren verteilt werden. Diese haben für die Sozialen BQGen aber eine deutlich geringere Bedeutung.

Jugendberufshilfe nach dem KJHG (SGB VIII)

Maßnahmen der Jugendberufshilfe finanzieren sich vorwiegend über Regelungen des SGB III, dessen Inhalte aus den Benachteiligtenprogrammen der 70er und 80er Jahre dorthin verlängert wurden. Aber auch Sonderprogramme von Bund, Ländern und Kommunen spielen hier eine wichtige Rolle.[156] Auch Maßnahmen nach den §§ 18 bis 20 des BSHG prägen die Handlungsansätze der Jugendberufshilfe. Viele BQGen führen Maßnahmen im Rahmen der Jugendberufshilfe durch, die durch das KJHG (SGB VIII) rechtlich gestaltet werden.

---

[153] Vgl. GIB (2000), S. 6 ff.
[154] vgl. Schmid (2001), S. 139. Das Zusammenspiel von Bund, Land, ESF und Kommune in NRW bezüglich der finanziellen Transfers wurde bereits in Kap. 2 dargestellt.
[155] vgl. Ministerium für Wirtschaft und Arbeit des Landes NRW (2003), und Kapitel 2.1

Die Jugendberufshilfe ist laut SGB VIII ein Teilbereich der Jugendsozialarbeit. Ausgehend von dem im § 1 Abs. 1 SGB VIII verankerten Recht „jedes jungen Menschen auf Förderung seiner Entwicklung und auf Erziehung zu einer eigenverantwortlichen und gemeinschaftsfähigen Persönlichkeit"[157], wird der Auftrag an die Jugendberufshilfe in den §§ 1 und 13 SGB VIII konkretisiert. Der §1 Abs. 3 SGB VIII gibt der Jugendberufshilfe den Auftrag, sich in angrenzende Politikfelder einzumischen, um die Optionen für die Entwicklung der Jugendlichen zu erweitern und prospektiv, präventiv tätig zu werden.[158] Mit dem § 13 SGB VIII wird ein wichtiger Schwerpunkt der Jugendsozialarbeit auf den Bereich der sozialpädagogischen, vor allem aber der berufs- und arbeitsweltbezogenen Integrationshilfen für junge Menschen gelegt[159]. Aspekte wie Jugend und Schule, Ausbildung, Arbeit, Wohnen und gesellschaftliche Eingliederung stecken das breite Feld der Jugendsozialarbeit ab.

Jugendsozialarbeit - und damit Jugendberufshilfe nach SGB VIII - ist gegenüber anderen Förderungen wie z.B. nach SGB III nachrangig, gegenüber Leistungen des BSHG vorrangig.[160] „Jugendsozialarbeit nach § 13 SGB VIII bildet ein wesentliches Scharnier zwischen den traditionellen Bereichen allgemeiner Jugendförderung und individueller Erziehungshilfen im Rahmen der Jugendhilfe und auch der Angebote der Arbeitsverwaltung. Jugendsozialarbeit kann beides sein: allgemeine Förderung von und individuelle Hilfe für junge Menschen.(...) Sozialpädagogisch begleitete Ausbildungs- und Beschäftigungsmaßnahmen „können" gemäß § 13 Abs. 2 SGB VIII angeboten werden."[161] Maßnahmen der Ausbildung und Beschäftigung nach § 13 Abs. 2 SGB VIII können angeboten werden. Sie sollen jedoch nach § 13 Abs. 4 SGB VIII mit Maßnahmen der Schulverwaltung, der Bundesanstalt für Arbeit und Trägern betrieblicher und außerbetrieblicher Ausbildung abgestimmt sein. Die Zielgruppen nach § 13 Abs. 1 SGB VIII sind benachteiligte junge Menschen bis 27 Jahre, die auch Hilfen nach § 13 Abs. 2 erhalten können. Somit stellt sich das KJHG (SGB VIII) ebenfalls als wichtige Bezugsgröße für BQGen dar, aus dem sich Anforderungen an die Organisationen ableiten.

---

[156] vgl. Füllbier (2001), S. 211
[157] Füllbier (2001), S. 213
[158] vgl. Füllbier (2001), S. 217
[159] vgl. Füllbier (2001), S. 219
[160] vgl. Füllbier (2001), S. 224
[161] Füllbier (2001), S. 223

Erträge aus Markttätigkeit und andere Eigenmittel

Neben den öffentlichen Mitteln, die hier nur exemplarisch aufgezeigt wurden, fließen Mittel aus Tätigkeiten am Markt in die Einrichtungen. Diese Mittel sind einerseits ein wichtiger Finanzierungsbaustein der BQGen, da diese nie zu 100% öffentlich finanziert werden. Andererseits sind sie wie oben beschrieben, auch wichtig, um den Teilnehmern - vor allem in Maßnahmen mit Arbeitsverhältnissen - die Arbeitstätigkeit am Markt realistisch vermitteln zu können. Dadurch dass die Teilnehmer in einem geschützten Rahmen in die Erwerbsarbeit zurückgeführt werden, erlangen sie die Fähigkeiten zur Arbeitsmarktintegration.

Weitere Mittel kommen. aus den Dachorganisationen wie z.B. Caritas oder Diakonie, die eigene Förderprogramme für den Beschäftigungs- und Qualifizierungsbereich vorhalten. So hat z.B. die Evangelische Landeskirche im Rheinland seit Jahren einen Arbeitslosenfonds, aus dem die BQGen vor allem im Bereich der Overhead-Kosten gestützt werden. Diese sind aus den anderen öffentlichen Finanzierungsinstrumenten i.d.R. nicht einzuwerben. Hinzu kommen Mittel aus Mitgliedsbeiträgen, Spenden, Bußgeldern etc., die im Rahmen von mehr oder weniger professionellen Fundraising-Initiativen eingeworben werden.

3.6 Entwicklungstrends in der Finanzierung

Wie bereits in Kapitel 1 angesprochen, ist spätestens seit der Hartz-Kommission im Bereich der Instrumente, die in BQGen vorrangig umgesetzt werden, ein starker Rückgang zu beobachten. Abbildung 8 macht deutlich, dass die Instrumente FbW und ABM seit vielen Jahren finanziell ausgehöhlt wurden. Dies gilt - wie die Abbildung 9 zeigt - nicht nur für die absolute Höhe der Leistungen, sondern auch für den Anteil an den Einnahmen der Bundesanstalt für Arbeit.

Die Verlagerung der aktiven arbeitsmarktpolitischen Fördermittel nach Verabschiedung der Hartz-Gesetzgebung hinterlässt deutliche Spuren. Bei den bedeutendsten Instrumenten, der FbW und der ABM, sind dramatische Verluste zu verzeichnen. „Im Mai 2003 wurden von der BA nur noch 255.266 Teilnehmer und Teilnehmerinnen in einer Maßnahme der beruflichen Weiterbildung gefördert, 26,7% (92.914) weniger als im Mai 2002."[162]

---

[162] Bremer Institut für Arbeitsmarktforschung und Jugendberufshilfe (2003), S. 3

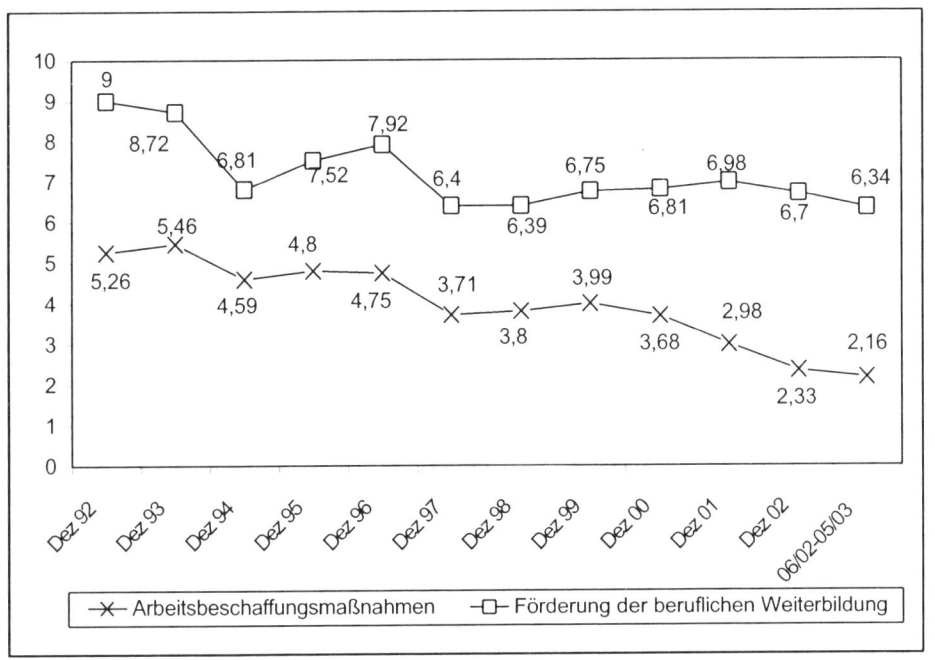

Abbildung 8: Förderung der beruflichen Weiterbildung und Arbeitsbeschaffungsmaßnahmen. (Ist-Ausgaben, gleitend, 12-Monatssumme in Mrd. €)
Quelle: Bremer Institut für Arbeitsmarktforschung und Jugendberufshilfe (2003)

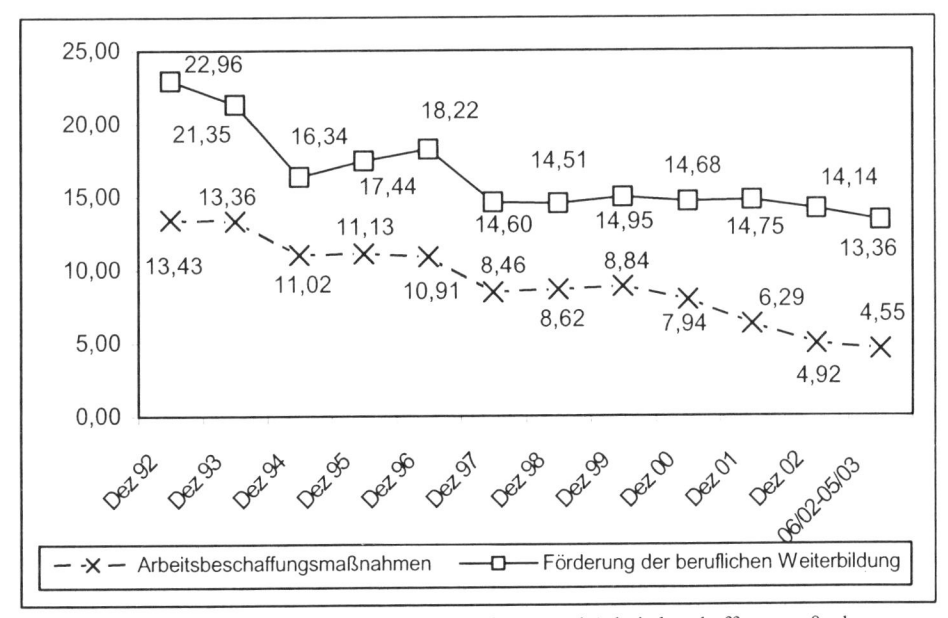

Abbildung 9: Förderung der beruflichen Weiterbildung und Arbeitsbeschaffungsmaßnahmen. Anteil an den Beitragseinnahmen (Ist-Ausgaben, gleitend, 12-Monatssumme)
Quelle: Bremer Institut für Arbeitsmarktforschung und Jugendberufshilfe (2003)

Bei ABM ist der Verlust mit 25,7% (30.120) gegenüber dem Mai des Vorjahres, wo es noch 87.052 mehr waren, noch höher zu beziffern. Der Anteil der Langzeitarbeitslosen an den geförderten ABM Beschäftigten ist im gleichen Zeitraum von 74,1% auf 61,1% gesunken.[163]

Während über das Arbeitsförderungsgesetz bzw. das SGB III in den 80er Jahren eine massive Ausweitung der Förderung stattfand, findet nun ein massiver Abbau statt. Die Grafik des Instituts für Arbeitsmarkt- und Berufsforschung (IAB) (Abbildung 10) zeigt diese Entwicklung im Bereich Bildungsmaßnahmen und subventionierte Beschäftigung deutlich auf.

Eine ähnliche Entwicklung hat auf der Ebene des Landes NRW eingesetzt. Mit der Hartz-Reform verbunden, ziehen die Länder sich mehr und mehr aus der Mitverantwortung zurück. So kündigte NRWs Wirtschafts- und Arbeitsminister, Harald Schartau, bereits an, dass das Land NRW sich aus der bisherigen Form der Unterstützung von „Arbeit statt Sozialhilfe" zurückziehen wird.

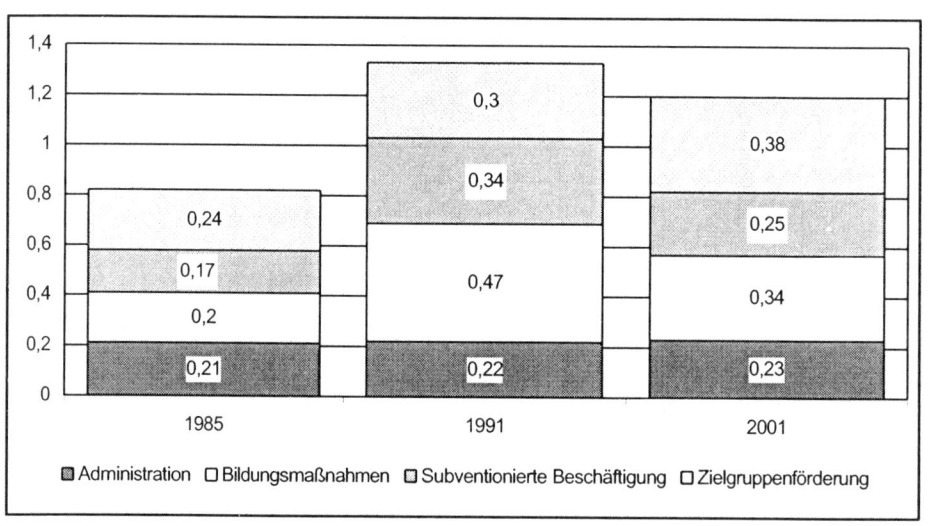

Abbildung 10: Ausgaben für die aktive Arbeitsmarktpolitik in Deutschland nach Maßnahmetypen (in % des BIP)
Quelle: Walwei (2003), Folie 21

Das Land reduzierte für das Jahr 2003 die Mittel der regionalisierten Arbeitsmarktpolitik um 40% von 219 Mio. € auf 125 Mio. €. Damit ist eine Reduzierung der Mittel, die bisher in großen Teilen in die BQGen flossen, verbunden.

---

[163] Bremer Institut für Arbeitsmarktforschung und Jugendberufshilfe (2003), S. 3

Lediglich im Bereich der Jugendarbeitslosigkeit vertraut Schartau der Hartz-Reform noch nicht. Hier fallen die Kürzungen des Landes geringer aus.[164]

Für den zurückliegenden Zeitraum von 2000 bis 2002 betrug das gesamte Mittelvolumen der Landesarbeitsmarktpolitik[165] 480 Mio. €, wovon ca. 400 Mio. € in die *Ziel 3-* und ca. 80 Mio. € in die *Ziel 2-Förderung* flossen. Der Einsatz der Mittel der Landesarbeitsmarktpolitik stellt sich wie in Tabelle 9 dar.

Politikfeld	*gebundene Landes- und ESF-Mittel*	*realisierter %-Anteil*
Ziel 3 insgesamt	*399.568.953*	*100,0 %*
Ziel 3 Politikfeld A	217.885.948	54,5 %
Ziel 3 Politikfeld B	26.577.967	6,7 %
Ziel 3 Politikfeld C	17.976.399	4,5 %
Ziel 3 Politikfeld D	58.989.771	14,8 %
Ziel 3 Politikfeld E	43.931.377	11,0 %
Arbeit statt Sozialhilfe	34.207.492	8,6 %
Ziel 2 insgesamt	*80.523.792*	*100,0 %*
Ziel 2 Politikfeld A	14.875.007	18,5 %
Ziel 2 Politikfeld D	65.648.785	81,5 %

Tabelle 9: Mitteleinsatz aus Landes- und ESF-Mitteln in NRW im Zeitraum 2000 bis 2002
Quelle: Ministerium für Wirtschaft und Arbeit des Landes NRW (2003), S. 12

Allein in den Maßnahmebereichen Orientierung, Qualifizierung, kombinierte Qualifizierung und Beschäftigung, und Arbeit statt Sozialhilfe konnten 37.136 Teilnehmer und Teilnehmerinnen (Orientierung: 5.293, Qualifizierung: 24.942, kombinierte Qualifizierung und Beschäftigung: 5.431, Arbeit statt Sozialhilfe: 1.470) gefördert werden. Von den in der *Ziel 3-* und *Ziel 2-Förderung* über alle Politikfelder erreichten 49.461 Teilnehmern, waren allein 25.640 Menschen bei Beginn der Maßnahmen ohne Berufsausbildung. 15.233 Teilnehmer an Maßnahmen waren bis 25 Jahre alt und 16.882 waren Spätaussiedler, EU-Ausländer und sonstige Ausländer.[166] Zum Stichtag 31.12.2002 waren davon 38,1 % in Arbeit, 17,7% in Ausbildung oder Qualifizierung und 6,4% aus sonstigen Grün-

---

[164] vgl. www.mwa.nrw.de/bibliothek/reden/red030127 Abruf am: 17.6.2003
[165] Dies umfasst sowohl Haushaltsmittel des Landes als auch ESF-Mittel, die über das Land Nordrhein-Westfalen verwaltet werden.
[166] vgl. Ministerium für Wirtschaft und Arbeit des Landes NRW (2003), S. 17

den nicht wieder arbeitslos gemeldet. 37,7% der Teilnehmer waren wieder arbeitslos.[167]

Vor dem Hintergrund der gekürzten Mittel, die in für BQGen typische Maßnahmen fließen, gewinnt der Aspekt des Wettbewerbes um die knappen Fördermittel für die Einrichtungen und Organisationen einen immer größeren Stellenwert. Diese Situation wird mit Forderungen nach Qualitätsmanagement und Qualitätssicherung verbunden, wie sie im Zentrum des in diesem Buch dargestellten Forschungsprojektes stehen. Deshalb werden die wichtigsten Gedanken und Entwicklungen zum *Qualitätsmanagement in Sozialen BQGen* im folgenden Kapitel dargestellt.

---

[167] vgl. Ministerium für Wirtschaft und Arbeit des Landes NRW (2003), S. 18

4 Entwicklung des Qualitätsgedankens in der beruflichen Weiterbildung und Beschäftigungsförderung

Aus den Erörterungen der vorhergehenden Kapitel ist deutlich geworden, in welchem hohen Maße alle BQGen davon betroffen sind, die Qualität ihrer Arbeit in dem magischen Dreieck der Mehrzielproblematik zwischen *Arbeitsmarktintegration*, *Sozialintegration* und *fiskalischem Ertrag* optimieren zu müssen. Dieser Herausforderung für BQGen ist nur - so lautet die gängige These - durch bewusstes und gezieltes *Qualitätsmanagement* für die einzelne Organisation als Ganzes zu entsprechen. Deshalb wurde in dem Forschungsprojekt, das im zweiten Teil des Buches dargestellt ist, die Frage untersucht, inwiefern QM tatsächlich eine positive Wirkung auf die Förderung der Beschäftigungsfähigkeit von Maßnahmeteilnehmern hat.

Im folgenden Kapitel wird betrachtet, wie sich die Diskussion um QM in der Beschäftigungsförderung und der beruflichen Weiterbildung entwickelt hat. Nach einer Skizze der Entwicklung der inhaltlichen Schwerpunkte der QM-Diskussion wird ein Blick auf die Praxis der Umsetzung in der beruflichen Bildung allgemein geworfen, um dann die aktuellen gesetzlichen Anforderungen hinsichtlich QM an die BQGen nachzuzeichnen. Dabei wird vor allem auf die Förderung und Weiterbildung von arbeitsmarktfernen Zielgruppen aufmerksam gemacht.

4.1 Die Diskussion um Qualitätsmanagement im Feld der Weiterbildung

Für den Bereich der beruflichen Weiterbildung und Beschäftigungsförderung lagen bis vor kurzem keine systematischen Untersuchungen zur Anwendung von Qualitätsmanagement vor. Erst das Bundesinstitut für Berufsbildung (BiBB) hat mit seinem Zwischenbericht 2002 zu einem vom Bundesministerium für Bildung und Forschung (BMBF) geförderten Forschungsprojekt einige wichtige Anhaltspunkte veröffentlicht, die sich auf die Umsetzung von Qualitätsmanagement in der Weiterbildung beziehen.[168] Die Qualitätsdiskussion im Weiterbildungsbereich hat sich demgemäss seit den 70er Jahren kontinuierlich weiterentwickelt und wird vom BiBB grob in vier Phasen charakterisiert. (vgl. Abbildung 11).

---

[168] Balli (2002)

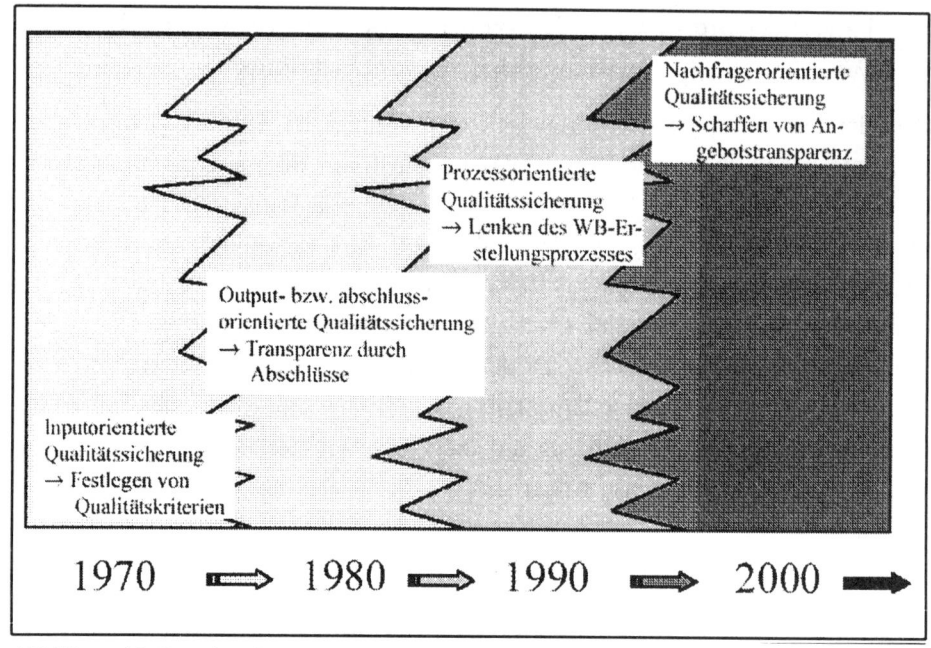

Abbildung 11: Zum Stand der Qualitätsmanagementdiskussion - Schwerpunkte
Quelle: Balli (2002), S. 11

Hier heißt es: „Im Mittelpunkt der 70er Jahre stand die inputorientierte Qualitätssicherung, bei der es vor allem um die Festlegung von Qualitätskriterien ging. Die 80er Jahre waren geprägt durch eine outputorientierte Qualitätssicherung, wobei Output nicht im Sinne von Verwertbarkeit in der Praxis, sondern im Sinne des Erreichens von Abschlüssen verstanden wurde. Prozessorientierte Qualitätssicherung mit der Betonung der Lenkung des Erstellungsprozesses von Bildungsmaßnahmen bildeten den Schwerpunkt der 90er Jahre. An deren Ende wurden mit der Diskussion um Eigenverantwortung und Selbststeuerung durch die Bildungsinteressierten Ansätze zur Schaffung von mehr Transparenz auf dem Weiterbildungsmarkt aufgegriffen. Damit rückt die nachfrage- und nutzerorientierte Qualitätssicherung in den Mittelpunkt; doch haben heute auch die anderen Verfahren Bestand."[169]

Mit dieser Skizze der groben Entwicklung wird darauf verwiesen, dass das Feld der *praktizierten* Qualitätsmanagementansätze vielfältig gestaltet ist und keine einheitliche Linie aufweist. Dies zeigt sich sowohl in den Ergebnissen der *BiBB-Studie*, die im folgenden Kapitel geschildert werden, als auch in den

---

[169] vgl. Balli (2002), S.10

rechtlichen Rahmenbedingungen für Qualitätsmanagement im Feld der Beschäftigungsförderung, wie sie in Kapitel 4.3 referiert werden.

4.2 Qualitätsmanagement als geübte Praxis in Einrichtungen der Weiterbildung und beruflichen Bildung

Die Ergebnisse der BiBB-Studie machen deutlich (vgl. Abbildung 12), dass das Bewusstsein für Qualitätsmanagement bei Bildungseinrichtungen seit Mitte der 80er Jahre kontinuierlich gestiegen ist.[170]

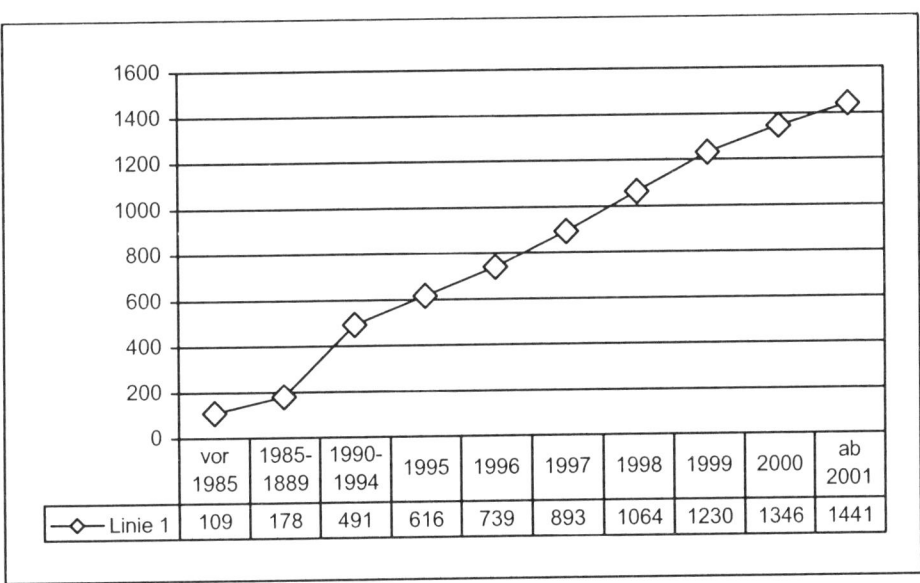

	vor 1985	1985-1889	1990-1994	1995	1996	1997	1998	1999	2000	ab 2001
Linie 1	109	178	491	616	739	893	1064	1230	1346	1441

Abbildung 12: Qualitätssicherung bei Weiterbildungsanbietern - Beginn der Aktivitäten
Quelle: Balli (2002), S. 17

Diese Tendenz kann auf der Basis der BiBB-Untersuchung auch für die Träger der beruflichen Bildung und Beschäftigungsförderung angenommen werden. Von den 1504 Einrichtungen der BiBB-Untersuchung haben 63% angegeben, dass sie in großen Teilen aus öffentlichen Mitteln finanziert sind und zugleich etwa 20% davon Maßnahmen für Benachteiligte durchführten.

Die in der BiBB-Studie befragten Organisationen gaben die in Abbildung 13 aufgeführten Gründe für die Einführung von QM an. Diese Studie hat weiterhin

---

[170] vgl. Balli (2002), S. 17

herausgefunden, dass von den befragten Organisationen[171] die in Abbildung 13 dargestellten Gründe für die Einführung von QM als wichtig bewertet wurden.

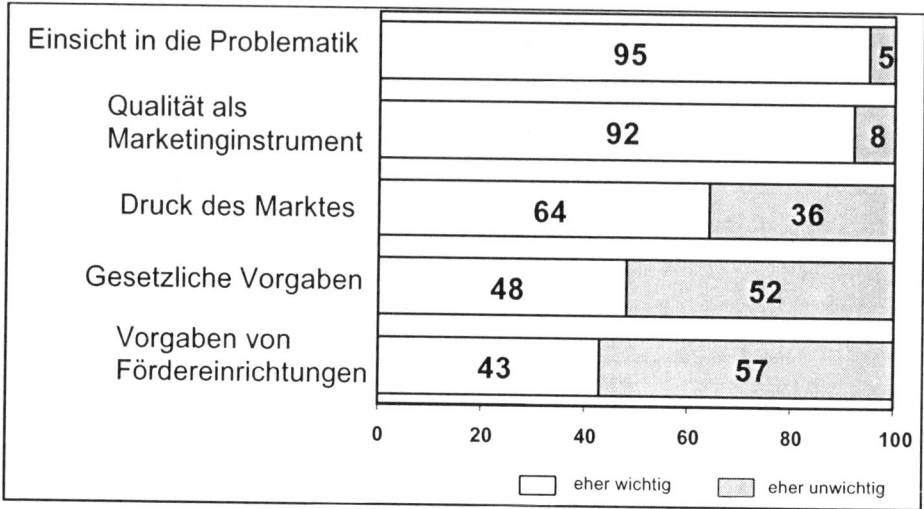

Grund	eher wichtig	eher unwichtig
Einsicht in die Problematik	95	5
Qualität als Marketinginstrument	92	8
Druck des Marktes	64	36
Gesetzliche Vorgaben	48	52
Vorgaben von Fördereinrichtungen	43	57

Abbildung 13: Gründe für die Einführung von Qualitätsmanagement bei Weiterbildungseinrichtungen
Quelle: Raskopp (2003), S. 7

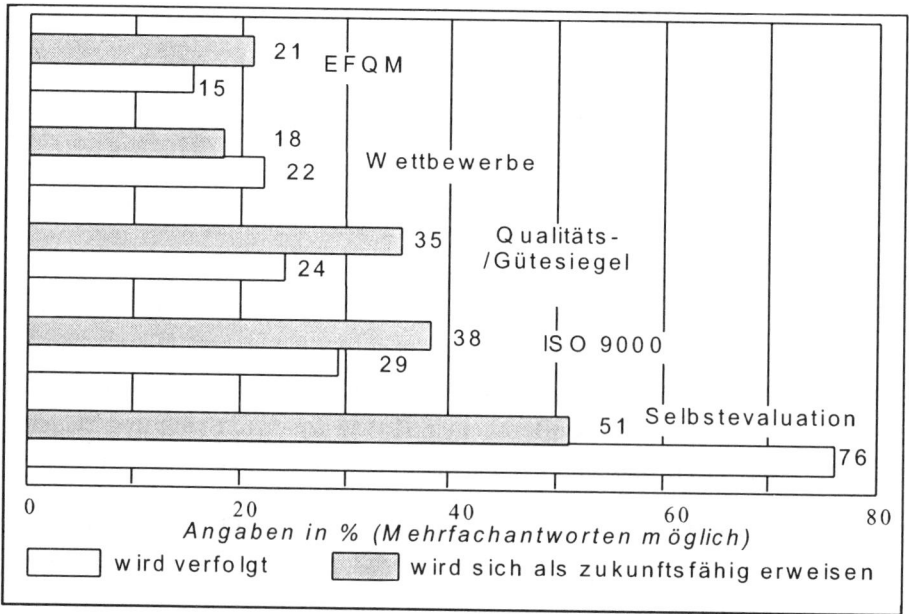

Ansatz	wird verfolgt	wird sich als zukunftsfähig erweisen
EFQM	15	21
Wettbewerbe	22	18
Qualitäts-/Gütesiegel	24	35
ISO 9000	29	38
Selbstevaluation	76	51

Angaben in % (Mehrfachantworten möglich)

Abbildung 14: Verteilung der verwendeten Qualitätsmanagementansätze bei den Weiterbildungseinrichtungen
Quelle: Raskopp (2003), S. 7

---

[171] Insgesamt wurden 1504 Organisationen befragt.

Auch wenn anhand dieser Zahlen nicht nachweisbar ist, inwiefern und in welcher Ausformung diese Aspekte zum Tragen kommen, wird in Abbildung 14 deutlich, dass nach der *Selbstevaluation* - als dem am schwierigsten von außen zu bewertenden Ansatz - *die International Standardisation Organisation* (ISO)-*Norm* eine große Bedeutung hat. Während mit der ISO-Norm, sofern es zu einer Zertifizierung kommt, die systematische Umsetzung von QM nachgewiesen werden kann, sind Ansätze der Selbstevaluation und des *EFQM* in ihrer systematischen Umsetzung schwer von außen zu beurteilen. Die Studie des BiBB hat diesen Aspekt allerdings nicht untersucht, sondern nur gefragt, welche Ansätze von QM verfolgt werden.[172] Abbildung 14 gibt einen Überblick über die Verteilung der Ansätze

Gemäß der Abbildung 15 gibt eine große Mehrheit der Organisationen an, dass das Qualitätsmanagement in den letzten Jahren Fortschritte gemacht hat, es aber dennoch am Anfang steht. Aus der BiBB-Studie ergaben sich damit zugleich die Thesen die wir hier in geraffter Form wiedergeben möchten, da sie in Bezug auf die Aktualität des Qualitätsthemas auch bei BQGen von Bedeutung sind.

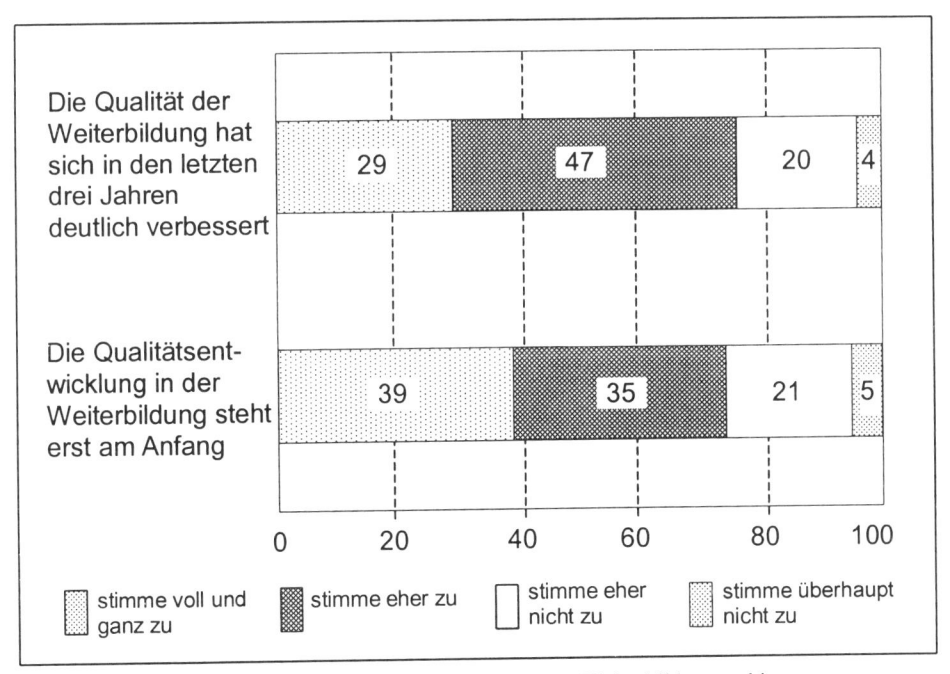

Abbildung 15: Einschätzung zur Qualitätsentwicklung von Weiterbildungsanbietern
Quelle: Raskopp (2003), S. 7

---

[172] vgl. Balli (2002), S. 18

Im Zwischenbericht des BiBB heißt es: „Der Umsetzungsgrad von Qualitätskonzepten in der Breite der Weiterbildungslandschaft ist noch nicht so weit fortgeschritten, wie es die öffentliche Diskussion darüber in den letzten zehn Jahren vermuten ließ."[173] Der Zwischenbericht lässt auch keinen Rückschluss darauf zu, „inwiefern diese Aktivitäten systematisch betrieben werden und somit im Sinne eines ganzheitlichen Qualitätsmanagementsystems einzuschätzen sind."[174] Wie die Kapitel 8 bis 10 dieses Buches zeigen werden, haben die zehn BQGen, die Gegenstand unserer Untersuchung waren, in der QM-Entwicklung schon viel getan. Bis zu einer rundum überzeugenden Umsetzung ist es aber auch noch ein gutes Stück Weg.

4.3 Qualitätsmanagementanforderungen der Finanzmittelgeber für BQGen

4.3.1 Qualitätsanforderungen des SGB III bis 31.12.2002 in der beruflichen Weiterbildung

Das SGB III gab bis Dezember 2002 keine expliziten Vorgaben für die Handhabung von Qualitätsmanagement in der Beschäftigungsförderung. Im Gesetz war nur beschrieben, welche *Leistungen* unter welchen *Rahmenbedingungen* an die Träger von Maßnahmen durch die BA vergeben werden. In den bis Dezember 2002 geltenden rechtlichen Bestimmungen regelte das Gesetz im § 86 die Anerkennung von Maßnahmen. Hierin waren einige Aspekte ausgeführt, die sich vorrangig auf die im vorhinein überprüfbaren Aspekte der Struktur- und Ergebnisqualität von Trägern und Maßnahmen beziehen. So wurden im § 86 Abs. 1 die zu überprüfenden Gegenstände aufgezählt. Es sind: Ziele der Weiterbildungsförderung, Dauer der Maßnahmen, Leistungsfähigkeit des Trägers, Lehrkräfte und Lehrplan, Teilnahmebedingungen, Zeugnisse, Grundsätze der Wirtschaftlichkeit und Sparsamkeit und die arbeitsmarktpolitische Bedeutsamkeit. Ebenso wurden Aspekte der Ergebnisqualität zur Überprüfung festgelegt, indem z.B. die Eingliederungsbilanz Auskunft über erzielte Eingliederungserfolge geben muss (vgl. § 11 SGB III). Im § 93 Abs. 3 war festgelegt, dass das Arbeitsamt und der Träger der Maßnahme nach Abschluss gemeinsam eine Bilanz der Maßnahme erstellen mussten, die Aufschluss über den Eingliederungserfolg und die Wirksamkeit der Maßnahme gab.

---

[173] Balli (2002), S. 41

Die einzelnen Aspekte der Vorprüfung wurden in den §§ 87 bis 92 näher ausgeführt. Im § 93 SGB III Abs.1 wurde das jeweilige Arbeitsamt dazu verpflichtet, *Qualitätsprüfungen* bezüglich der Durchführung der Maßnahmen vorzunehmen. Diese bezogen sich auf die Überwachung der im vorhinein benannten Qualitätsaspekte und deren Einhaltung. Mit dem Begriff der Qualitätsprüfung wird u.a. deutlich, dass die *Bundesanstalt für Arbeit* als kontrollierendes Organ definiert wurde. Die einzelnen Aspekte dieses Verständnisses von Qualitätsprüfung wurden auf der Erlassebene konkretisiert und in Leitfäden, die mit Antragsunterlagen für Maßnahmen und Ausschreibungsverfahren zur Verfügung standen, operativ umgesetzt.

Prozessbezogene Aspekte der Qualitätsüberprüfung, -entwicklung und -sicherung wurden im bis Dezember 2002 geltenden SGB III kaum benannt. Lediglich im § 93 Abs. 1 Satz 2 waren prozessbezogene Aspekte dieser Überprüfungsberechtigung zu finden, wenn es dort hieß: „Es kann insbesondere 1. von dem Träger der Maßnahme und den Teilnehmern Auskunft über den Verlauf der Maßnahme und den Eingliederungserfolg verlangen ...".

Die Bundesanstalt für Arbeit hatte einen *Anforderungskatalog* an Bildungsträger und Maßnahmen der beruflichen Weiterbildung erlassen, der die Funktion hatte, „Mindeststandards für eine Förderung durch die BA"[175] festzulegen[176]. Darüber hinaus wurde betont, dass der vorliegende Anforderungskatalog Anstoß zur eigenverantwortlichen Festigung und Weiterentwicklung der trägerinternen Qualitätssicherung geben soll. Neben den Anforderungen an den Träger von Maßnahmen wurden hier auch Anforderungen an die Maßnahmen differenzierter dargestellt. Dennoch fällt auf, dass hier nur grobe äußere Rahmenbedingungen genannt wurden.

So wurden z.B. zum Prozess der *Sozialpädagogischen Begleitung* keinerlei prozessbezogene Anforderungen formuliert; auch zu den Lehr- und Lernmethoden wurden keine genaueren Anforderungen festgeschrieben. Hier heißt es nur: „Insbesondere für die Betreuung von Zielgruppen sollte sozialpädagogisch geschultes Fachpersonal eingesetzt werden."[177] Was den Prozess der Sozialpäda-

---

[174] Balli (2002), S. 41
[175] Bundesanstalt für Arbeit (1999), Vorwort
[176] Dieser Katalog gilt so lange weiter, bis eine Neuregelung entsprechend der Vorgaben des §84-87 SGB III mit Gültigkeit seit dem 1.1.2003 umgesetzt ist. Dies ist zum Zeitpunkt des Verfassens dieses Beitrages noch nicht der Fall.
[177] Bundesanstalt für Arbeit (1999), S. 12

gogischen Begleitung ausmachen sollte, welche Ziele damit verfolgt wurden, inwiefern eine individuelle Prozesssteuerung umgesetzt werden sollte, waren Dinge, die der Anforderungskatalog nicht benannte und die folglich nicht überprüft wurden.

Ähnlich stellte sich der Bereich der *Methoden und Medien* dar.[178] „Die in der Maßnahme angewendeten Methoden und Medien sollen einen engen Bezug zum Maßnahmeziel haben und die Lernfähigkeit des Teilnehmers angemessen berücksichtigen. Es ist darzulegen, mit welchem Spektrum von Methoden die Maßnahmeziele und -inhalte vermittelt bzw. erreicht werden sollen. Den Teilnehmern sind geeignete Lern- und Arbeitsmittel rechtzeitig zur Verfügung zu stellen; sie sind in Unterricht und Unterweisung zu nutzen."[179] Hinweise, welche Anforderungen hinsichtlich der Methoden und Medien gemeint waren, fanden sich oberflächlich in den Erläuterungen dazu, jedoch insgesamt relativ unkonkret.

4.3.2 Qualitätsanforderungen des SGB III ab 1.1.2003 in der beruflichen Weiterbildung

Zum Zeitpunkt des Verfassens dieser Publikation sind zu diesen Themenfeldern wichtige Reformvorschläge des SGB III auf der Basis der Vorschläge der Hartz-Kommission beschlossen und in Kraft getreten, jedoch noch nicht alle umgesetzt.[180] Die Gesetze „Erstes Gesetz für Moderne Dienstleistungen am Arbeitsmarkt"[181] und „Zweites Gesetz für Moderne Dienstleistungen am Arbeitsmarkt"[182], die seit 1.1.2003 Teil des SGB III geworden sind, enthalten im § 84 unter der Überschrift „Anforderungen an Träger" die Formulierung: „Zugelassen für die Förderung sind Träger, bei denen eine fachkundige Stelle festgestellt hat, dass" [...] (Abs. 4) „der Träger ein System zur Sicherung der Qualität anwendet." Weiter wird in § 85 nicht nur ausgeführt, unter welchen Aspekten die Träger von Maßnahmen durch eine fachkundige Stelle zu begutachten sind, sondern auch, wie die einzelne Maßnahme beurteilt werden soll. Hiernach sollen sowohl Inhalte als auch Methoden und Materialien der Vermittlung, ferner die Teilnahmebedingungen und das zu erzielende Zeugnis begutachtet werden.

---

[178] vgl. Bundesanstalt für Arbeit (1999), S. 16
[179] Bundesanstalt für Arbeit (1999), S. 16
[180] vgl. Hartz (2002)
[181] Bundestagsdrucksache 15/25 vom 5.11.2002
[182] Bundestagsdrucksache 16/25 vom 5.11.2002

Darüber hinaus soll diese fachkundige Stelle die arbeitsmarktpolitische Zweckmäßigkeit, Wirtschaftlichkeit, Sparsamkeit und Angemessenheit der Dauer und Kosten der einzelnen Maßnahme beurteilen.

Diese im Gesetzentwurf verankerten Qualitätsprüfaspekte sind im Schwerpunkt auf die *Strukturqualität* als einem Teilaspekt der Qualität verpflichtet. Mit diesem Ansatz wird der Wechselwirkung, die für den *Lehr-Lernprozess* und den Prozess der *sozialpädagogischen Arbeit* in Maßnahmen mit besonders Benachteiligten gegeben ist, wenig Aufmerksamkeit gewidmet. Dem speziellen Charakter sozialer Dienstleistungen, die nach dem uno-actu-Prinzip[183] funktionieren, wird in dieser vorgängigen Qualitätsprüfung kaum Raum eingeräumt. Wenn hier auf das Prinzip der vorgängigen Prüfung von Inhalten, Methoden und Materialien der Vermittlung abgestellt wird, so sind diejenigen Teilnehmergruppen im Visier, die keine besondere soziale und pädagogische Begleitung und Unterstützung zur Reintegration in den Arbeitsmarkt benötigen. Eine solche *vorgängige* Überprüfung in dieser Hinsicht kann nur Sinn machen, wenn die individuellen Bedingungen der Teilnehmenden nicht spezifisch in die Beurteilung der Qualität der Maßnahmen einbezogen werden sollen.

Dies passt zur Gesamtausrichtung der Hartz-Vorschläge, die im Kern darauf ausgerichtet sind, *arbeitsmarktnahe* Personengruppen zu fördern, jedoch *arbeitsmarktferne* Zielgruppen mehr und mehr fallen zu lassen und damit deren dauerhafte Ausgrenzung aus dem Erwerbssystem zu verstärken.[184] So weisen die Hartz-Vorschläge auch darauf hin, dass Qualifizierungsmaßnahmen zukünftig in verleihfreien Zeiten im Rahmen der PSA stattfinden sollen.

Genauso wie in der alten Fassung des SGB III gibt es im §86 der Neufassung die Hinweise, dass die Bundesanstalt für Arbeit nicht nur die Ergebnisse von Maßnahmen überwacht (§ 86 Abs. 3) und in den Eingliederungsbilanzen abbildet, sondern dass jeweils mit dem Träger von Maßnahmen nach deren Abschluss eine gemeinsame Bilanz zu erstellen ist. Hier werden im § 86 Abs. 3 jedoch, genau wie in der alten Fassung, nur die Eingliederung und die Wirksamkeit der Maßnahme ganz allgemein genannt. Lediglich im § 86 Abs. 1 Satz 2 wird auf den Aspekt der *Qualitätsprüfung im Verlaufe der Maßnahmen* hingewiesen. In den Begründungen wird dazu ausgeführt: „Im Interesse der Sicherung und Steigerung beruflicher Weiterbildung kommt der Qualitätsprüfung

---

[183] vgl. Finis-Siegler (1997)

weiterhin besondere Bedeutung zu. Unabhängig davon, dass die Maßnahmen und Träger künftig durch externe Zertifizierungsagenturen vor Beginn geprüft werden, bleibt die Beobachtung von Durchführung und Erfolg beruflicher Weiterbildungsmaßnahmen mit Blick auf die Förderung mit Leistungen der Arbeitsförderung gesetzliche Aufgabe der Arbeitsämter."[185] Es wird hier noch erläutert, dass die Ergebnisse der Prüfungen den Zertifizierungsgesellschaften zugänglich gemacht werden müssen; diese sind frei, mit den Trägern Vereinbarungen über die Überprüfung während laufender Maßnahmen zu machen. In diesen Regelungen steckt das Potential für eine ernsthafte Überwachung auch der *Prozessqualität*, ohne jedoch hierfür Maßstäbe festzulegen.

4.3.3 Auswirkungen der Qualitätsvorgaben im neuen SGB III

In der Begründung des § 84 SGB III in der Entwurfsfassung vom 5.11.2002 wird dargelegt, dass man mit der Neuregelung der Zulassung von Trägern und Maßnahmen durch eine fachkundige Stelle den Wettbewerb unter den Anbietern verstärken will, indem jeder Bildungsträger seine Maßnahmen von diesen unabhängigen Stellen zertifizieren lassen kann; somit verschwindet die direkte Abhängigkeit von der Zulassungspraxis der Bundesanstalt für Arbeit. Gleichzeitig sollen die Arbeitnehmer bzw. Arbeitslosen, die um Weiterbildung nachsuchen, mit Bildungsgutscheinen ausgestattet werden, die es ihnen ermöglichen, die Maßnahme und den Träger selber zu wählen. Sie werden nicht mehr durch das Arbeitsamt zugewiesen.[186]

Vor dem Hintergrund einer mit diesem Mittel versuchten Stärkung der Kundenrechte und Kundensouveränität sind Qualitätszertifikate sicherlich wünschenswert. Fraglich bleibt jedoch, wie der politische Weg der Umsetzung laufen wird. Zu befürchten steht, dass große Verbände, Kammern und andere Interessengruppen versuchen werden, den Markt der Zertifizierer schnell zu besetzen, um ihre Maßstäbe in der Definition von Qualität durchzusetzen; damit können sie die Maßnahmen ihres Klientels oder sogar eigener Bildungseinrichtungen vorrangig zertifizieren. Sie können so den Markt der kleinen unabhängigen Anbieter ausdünnen.

---

[184] vgl. Arbeitsgruppe Alternative Wirtschaftspolitik (2002a)
[185] Bundestagsdrucksache 15/25 (2002), S. 30
[186] vgl. Bundestagsdrucksache 15/25 vom 5.11.2002, S. 30

Da in den Gesetzentwürfen bisher keine Vorgaben zur Ausrichtung der Qualitätsmanagementsysteme gemacht werden, stellt die gesetzliche Rahmenvorgabe nicht sicher, dass *prozessorientierten* und am *Prozessmanagement* ausgerichteten Bildungsmaßnahmen der Vorrang eingeräumt wird. Mit dem Hinweis im § 84 SGB III der Neufassung, dass „Träger ein System zur Sicherung der Qualität" anwenden müssen, sind zentrale Aspekte eines zielgruppenadäquaten Qualitätsmanagements keineswegs gesichert. Da die Umsetzung dieser Qualitätsprüfungsverfahren der Rechtsverordnung durch das Bundesministerium für Wirtschaft und Arbeit überlassen ist (§ 87 SGB III), findet darüber zur Zeit keine größere öffentliche Debatte statt.

Zu befürchten ist daher, dass die Parallelität von Qualitätsüberwachung durch Zertifizierer und Bundesanstalt für Arbeit zu einem enorm hohen Aufwand führt, der möglicherweise viel Geld verschlingen wird, ohne jedoch wirklich in die - vor allem für arbeitsmarktferne Zielgruppen notwendige - *prozessorientierte* Betrachtung der Qualifizierungsabläufe zu gelangen.

4.3.4 Regelungen zur Qualitätssicherung des SGB III in der Benachteiligtenförderung

Im Bereich der Benachteiligtenförderung sehen die Vorgaben deutlich präziser aus als bei beruflicher Weiterbildung und bei Arbeitsbeschaffungsmaßnahmen. Im *Entscheidungsleitfaden zur fachlichen Qualitätsbeurteilung bei der Vergabe von Maßnahmen in der Benachteiligtenförderung* nach den §§ 235 und 240 bis 246 SGB III (Leistungen an Träger von Maßnahmen, Stand am 25.11.1999)[187] und §§ 61 ff. SGB III (Leistungen an Arbeitnehmer) wird explizit darauf hingewiesen, dass es um eine transparente Darstellung der Input-, Prozess- und Outputqualität geht. Der Leitfaden dient zur qualitätsorientierten Ausschreibung und Vergabe von Maßnahmen der Benachteiligtenförderung, was bedeutet, dass einerseits die Arbeitsämter ihre Anforderungen - auf die drei genannten Aspekte bezogen - präzise in der Ausschreibung darlegen müssen, und andererseits die Träger von Maßnahmen ihre Leistungsbeschreibungen passgenau daran ausrichten müssen.[188] „Für die Bewertung von Angeboten zur Durchführung von Maßnahmen bietet der Entscheidungsleitfaden aufgrund der Kataloge mit Qualitätsmerkmalen eine Grundlage zu ihrer systematischen Aufbereitung, so dass ein

---

[187] vgl. Bundesanstalt für Arbeit (1999), S. 1
[188] vgl. Bundesanstalt für Arbeit (1997), (1998), (1999a)

strukturierter Vergleich der Leistungsangebote im Hinblick auf die Qualitätsmerkmale der Benachteiligtenförderung ermöglicht wird."[189] Insbesondere die Darstellung der Aspekte der *Prozessqualität* ist sehr ausdifferenziert und ermöglicht es der BA, die eingehenden Angebote hinsichtlich der Prozessgestaltung zu vergleichen.[190]

Diese grundlegende Haltung zum Qualitätsgedanken war von der BA bereits in Runderlassen nach altem Recht (Arbeitsförderungsgesetz, vor Einfügung in das SGB 1998) z.B. zum damaligen §40c (Benachteiligtenförderung) dokumentiert. In der entsprechenden Arbeitshilfe[191] wird eine detaillierte *Checkliste* zur Bewertung von Maßnahmen formuliert, die die Bereiche von Struktur-, Prozess- und Ergebnisqualität unter die Lupe nimmt.

In dieser Arbeitshilfe werden durch die BA grundsätzliche Anforderungen an das QM-System der Träger der Benachteiligtenförderung formuliert. Hier sollen nur einige kurze Auszüge den Denkansatz veranschaulichen: „Qualitätsmanagement lässt sich nicht verordnen und ist nicht statisch, sondern muss gemeinsam mit Mitarbeiter(inne)n und Partner(inne)n erarbeitet werden. Qualitätsfortschritte sind erreichbar, wenn an der Zielformulierung jede/r Mitarbeiter/in beteiligt ist, um darüber Identifikationsmöglichkeiten und eine gemeinsame Verpflichtung auf verbindliche Ziele zu erreichen. Der Qualitätsgedanke muss für alle Beteiligten transparent sein."[192]

Ebenso wird die *pädagogische Qualität* als im Kern von der *Prozessqualität* bestimmt definiert. „Pädagogische Qualität wird nur unzureichend von einer Ergebnisqualität im Sinne von Zahlen und Quoten beschrieben. Aspekte der Prozessqualität der pädagogischen Arbeit müssen gleichgewichtig neben einer Inputqualität und Ergebnisqualität bzw. Soll/Ist-Vergleichen berücksichtigt werden."[193] Die BA definiert QM als einen kooperativen Prozess zwischen der BA und den Leistungsanbietern, indem sie sagt: „Die gemeinsame Entwicklung bzw. Abstimmung von Zielvereinbarungen zwischen Arbeitsamt und Einrichtung sind wesentlicher Bestandteil von Qualitätskonzepten."[194]

---

[189] Bundesanstalt für Arbeit (1999a), S. 2 und Bundesanstalt für Arbeit (2001)
[190] vgl. Bundesanstalt für Arbeit (1997), S. 19-26
[191] vgl. Bundesanstalt für Arbeit (1997)
[192] Bundesanstalt für Arbeit (1997), S. 5
[193] Bundesanstalt für Arbeit (1997), S. 5
[194] Bundesanstalt für Arbeit (1997), S.6

Die Qualität in Maßnahmen der Benachteiligtenförderung wird an insgesamt 15 Qualitätskriterien gemessen, die in Input-, Prozess- und Outputqualität unterschieden werden (vgl. Tabelle 10). Darunter gibt es sogenannte Ausschlusskriterien, die in jedem Fall zu erfüllen sind. Diese sind in der Bewerbung um die Ausschreibung einer Maßnahme kenntlich zu machen.[195]

Die fünfzehn Qualitätskriterien werden mit einem Relevanzfaktor zwischen eins (geringe Bedeutung) und zehn (sehr hohe Bedeutung) gewichtet, so dass bei Bewerbungseingang die Angebote systematisch auf das gewünschte Profil hin bewertet werden können. Das günstigste Angebot soll zum Zuge kommen, wobei hier sowohl die gewichteten Qualitätsfaktoren als auch Preisfaktoren berücksichtigt werden. Die Leistungsaspekte werden mit ca. 55%, die Preisaspekte mit 45% in die Entscheidung über den Zuschlag eingerechnet.

Qualität	Qualitätskriterien
Input	Struktur, Organisation und Personalwesen des Trägers
	Pädagogisches Gesamtkonzept und Erfahrungen des Trägers
	Ausstattungsmerkmale in der Maßnahme
	Personal in der Maßnahme
	Erfolgsbeobachtung und Qualitätssicherung
Prozess	Zielgruppengerechte Methodik und Didaktik
	Stütz- und Förderunterricht
	Sozialpädagogik und ihre integrative Verzahnung im Förderungsprozess
	Zielgruppenspezifisches Förderangebot
	Individuelle Förderplanung
	Besondere Phasen der Ausbildung u. Integration in Beschäftigung
	Kooperation im Förderungsnetz
	Begleitung und Reflexion des pädagogischen Prozesses
Output	Ergebnisse aus früheren Maßnahmen
	Referenzen über bisherige Tätigkeiten

Tabelle 10: Die 15 Qualitätskriterien in der Benachteiligtenförderung

Als Fazit lässt sich zu den QM-Anforderungen der Bundesanstalt für Arbeit sagen, dass sie in der z.Zt. geltenden Form einige Handlungsleitlinien für die Anbieter von Maßnahmen geben; jedoch formulieren sie zumindest im Bereich der beruflichen Fort- und Weiterbildung keine differenzierten QM-Anforderungen, was in vielen Feldern der Sozialen Arbeit und in der Wirtschaft inzwischen jedoch üblich ist. Hier sind die Vorgaben der Bundesanstalt für Ar-

---

[195] vgl. Bundesanstalt für Arbeit (2001)

beit bis heute weitgehend auf die Struktur- und Ergebnisqualität bezogen. *Prozessbezogene Aspekte* sind ansatzweise vorhanden, werden aber weder in Vorgaben umgesetzt noch eingefordert. Anders dagegen sind die Qualitätsvorstellungen in der Benachteiligtenförderung deutlich entwickelt, was sicherlich mit dem seit einigen Jahren gewählten Verfahren der öffentlichen Ausschreibung zusammenhängt, bei denen Vergleichskriterien heranzuziehen sind.[196]

4.3.5 Qualitätsanforderungen des Sozialhilfeträgers im Rahmen des BSHG § 93

Die Entwicklung hin zu formulierten Anforderungen an Qualitätskriterien ist in der Sozialgesetzgebung bereits an vielen Stellen verankert. Ein Beispiel dafür ist der § 93 BSHG, in dem es heißt: „Wird die Leistung von einer Einrichtung erbracht, ist der Träger der Sozialhilfe zur Übernahme der Vergütung für die Leistung nur verpflichtet, wenn mit dem Träger der Einrichtung oder seinem Verband eine Vereinbarung über

a. Inhalt, Umfang und Qualität der Leistungen (Leistungsvereinbarung),
b. die Vergütung, die sich aus Pauschalen und Beträgen für einzelne Leistungsbereiche zusammensetzt (Vergütungsvereinbarung), und
c. die Prüfung der Wirtschaftlichkeit und Qualität der Leistungen (Prüfungsvereinbarung) besteht."

Diese Regelung löste bei der BSHG-Reform die alte Regelung ab, nach der nur eine Vereinbarung über die Höhe der Kosten getroffen wurde. Dabei wird betont, dass die Entgelte leistungsgerecht und unter sparsamer und wirtschaftlicher Betriebsführung zu ermitteln sind. In dieser Formulierung steckt die Abkehr vom Kostenerstattungsprinzip hin zu einem preisorientierten Angebot sozialer Dienstleistungen.[197]

Damit ist eine Ausrichtung sozialer Einrichtungen an Marktbedingungen vorgegeben. Der Sozialhilfeträger soll sich an marktwirtschaftlichen Preisen orientieren.[198] Im Zweifelsfall führt dies zur Auftragserteilung an private Anbieter, wenn diese ein besseres Preis-Leistungsverhältnis anbieten können. Bisher sind die Bereiche der Hilfe zur Arbeit von der Anwendung des § 93 weitgehend noch nicht betroffen gewesen, während für viele andere Bereiche Leistungsver-

---

[196] vgl. auch Jugendsozialarbeit online (2003)
[197] vgl. BSHG §93 Abs. 2

einbarungen und dazu gehörende Rahmenverträge mit Verbänden der freien Wohlfahrtspflege geschlossen wurden.

Dennoch existieren Qualitätserwartungen, die sich z.B. in der Höhe der erwarteten Übergangsquoten in Beschäftigung am Ersten Arbeitsmarkt, in der Reduzierung des Leistungsbezuges aus der Sozialhilfe oder im Transfer der Betroffenen in die Zuständigkeit des SGB III ausdrücken.

Im Kontext der geschilderten Entwicklungen zum Zweiten Arbeitsmarkt und der engeren Verzahnung von Aktivitäten der Sozialverwaltung und der Arbeitsverwaltung wird der § 93 auch im Feld der Beschäftigungsförderung zukünftig möglicherweise eine größere Rolle spielen. Insbesondere, wenn die Zertifizierungsverfahren nach SGB III greifen, werden auch im Bereich des § 93 BSHG entsprechende Forderungen umzusetzen sein. Dies gilt vor allem in Bereichen der verstärkten Kooperation zwischen Bundesanstalt für Arbeit und Sozialämtern auf der lokalen Ebene, sofern FbW-Maßnahmen nach SGB III in die Kooperation eingebunden werden sollen. Aufgrund der im SGB III festgeschriebenen, verstärkten Zusammenarbeit zwischen Bundesanstalt für Arbeit und Trägern der Sozialhilfe (§371a) ist diese Entwicklung vorbereitet.

In Abhängigkeit davon, wie die geplante Zusammenlegung von Arbeitslosenhilfe und Sozialhilfe nach den Vorschlägen der Hartz-Kommission und der Agenda 2010 aussehen wird, wird es dazu möglicherweise jedoch nicht mehr kommen, da eine massive Reduzierung bzw. Einstellung der kommunalen Beschäftigungsförderung zu erwarten ist.[199] Kommt es zur Übertragung auf Maßnahmen der Hilfe zur Arbeit nach § 18-20 BSHG, so werden private und freie Träger sich als Konkurrenten gegenübertreten, wie es in anderen Feldern der Sozialen Arbeit sich in den letzten zehn Jahren als Praxis entwickelt hat.[200] Angesichts der Vorgaben des reformierten SGB III, wonach zumindest bei FbW-Maßnahmen eine Vermittlungsquote in Arbeit von 70% erreicht werden muss, dürfte eine Integration der Klientel der heutigen Hilfe zur Arbeit in gemeinsamen Maßnahmen jedoch unrealistisch sein.

---

[198] vgl. Allemeyer (1995), S. 7
[199] Zum Zeitpunkt der Fertigstellung dieses Manuskriptes befinden sich die Gesetzentwürfe zum „Dritten und Vierten Gesetz für moderne Dienstleistungen am Arbeitsmarkt" gerade im parlamentarischen Beratungsverfahren.
[200] vgl. Evers (1992), S. 3 ff.

Wie Qualitätsmanagement in den geplanten JobCentern realisiert werden soll, ist ebenfalls offen. Im Gesetzentwurf mit Stand vom 25.7.2003 zum „Vierten Gesetz für moderne Dienstleistungen am Arbeitsmarkt", das die neue Grundsicherung für Arbeitssuchende - also die Zusammenlegung von Arbeitslosenhilfe und Sozialhilfe wegen Arbeitslosigkeit - regeln soll, wird der § 93 BSHG analog in dieses neu zu schaffende SGB II in den § 17 übernommen.[201] Im Bereich der §§ 18-20 BSHG werden nur die Teile zur Aufhebung vorgeschlagen, die sich mit der Kooperation zwischen BA und Sozialhilfeträgern befassen, nicht jedoch die Hilfe zur Arbeit selbst.

4.3.6 Anforderungen des Landes NRW und des ESF - exemplarisch

Von Seiten des Landes NRW gibt es keine definierten QM-Anforderungen. Das Land NRW schließt lediglich regelmäßig Zielvereinbarungen mit den Arbeitsmarktregionen ab, die auf vorgegebenen Leitlinien beruhen. Im Rahmen dieser Vorgaben können die Regionen ihre arbeitsmarktpolitische Gestaltung vornehmen und mit dem Land Zielsetzungen für die jeweils nächste Periode vereinbaren. Die Region entscheidet im Rahmen dieser Vereinbarungen über die konkreten Maßnahmen. Über ein vom Land installiertes Controllingsystem werden die Maßnahmen im Verlauf und in den Ergebnissen überwacht. Die Controlling-Kennwerte sind allerdings so grob gefasst, dass sie nicht zur *prozessbezogenen* Steuerung geeignet sind. Die Zielvereinbarungen umfassen lediglich Angaben einerseits zur Anzahl der zu erreichenden Teilnehmer je definiertem Politikfeld und andererseits der zu erzielenden Übergangsquoten in Beschäftigung oder weiterqualifizierende Maßnahmen. Ergänzend dazu werden die ESF-kofinanzierten Förderungen durch eine ESF-Programmevaluation begleitet. Für die Förderperiode des ESF von 2000 bis 2006 wurde für den Bereich der ESF-Interventionen in Deutschland ein übergreifendes System für Monitoring und Evaluation entwickelt. Dieses Instrument stellt eine gemeinsame Basis für die Begleitung und Bewertung der ESF-Umsetzung in Bund und Ländern dar.[202] Ein Element des neuen Verfahrens ist das Stammblattverfahren, „das insbesondere dazu beitragen wird, die Informationen zum materiellen Verlauf zu erweitern und die Basis für die Evaluation maßgeblich zu verbessern."[203]

---

[201] Gesetzentwurf der Bundesregierung (2003b)
[202] vgl. www.esf-brandenburg.de/erfajrungen/erf3.html vom 26.7.2003
[203] www.esf-brandenburg.de/erfajrungen/erf3.html vom 26.7.2003

Auf europäischer Ebene wird großer Wert auf die Evaluation des Policy-Mix zwischen Sozialpolitik, Wirtschaftspolitik und Beschäftigungspolitik gelegt. Die EU-Kommission schreibt dazu in ihrem Grundsatzpapier zu „Beschäftigungs- und Sozialpolitik: ein Konzept für Investitionen in Qualität": „Erforderlich ist vielmehr eine umfassendere und differenziertere Politikentwicklung, bei der es nicht nur um die Wirksamkeit einzelner politischer Instrumente in der Verwirklichung der Ziele geht, sondern in jedem Politikbereich um die *Kohärenz* zwischen *Zielsetzungen*, den verfügbaren *Instrumenten* und den *Indikatoren*, mit deren Hilfe der Fortschritt in der Verwirklichung der gesamtpolitischen Zielsetzungen gemessen wird."[204]

Aus Sicht des ESF und des Landes NRW existieren jedoch keine Vorgabeanforderungen bezüglich eines bestimmten Qualitätsmanagementsystems oder bestimmter Verfahren der Qualitätsentwicklung. Die Qualität wird hier weiterhin überwiegend über die Outputqualität beobachtet.

4.3.7 Qualitätsanforderungen des § 78 SGB VIII

Eine vergleichbare Entwicklung wie im BSHG ist durch die Novellierung des § 78 SGB VIII (Kinder- und Jugendhilfegesetz - KJHG) in der Jugendhilfe eingetreten. Dieser Paragraph regelt ebenfalls die Vereinbarung über Leistungsangebote, Entgelte und Qualitätsentwicklung. Auch hier wurden privat-gewerbliche Träger zugelassen, und das früher geltende Selbstkostendeckungsprinzip wurde durch ein System leistungsgerechter Entgelte und entsprechender Vereinbarungen zur Qualität abgelöst.[205] Um das Prozedere zu gestalten, werden dazu Rahmenvereinbarungen getroffen, die zwischen öffentlicher Jugendhilfe, freien Trägern und privat-gewerblichen Anbietern auszuhandeln sind. Das damit verbundene System prospektiver Pflegesätze verursacht „einen erheblichen Druck in der Trägerlandschaft [...] und Leistungsbeschreibungen [werden] ebenso wie die Entwicklung und Konkretion von Qualitätssicherungssystemen unabdingbar [...]."[206] Hier gilt für Maßnahmen der Jugendberufshilfe im Rahmen des SGB VIII das Gleiche wie bei Maßnahmen der Hilfe zur Arbeit, dass der Druck, auch hier Leistungs- und Entgeltvereinbarungen zu treffen, immer größer wird. Bei festgelegten Preisen und Budgets durch die Kostenträger ist der Wettbewerb um die Anteile am Kuchen größer geworden. Bei diesem Wettlauf spielen Quali-

---

[204] EU-Kommission (2001), S. 17
[205] vgl. Wohlfahrt (1999), S. 4

tätsaspekte eine zunehmende Rolle, da die Kostenträger immer mehr nach Kriterien der Preis-Leistungsrelation ihre Aufträge vergeben. „Die Einführung von marktorientierten Elementen in ein traditionell weitgehend politisch gesteuertes Subsystem [...] verdankt sich der Annahme, dass, so die These, Qualitätsverbesserungen durch Leistungswettbewerbe über Marktsteuerung effektiver zu realisieren sind als über Formen hierarchischer Steuerung."[207]

Die in diesem Kapitel aufgezeigten gesetzlichen und programmatischen Rahmenbedingungen machen deutlich, dass der Bereich von Beschäftigungsförderung und Qualifizierung, der bis vor wenigen Jahren noch keinen definierten Verpflichtungen zur Qualitätssicherung unterlag, unter starken Druck gekommen ist, die Qualität seiner Einrichtungen und Maßnahmen nachzuweisen.

Im nächsten Kapitel wird der praktischen Umsetzung von Qualitätsmanagement in BQGen nachgegangen. Dies geschieht einerseits, indem gängige Modelle des Qualitätsmanagements in groben Zügen vorgestellt werden, die in BQGen Anwendung finden, andererseits, indem verbands- und verbundspezifische Lösungsansätze aus dem Arbeitsfeld vorgestellt werden.

---

[206] Wohlfahrt (1999), S. 4
[207] Wohlfahrt (1999), S. 5

5 Qualitätsmanagementsysteme in der Praxis der Beschäftigungs- und Qualifizierungsgesellschaften.

Wie im vorherigen Kapitel geschildert wurde, haben sich sowohl die rechtlichen als auch die fördertechnischen Anforderungen an Qualitätsmanagement im Feld der BQGen in den letzten Jahren erheblich verändert und entwickelt. Viele Organisationen und Verbände haben diese Entwicklung kommen sehen und sich frühzeitig mit zu erwartenden QM-Anforderungen auseinander gesetzt. Die wichtigsten, im Arbeitsfeld angewendeten QM-Modelle sowie Ansätze aus dem Bereich der Verbände und Verbünde von BQGen werden deshalb in diesem Kapitel im Überblick dargestellt.

5.1 QM-Ansätze in der Anwendung in Beschäftigungs- und Qualifizierungsgesellschaften

Für den Bereich der BQGen gibt es keinen Gesamtüberblick über die verwendeten Modelle oder Systeme des Qualitätsmanagements. Wie bereits für den Bereich der Weiterbildung im Kapitel 4 beschrieben, werden auch im Feld von Beschäftigung und Qualifizierung von Benachteiligten am Arbeitsmarkt unterschiedliche Modelle und Ansätze verwendet. Neben den gängigen Ansätzen wie Total Quality Management (TQM), EFQM und DIN EN ISO 9000ff[208]. gibt es im Feld der BQGen auch verbandsspezifische Zugänge zum Thema Qualitätsmanagement.

Führend im Bereich der *Sozialen BQGen* ist die Diakonie, die durch Fachverbände im Verbund mit Einrichtungen an der Entwicklung von Qualitätsstandards und Qualitätsmanagementprojekten seit mehreren Jahren arbeitet. Hier ist insbesondere der Evangelischer Fachverband für Arbeit und Soziale Integration e.V. (EFAS) zu nennen, der im Jahr 2000 ein Musterhandbuch für das Qualitätsmanagement in BQGen in Form einer CD-Rom herausgegeben hat.[209]

Ebenso führt der Fachverband Arbeit und Ausbildung des Diakonischen Werkes der Evangelischen Kirche im Rheinland seit 2001 ein Verbundprojekt mit ca. 40 Trägern der Diakonie aus dem Bereich Beschäftigung und Qualifizierung durch,

---

[208] Diese Norm ist eine Deutschen Industrienorm (DIN), eine Europäische Norm (EN) und eine von der ISO geführte Norm mit der Bezeichnung 9000 bis 9004, die z.Zt. in der im Jahr 2000 in Kraft getretenen Form gültig ist.
[209] vgl. Evangelischer Fachverband Arbeit und Soziale Integration e.V. (2001). Dieses Handbuch befindet sich z.Zt. in der Überarbeitung.

in dem Qualitätsmanagement nach dem EFQM-Modell in den Einrichtungen eingeführt wird[210]. Auch der Paritätische (DPWV - Deutscher Paritätischer Wohlfahrtsverband) entwickelt, allerdings insgesamt für die Soziale Arbeit, eigene Ansätze und Zugänge zum QM-Thema.[211] Andere Ansätze im Bereich der Beschäftigungs- und Qualifizierungsprojekte sind Verbundaktivitäten, wie sie z.B. der Bremer Beschäftigungsverbund[212] realisiert hat, oder wie sie die MOVE GbR[213], eine Organisationsberatungsfirma, mit mehreren Organisationen als Modellprojekt für das Land Nordrhein-Westfalen erprobt hat. Auch die Bundesarbeitsgemeinschaft Arbeit (BAG Arbeit) hat sich bereits seit vielen Jahren mit dem Thema QM beschäftigt und im Jahr 1999 ein Muster-Handbuch herausgegeben, das im Rahmen eines Modellprojektes mit 10 Gesellschaften entwickelt wurde.

Charakteristisch für das Feld der BQGen ist es, dass sie in unterschiedlichen Zusammenhängen eingebunden sind; somit werden auch aus unterschiedlichen Richtungen Anforderungen an sie gestellt, sich mit QM zu beschäftigen. Neben den oben bereits dargestellten Anforderungen der Finanzmittelgeber sind einerseits die Verbände, denen die Einrichtungen und Träger angehören, oft treibende Kraft bei der Einführung von QM. Sie entwickeln in ihren verbandlichen Strukturen z.T. eigene Vorgaben, die die Einrichtungen gehalten sind umzusetzen; sie gründen eigene Beratungs- und Zertifizierungsorganisationen[214] und fordern so von ihren Mitgliedern, sich dem jeweils eigenen System anzuschließen. Andererseits sind die Träger in regionale Netzwerke eingebunden, die ggf. andere Anforderungen an Einbindungen in QM-Ansätze stellen.

Da es bis zur Reform des SGB III zum 1.1.2003 keinerlei gesetzliche Vorgaben gab, hat sich das Feld von QM - ausgelöst durch andere Bereiche der Sozialen Arbeit - unabhängig von Vorgaben für ein Qualitätsmanagementsystem in diesem Arbeitsfeld entwickelt. Die Träger sind folglich in vielschichtige Systeme der äußeren Anforderungen und Erwartungen an QM eingebunden: Die Bun-

---

[210] vgl. Grün (2002)
[211] Mit der Paritätischen Gesellschaft für Qualität mbH hat der Paritätische *Qualitätsentwicklung und -management* zu einem zentralen Thema verbandlicher Aktivitäten gemacht und auf der Basis von EFQM und DIN EN ISO 9000 ff. ein gestuftes Qualitätsentwicklungs-Verfahren für Mitgliedseinrichtungen aufgebaut. Laut Auskunft der Geschäftsstelle soll dieses auf den Bereich der Beschäftigungsförderung angepasst werden.
[212] vgl. Verband Bremer Beschäftigungsträger e.V. (1998)
[213] vgl. Frenzer (2000)
[214] vgl. PQ-SYS des Paritätischen als eigenständige Beratungs- und Zertifizierungsgesellschaft.

desanstalt für Arbeit, Kommunen und Länder fordern aufgrund gesetzlicher oder programmatischer Vorgaben bestimmte Veränderungen im Bereich von Qualitätssicherung und Controlling arbeitsmarktpolitischer Maßnahmen; die Fach- und Dachverbände fordern die Einbindung in gemeinsame öffentlichkeitswirksame Konzepte, und regionale Netzwerke fordern die Einbindung in Verbünde, Absprachen oder Verträge zur Qualitätssicherung in einer Region. Qualitätsmanagementansätze und deren praktische Umsetzung sind deshalb so vielfältig wie die Träger und deren Rahmenbedingungen des Agierens. Dennoch lässt sich - wie im Kapitel 4.2 aufgezeigt - beobachten, dass einige QM-Ansätze häufiger als andere auftreten und genutzt werden.

Die in der im zweiten Teil dieses Buches dargestellten Untersuchung beteiligten zehn Organisationen wenden beispielsweise folgende QM-Systeme an:

	Organisation	*Eingesetztes QM-Modell*
1	AW AG Aachen	EFQM und EFAS QMH seit 1996
2	ZWD Düsseldorf	Elemente verschiedener Modelle
3	ZAQ Oberhausen	DIN EN ISO und AWO Qualitätssystem
4	Zug um Zug e.V. Köln	EFQM seit 2001
5	sci:moers	ISO 9000 seit 1999 (ohne Zertifiz.)
6	low-tech Düren	EFQM seit 2002 mit Vorläuferaktivitäten ohne festgelegtes System
7	Werkhof Hagen	TQM seit 1998
8	Renatec gGmbH Düsseldorf	EFQM und EFAS QMH seit 1999
9	SEN e.V. Soest	TQM (Verbundprojekt seit 1997)
10	GrünBau gGmbH Dortmund	DIN EN ISO seit 1999, zertifiziert 2001

Tabelle 11: QM-Modelle der Partnerorganisationen

Die favorisierten Modelle in den 10 untersuchten Einrichtungen sind folglich EFQM und DIN EN ISO 9000 ff., wobei nur eine Organisation nach der DIN EN ISO zertifiziert ist.

Aus diesem Grund werden wir im Folgenden einige Kernelemente dieser Systeme darstellen. Hierbei werden wir ausführlicher auf das EFQM-Modell eingehen, weil es als Basis für den methodischen Ansatz des im zweiten Teil beschriebenen Forschungsprojektes dient. Ebenso werden die für BQGen und die freie Wohlfahrtspflege typischen, besonderen Ansätze kurz skizziert.

5.2 Qualitätsmanagement mit dem EFQM-Modell für Excellence[215]

5.2.1 Das EFQM-Modell für Excellence als TQM-Ansatz - auch für die Soziale Arbeit

Das EFQM-Modell für Excellence lässt sich als ein Ansatz des sogenannten TQM („Total Quality Management") beschreiben. Dabei bedeutet „Total", dass die Organisation in ihren Qualitätsbemühungen alle Mitarbeiter, Kunden und Lieferanten einbezieht. Dabei wird die Führungsaufgabe „Qualität" bereichs- und funktionsübergreifend wahrgenommen und als Vorbildfunktion verstanden[216].

Der zentrale Aspekt bei einem Total Quality Management ist es, dass es sich hierbei nicht um einen irgendwann abgeschlossenen Prozess handelt, sondern dass Qualitätsentwicklung als Regelkreis verstanden wird, der immer wieder erneut zu durchlaufen ist (Abbildung 16).

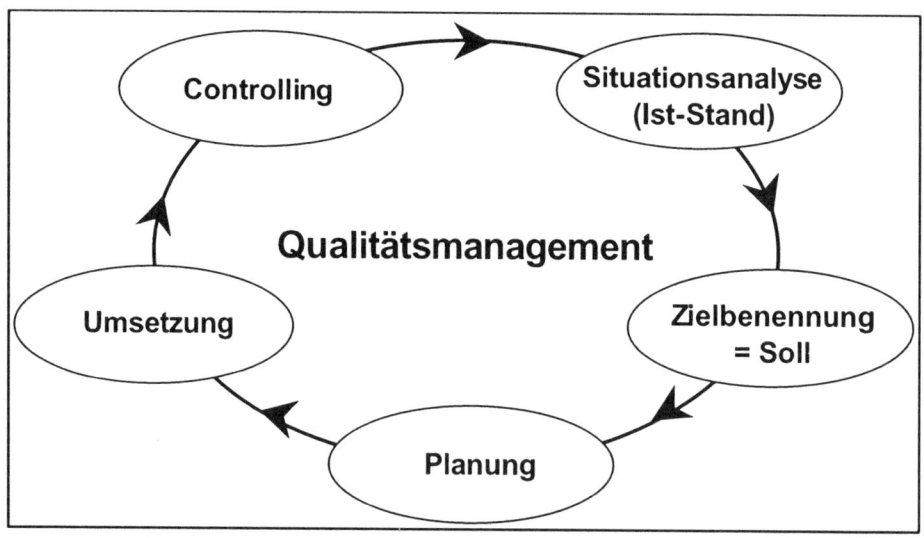

Abbildung 16: Qualitätsmanagementkreis

Der Prozess führt von der IST-Analyse über die Entwicklung eines gewünschten SOLL-Zustandes mit Hilfe von Planungstechniken in die Umsetzung von

---

[215] Das Modell trägt die offizielle Bezeichnung „EFQM-Modell für Excellence" (© EFQM 1999-2003) und wird im weiteren Text auch als EFQM-Modell bezeichnet. Das EFQM-Modell für Excellence ist gesetzlich geschützt.
[216] vgl. Hummel (1997), S. 3 ff

Verbesserungsmaßnahmen, die durch angemessene Controllinginstrumente dann eine Feststellung des neu erreichten IST-Zustandes ermöglichen. Daraus ergibt sich die Anforderung an TQM, wie sie in der DIN EN ISO 8402 formuliert ist. Dort heißt es, dass Total Quality Management eine „auf der Mitwirkung aller Mitglieder basierende Managementmethode einer Organisation" ist, die „die Qualität in den Mittelpunkt stellt und durch Zufriedenstellung der Kunden auf langfristigen Geschäftserfolg sowie auf Nutzen für die Mitglieder der Organisation und für die Gesellschaft zielt."[217] Mit diesem umfassenden Ansatz ist TQM eine Qualitätsstrategie, die den Anforderungen der komplexen Bedingungen, in denen Beschäftigungsförderung stattfindet, am ehesten gerecht werden kann. Insbesondere die Fokussierung auf die sehr heterogenen Kunden- und Anspruchsgruppen der BQGen lässt einen solchen Ansatz als sinnvoll erscheinen.[218]

Das EFQM-Modell, das bereits für Großunternehmen, kleine und mittlere Unternehmen und für den öffentlichen Dienst vorlag, wurde mit der Revision im Jahr 2000 für den Bereich der sozialen Dienste angepasst. Die Besonderheiten des EFQM-Modells für Excellence für den öffentlichen Dienst und soziale Einrichtungen liegen darin, dass einige Spezifika berücksichtigt sind, die die Anwendung im sozialen Bereich erleichtern. Dazu gehört, dass das Modell folgende Aspekte berücksichtigt:

- Das Durchführen von Managementaufgaben muss mit politischen Vorgaben in Einklang gebracht werden.
- Die Arbeit in BQGen hat vielfältige Kunden: die direkten Empfänger der Leistungen (Teilnehmer), aber auch öffentliche Institutionen (Arbeitsämter/Sozialverwaltungen etc.) und politische Interessengruppen.
- Im öffentlichen und sozialen Bereich bestehen z.T. eingeschränkte Handlungsspielräume aufgrund gesetzlicher Regularien wie z.B. Gemeinnützigkeitsregelungen etc..

Mit dem EFQM-Modell für Excellence sind zentrale Prinzipien verbunden, die sich als grundlegender Managementansatz in allen Teilen des Modells widerspiegeln. Im Einzelnen sind dies:

---

[217] vgl. DIN EN ISO 8402, zitiert nach: Hummel (1997), S. 3
[218] vgl. die Ausführungen zum Begriff Kunde in: Vomberg (2002), S. 11 ff.

- „Ergebnisorientierung (...),
- Kundenorientierung (...),
- Führung und Zielkonsequenz (...),
- Management mit Prozessen und Fakten (...),
- Mitarbeiterentwicklung und -beteiligung (...),
- Kontinuierliches Lernen, Innovation und Verbesserung (...),
- Aufbau von Partnerschaften (...) und
- Verantwortung gegenüber der Öffentlichkeit (...)".[219]

Diese Grundsätze finden sich in der Ausgestaltung des Modells wieder, das im nächsten Kapitel dargestellt wird.

5.2.2 Die Grundstruktur des EFQM-Modells für Excellence

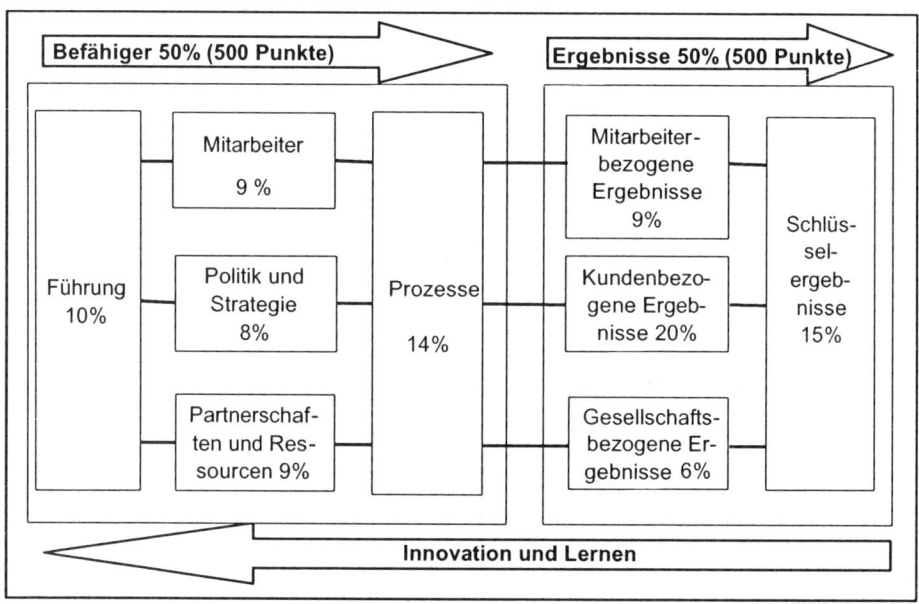

```
Befähiger 50% (500 Punkte)  →    Ergebnisse 50% (500 Punkte)

                    Mitarbeiter              Mitarbeiter-
                    9 %                      bezogene
                                             Ergebnisse
                                             9%
                                                              Schlüs-
          Führung   Politik und   Prozesse   Kundenbezo-      sel-
          10%       Strategie                gene Ergeb-      ergeb-
                    8%            14%        nisse 20%        nisse
                                                              15%
                    Partnerschaf-            Gesellschafts-
                    ten und Res-             bezogene Er-
                    sourcen 9%               gebnisse 6%

          ←                Innovation und Lernen
```

Abbildung 17 : Das EFQM-Modell für Excellence[220]
Quelle: EFQM (1999a), S.8

Das EFQM-Modell für Excellence setzt sich aus insgesamt 9 Kriterien für die Qualitätsentwicklung zusammen, die in zwei Bereiche aufgegliedert sind: die

---

[219] EFQM (1999a), S. 7. Inzwischen wurden diese Grundkonzepte der Excellence reformuliert. Da das im zweiten Teil des Buches vorgestellte Forschungsprojekt mit dem bis 2002 gelten EFQM-Leitfaden gearbeitet hat, werden alle aus dem EFQM verwendeten Formulierungen aus dieser älteren Fassung genutzt.
[220] © EFQM 1999-2003. Das EFQM-Modell für Excellence ist gesetzlich geschützt.

Befähigerkriterien und die *Ergebniskriterien* (vgl. Abbildung 17). Insgesamt sind diese 9 Kriterien in 32 Teilkriterien differenziert, die es ermöglichen, eine Organisation in ihren wesentlichen Aspekten zu beschreiben.[221]

Die *Befähigerkriterien* beschäftigen sich mit der Frage nach dem *WIE*. In den fünf Einzelkriterien: *Führung* (Kriterium 1), *Politik und Strategie* (Kriterium 2), *Mitarbeiter* (Kriterium 3), *Ressourcen und Partnerschaften* (Kriterium 4) und *Prozesse* (Kriterium 5) geht es um die Frage, *wie* eine Organisation dafür sorgt bzw. sich selber befähigt, exzellente Ergebnisse zu erlangen. Diese Kriterien betreffen das *Vorgehen* der Organisation, mit dem sie die in den Teilkriterien aufgeführten Bereiche abdeckt, den Grad der *Umsetzung* dieser Vorgehensweisen und die *Bewertung und Überprüfung* dieser Vorgehensweisen. Im Rahmen des Einsatzes des EFQM-Modells als Selbstbewertungs- oder Evaluationsinstrument geht es im Bereich der Befähigerkriterien nicht darum zu bewerten, *was* getan wird, sondern *wie* es getan wird.

Anders ist dies im Bereich der *Ergebniskriterien*. Hierzu gehören die Kriterien: *Kundenbezogene Ergebnisse* (Kriterium 6), *Mitarbeiterbezogene Ergebnisse* (Kriterium 7), *Gesellschaftsbezogene Ergebnisse* (Kriterium 8) und die *Schlüsselergebnisse* (Kriterium 9). Hier wird danach gefragt, *WAS* auf der Basis der Befähiger an Ergebnissen erzielt wird. Dabei wird geprüft, wie sich die *Trends* in den Ergebnissen entwickelt haben, inwiefern *Ziele* erreicht werden, ob die Ergebnisse in einen *Vergleich* mit Ergebnissen anderer Organisationen gebracht werden und positiv ausfallen, und inwieweit die *Ergebnisse* ihre Ursachen in den Vorgehensweisen der Befähiger haben.

Darüber hinaus wird auch nach dem *Umfang*, der Reichweite der Ergebnisse gefragt. Bei der Frage danach, *was* erreicht wird, sind konkrete Messkriterien erforderlich, die die Organisation entwickeln muss, um hierüber Aussagen treffen zu können.

Die einzelnen Kriterien 1-9 sind so aufgebaut, dass jeweils das Kriterium zunächst allgemein beschrieben und dann in mehrere Teilkriterien differenziert wird. (vgl. Abbildung 18)

---

[221] vgl. EFQM (1999a)

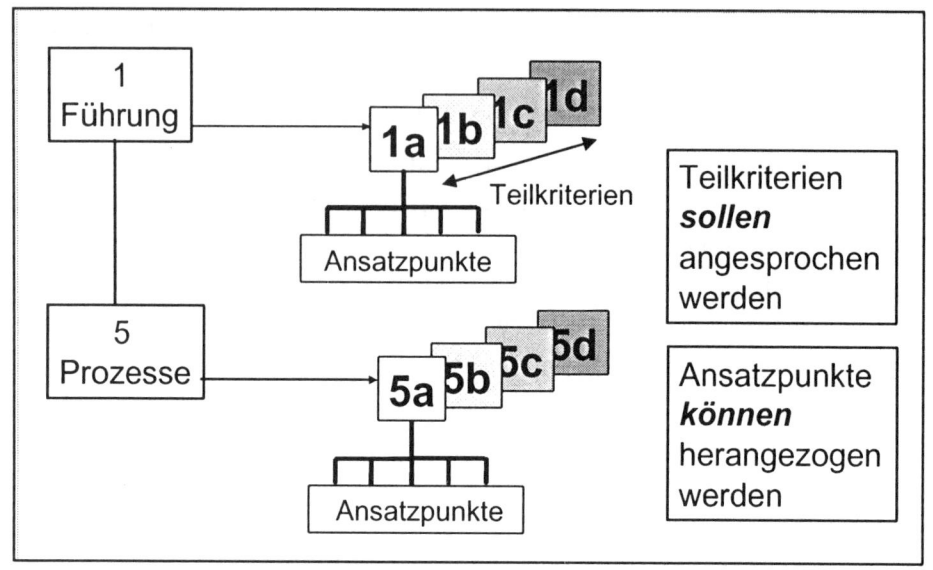

Abbildung 18: Die Systematik der EFQM-Kriterienstruktur

Um dies mit Bezug zum Forschungsansatz für das im zweiten Teil des Buches beschriebene Forschungsprojekt - mit dem Kurztitel *Qualitätsmanagement in Beschäftigungs- und Qualifizierungsgesellschaften* (QMiB) - zu veranschaulichen, geben wir als Beispiele die Kriterien 5: *Prozesse* (Tabelle 12), 6: *Kundenbezogene Ergebnisse* (Tabelle 13) und 9: *Schlüsselergebnisse* (Tabelle 14) und ihre Teilkriterien aus dem Leitfaden für den öffentlichen Dienst und soziale Einrichtungen wieder.

---

5. Prozesse
Wie die Organisation ihre Prozesse gestaltet, managt und verbessert, um ihre Politik und Strategie zu unterstützen und ihre Kunden und andere Interessengruppen voll zufrieden zu stellen und die Wertschöpfung für diese zu steigern.
   5a. Prozesse werden systematisch gestaltet und gemanagt.
   5b. Prozesse werden bei Bedarf verbessert, wobei Innovation genutzt wird, um Kunden und andere Interessengruppen voll zufrieden zu stellen und die Wertschöpfung für diese zu steigern.
   5c. Produkte und Dienstleistungen werden aufgrund der Bedürfnisse und Erwartungen der Kunden entworfen und entwickelt.
   5d. Produkte und Dienstleistungen werden hergestellt, geliefert und betreut.
   5e. Kundenbeziehungen werden gepflegt und vertieft.

Tabelle 12: Struktur des EFQM-Kriteriums 5: Prozesse[222]

---

[222] EFQM (1999a), S. 20 f.

Dies ist an dieser Stelle notwendig, da auf der Basis dieser Kriterien die später noch darzustellenden Untersuchungsinstrumente des Forschungsprojektes entwickelt wurden.

Anders als die Befähigerkriterien (hier am Beispiel *Prozesse*) haben die Ergebniskriterien jeweils nur zwei Teilkriterien wie die Tabellen 13 und 14 zeigen.

6. Kundenbezogene Ergebnisse
Was die Organisation in Bezug auf ihre externen Kunden erreicht.
   6a. Messergebnisse aus Kundensicht.
   6b. Leistungsindikatoren.

Tabelle 13: Struktur des EFQM-Kriteriums 6: Kundenbezogene Ergebnisse[223]

9. Schlüsselergebnisse
Was die Organisation in Bezug auf ihre geplanten Leistungen erreicht.
   9a. Ergebnisse der Schlüsselleistungen.
   9b. Schlüsselleistungsindikatoren.

Tabelle 14: Struktur des EFQM-Kriteriums 9: Schlüsselergebnisse[224]

Jedes der *Teilkriterien* ist dann im Leitfaden in verschiedenen *Ansatzpunkten* ausdifferenziert, so dass sich für die Organisation, die mit dem Leitfaden arbeiten möchte, ein differenziertes Bild zu jedem Teilkriterium ergibt.

5a. Prozesse werden systematisch gestaltet und gemanagt. Ansatzpunkte: Dies *kann* folgendes umfassen: • die Prozesse in der Organisation einschließlich derjenigen Schlüsselprozesse gestalten, die erforderlich sind, um Politik und Strategie zu realisieren; • das zu verwendende Prozessmanagementsystem festlegen; • im Rahmen des Prozessmanagements Systemnormen anwenden, z.B. zum Qualitätsmanagement nach ISO 9000, Umweltmanagement, Gesundheits- und Sicherheitsmanagement; • Prozesskennzahlen einführen und Leistungsziele festlegen; • Schnittstellenbelange innerhalb der Organisation und mit externen Partnern lösen, um Prozesse durchgehend effektiv zu managen.

Tabelle 15: Struktur des Teilkriteriums 5a[225]

---

[223] EFQM (1999a), S. 22 f.
[224] EFQM (1999a), S. 28 f.
[225] EFQM (1999a), S. 20 f.

Die Ansatzpunkte sind als Vorschläge zu verstehen, unter welchen Aspekten die Organisation in einer Selbstbewertung untersucht und bewertet werden kann. Am Beispiel des Teilkriteriums 5a (Tabelle 15) ist dies verdeutlicht.

Das EFQM-Modell für Excellence beleuchtet - durch die Differenzierung in 9 Kriterien und insgesamt 32 Teilkriterien - alle drei Bereiche der von Donabedian[226] benannten Qualitätsaspekte: Struktur-, Prozess- und Ergebnisqualität, auf deren Unterscheidung in Kapitel 6.5 noch eingegangen wird. Dabei steht jedoch eindeutig die *prozessorientierte Sichtweise* auf Qualitätsfragen im Vordergrund, was Zollondz in seinem Grundlagenwerk zum Thema QM so beschreibt: „Im TQM wird zudem vom Management der Prozesse gesprochen. Damit ist die ständige Überwachung und Verbesserung der Prozesse gemeint. Alle Prozesse unterliegen solchen Prozessen, in denen es darum geht, Messgrößen festzulegen, die es erlauben, Qualitätsverbesserungen nachzuweisen. Bei der Selbstbewertung im Rahmen des EFQM-Modells werden die folgenden Kriterien für die Prozessbeurteilung genannt:

- Identifikation von Prozessen
- Systematische Führung von Prozessen
- Zielsetzung und Leistungsmessung von Prozessen
- Stärkung der Innovation und Kreativität im Hinblick auf Prozessverbesserungen
- Durchführung von Prozessveränderungen und Bewertung ihres Nutzens."[227]

5.2.3 Selbstbewertung als Beobachtungsinstrumentarium

Qualitätsmanagement auf der Basis des EFQM-Modells für Excellence arbeitet mit dem Prinzip der Selbstbewertung. Jedes Kriterium wird aufgrund der im Modell festgelegten Punktverteilung im Rahmen der Selbstbewertung mit Punkten bewertet. Dabei werden die Prozessgestaltungen genauso wie die damit erzielten Ergebnisse bewertet. Die Anzahl der erreichten Punkte gibt einen Anhaltspunkt, wie gut ein Kriterium entsprechend den Anforderungen an umfassendes Qualitätsmanagement erfüllt wird. Im Gesamtergebnis einer Selbstbewertung sind die Befähiger- und Ergebniskriterien mit jeweils 500 Punkten bzw. 50% gleich gewichtet.

---

[226] vgl. Donabedian (1980)
[227] Zollondz (2002), S. 217

Bei der Bewertung der Befähigerkriterien spielen drei Aspekte eine zentrale Rolle:

- das Vorgehen,
- die Umsetzung,
- die Überprüfung.

Bei der Bewertung des *Vorgehens* wird reflektiert, inwieweit dieses systematisch ist, ferner inwieweit die verwendeten Methoden, Werkzeuge und Techniken angemessen sind und auf dem Prinzip der Vorbeugung beruhen. Das Vorgehen wird daraufhin bewertet, inwieweit es in der täglichen Arbeit *umgesetzt* ist, während die Bewertung der *Überprüfung* Aussagen darüber treffen soll, inwiefern die Verfahren regelmäßig überprüft werden und für die Initiierung von Verbesserungsmaßnahmen genutzt werden.[228]

Die Bereiche *Vorgehen, Umsetzung* und *Überprüfung* werden dann für die Bewertung nochmals in die Aspekte der Tabelle 16 differenziert.

Ergebnisse	Vorgehen	Umsetzung	Bewertung/ Überprüfung
RESULTS	APPROACH	DEPLOYMENT	ASSESSMENT & REVIEW
Trends	Fundiert	Eingeführt	Messung
Ziele	Integriert	Systematisch	Lernen
Vergleiche			Verbesserung
Ursachen			
Umfang			

Tabelle 16: Systematik der Bewertung mit der RADAR-Card für Befähiger- und Ergebniskriterien[229]

Dabei wird beim *Vorgehen* danach bewertet, inwiefern dieses fundiert und integriert ist, bei der *Umsetzung*, wie weit sie tatsächlich erfolgt (eingeführt) und systematisch realisiert ist, und bei der *Überprüfung*, wie weit sie auf Messungen beruht und für Lernen und Verbesserung genutzt wird. Diese Systematik führt

---

[228] vgl. EFQM (1997), S. 33

zu der RADAR-Card als Bewertungsinstrument. Der Begriff RADAR setzt sich aus den Anfangsbuchstaben der englischsprachigen Begriffe nach Tabelle 16 zusammen: *R*esults (Ergebnisse), *A*pproach (Vorgehen), *D*eployment (Umsetzung), *A*ssessment (Bewertung) und *R*eview (Überprüfung).

Bei der Bewertung der Ergebnisse selbst wird berücksichtigt, wie sich die *Trends* der Ergebnisse im Zeitverlauf darstellen, wie *Ziele* erreicht wurden, wie die Ergebnisse im *Vergleich* mit anderen Organisationen ausfallen und in welchem Maße die Ergebnisse mit dem Vorgehen *ursächlich* zusammenhängen, oder eher zufällig sind. Unter dem Aspekt des *Umfangs* wird danach gefragt, auf welche Reichweite innerhalb der Organisation sich die Ergebnisse beziehen; es wird bewertet, ob sie sich auf einzelne Abteilungen, auf einzelne Aufgabenbereiche oder das gesamte Unternehmen beziehen.

Auch wenn es sich hier um ein Selbstbewertungsverfahren handelt, ist die Bewertung nicht beliebig. Das RADAR-System im EFQM-Modell sieht vor, dass die Bewertung mit Nachweisen zu führen ist. Zu jedem Teilkriterium des EFQM wird ein Selbstbewertungsbogen erarbeitet, in den die Stärken, die Verbesserungsbereiche und die Nachweise für die Stärken eingetragen werden. Die Güte der Nachweise gibt letztlich die Richtung für die Bewertung des Kriteriums vor.

Nachweise sind Dokumente, die regelmäßig geführt werden, wie z.B. Personalakten, Stellenbeschreibungen, Protokolle, Handbücher, Kunden- oder Klientenakten, etc.. Ebenso gehören vorliegende Planungen dazu, wie z.B. Budgets, Haushaltspläne, Konzeptionen, Fortbildungspläne etc.. Auch Auswertungen, die erstellt werden, wie z.B. Bilanzen, Gewinn- und Verlustrechnungen, Statistiken, Berichte, Kostenstellenlisten, Befragungsergebnisse, Benchmarkingergebnisse etc., sind wichtige Nachweise, vor allem für Ergebnisse.

Mit dem Instrument der RADAR-Card werden die verschiedenen Aspekte der Befähiger- und Ergebniskriterien quantitativ bewertet. Dabei gibt die RADAR - Card eine grobe Rasterung der Bewertungskategorien vor, um innerhalb einer Gruppe von bewertenden Personen eine relative Übereinstimmung in der Zuordnung von Punktwerten zu erzielen.

---

[229] vgl. EFQM (1999a), S. 35 f.

Grobschema für Nachweise	Results	Approach	Deployment	Assessment & Review
	Ergebnisse	Vorgehen	Umsetzen	Beurteilen und Überprüfen
0 %	Keine	Keine	Keine	Keine
0-25 %	Einige	Einige	Einige	Einige
25-50 %	Für viele	Vorhanden	Vorhanden	Vorhanden
50-75 %	Für die meisten	Klare	Klare	Klare
75-100 %	Für alle best in class	Umfangreiche	Umfangreiche	Umfangreiche

Tabelle 17: Grobes Bewertungsraster der EFQM RADAR-Card
Quelle: http://www.deutsche-efqm/efqm/modell2000-3.html vom 26.10.1999

Die Bewertungsmaßstäbe sind dabei in Tabelle 17 definiert. Die Begriffe „keine", „einige", „für viele" usw. beziehen sich immer darauf, ob die im Spaltenkopf genannten Aspekte (Ergebnisse, Vorgehen usw.) durch Nachweise belegt sind. So erhält eine Organisation z.B. zwischen 25 und 50% der Punkte, wenn sie nachweisen kann, dass sie im Befähigerkriterium *Prozesse* ein fundiertes und integriertes Vorgehen hat. Auf die Bedeutung dieses Instrumentes für den gewählten Forschungsansatz wird in Kapitel 7 näher eingegangen, wo auch eine ausführlichere Variante der RADAR-Card im Kontext der Untersuchungsinstrumente abgedruckt wird.

5.3 Qualitätsmanagement nach DIN EN ISO 9000:2000 ff.

Neben dem EFQM-Modell für Excellence wird in vielen BQGen Qualitätsmanagement nach der DIN EN ISO 9000:2000ff. praktiziert. Dabei sind Einrichtungen sowohl darauf ausgerichtet, eine Zertifizierung zu erlangen, als auch darauf, lediglich die Norm anzuwenden, aber den „letzten" Schritt der Zertifizierung auszusparen. Da die letztgenannte Variante zu überwiegen scheint, lassen sich keine zuverlässigen Aussagen dazu treffen, wie weit die Anwendung der Norm tatsächlich verbreitet ist und wie tiefgehend die Umsetzung erfolgt.

Dies dürfte bei BQGen ähnlich gelten wie im Bereich der Weiterbildung. Ähnlich wie beim EFQM-Modell für Excellence gelten auch für die ISO-Norm bestimmte Grundsätze, die das nach der Norm ausgerichtete QM bestimmen. Mit diesen Grundsätzen ist die Norm durch die in 2000 gültig gewordene Revision sehr nahe an den EFQM-Ansatz herangerückt.

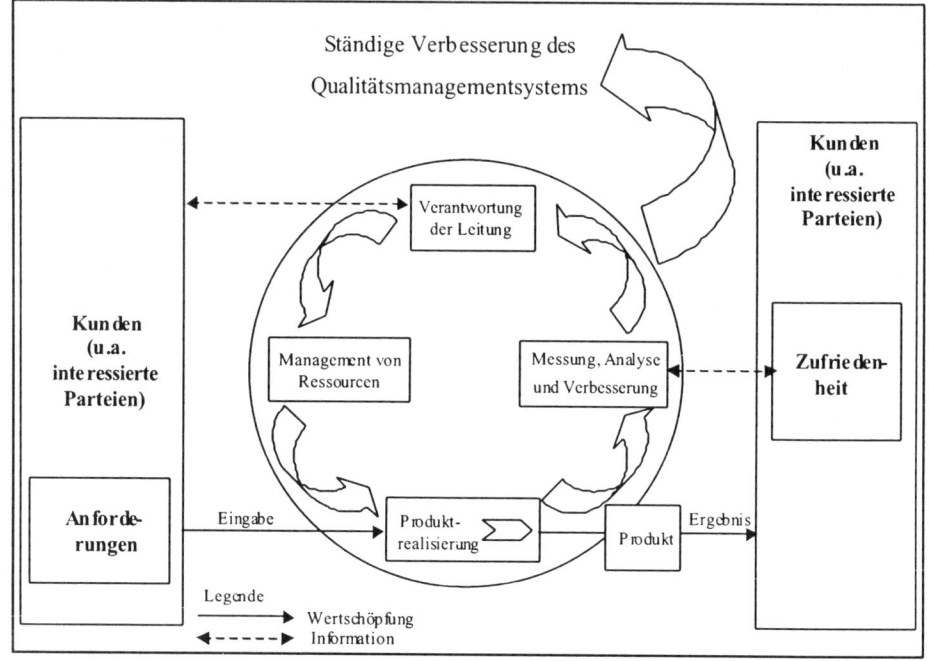

Abbildung 19: Das Prozessmodell der DIN EN ISO 9001: 2000
Quelle: DIN EN ISO 9001:2000-12, S. 11[230]

Beiden gemeinsam ist nun, dass die *Prozessorientierung* und der Prozess der ständigen Verbesserung zentral sind. Die Prozessorientierung wird durch das Schema in Abbildung 19, das der Norm entnommen ist, ausgedrückt. Hierbei wird deutlich, dass die *Kundenorientierung* eine zentrale Rolle spielt, da der gesamte Prozess der Produkt- oder Dienstleistungserstellung sich an dem Kunden als Ausgangs- und Zielpunkt des QM orientiert.

Wir verzichten hier darauf, die ISO-Norm in Einzelheiten darzustellen, da dies ausreichend in anderer Literatur nachgelesen werden kann. Dennoch werden wir einen kurzen Überblick vermitteln. Anschließend ist zu klären, inwiefern mit dem in Kapitel 6 noch zu beschreibenden Forschungsdesign auch Einrichtungen evaluiert werden können, die ein QM realisieren, das sich an der 9000er ISO-Norm orientiert. Dazu benennen wir die wichtigsten Forderungsbereiche der ISO 9001:2000, da damit die Ausrichtung auf das Ziel der fehlerfreien Produkt- oder Dienstleistungserstellung konkret wird (vgl Abbildung 20).

---

[230] Das Prozessmodell für die Norm 9004 unterscheidet sich lediglich dadurch, dass auf der Anforderungs- und Zufriedenheitsseite zusätzlich auf die interessierten anderen Parteien Bezug genommen wird.

		ISO 9001:2000-12		
Allgemeine Forderungen	Verantwortung der Leitung	Management der Mittel	Produktrealisierung	Messung, Analyse und Verbesserung
• QM-System muss der Norm 9001:2000 entsprechen • Anwenden der acht Grundsätze • Prozesse festlegen und ausführen, die notwendig sind, dass das Produkt den Kundenanforderungen entspricht • QM-Verfahren ausarbeiten, die die erforderlichen Tätigkeiten zur Einführungen des QMS beschreiben, die zur Erreichung fehlerfreier Produkte erforderlich sind	• Kundenforderung • Gesetzliche Forderungen • Qualitätspolitik • Planung • QM-System • QM-Bewertung	• Personal • Information • Infrastruktur • Arbeitsumgebung	• Kundenbezogene Prozesse • Beschaffung • Produktion und Dienstleistungserbringung • Prüfmittelüberwachung	• Messung und Überwachung • Lenkung von Fehlern • Datenanalyse zur Verbesserung • Verbesserung

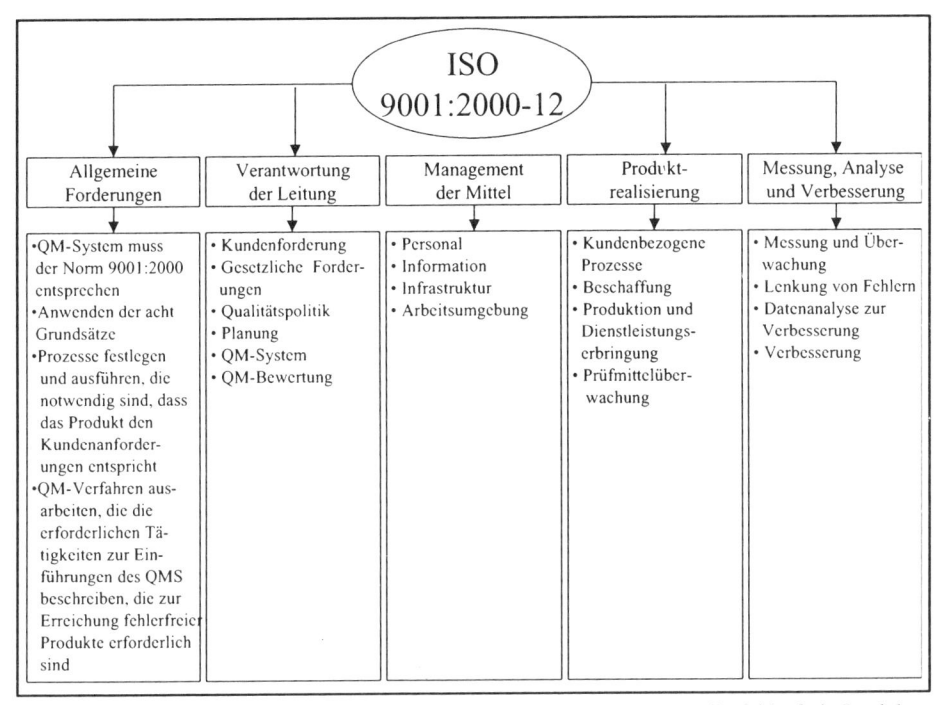

Abbildung 20: Forderungen an ein QM-System zu dessen Fähigkeit, ständig fehlerfreie Produkte bereitzustellen und Kundenzufriedenheit zu erreichen.
Quelle: Zollondz (2002), S. 257

Ein zentraler Unterschied zwischen den QM-Anforderungen der ISO-Norm und dem EFQM-Modell ist, dass die ISO-Norm eine *Dokumentation* des QM-Systems in Form eines QM-Handbuches verlangt. Darüber hinaus werden QM-Aufzeichnungen der Prozessdaten und -ergebnisse verlangt. Im EFQM-Modell dagegen wird nur von *Nachweisen* gesprochen, die aber in der Form nicht vorgegeben sind.

Ein weiterer wichtiger Unterschied ist die starke Betonung der *Mitarbeiter* und der mitarbeiterbezogenen Ergebnisse im EFQM-Modell. In der ISO-Norm dagegen tauchen diese nur unter „Management der Mittel" explizit auf. Insgesamt richtet das EFQM-Modell den Blick - stärker als die ISO-Norm - auf das *Umfeld* der Organisation und damit auf außerhalb der eigenen Organisation liegende, qualitätsbeeinflussende Faktoren.

Dieser umfassendere Blick, den das EFQM-Modells fordert, führt dazu, dass häufig eine gestufte Entwicklung bei der Einführung von QM gewählt wird. Zunächst wird auf der Basis der Norm 9001, dann der Norm 9004 und schließlich mit dem EFQM-Modell gearbeitet.(vgl. Abbildung 21)

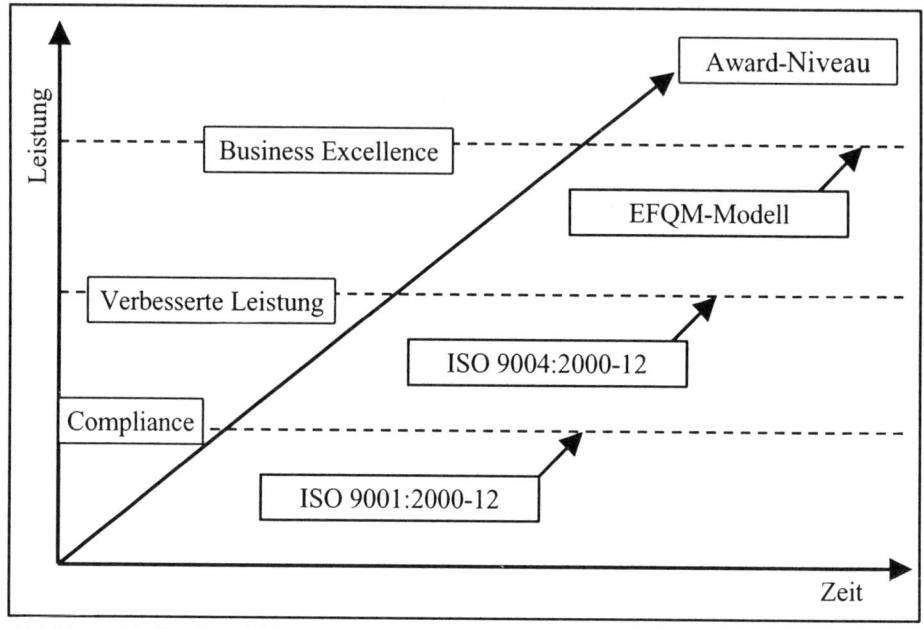

Abbildung 21: Das Entwicklungsmodell „Von Konformität über ständige Verbesserung zur Business Excellence".
Quelle: Zollondz (2002), S. 295

Beiden Arbeitsansätzen, der Umsetzung von QM mit Hilfe des EFQM-Modells für Excellence und mit der ISO-Norm, ist gemeinsam, dass es keine inhaltlichen Vorgaben für die Entwicklung von Standards, Prozessen o.ä. gibt. Diese leiten sich für BQGen lediglich aus gesetzlichen oder fördertechnischen und förderrechtlichen Vorgaben ab, mit denen die Träger sich auseinandersetzen müssen und deren Maßgaben sie bei der Realisierung des QM berücksichtigen sollten. Hierbei fließen die Anforderungen der Kunden und der Stakeholder in die Umsetzung des QM ein. Jeder Träger muss diese für sich ermitteln und - darauf aufbauend - seine Prozesse gestalten und mit Standards versehen.

Diese Ausrichtung, die keine fachlich-inhaltlichen Standards vorgibt, wird in der Wohlfahrtspflege - hier u.a. spezifiziert für BQGen - aufgegriffen. Verbände der Wohlfahrtspflege und der Beschäftigungsförderung entwickelten in den vergangenen Jahren, wie in den Kapiteln 5.4 und 5.5 eingeführt, eigene Ansätze. Diese werden im Folgenden für die BQGen skizziert.

5.4 Qualitätsmanagement(muster)handbücher für Beschäftigungs- und Qualifizierungsgesellschaften

5.4.1 Das EFAS Qualitätsmanagement-Musterhandbuch[231]

Der EFAS ist der Zusammenschluss von Mitgliedseinrichtungen der Diakonie im Feld der Sozialen Beschäftigungs- und Qualifizierungsgesellschaften auf Bundesebene. Sie machen Langzeitarbeitslosen und schwervermittelbaren Arbeitslosen Angebote zur beruflichen und sozialen Integration in die Gesellschaft. In 300 Einrichtungen erhalten jährlich etwa 25.000 Menschen eine Beschäftigung, Ausbildung oder Qualifizierung. Durch die kontinuierlich gewachsene Vielfalt an Angeboten, Maßnahmen und deren zugehörige Finanzierungen (u.a. aus dem ESF, der Bundesanstalt für Arbeit, den Ländern, den Kommunen) entwickelten sich die Einrichtungen zu eigenständigen Beschäftigungs- und Qualifizierungsunternehmen, die sowohl die Dienstleistung *Qualifizierung und Beschäftigung von Benachteiligten am Arbeitsmarkt* anbieten als auch Produkte und Dienstleistungen für den Markt herstellen.

Qualitätsmanagement war 1995 Thema einer Mitgliederversammlung von EFAS. Ein Fachausschuss wurde eingerichtet, der in mehreren Stufen der Vorarbeit schließlich ein als CD-Rom vorliegendes QM-Musterhandbuch[232] (QMH) veröffentlichte. Die Gründe für diese verbandliche Aktivität lagen - neben der Entwicklung der Sozialgesetzgebung (wie oben beschrieben) - auch in der sich abzeichnenden Entwicklung von Veränderungen in der Arbeitsmarktpolitik. Hier waren insbesondere die - für die Träger von Integrationsangeboten zum Entwicklungszeitpunkt absehbaren - Veränderungen im Bereich des SGB III, wie z.B. die Einführung der Eingliederungsbilanz, zu berücksichtigen.

Das Muster-QMH des EFAS bietet den Nutzern die Möglichkeit, die einzelnen Musterseiten als Vorlage für eine auf den eigenen Bedarf zugeschnittene Überarbeitung zu verwenden. Gleichzeitig werden jedoch Mindeststandards formuliert, welche die Verbandsmitglieder realisieren sollen. Das Ziel, auf diese Weise einen Ausdruck von „diakonischer" Qualität in der Beschäftigungsförderung zu realisieren, ist zwar nicht mit Sanktionsmechanismen verknüpft, signalisiert aber den Mitgliedseinrichtungen - und vor allem der Öffentlichkeit -, dass man

---
[231] vgl. Evangelischer Fachverband Arbeit und Soziale Integration e.V. (2001)
[232] vgl. Evangelischer Fachverband Arbeit und Soziale Integration e.V. (2001). Die Dokumente können in Word geladen werden und dann auf den eigenen Bedarf angepasst werden.

bei diakonischen Einrichtungen diese vereinbarte Qualität anstrebt. Hierzu ein Beispiel: In der Rheinischen Landeskirche wird z.Zt. in den Beschäftigungs- und Qualifizierungsgesellschaften der Diakonie in einem Verbundprojekt Qualitätsmanagement nach dem EFQM-Modell eingeführt.[233] Hier dient das EFAS-Qualitätsmanagementhandbuch als Ergänzung und Hilfestellung.

Neben Kapiteln wie 'Verantwortung der Leitung' und 'Qualitätspolitik' enthält dieses Muster-QMH arbeitsfeldspezifische Kapitel wie 'Bewilligungsverfahren und Verträge' sowie 'Darstellung der Leistungen/ Entwicklung neuer Leistungen', die auf die Anforderungen in BQGen zugeschnitten sind. In der Grundsubstanz eignet sich dieses Musterhandbuch, um damit eine Dokumentation aufzubauen, die einer Zertifizierung nach DIN EN ISO 9000:2000 genügen würde. Im Teil der Leistungsbeschreibungen thematisiert das EFAS-Handbuch alle zentralen Kernprozesse von Einrichtungen der Beschäftigungsförderung. Neben den Prozessen *Sozialpädagogische Begleitung* und *Beschäftigung und Qualifizierung* thematisiert dieses Handbuch auch den Prozess der *Vermittlung in Arbeit/ Ausbildung*. In der Standardbeschreibung zu diesem Prozess wird explizit genannt, dass die Einrichtungen eine Beschreibung für den Prozess der Vermittlung in Arbeit erstellen sollen, um dadurch einen einheitlichen Qualitätsstandard für die Durchführung des Prozesses zu erreichen. Der Standard legt darüber hinaus fest, dass in den Prozessbeschreibungen der Einzeleinrichtungen verschiedene Aspekte des Prozesses behandelt werden müssen. Dies sind z.B.:

- Potentialanalyse mit der/dem Teilnehmer/in, dem Anleitungspersonal, der sozialpädagogischen Betreuung und anderen Einrichtungen,
- Klärung der beruflichen Perspektiven ,
- Marktanalysen zur Arbeitsmarktentwicklung ,
- Stellenakquisition mit Erstellung eines Arbeitsplatzprofils.

Mit der ausführlichen Behandlung auch dieses Kernprozesses hebt sich das EFAS-Musterhandbuch von anderen Beispielen, die im Folgenden beschrieben werden, deutlich ab.

---

[233] vgl. Grün (2002)

5.4.2 Das Qualitätsmanagementsystem der Arbeiterwohlfahrt

Das Qualitätsmanagement in Einrichtungen der Arbeiterwohlfahrt (AWO) orientiert sich an einem eigenen Konzept der AWO in Verbindung mit der DIN EN ISO 9000ff. Dabei werden Zertifizierungen nach der ISO-Norm angestrebt, die aber mit einer Orientierung an den QM-Grundsätzen der AWO verbunden werden[234]. Diese sog. Tandem-Zertifizierung wird durch den Verband bzw. die Gesellschaft für Organisationsentwicklung und Sozialplanung, eine der AWO nahestehende Organisation, mit Schulungen unterstützt. Für einige Bereiche hat die AWO Musterhandbücher entwickelt, die als Hilfestellung für die Einrichtungen dienen. Für den Bereich der Beschäftigungsgesellschaften ist ein solches geplant, für den Bereich der Jugendberufshilfe existiert es bereits.[235] Dieses Musterhandbuch verzichtet ganz bewusst darauf, Prozessbeschreibungen, Verfahrensanweisungen, Konzeptionen, Checklisten u.a. verbindlich vorzugeben. Es ist nicht das Ziel des AWO-Konzeptes, die Dienstleistungserbringung zu standardisieren. Das Muster-Qualitätsmanagementhandbuch besteht aus drei Teilen:

- Wegweiser (Inhaltsverzeichnis, Formalia, organisatorische Hinweise etc.),
- Führung und Organisation (Verantwortung der Leitung, Qualitätspolitik, Organisation, Qualitätsmanagementsystem, Lenkung von Dokumenten, Personalmanagement etc. - entsprechend den Forderungen der ISO Norm),
- Dienstleistungsprozesse in der Jugendberufshilfe (Beschreibung der Standards der Dienstleistungsprozesse in der Jugendberufshilfe - berufsbezogen und pädagogisch).

Die AWO empfiehlt eine bestimmte Folge von Arbeitsschritten bis zur Zertifizierung, die sich an Erfahrungen aus anderen Organisationen anlehnt.[236]

5.4.3 Qualitätsmanagementhandbuch des Verbandes Bremer Beschäftigungsträger

Beim Qualitätsmanagementhandbuch des Verbandes Bremer Beschäftigungsträger handelt es sich nicht - wie bei den beiden oben beschriebenen - um ein

---

[234] vgl. Arbeiterwohlfahrt e.V. (Hrsg.) (2000)
[235] vgl. Wittenius (1999), S. 258 ff.; vgl. Arbeiterwohlfahrt Bundesverband (2003)
[236] vgl. Wagner (2002), S. 444 ff.

Musterhandbuch. Der Kontext der Entstehung war der, dass die öffentlichen Auftraggeber im Land Bremen und der Verband der Bremer Beschäftigungsträger e.V. im Herbst 1996 Qualitätsstandards für öffentlich geförderte Beschäftigung erarbeitet und verabschiedet haben. Im Vorwort des Handbuches heißt es dazu: „Ausgangspunkt der Überlegungen war die Überzeugung, dass die Qualität und die Ergebnisse der Arbeit im Interesse der Kunden/innen öffentlich geförderter Beschäftigung - die Teilnehmer/innen unserer Projekte und Maßnahmen, die öffentlichen Auftraggeber, die Abnehmer/innen der Produkte und Dienstleistungen sowie die Wirtschaftsbetriebe als potentielle Arbeitgeber der Teilnehmer/innen - nachvollziehbar und messbar dokumentiert werden muss. Die nachhaltige Wirkung kann dabei durch das Prinzip der „selbstlernenden Organisation" erzielt werden."[237]

Neben der Vereinbarung von Qualitätsstandards für die Steuerung aller qualitätsrelevanten Prozesse ist es das Anliegen der Vereinbarung und des Handbuches, den Prozess der ständigen Überprüfung- und Verbesserung in Gang zu halten sowie für eine regelmäßige und transparente Bilanzierung der individuellen und übergreifenden Ergebnisse zu sorgen.[238] Dieses Handbuch umfasst ebenfalls zahlreiche, z.T. sehr detaillierte Beschreibungen für Prozesse der sozialpädagogischen Begleitung und der Qualifizierung und Beschäftigung der Teilnehmer/innen. Der Prozess der Vermittlung auf den Ersten Arbeitsmarkt ist indirekt behandelt, da es eine Verfahrensbeschreibung mit dem Titel „Entwicklungsplan zur Anschlussperspektive" gibt. In dieser Verfahrensbeschreibung wird jedoch kein Verfahren zur Umsetzung des Prozesses der Vermittlung beschrieben. Wie auch in anderen Handbüchern, ist in diesem der Kernprozess Vermittlung deutlich unterbewertet. Laut Auskunft des Verbandes wird jedoch an einer Revision gearbeitet, in der diesem Prozess eine deutlich größere Bedeutung beigemessen werden wird.[239]

---

[237] Verband Bremer Beschäftigungsträger (1998), VBB QMHandbb1, Revision 0, Stand 16.12.1998, Präambel
[238] vgl. Verband Bremer Beschäftigungsträger (1998), VBB QMHandbb1, Revision 0, Stand 16.12.1998
[239] vgl. Verband Bremer Beschäftigungsträger (2002)

5.4.4 Das Muster-Qualitätsmanagementhandbuch der Bundesarbeitsgemeinschaft Arbeit e.V.

Das Musterhandbuch der BAG Arbeit[240] entstand 1998/99 in der Kooperation von 10 Beschäftigungs- und Qualifizierungsunternehmen in West- und Ost-Deutschland in Zusammenarbeit mit der Technischen Unternehmensberatung Bauder und wurde über die technische Hilfe des ESF gefördert. In den 10 beteiligten Organisationen wurde QM in dieser Zeit auf den Weg gebracht und genutzt, um im Netzwerk das Musterhandbuch auf der Basis der gemachten Erfahrungen zu erstellen.

Das Handbuch ist an der DIN EN ISO 9000 ff. orientiert und bezieht die zum Veröffentlichungszeitpunkt bereits bekannten Veränderungen der 2000er Revision der Norm ein. Insbesondere das Kapitel 3 des Musterhandbuches ist ausführlich gestaltet, das sich mit der Leistungserbringung innerhalb von Maßnahmen der Beschäftigungsförderung beschäftigt. Dabei werden wichtige Kernprozesse generalisierend beschrieben, während jedoch deutlich darauf hingewiesen wird, dass die einzelne Organisation ihre jeweils spezifischen Prozesse einfügen und in angepasster Weise darstellen muss. Dieses Handbuch ist davon gekennzeichnet, dass es sehr ausführlich in Details - jedoch auf Kosten der Übersichtlichkeit - einsteigt. So bietet dieses Musterhandbuch Anregungen für Checklisten, Formulare etc., die jedoch häufig unübersichtlich gestaltet sind. Positiv ist, dass die Kernprozesse in Verfahrensanweisungen mit Flussdiagrammen hinterlegt sind, die einen schnellen Überblick über Prozessschritte in einem Teilprozess ermöglichen. Solche bildhaften Darstellungen fehlen im EFAS-Handbuch bisher.

Im Musterhandbuch der BAG Arbeit werden Aspekte des Prozesses *Sozialpädagogische Betreuung/ Begleitung* und des Prozesses der *Beschäftigung und Qualifizierung* sehr detailliert beschrieben. Die Vermittlung in Arbeit erscheint nicht als eigenständiger Prozess. Lediglich zum Prozess *Beendigung von Maßnahmen* lassen sich eine Prozessbeschreibung und ein Planungsdokument finden, die allerdings den Prozess *Vermittlung in Arbeit* nicht thematisieren.

Insgesamt überzeugt dieses Handbuch - aufgrund der schweren Handhabbarkeit als Musterhandbuch - deutlich weniger als das EFAS-Handbuch. Auch die Tatsache, dass es lediglich als Papiervariante vorliegt, macht eine Adaption auf den

---

[240] vgl. bag arbeit (1999)

eigenen Bedarf einer Organisation aufwendiger als beim EFAS-Handbuch, dessen Dokumente als Word-Dateien geladen und angepasst werden können. Über den Grad der Anwendung in der Praxis von Organisationen, die nicht an der Entwicklung beteiligt waren, liegen uns keine Informationen vor. In einem Modellprojekt mit dem Titel „Kooperation statt Konkurrenz - Unterstützung zielgenauer Kooperation zwischen Beschäftigungs- und Qualifizierungsunternehmen und der Wirtschaft zur Erhöhung der Effektivität produktiver Arbeitsförderung", das z.Zt. noch durchgeführt wird, wird das Muster-Qualitätsmanagementhandbuch ergänzt und überarbeitet.[241]

5.5 Andere Zugänge zum Thema Qualitätsmanagement

Das Qualitätsmanagement des *Deutschen Paritätischen Wohlfahrtsverbandes* (DPWV) ist ebenfalls an der DIN EN ISO 9000:2000 ausgerichtet. Es wird in mehrere Module untergliedert, um sich schrittweise einem umfassenden Qualitätsmanagement anzunähern. Für den Bereich der Beschäftigung und Qualifizierung gibt es - laut Auskunft des Verbandes - jedoch noch keinen spezifischen Ansatz. Dieser wird z.Zt. diskutiert und vorbereitet. Die Unterstützungsleistungen bei der Einführung von QM werden, wenn die Einrichtungen dies wünschen, über die verbandseigene Gesellschaft des Paritätischen, die PQ-SYS abgewickelt. Paritätische Muster-QM-Handbücher liegen nicht vor.

Verbundprojekte zur Entwicklung von QM für Beschäftigungs- und Qualifizierungsgesellschaften gab es - über die bisher beschriebenen, verbandlichen Aktivitäten hinaus - in den letzten Jahren immer wieder. Diese Kooperationsprojekte hatten u.a. das Ziel der Entwicklung von Ansätzen des Qualitätsmanagements in Beschäftigungs- und Qualifizierungsgesellschaften. Ein Beispiel dafür ist das Projekt der *MOVE GbR* in Münster, aus dem als Resultat ein Praxishandbuch hervorging[242], das im Jahr 2003 nochmals ergänzt wurde.[243] Dieses Praxishandbuch gibt BQGen eine grundsätzliche Orientierung, um sich dem Thema Qualitätsmanagement praxisorientiert zu nähern. Den Charakter eines Muster-QMHs hat es allerdings nicht.

Als Beratungsunternehmen hat sich auch das *Heidelberger Institut für Beruf und Arbeit* früh mit dem Thema Qualitätsmanagement befasst und dazu die

---

[241] vgl. bag arbeit (2002a)
[242] vgl. Frenzer (2000)
[243] vgl. Massolle (2003)

ersten - speziell auf das Feld der Beschäftigungs- und Qualifizierungsgesellschaften zugeschnittenen - Veröffentlichungen herausgegeben.[244] Ebenfalls wurden Ansätze mit EFQM über ein Modellprojekt des *Bit e.V.* in Bochum - mit Mitteln des Landes NRW und des ESF gefördert - in der Zeit von 1995 bis 1997 erprobt.[245]

Bundesweit gibt es möglicherweise weitere andere Arbeitsansätze, Praxiserfahrungen und Musterhandbücher auf regionaler, Landes- oder Bundesebene, die uns nicht bekannt sind. Mit dem hier gegebenen Überblick über die gängigen QM-Modelle - und vor allem über die wohlfahrtsverbandlichen Ansätze - wird deutlich, welche Bedeutung und Ausprägung das Thema für die Organisationen des Zweiten Arbeitsmarktes hat und wie diese Organisationen sich diesem Thema bisher angenähert haben.

Diese allgemeine Analyse der Qualitätsmanagementaktivitäten in Beschäftigungs- und Qualifizierungsgesellschaften und das präsentierte EFQM-Modell für Excellence stellen - in Verbindung mit den aktuellen, aus Sozialgesetzen abgeleiteten Qualitätsmanagement-Anforderungen - die Basis für das im folgenden zweiten Teil dargestellten Forschungsprojektes dar. Dabei muss im Folgenden immer berücksichtigt werden, dass BQGen sich in spannungsgeladenen Zielsystemen (vgl. Kapitel 3) bewegen, in denen sowohl die Einflüsse der europäischen Beschäftigungsstrategie als auch sich verändernde Verständnisse des Begriffs der Beschäftigungsfähigkeit wirken (vgl. Kapitel 2). Nicht zuletzt hängt die Beurteilung der Wirkung von Qualitätsmanagement auf die Förderung der Beschäftigungsfähigkeit von Maßnahmeteilnehmern von denjenigen Faktoren ab, die mit dem Begriff der *interaktiven Beschäftigungsfähigkeit* verbunden sind (vgl. Kapitel 2.3). Ferner ist die schwankende - heute geringer werdende - Aufnahmefähigkeit des Arbeitsmarktes dabei zu berücksichtigen (vgl. Kapitel 1).

---

[244] vgl. Vock (1998a), vgl. Vock (1998b), vgl. Vock (2001)
[245] vgl. Vomberg (1999)

6 Anlage und Design des QMiB-Forschungsprojektes

In den Kapiteln 1 bis 5 wurden die Rahmenbedingungen für BQGen und deren Bemühungen um ein ihren speziellen Aufgaben entsprechendes Qualitätsmanagement beschrieben. Im folgenden Kapitel wird auf diesem Hintergrund das Forschungsprojekt mit dem Titel: „Einsatz qualitätssichernder Maßnahmen in Einrichtungen des Zweiten Arbeitsmarktes und ihre Wirkung auf die Beschäftigungsfähigkeit von am Arbeitsmarkt benachteiligten Personen" erläutert. Dazu wird zunächst das Gesamtdesign der durchgeführten Untersuchung, auf die im ersten Teil mehrfach verwiesen wurde, im Überblick dargestellt. Um das Design dieser Untersuchung zu begründen, wird zunächst in diesem Kapitel auf ausgewählte Aspekte der Evaluations- und Wirkungsforschung in der aktiven Arbeitsmarktpolitik eingegangen, ohne jedoch den Anspruch auf eine vollständige, kritische Betrachtung der komplexen Problematik der damit verbundenen methodischen und praktischen Fragestellungen zu erheben. Wesentliche Aspekte werden aufgezeigt, um - daraus abgeleitet - nicht nur über die Wirkung von arbeitsmarktpolitischen Maßnahmen zu reflektieren. Insbesondere wird die Wirkung des QM in arbeitsmarktpolitischen Maßnahmen mit Hilfe des Ansatzes der Wirkungsforschung betrachtet. Anschließend werden in Kapitel 7 Grundlagen für das Auswertungsverfahren mit der EFQM-RADAR-Card erläutert, um dann in den Kapiteln 8 bis 10 jeweils Teiluntersuchungen in ihrem spezifischen Design und ihren Ergebnissen zu präsentieren.

6.1 Methodische Probleme der Ermittlung von Wirkung in der Arbeitsmarktpolitik

6.1.1 Anforderungen an Wirkungsforschung

Mit der im Folgenden zu beschreibenden Studie bewegen wir uns in einem Forschungsfeld mit großen methodischen und wissenschaftssystematischen Schwierigkeiten, die hier kurz skizziert werden.

Über die Erforschung der Wirkung arbeitsmarktpolitischer Interventionen gibt es inzwischen vielfache Veröffentlichungen, die sich mit den besonderen methodischen Problemen der *Analyse von Wirkungen* unterschiedlicher Maßnahmen und Teilsysteme der aktiven Arbeitsmarktpolitik auseinandersetzen.[246] Bei diesen Veröffentlichungen geht es im wesentlichen um Fragestellungen, die sich mit der Untersuchung der Wirkung dieser Interventionen auf den Eingliederungserfolg in den Arbeitsmarkt befassen. „Die Forderung nach rational nachvollziehbaren Nachweisen über die Effektivität und die Effizienz der eingesetzten Instrumente und Maßnahmen und damit der Finanzmittel ist unabweisbar."[247]

Die bisher wohl umfassendste und methodisch differenzierteste Analyse zu diesem Thema hat Trube mit seiner 1997 veröffentlichten Studie „Zur Theorie und Empirie des Zweiten Arbeitsmarktes"[248] und durch seine Evaluation lokaler Beschäftigungsmaßnahmen mit einem experimentellen Kontrollgruppenvergleich geleistet.[249] Kennzeichen für den dort gewählten Forschungsansatz ist die Einbeziehung von Kontext- und Problemanalysen in Bezug auf das zu untersuchende Feld von Maßnahmen der aktiven Arbeitsmarktförderung bestimmter Zielgruppen innerhalb von Maßnahmen der lokalen Politik, wie sie auch in Kapitel 3 bereits aufgegriffen und dargestellt wurden. Mit den Überlegungen und Umsetzungsversuchen zur Erstellung einer „Fiskalbilanz"[250], einer „Arbeitsmarktbilanz"[251] und einer „Sozialbilanz"[252] wird bei Trube deutlich, dass die Wirkung von arbeitsmarktpolitischen Interventionen multidimensional betrachtet werden muss.

Bei der hier zu beschreibenden Forschung geht es jedoch nicht - wie in den genannten Ansätzen der Wirkungsforschung - um die Untersuchung von Gesamtwirkungen der arbeitsmarktpolitischen Maßnahmen und Programme, sondern um die Wirkung von in den BQGen angewendeten *Verfahren der Qualitätssicherung* auf die *Förderung der Beschäftigungsfähigkeit* der Teilnehmer. Ausgehend von dieser Fragestellung bewegen wir uns in einer viergliedrigen Anforderungskomplexität an die Forschung, die jedoch auch für andere Wirkungsforschungen gilt:

a. Es ist zu definieren, was das Ziel von Qualitätssicherung und Qualitätsentwicklung ist und was somit als deren Erfolg zu werten ist. Als gemeinsamer Grundkonsens - wie in Kapitel 2.3 beschrieben - gilt dabei die Erreichung

---

[246] vgl. Deeke (2003); Blaschke (2002), S. 429ff.; Brinkmann (2002), S. 373ff.; Reis (2001)
[247] Blaschke (2002), S. 429
[248] vgl. Trube (1997)
[249] vgl. Luschei (2000)
[250] vgl. Trube (1997), S. 229 ff.
[251] vgl. Trube (1997), S. 293 ff.
[252] vgl. Trube (1997), S. 325 ff.

von Beschäftigungsfähigkeit; dies ist das zentrale Ziel aller auf benachteiligte Zielgruppen ausgerichteten beschäftigungsfördernden Maßnahmen in der EU.

b. Will man im umfangreichen Sinne den Anforderungen einer Wirkungsforschung gerecht werden, muss untersucht werden, ob nicht auch ohne Durchführung der definierten Leistung - hier des Qualitätsmanagements - der gewünschte Nutzen erreicht würde. Hier tritt das Problem der Kontrafaktizität zu Tage, da für jede BQG und für jede Maßnahme nur jeweils ein bestimmter Zustand beobachtbar ist. Eine spezifische BQG mit QM kann nicht gleichzeitig als BQG ohne QM betrachtet werden.[253] Komplizierend tritt hinzu, dass der Ausprägungsgrad und die Methoden des QM nicht als einheitlich angesehen werden können, sondern große Unterschiede zwischen verschiedenen Einrichtungen aufweisen. Diese Unterschiede müssen ebenfalls berücksichtigt werden.

c. Ebenso muss betrachtet werden, ob die Anwendung von QM im Vergleich zur Nichtanwendung nicht sogar kontraproduktiv wirkt. Es könnte die Frage gestellt werden, ob die Beschäftigung mit der Entwicklung und dem Aufbau eines Qualitätsmanagementsystems nicht eher von der Förderung der Beschäftigungsfähigkeit der Teilnehmer ablenkt.

d. Zu diesen drei grundsätzlichen Problemen der Wirkungsforschung und der Untersuchung der Wirkung des QM in BQGen kommt als viertes Problem noch die Frage der Überprüfbarkeit der Wirkung von Maßnahmen auf die Beschäftigungsfähigkeit bei den Teilnehmern hinzu. Insofern gilt als vierter Komplexitätsaspekt der Forschungsfrage, was Deeke und Kruppe zur Problematik der Beschäftigungsfähigkeit als Evaluationsmaßstab schreiben: „Ob also mit Hilfe der Förderung beruflicher Weiterbildung Beschäftigungsfähigkeit erreicht, verbessert oder erhalten werden kann, ist eine Frage, deren Beantwortung von vielen Einflussfaktoren abhängt. Die Frage nach der Zielerreichung beinhaltet selbst dann eine komplexe analytische Problemstellung, wenn keine Implementationsprobleme bestehen, denn die nicht plan- und kontrollierbare interaktive Dynamik von Beschäftigungsfähigkeit in Abhängigkeit von den geförderten Personen und der ungewissen Marktentwicklung müssen in den Blick genommen werden."[254] Neben den geförderten Personen als isoliert zu betrachtenden Faktoren spielt die Co-

---

[253] vgl. Brinkmann (2002), S. 378 f.
[254] Deeke (2003), S. 10

Produktion zwischen Leistungsanbieter und Teilnehmern in der beruflichen Eingliederungsförderung eine zentrale Rolle, wenn es um die Beurteilung der erbrachten Dienstleistung in Bezug auf die Erreichung von Beschäftigungsfähigkeit geht.

Auf der Grundlage der genannten vier Komplexitätsaspekte einer Wirkungsforschung musste für das in den folgenden Kapiteln beschriebene Forschungsprojekt eine Einschränkung in den realistisch zu erreichenden Zielen gefunden werden. Diese waren sowohl durch die zeitliche Begrenzung auf 1,5 Jahre Laufzeit als auch durch die begrenzten finanziellen Mittel gegeben. Der gewählte Arbeitsansatz basiert daher auf den Setzungen und Einschränkungen bezüglich der oben formulierten Anforderungen an Wirkungsforschung, die in dem folgenden Abschnitt dargestellt sind.

6.1.2 Der gewählte Arbeitsansatz.

Bezogen auf den oben genannten *Aspekt a* der Anforderungen an Wirkungsforschung basiert das Forschungsvorhaben auf dem Begriff der *interaktiven Beschäftigungsfähigkeit* als Leitziel, wie er in Kapitel 2.3 dargestellt wurde und von Deeke als Begriff folgendermaßen zusammengefasst beschrieben wird:

„Als analytischer Begriff verbindet „Beschäftigungsfähigkeit" somit die individuelle Ebene personeller Eigenschaften (einschließlich Orientierungen und Verhalten) mit der kollektiven regulierten und in Verhandlungen zwischen Angebot und Nachfrage ausgetragenen Ebene des Marktprozesses."[255]

Andererseits beschreibt Deeke den Begriff auch wie folgt: „Als politisches Konzept zielt demnach „Beschäftigungsfähigkeit" bzw. ihre Förderung im Sinne einer angebotsorientierten Politik auf die Anpassung an die nachfrageseitigen Anforderungen als Bedingung von Strukturwandel mit positivem Beschäftigungseffekt. Statt der „Sicherung" von Beschäftigung" ist die „Sicherung von Beschäftigungsfähigkeit" als Voraussetzung und Ergebnis wirtschaftlichen und sozialen Wandels das Ziel. Ungewiss bleibt die Einlösung der „Fähigkeit" in tatsächliche, möglichst ungeförderte Beschäftigung. Dabei geht es nicht um eine Beschäftigung „um jeden Preis", sondern um qualitativ nachhaltige, der geförderten Qualifikation entsprechende Beschäftigung."[256] Insofern bezieht sich

---

[255] Deeke (2003), S. 8
[256] Deeke (2003), S. 8

unsere Untersuchung auf das begriffliche Konstrukt der *hypothetischen Beschäftigungsfähigkeit*. „Hypothetische Beschäftigungsfähigkeit bezeichnet dabei das unmittelbare Ziel der Weiterbildung.[257] Ob sich diese hypothetische Beschäftigungsfähigkeit dann auch realisieren lässt, kann sich erst im Anschluss an die Weiterbildung auf dem Arbeitsmarkt erweisen."[258]

Deeke weist in diesem Zusammenhang darauf hin, dass die realisierte Beschäftigungsfähigkeit (also der interaktive Teil) nicht direkt dem Anbieter einer Weiterbildung oder einer arbeitsmarktpolitischen Maßnahme zugeschrieben werden kann, sondern immer von der Nachfrageseite abhängig ist, die Wandlungen unterworfen ist. Somit muss Beschäftigungsfähigkeit aus dieser Sicht *dynamisch* betrachtet werden. „Deshalb sollte der erfolgreiche Abschluss einer Weiterbildungsmaßnahme nicht als alleiniger Erfolgsmaßstab herangezogen werden, sondern weitergehend auch die Einmündung in Beschäftigung. So betrachtet liegt das Zielkriterium beruflicher Weiterbildung im „gestuften Erfolg" von erstens erfolgreicher Qualifizierung und zweitens deren Einlösung in Beschäftigung."[259]

Diesen letztgenannten Aspekt konnten wir mit unserer Untersuchung nicht realisieren. Vielmehr haben wir unsere Untersuchung darauf beschränkt zu untersuchen, inwiefern die BQGen ihre QM-Verfahren systematisch auf das *hypothetische Konstrukt der Beschäftigungsfähigkeit* ausrichten, und inwiefern dieses QM von den Teilnehmern als *Wirkung* auf die Maßnahmen zur Förderung ihrer *Beschäftigungsfähigkeit* wahrgenommen wird.

Bezogen auf den oben genannten *Aspekt b* - die Notwendigkeit einer Kontrollgruppe in dem Sinne, dass auch BQGen *ohne qualitätssichernde Systeme* hätten untersucht werden müssen, um Vergleiche durchführen zu können - mussten wir ebenfalls Einschränkungen vornehmen. Durch die in Kapitel 3.5 beschriebenen sozialrechtlichen Rahmenbedingungen für die Förderung von arbeitsmarktpolitischen Maßnahmen kann nicht davon ausgegangen werden, dass es BQGen gibt, die sich der Einführung von qualitätssichernden oder -entwickelnden Verfahren vollständig verschlossen haben. Wenn dies der Fall wäre, wären sie wahrscheinlich längst nicht mehr am Markt, da sie wesentliche An-

---

[257] In Bezug auf die untersuchten BQGen und deren Leistungsangebote gilt dies in gleicher Weise auch für unterstützte Beschäftigung mit qualifizierendem Charakter und persönlich und beruflich qualifizierenden Anteilen innerhalb der Beschäftigung.
[258] Deeke (2003), S. 11

forderungen von Seiten ihrer Schlüsselkunden, der Geldgeber, nicht mehr erfüllen würden.

Sowohl von den Ressourcen des Forschungsprojektes als auch von den Marktbedingungen her war es daher nicht möglich, eine Kontrollgruppe zu konstruieren. Im nachhinein betrachtet, hätte sich dies auch vor dem Hintergrund der am 1.1.2003 eingetretenen und seit Sommer 2002 sich abzeichnenden Gesetzesreform im SGB III als problematisch herausgestellt, da zumindest die Träger, die im Bereich der Förderung der beruflichen Weiterbildung nach SGB III tätig sind, hier noch stärker als bisher hätten aktiv werden müssen.

Folgt man der Argumentation von Deeke in Bezug auf die Untersuchung der Wirkung von arbeitsmarktpolitischen Maßnahmen, so wäre eine Untersuchung *ohne* Kontrollgruppe wenig aussagekräftig. Bezüglich der Wirkung des QM auf die Förderung der Beschäftigungsfähigkeit im o.g. Verständnis geht es aber um die Frage, ob die BQGen mit ihrem QM tatsächlich Maßnahmen realisieren, die die *hypothetische Beschäftigungsfähigkeit* fördern. Dies kann u.E. auch ohne eine entsprechende Kontrollgruppe qualitativ untersucht werden; dabei wird die Frage danach, ob das QM kontraproduktiv wirkt, wie unter *Punkt c* angesprochen, gleichzeitig mit betrachtet. Hierbei ist jedoch die Einbettung des QM in theoretische Annahmen über Wirkungszusammenhänge für die Evaluationsforschung bedeutsam.

Mit unserem Ansatz knüpfen wir an die von Reis beschriebene „kontextorientierte" bzw. „theoriegeleitete" Evaluation an. Er schreibt: „Theoriegeleitete Evaluation geht davon aus, dass jedem Programm eine explizite oder zumindest rekonstruierbare implizite „Wirkungstheorie" zugrunde liegt, die rekonstruiert werden muss, und dass diese Wirkungstheorie vom Kontext des Programms nicht unabhängig ist."[260]

Reis führt weiter aus, dass die institutionelle Programmatik und deren organisationale Umsetzung i.d.R. different sind und sich in divergierenden Zielsetzungen widerspiegeln können. „Weil theoriegeleitete Evaluation den Zusammenhang und die Differenz zwischen institutionellem Kontext und organisationalem Handeln reflektiert, ist es nur folgerichtig, die offizielle „Wirkungstheorie" einerseits und den Prozess der Programmimplementation andererseits vonein-

---

[259] Deeke (2003), S. 11
[260] Reis (2001), Kapitel 4, S. 20

ander getrennt zu betrachten und im zweiten Schritt dann aufeinander zu beziehen. Erst dann wird deutlich, ob ein Scheitern eines Programms wirklich ein Scheitern ist und wenn ja, was die Ursachen hierfür waren: eine falsche Wirkungstheorie oder widrige Implementationsbedingungen."[261]

Obwohl Reis dies für die Wirkungsforschung im Bereich *arbeitsmarktpolitischer Maßnahmen* schreibt, gilt dies genauso auch für die Untersuchung der Wirkung von *QM-Maßnahmen in BQGen*. Wenn also die QM-Verfahren, die auf theoretischen Ursache-Wirkungs-Konstrukten zum Qualitätsmanagement beruhen, systematisch auf das Ziel der *hypothetischen Beschäftigungsfähigkeit* ausgerichtet sind, dann ergibt sich gleichzeitig eine Beantwortung der unter Punkt c genannten Fragestellung.

6.2 Kontextorientierte Evaluation von Wirkungen

Unter dem Aspekt der theoriegeleiteten Evaluation des QM in BQGen wurden im ersten Teil des Buches die wichtigsten theoretischen und kontextuellen Bezüge der BQGen referiert. In diesem Sinne liegt der im Folgenden dargestellten Forschung die von Reis geforderte Kette von *Kausalhypothese, Aktionshypothese und Konzeptualhypothese* gemäß Abbildung 22 zugrunde. In Bezug auf das konkrete Design des hier behandelten Forschungsprojektes wird diese Kette in Kapitel 6.4 erweitert und auf die Untersuchung bezogen.

Kausalhypothese:	Aktionshypothese:	Konzeptualhypothese:
Bessere Qualität von arbeitsmarktpolitischen Maßnahmen führt zu besserer Beschäftigungsfähigkeit von benachteiligten Personen am Arbeitsmarkt.	Die Einführung und Umsetzung von Qualitätsmanagement führt zu besserer Qualität von Maßnahmen.	Teilnehmer aus Maßnahmen mit Qualitätsmanagement haben eine bessere Beschäftigungsfähigkeit

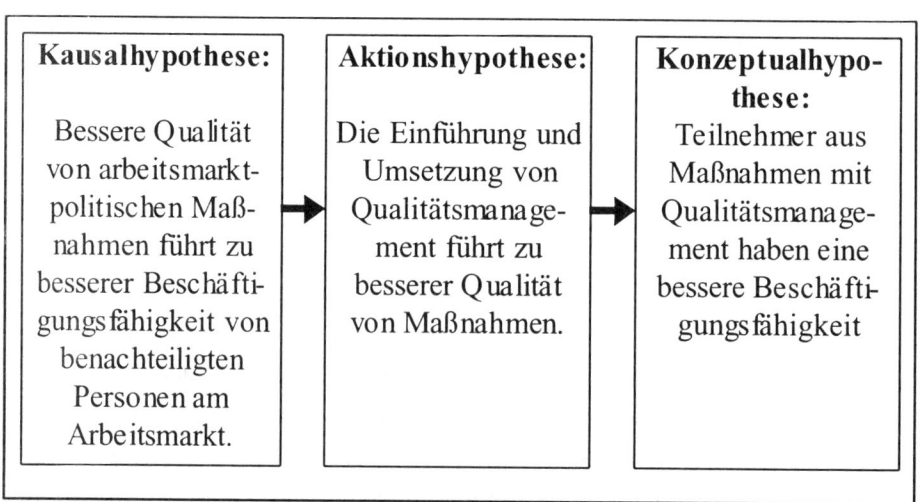

Abbildung 22: Kausal-, Aktions- und Konzeptualhypothese[262]

---

[261] Reis (2001), Kapitel 4, S. 20
[262] vgl. Reis (2001), Kapitel 4, S. 22

Reis macht deutlich, dass trotz einer solchen, auch plausiblen Bildung von Wirkungsketten häufig die theoretischen Zusammenhänge der Kausalitäten nicht ausreichend evident sind, um letztlich zuverlässige Aussagen über die Wirkungen machen zu können. Er warnt vor diesem Hintergrund vor Überinterpretationen und ungesicherten Erfolgszuschreibungen. Gleichzeitig plädiert er deshalb für stärker kontextorientierte Evaluationen, weil diese multidimensionale Ansätze realisieren, die bei ökonometrischen Verfahren[263] tendenziell verloren gehen.

Bei den *ökonometrischen Verfahren* der Evaluation wird der Prozess der Leistungserstellung als Black Box betrachtet. Lediglich Input- und Outputfaktoren werden in ihrer quantitativen Wechselwirkung analysiert. Reis macht am Beispiel der *Hilfe zur Arbeit* deutlich, dass die Unterschiedlichkeit von Maßnahmen, Programmen und Rahmenbedingungen eine ökonometrisch gewonnene Aussage wenig zuverlässig macht; denn selbst bei der Arbeit mit Kontrollgruppen müssen zahlreiche theoretische Unterstellungen zur Bewertung der Ergebnisse der Kontrollgruppen gemacht werden, so dass diese Gruppen keine tatsächlichen Vergleichsgrößen mehr darstellen.[264]

Die von Reis zusammengestellten Anforderungen an eine *kontextorientierte Evaluation*, die im Folgenden zusammengefasst wiedergegeben werden, gelten auch für das hier darzustellende Forschungsprojekt als wichtige Arbeitsschritte:

1. Zunächst wird die Kontextanalyse erstellt, „mit der die Rahmenbedingungen sowohl des Arbeitsmarktes wie der Arbeitmarktpolitik erfasst werden und die Grundaussagen über längerfristige Entwicklungen ermöglicht.[265] (...)

2. Die Problemanalyse präzisiert den Handlungsbedarf und die einzusetzenden Instrumente vor dem Hintergrund der Kontextanalyse. Es geht darum, auf deren Basis einzelne Problemfelder eingehender zu analysieren, Strate-

---

[263] Bei den ökonometrischen Verfahren wird zwischen mikro- und makroökonometrischen unterschieden: die „mikroökonometrische Evaluation, die auf der Analyse von Individualdaten aufbaut und z.B. untersucht, ob eine Maßnahme aktiver Arbeitsmarktpolitik die Wiederbeschäftigungschancen für ein Individuum erhöht; die makroökonometrische Evaluation, die zu messen beansprucht, ob mit der Maßnahme positive Netto-Effekte für die gesamt Volkswirtschaft feststellbar sind." (Reis (2001), Kapitel 4, S. 17)
[264] vgl. Reis (2001), Kapitel 4, S. 18 f.
[265] in diesem Buch in den Kapitel 1, 2 und 3 dargestellt.

gien auszuformulieren und aus ihnen operationale Ziele und Maßnahmen abzuleiten.[266] (...)'"[267]

3. Die „Kontext- und vor allem die Problemanalyse bilden den Ausgangspunkt für die Feldanalyse. (...) Die Feldanalyse ist das[268] methodische Ort einer kontextsensiblen qualitativen Betrachtung. Hier werden die Zusammenhänge rekonstruiert, aus denen heraus Ziele formuliert und Maßnahmen implementiert werden."[269]

4. Das Pendant zur Feldanalyse ist die Leistungsanalyse.[270] Hier wird betrachtet, inwiefern ein Angebot oder Programm in Anspruch genommen wird. „Es geht um die Formulierung und Prüfung der Aktionshypothese. Hier zeigen sich deutliche Analogien zum betriebswirtschaftlichen operativen Controlling (Frage: Tun wir die Dinge richtig?)"[271].

5. Mit der Wirkungsanalyse werden dagegen die mittel- und langfristigen Effekte betrachtet. Dabei werden Maßnahmen in ihrem gesellschaftlichen Umfeld betrachtet, um daraus Schlüsse über Erfolge und Misserfolge zu ziehen. Dies entspricht eher dem strategischen Controlling (Frage: Tun wir die richtigen Dinge?). Mit der Beurteilung der Netto-Effekte, also der Analyse dessen, was ggf. auch ohne eine Intervention erreicht worden wäre, wird die Effektivität von Maßnahmen beurteilt.[272]

Insbesondere die Beteiligung der Leistungsempfänger - in unserer Untersuchung die Teilnehmer an arbeitsmarktpolitischen Maßnahmen - an der *Produktion* der Dienstleistungsprozesse ihrer Qualifizierung wird hier betrachtet. Diese Beteiligung erschwert die objektive Messung der Wirkungen des Organisationshandelns. Der transaktionale Charakter dieser Kernprozessleistungen führt dazu, dass Wirkungen stets *beiden Gruppen von Akteuren* - den Teilnehmern und den BQGen - zuzuordnen sind.[273] Es geht hier somit - auf der Basis der

---

[266] in diesem Buch in den Kapitel 4 und 5 dargestellt.
[267] Reis (2001), Kapitel 4, S. 23-24
[268] Schreibfehler im Original
[269] Dieser Teil wird durch die noch zu beschreibende Einrichtungsbefragung realisiert (vgl. Kapitel 6.4 und 8.1)
[270] Reis (2001), Kapitel 4, S. 23 - 25
[271] Reis (2001), Kapitel 4, S. 25/26; Dieser Teil wird durch die noch zu beschreibende Mitarbeiterbefragung realisiert (vgl. Kapitel 6.4 und 8.3)
[272] Diesem Aspekt nähern wir uns mit der Teilnehmerbefragung sowie den Befragungen bei Arbeitgebern und Multiplikatoren.
[273] vgl. Gerull (2000), S. 24

interaktiven Produktion und der Konsumtion sozialer Dienstleistungen - um das Bemühen der systematischen Förderung der Beschäftigungsfähigkeit durch die BQGen; ferner geht es um die von den Teilnehmern wahrgenommene Wirkung. Eine Bewertung der Beschäftigungsfähigkeit findet letztendlich durch die Nachfrageseite am Arbeitsmarkt, durch die potentiellen Arbeitgeber, statt.

Mit diesen Ausführungen sind die zentralen Vorabklärungen zum Forschungsansatz getroffen. In den folgenden Abschnitten werden die Teilziele und das Design des Forschungsprojektes vor diesem Hintergrund dargestellt.

6.3 Gesamtziel und Teilziele des Forschungsprojektes QMiB

Mit diesem Forschungsprojekt im Rahmen des Forschungsförderprogramms „Anwendungsorientierte Forschung und Entwicklung" des BMBF sollte festgestellt werden, inwiefern bisher eingesetzte Verfahren zur Qualitätssicherung und -entwicklung in Einrichtungen des *Zweiten Arbeitsmarktes* dazu führen, dass Personen mit besonderen Schwierigkeiten am Ersten Arbeitsmarkt zu einer besseren *Beschäftigungsfähigkeit für den Ersten Arbeitsmarkt* gelangen.[274] Die Untersuchung wurde als qualitative Studie in zehn Beschäftigungs- und Qualifizierungsgesellschaften, wie in Kapitel 3 dargestellt, durchgeführt.

Der zentralen Forschungsfrage nachzugehen ist - wie oben beschrieben - methodisch komplex und birgt Schwierigkeiten in sich. Das Hauptforschungsziel wurde deshalb in 5 Teilziele gegliedert.

Teilziel 1: Analyse bereits praktizierter qualitätssichernder Maßnahmen in den Einrichtungen des Zweiten Arbeitsmarktes

Um die Wirkung des Qualitätsmanagements zu erfassen, musste zunächst in ausgewählten Einrichtungen, die bereits qualitätssichernde Maßnahmen umgesetzt haben, ermittelt werden, welche Schritte des Qualitätsmanagements bereits gemacht und welche Aspekte und Teile der BQG damit angesprochen wurden.

---

[274] Mit der Untersuchung kann dem umfassenden Anspruch an eine Evaluation der Förderung der Beschäftigungsfähigkeit im Sinne der von Deeke und Kruppe formulierten Anforderungen und methodischen Schwierigkeiten nicht entsprochen werden. Für diese Untersuchung reichte u.a. die Laufzeit des Projektes nicht aus, um befragte Teilnehmer in einem längeren Abstand zum Abschluss ihrer Maßnahme wiederholt zu befragen. In dieser Untersuchung wurde deshalb vom theoretischen Begriffskonstrukt der Beschäftigungsfähigkeit als interaktiver Beschäftigungsfähigkeit ausgegangen und untersucht, inwieweit die QM-Strategien darauf ausgerichtet sind, hypothetische Beschäftigungsfähigkeit zu fördern. (vgl. Deeke (2003))

Hierfür wurden zehn Einrichtungen ausgewählt, die weiter unten in Kapitel 6.3 beschrieben werden.

Die Analyse des erreichten Qualitätsmanagementstandes wurde anhand eines Bewertungsverfahrens vorgenommen, das auf der RADAR-Systematik der EFQM basiert.[275] Die Grundsätze des Auswertungsverfahrens selbst werden weiter unten in Kapitel 7 und das Untersuchungsverfahren in den Kapiteln 8 ff. beschrieben.

Teilziel 2: Vertiefte Betrachtung der auf die individuelle Beschäftigungsfähigkeit der Teilnehmer ausgerichteten[276] QM-Anteile in den Einrichtungen (Perspektiven der Anbieter arbeitsmarktpolitischer Maßnahmen und der Teilnehmer)

Für diese auf die Teilnehmer ausgerichtete Personalentwicklung kommt vor allem drei Kernprozessen Bedeutung zu:

- der Sozialpädagogischen Begleitung und Unterstützung,
- der Persönlichen und Beruflichen Qualifizierung und Beschäftigung, und
- der konkreten Unterstützung im Übergang in den Ersten Arbeitsmarkt, der Vermittlung.

Bei der Untersuchung dieser Elemente wurde folgenden Fragen nachgegangen:

- Wie systematisch sind qualitätssichernde Maßnahmen zu diesen Kernprozessen eingeführt?
- Wie verstehen die Einrichtungen Beschäftigungsfähigkeit?
- Wie fördern die angewendeten Qualitätsinstrumente in diesen Bereichen die Beschäftigungsfähigkeit?
- Welcher Indikatoren ermöglichen den Einrichtungen, die Wirkung dieser Maßnahmen zu überprüfen?

Anhand der für die genannten Kernprozesse relevanten EFQM-Kriterien wurden *Dokumente* des QM auf Systematik und Einführungsgrad geprüft. Ferner

---

[275] vgl. Kapitel 5.2 und 7
[276] Hiermit ist der Aspekt der Teilnehmerpersonalentwicklung gemeint, was bedeutet: Maßnahmen die der Entwicklung der Beschäftigungsfähigkeit der Teilnehmer an Maßnahmen zur Eingliederung in den Arbeitsmarkt dienen sollen. Dabei wird i.d.R. nicht zwischen Teilnehmern, die Mitarbeiterstatus haben, und denen, die Teilnehmer von Bildungsmaßnahmen ohne die Existenz von Beschäftigungsverhältnissen im arbeitsrechtlichen Sinn sind, unterschieden. Die in anleiten-

wurden *Fachkräfte,* die diese Prozesse steuern, in qualitativen Befragungen dazu befragt.[277] Darüber hinaus wurden *Teilnehmer* laufender Maßnahmen mit einem standardisierten Fragebogen zu diesen Aspekten befragt. Der Fragebogen wurde darauf fokussiert, welche Maßnahmen des QM diese Personen als förderlich für ihre *Beschäftigungsfähigkeit* wahrnehmen.[278]

Teilziel 3: Operationalisierung des Begriffs der Beschäftigungsfähigkeit aus der Perspektive der „Abnehmer" aus KMU, anderen Wirtschaftsbereichen und Verbänden

Um über die Wirkung qualitätssichernder Maßnahmen auf die Beschäftigungsfähigkeit der Teilnehmer etwas aussagen zu können, mussten Kriterien zur Erfassung der Förderung der Beschäftigungsfähigkeit entwickelt werden, die nicht nur die tatsächliche Vermittlung in Arbeit beinhalten durften, sondern auch abgestufte Entwicklungsprozesse hin zur Beschäftigungsfähigkeit diagnostizieren konnten. Zu untersuchen war also, wie die relevanten Akteure am Arbeitsmarkt die Beschäftigungsfähigkeit der Zielgruppe der Benachteiligten definieren und welche Anforderungen sich daraus an die BQGen ableiten. Hierbei wurde eine qualitative, nicht-repräsentative Befragung durchgeführt, wie sie im Zeitrahmen des Vorhabens realisierbar war.[279]

Teilziel 4: Vergleich der Praxis in den Einrichtungen des Zweiten Arbeitsmarktes mit den Anforderungen des Umfeldes im Hinblick auf die Förderung der Beschäftigungsfähigkeit

Im Vergleich einerseits des auf Förderung der Beschäftigungsfähigkeit der Teilnehmer abzielenden Qualitätsmanagements in den BQGen und andererseits der Anforderungen des Umfeldes der Einrichtungen sollte herausgearbeitet werden, inwiefern sich die *Maßnahmen* und *Anforderungen* decken, wo sie sich ggf. widersprechen oder wo noch Verbesserungspotentiale zu verzeichnen sind.

Dieser Vergleich wurde auf der Basis der qualitativen Anlage der Untersuchung in der Art vollzogen, dass die gewonnenen Erkenntnisse aus Teilziel 2 und 3 in Relation zueinander gesetzt wurden. Dabei war von Zieldifferenzen zwischen

---

den und verwaltenden Funktionen tätigen Personen werden mit dem Begriff „Mitarbeiter bzw. Personal" belegt.
[277] vgl. Kapitel 8.1 und 8.2
[278] vgl. Kapitel 9.1
[279] vgl. Kapitel 10

den BQGen und dem Umfeld (Politik, Verwaltung und Wirtschaft) auszugehen, wie es bereits in Kapitel 3.3 dargestellt wurde.

Hieraus sollten sich ggf. Schwachstellen oder Stärken in den vorhandenen Qualitätskonzepten diagnostizieren lassen.

Teilziel 5: Entwicklung von Qualitätskriterien und -strategien für Einrichtungen des Zweiten Arbeitsmarktes hinsichtlich der Förderung der Beschäftigungsfähigkeit von besonders benachteiligten Personen am Arbeitsmarkt

Aus der Gesamtanalyse sollten Aspekte und Indikatoren abgeleitet werden, die hinsichtlich der Förderung der Beschäftigungsfähigkeit bei der Umsetzung von Qualitätsmanagement von besonderer Bedeutung sind. Es wurden Instrumente bzw. Best-Practice-Verfahren ermittelt, die besonders geeignet erscheinen, im Rahmen von Qualitätsmanagement eingesetzt zu werden.

Durch die Veränderungen im SGB III, wie in Kapitel 4.3 beschrieben, hat sich im Laufe des Forschungsprojektes herauskristallisiert, dass auch die Frage zu beantworten war, inwiefern das für diese Untersuchung verwendete - und vom EFQM-Modell abgeleitete - Evaluationsverfahren zur Beurteilung eines QM-Systems nutzbar gemacht werden kann. Angesichts der in Kapitel 4.3 geschilderten neuen Anforderungen an QM ist dies für zukünftige Zertifizierungsverfahren von besonderem Interesse.

6.4 Aufbau der Untersuchungsreihe

6.4.1 Arbeitsschritte der Befragungen

Um die Untersuchungsziele zu erreichen wurden mehrere verschiedene Instrumente entwickelt, um einerseits den *QM-Stand* in den BQGen zu ermitteln, andererseits die *Wirkung* des QM auf die Teilnehmer von Maßnahmen zu beleuchten. Parallel dazu musste das Umfeld der BQGen hinsichtlich der geforderten Merkmale von Beschäftigungsfähigkeit betrachtet werden.

Aus den in Kapitel 6.2 dargestellten Anforderungen an eine kontextorientierte Wirkungsforschung leiteten sich die in der folgenden Abbildung 23 dargestellten Arbeitsschritte ab.

Zunächst werden die drei bereits zuvor erwähnten *Hypothesen* formuliert. Mit der *Kausalhypothese* wird auf darauf Bezug genommen, dass bessere Leistungen in der Sozialen Arbeit zu besseren Resultaten bei den Teilnehmern führen.

Kausalhypothese:	Aktionshypothese:	Konzeptualhypothese:
Bessere Qualität von arbeitsmarktpolitischen Maßnahmen führt zu besserer Beschäftigungsfähigkeit von benachteiligten Personen am Arbeitsmarkt.	Die Einführung und Umsetzung von Qualitätsmanagement führt zu besserer Qualität von Maßnahmen	Teilnehmer aus Maßnahmen mit Qualitätsmanagement haben eine bessere Beschäftigungsfähigkeit

Untersuchungshypothese:

Eine bessere Beschäftigungsfähigkeit (im Sinne der hypothetischen Beschäftigungsfähigkeit) bei Teilnehmern arbeitsmarktpolitischer Maßnah-men ist gegeben, wenn sich durch Befragung der strategischen Ebene, der umsetzenden Mitarbeiter und der Teilnehmer nachweisen lässt, dass die Organisationen (BQGen) QM entwickelt haben und umsetzen, das in seiner Ausgestaltung auf die von den BQGen zu beeinflussenden Aspekte der Beschäftigungsfähigkeit (analog zum QMiB-Modell in Kapitel 2.3.) und auf die grundsätzlichen Anforderungen des Arbeitsmarktes (Schlüsselkunden) zur Realisierung von Beschäftigungsfähigkeit ausgerichtet ist. Dabei muss das QM systematisch die aktive Mitwirkung der Teilnehmer in der Co-Produktion der Kernprozesse der Dienstleistung sicherstellen.

Entwicklung des QMiB-Modells der Beschäftigungsfähigkeit	Analyse des QM-Standes und seiner Ausrichtung auf die Beschäftigungsfähigkeit	Vergleich aller Ergebnisse
	Überprüfung der Wirkung des QM aus der Sicht der Teilnehmer	
	Untersuchung der Anforderungen aus dem Umfeld der BQGen	

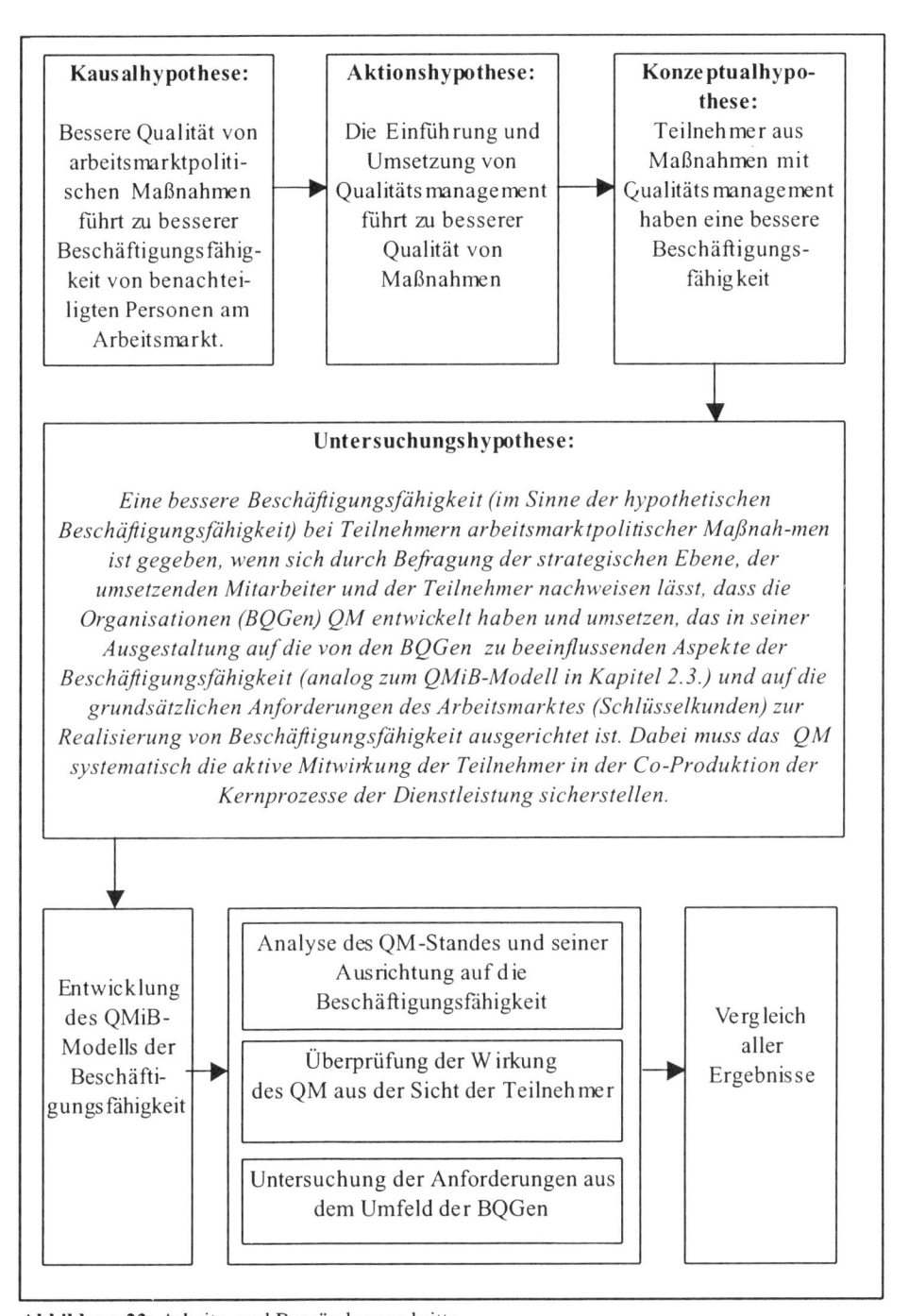

Abbildung 23: Arbeits- und Begründungsschritte

Die *Aktionshypothese* führt dies weiter aus; sie sagt, dass QM das Mittel der Wahl ist, um die Qualität der Leistungen zu erhöhen. Dies mündet schließlich in die *Konzeptualhypothese*, die den kausal-logischen Schluss wiedergibt, dass Teilnehmer, die in den Genuss von Leistungen unter der Wirkung von QM kommen, bessere Resultate zeigen als Teilnehmer in Maßnahmen ohne solche QM-Wirkungen.

Hieraus lässt sich die Untersuchungshypothese für die durchgeführte Studie rückschließen. Sie lautet:

Eine bessere Beschäftigungsfähigkeit (im Sinne der hypothetischen Beschäftigungsfähigkeit) bei Teilnehmern arbeitsmarktpolitischer Maßnahmen ist gegeben, wenn sich durch Befragung der strategischen Ebene, der umsetzenden Mitarbeiter und der Teilnehmer nachweisen lässt, dass die Organisationen (BQGen) QM entwickelt haben und umsetzen, das in seiner Ausgestaltung auf die von den BQGen zu beeinflussenden Aspekte der Beschäftigungsfähigkeit (analog zum QMiB-Modell in Kapitel 2.3) und auf die grundsätzlichen Anforderungen des Arbeitsmarktes (Schlüsselkunden) zur Realisierung von Beschäftigungsfähigkeit ausgerichtet ist. Dabei muss das QM systematisch die aktive Mitwirkung der Teilnehmer in der Co-Produktion der Kernprozesse der Dienstleistung sicherstellen.

Aus diesem Begründungszusammenhang ergeben sich die in Abbildung 23 aufgezeigten *Arbeits- und Begründungsschritte*.

Für die *Analyse des QM-Standes* wurde ein Schwerpunkt auf die Aspekte gelegt, die das *Kriterium 5* des EFQM-Modells unter dem Titel *Prozesse* vorsieht. Für die *Ergebniskriterien* interessierten im Blick auf die Förderung der Beschäftigungsfähigkeit insbesondere die *Kriterien 6 (Kundenbezogene Ergebnisse)* und *9 (Schlüsselergebnisse)*.

Zur Befragung der *strategischen Ebene* der Einrichtungen (Geschäftsleitung, Qualitätsmanagementbeauftragte oder andere strategisch steuernde Kräfte) wurde die *Einrichtungsbefragung* durchgeführt. Hierfür wurde ein Interviewleitfaden entwickelt[280], der den Stand der strategischen QM-Planung zu erfassen hatte.

Ergänzend und als Kontrollstichprobe zu den Aussagen der strategischen Ebene wurde eine Befragung der *Mitarbeiter der operativen Ebene* entwickelt: diese *Mitarbeiterbefragung* sollte feststellen, inwiefern die strategische QM-Planung

---

[280] vgl. Kapitel 8.1

auch zur Umsetzung gelangt. Die Mitarbeiter spiegeln die Ebene der Procedere-Qualität, wie Luschei und Trube sie nennen.[281]

Wirkung von Qualitätsmanagement auf die Beschäftigungsfähigkeit von benachteiligten Personen am Arbeitsmarkt

- Befähigerkriterium: **5 - Prozesse**
  Ergebniskriterien:
  6 -kundenbezogene Ergebnisse
  9- Schlüsselergebnisse

- Befähigerkriterium: **5 - Prozesse**
  Ergebniskriterium:
  6 -kundenbezogene Ergebnisse

Organisationsbefragung

Einrichtungsbefragung:
Analyse praktizierter qualitätssichernder Verfahren in BQGen

Mitarbeiterbefragung:
Umsetzung durch die Mitarbeiter
Förderung der Beschäftigungsfähigkeit durch Umsetzung von Qualitätsmanagementmaßnahmen
Wissen der Mitarbeiter über die Ergebnisse

Teilnehmerbefragung
Wahrnehmung der Förderung ihrer Beschäftigungsfähigkeit

Befragungsgegenstände: sozialpädagogische Begleitung, persönliche und berufliche Qualifizierung und Beschäftigung, Vermittlung

| **Arbeitgeberbefragung:** Anforderung an Maßnahmeabsolventen hinsichtlich Beschäftigungsfähigkeit | **Multiplikatorenbefragung:** Förderaufgaben der BQGen hinsichtlich Beschäftigungsfähigkeit |

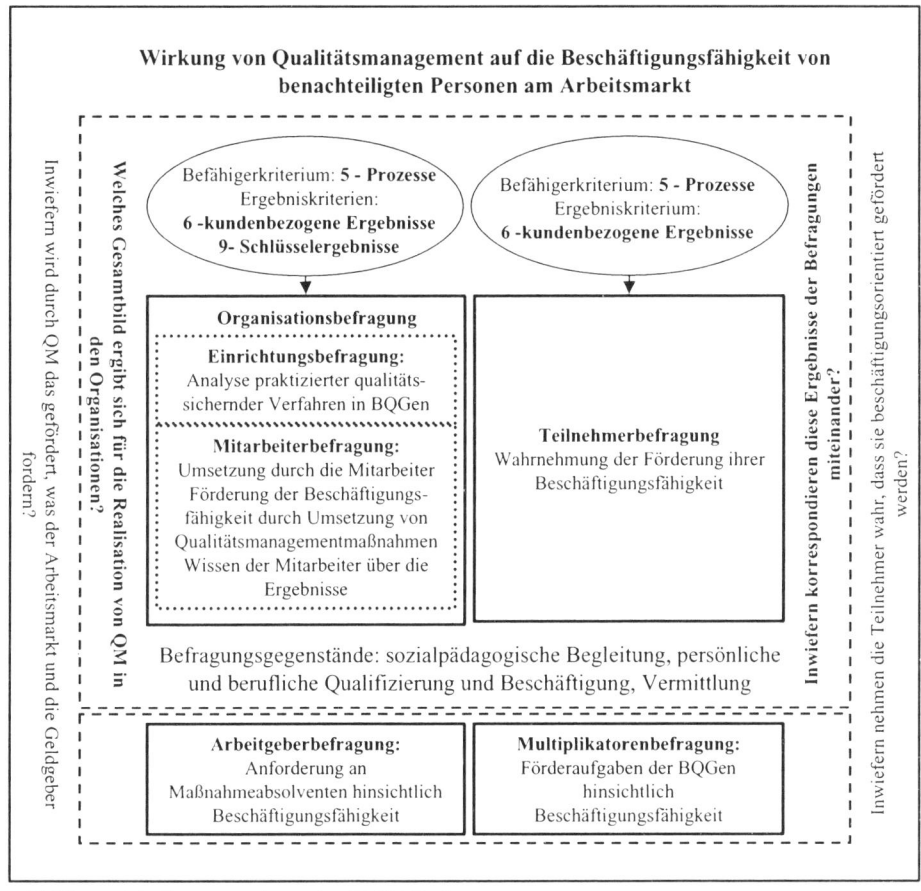

(Seitliche Fragen:)
- Inwiefern wird durch QM das gefördert, was der Arbeitsmarkt und die Geldgeber fordern?
- Welches Gesamtbild ergibt sich für die Realisation von QM in den Organisationen?
- Inwiefern korrespondieren diese Ergebnisse der Befragungen miteinander?
- Inwiefern nehmen die Teilnehmer wahr, dass sie beschäftigungsorientiert gefördert werden?

Abbildung 24: Zusammenhang der QMiB-Befragungen

In einem weiteren wesentlichen Schritt wurden diese beiden Befragungen der *strategischen Ebene (Einrichtungsbefragung)* und der der *operativen Ebene (Mitarbeiterbefragung)* für jede der befragten Einrichtungen zusammengeführt. Diese beiden Befragungen zusammengefasst wurden dann für jede Einrichtung als die *Organisationsbefragung* ausgewertet.[282]

---

[281] vgl. Luschei (2000), S. 535
[282] Zu den einzelnen Schritten der Entwicklung der Einrichtungs- und Mitarbeiterbefragung vgl. Kap 8.1 und 8.2, zur Zusammenfassung zur Organisationsbefragung vgl. Kapitel 8.3; zur Verwendung der EFQM-RADAR-Card als Evaluationsinstrument vgl. Kapitel 7 und zum Auswertungsverfahren vgl. Kapitel 8.4.3

Zusätzlich zu diesen Befragungen wurde - ebenfalls zu den drei vorgenannten Kernprozessen - eine Befragung von *Teilnehmern* an laufenden Maßnahmen gestaltet: die *Teilnehmerbefragung*.

Um das *Umfeld* der BQGen und dessen Anforderungen an die Förderung der Beschäftigungsfähigkeit zu beleuchten, wurde eine *Arbeitgeberbefragung* vorgenommen. Eine *Multiplikatorenbefragung* wurde außerdem als Befragung in Form eines moderierten Workshops durchgeführt.[283]

Die in diesen beiden Untersuchungsteilen gewonnenen Erkenntnisse über die Anforderungen des Umfeldes wurden mit den Ergebnissen der Stärken-Verbesserungsbereich-Analyse bei den BQGen verglichen.[284] Der Zusammenhang der einzelnen Befragungen ist in der Abbildung 24 im Überblick dargestellt. Das detaillierte Verfahren zur Auswertung der einzelnen Untersuchungsteile wird jeweils im Zusammenhang mit der Darstellung der Ergebnisse in den Kapiteln 8 bis 10 erläutert.

6.4.2 Strukturierung der Befragungen

Für die Erstellung der drei Befragungen *Einrichtungsbefragung, Mitarbeiterbefragung und Teilnehmerbefragung* war es wichtig, dass diese inhaltlich vergleichbar strukturiert waren, da - wegen der unterschiedlichen Positionen der zu befragenden Personen in den BQGen - keine identische Fragen gestellt werden konnten.

Ausgangspunkt für diese Befragungen waren immer die *EFQM-Kriterien* 5 (Prozesse), 6 (Kundenbezogene Ergebnisse) und 9 (Schlüsselergebnisse) mit ihren jeweiligen Teilkriterien. Ferner wurden immer die *Kernprozesse* SPB, PBQ und VERM betrachtet.

Ein Beispiel zur Umsetzung der Ableitung aller drei Befragungen aus einer gemeinsamen Ausgangsbasis zeigt Tabelle 18 anhand des Teilkriteriums 5a[285] aus dem EFQM-Leitfaden für öffentlichen Dienst und soziale Einrichtungen. Durch diese Form der Ableitung der einzelnen Befragungselemente war sicher-

---

[283] Multiplikatoren sind Vertreter von Verbänden, öffentlichen Verwaltungen wie z.B. Bundesanstalt für Arbeit, kommunale Beschäftigungsförderung, Kammern, Wirtschaftsförderungsgesellschaften etc. vgl. Kapitel 10.
[284] vgl. Kapitel 10
[285] Die Ableitungen aus den EFQM-Kriterien einschließlich der vollständigen Texte der Kriterien und Unterkriterien, die genutzt wurden, befindet sich im Anhang A

gestellt, dass die Ergebnisse bei der Auswertung den Teilkriterien wieder zugeordnet werden konnten.[286]

	Teilkriterium 5a
Gegenstand des EFQM-Teilkriteriums bezogen auf BQGen	• Qualifizierung und Beschäftigung sowie Vermittlung werden systematisch gestaltet und gemanagt. • Bezeichnung des Prozesses • Beschreibung des Prozesses
Gegenstand der Einrichtungsbefragung (strategische Ebene)	• Schnittstellen innerhalb der Organisation • Schnittstellen außerhalb der Organisation • Verfahren zur zielorientierten Umsetzung
Gegenstand der Mitarbeiterbefragung (operative Ebene)	• Beschreibungen und Bezeichnungen der Prozesse sind den MA geläufig und werden verbindlich angewendet. • Hindernisse zur zielorientierten Umsetzung auf der operativen Ebene • Definierte Verfahrensanwendung sichert den Informationsfluss bzw. stellt eine Verbesserung im Verfahrensablauf dar.
Abgeleitete Gegenstände für die Teilnehmerbefragung	• Ist den Teilnehmern bekannt, dass es ein Konzept gibt? Wie erleben sie die Zusammenarbeit? • Können sie Prozesse, Maßnahmen, Abläufe, Verfahren benennen?

Tabelle 18: Ableitung der Befragungen aus den EFQM-Teilkriterien

Die Befragung der *Multiplikatoren* und der *Arbeitgeber* folgt dieser Systematik nicht, da diese nicht über die internen Kenntnisse verfügen, die Prozesse in den BQGen zu beurteilen. Die Verfahren zur Erstellung der Befragung der Arbeitgeber und der Multiplikatoren werden im Kapitel 10 näher erläutert.

Insgesamt stellt sich das Untersuchungsdesign in Abbildung 25 zusammengefasst dar.

Zusammengefasst gilt für das Forschungsdesign Folgendes:

Alle Fragen wurden inhaltlich an Aspekten des Modells der *Beschäftigungsfähigkeit* ausgerichtet. Sie beleuchten das QM der BQGen nach Kriterien des EFQM-Modells aus den Kriterien *Prozesse* (5), *Kundenbezogene Ergebnisse* (6) und *Schlüsselergebnisse* (9). Daraus ergibt sich:

---

[286] vgl. dazu die Kapitel 8 und 9

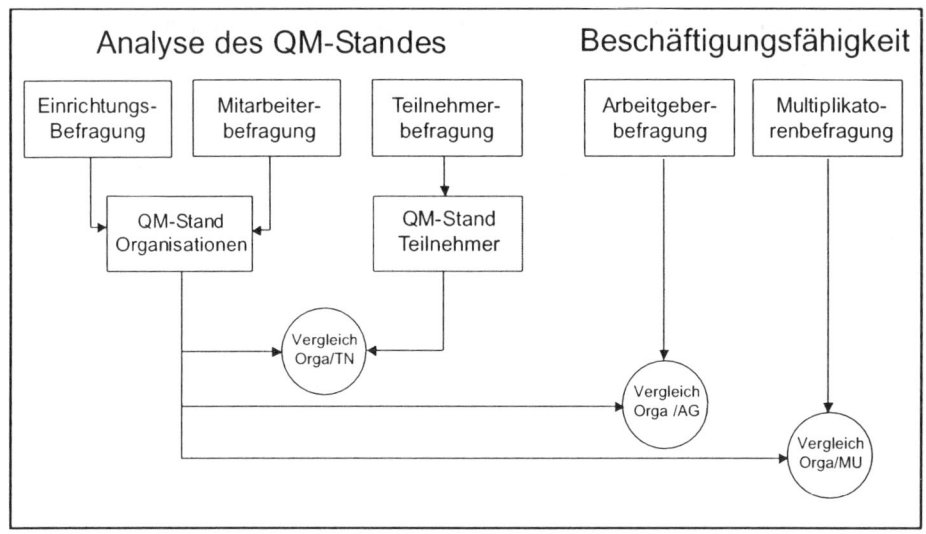

Abbildung 25: Übersicht über die Gesamtuntersuchung des QMiB-Projektes

Wenn in der *Einrichtungsbefragung* der QM-Stand der BQGen anhand dieser Kriterien hoch ist (gemessen an EFQM-Standards), und wenn die *Teilnehmerbefragung* die Gestaltung der Förderprozesse in den Maßnahmen als hochwertig bestätigt, so kann von einer gelingenden Förderung der *Beschäftigungsfähigkeit* ausgegangen werden.

6.5 Kriterien zur Auswahl der untersuchten Beschäftigungs- und Qualifizierungsgesellschaften

6.5.1 Entwicklungsstadium des QM

Für die Akquisition von zu untersuchenden BQGen und deren Einrichtungen hatten wir zunächst definiert, dass sie bereits mindestens seit einem Jahr an der Einführung von QM gearbeitet haben mussten. In der Akquisitionsphase stellte sich jedoch heraus, dass dieses Kriterium nicht hinreichend war, um eine brauchbare Auswahl zu treffen.

Qualitätsmanagement ist ein „...Versuch, Leistungen zu erfassen, zu systematisieren, zu standardisieren, zu formalisieren, zu messen, zu kontrollieren, zu vergleichen"[287] und zu verbessern. Dabei vollzieht sich die Etablierung von Strukturen des Qualitätsmanagements innerhalb von Organisationen in einem Dreischritt von Qualitätsplanung, Qualitätsregelung und Qualitätsverbesserung.

---

[287] Hermsen (2000), S. 188

Das Stadium der *Qualitätsplanung* ist geprägt von dem Bemühen der nachhaltigen Implementation qualitätssichernder Ansätze. Die *Qualitätsregelung* beschäftigt sich mit der Bestimmung von Ist-Zuständen, des Abgleichens von Ist und Soll, der Identifizierung und Behebung von Schwachstellen.

Die *Qualitätsverbesserung* beschreibt die Einführung und Umsetzung von Maßnahmen zur Verbesserung der Leistungen in den Kernprozessen der Organisation.[288]

Um überhaupt von einer Wirkung des QM auf die Förderung der Beschäftigungsfähigkeit ausgehen zu können, sollten sich die zu untersuchenden BQGen mindestens im *Stadium der Qualitätsplanung* befinden. Demnach sollten sie sich mit der Entwicklung von Soll-Anforderungen beschäftigt haben, die dann als Qualitätsstandards fungieren und somit als Programmstruktur der BQG bindende Wirkung möglichst in den drei zu untersuchenden Kern-Dienstleistungsprozessen entfalten.

Die Frage, welche weiteren Voraussetzungen zur Teilnahme am QMiB-Projekt erfüllt sein mussten, wird anhand der Dimensionen Struktur-, Prozess- und Ergebnisqualität der BQGen in kurzer Form erörtert.[289]

6.5.2 Strukturqualität

Die Strukturqualität umfasst die organisationsinternen Sachverhalte. Sie sagt etwas über die personellen und sachlichen Voraussetzungen zur Leistungserbringung aus. Die Integration von Qualitätsmanagement-Instrumentarien kann nur in einer bestehenden Aufbaustruktur erfolgen. Für die Teilnahme am Forschungsvorhaben werden daher neben Ansätzen einer Organisationsstrategie die im folgenden aufgeführten Standards im Rahmen der Aufbau- und Ablauforganisation zwingend vorausgesetzt.

Organisationsstrategie
Die Binnenstruktur einer Organisation, die durch Aufbau- und Ablauforganisation geprägt ist, bedarf zur Entwicklung von Konzepten und Zielen einer richtungsweisenden Unternehmenskultur, geprägt durch ein Leitbild bzw. eine Corporate Identity mit strategischen Funktionen. Von den Kooperationspartnern des Forschungsprojektes wurde erwartet, dass sie sich nachvollziehbar der strategi-

---

[288] vgl. Hermsen (2000), S. 130
[289] vgl. Wehaus (1999), S. 1350-13

schen Ausrichtung ihrer Einrichtung bewusst sind, und dass sie diese Ausrichtung nachweislich, z. B. in einem Leitbild, dokumentiert haben.

Aufbauorganisation

Mit Hilfe der Aufbauorganisation, einem relativ statischen Konstrukt, werden die Mitarbeiter einer Einrichtung „eingeordnet". Durch die ihnen zugewiesenen Aufgaben werden Stellen oder Funktionen bestimmt (Stellenplan). Daraus resultierend mussten bei den kooperierenden BQGen Über- und Unterordnungen erkennbar sein (Organigramm), dies einhergehend mit der Definition von Aufgaben, Verantwortungs- und Entscheidungskompetenzen sowie der Beschreibung von Kooperationsbeziehungen[290].

Ablauforganisation

Im Rahmen der Ablauforganisation werden Arbeitsabläufe und konkrete Vorgänge strukturell erfasst. Im Bereich formalisierter Abläufe sollten Geschäftsordnungen oder Dienstanweisungen bestehen, in denen Regelungen über Verfahren sowie die sachliche Zuständigkeit für die Bearbeitung eines Vorganges festgelegt sind. Des Weiteren sollte ein etabliertes internes Kommunikationssystem zur strategischen Planung vorhanden sein.[291]

6.5.3 Prozessqualität

Aufgrund des uno-actu-Prinzips sozialer Dienstsleistungen kommt der Prozessqualität eine besondere Bedeutung zu. In der Prozessqualität spiegelt sich der Arbeitsalltag der Organisation, das tägliche Bemühen um die Verbesserung der Qualität. „Prozessqualität wird am ehesten erreicht und gesichert werden, indem die Kernprozesse einer Organisation (...) beschrieben, analysiert und optimiert werden - und zwar in erster Linie durch diejenigen, die die entsprechenden Arbeitsvollzüge auch wirklich verrichten".[292] Für die Teilnahme am Forschungsprojekt war es Voraussetzung, dass die BQGen per Selbstauskunft bestätigten, dass sie die Kernprozesse

- Sozialpädagogische Begleitung,
- Persönliche und Berufliche Qualifizierung und Beschäftigung,
- Vermittlung in den Ersten Arbeitsmarkt

---

[290] vgl. Hottelet (1998), S. 600-10 ff.
[291] vgl. Hottelett (1998), S. 600-23
[292] vgl. Wehaus (2000), S. 1350-17

führten. Möglichst sollten diese Prozesse beschrieben sein; ferner sollten auch Beurteilungskriterien zur Überwachung und Prüfung der Prozesse aufgestellt worden sein.

6.5.4 Ergebnisqualität

Die Aufnahme und Verarbeitung von Prozessinformationen stehen bei der Ergebnisqualität im Vordergrund. Ausgehend von der Leitfrage: Inwieweit führt die produzierte Dienstleistung zu einem Ergebnis, das den Zielvorstellungen der Kunden gerecht wird? - beschäftigt sich die Organisation hier mit den Reaktionen auf ihre Anstrengungen bzw. ihre Leistungserbringung. Es gilt diese aufzunehmen, zu interpretieren und für Verbesserungsmaßnahmen zu nutzen. Das Ergebnis stellt somit eine entscheidende Dimension der Qualität dar.[293]

Für das Forschungsvorhaben war es unabdingbar, dass die BQGen bereit waren, ihre Verfahren zur Ermittlung von Prozessergebnissen darzulegen und Dokumentationen zur Verfügung zu stellen. Dabei ging es nicht darum, inwieweit sie positive Vermittlungsquoten erzielen, sondern ob die BQGen sich um die Ermittlung ihrer eigenen Prozessergebnisse und um deren Nutzung für Verbesserungsmaßnahmen bemühten. Hierbei wurde die Aufmerksamkeit des Forschungsteams vor allem auf die Kundenbezogenen Ergebnisse und die Schlüsselergebnisse der BQGen gerichtet.

Ein Blick auf Ergebnisse bei der Vermittlung in weiterführende Maßnahmen oder in den Ersten Arbeitsmarkt zeigt, dass die BQGen durchweg positive Resultate in diesem Bereich aufweisen können. Das Forschungsprojekt ermittelte zwar nicht systematisch Vermittlungszahlen bei den beteiligten BQGen; jedoch ergab ein grober Einblick in die Werte einzelner Maßnahmen, dass die befragten BQGen maßnahmeabhängig zwischen 38% und 90% der Teilnehmer im Anschluss in Folgeperspektiven wie Beschäftigung im Ersten Arbeitsmarkt oder organisierte weitere berufliche Perspektiven vermitteln konnten. Die Variation dieser Werte entspricht den Unterschieden zwischen verschiedenen angesprochenen Zielgruppen und Berufsfeldern.

---

[293] vgl. Wehaus (1999) S 1350-25 ff.

6.5.5 Übersicht über die Anforderungen an zu untersuchende BQGen

Basierend auf den ausgeführten Voraussetzungen mussten die in Tabelle 19 zusammenfassend dargestellten Aspekte in den teilnehmenden BQGen klar geregelt bzw. vorhanden sein. Basis für die Auswahl der BQGen war deren Selbstauskunft, nachdem ihnen die Ziele und Anforderungen des Forschungsvorhabens in zwei Auftaktworkshops vorgestellt worden waren.

Strukturqualität	*Prozessqualität*	*Ergebnisqualität*
Aufbau- und Ablauforganisation mit: • Organigramm • Stellenbeschreibung • u. Ä. Es gibt: • Formuliertes Leitbild/ strategische Aussagen • Institutionalisierte Wege der Strategieplanung und Zielformulierung	Es gibt die Prozesse: • Sozialpädagogische Begleitung • Persönliche und Berufliche Qualifizierung und Beschäftigung • Vermittlung in den Ersten Arbeitsmarkt mit einer zugrundeliegenden Qualitätsplanung	Die Organisation bemüht sich um die Ermittlung von prozessbezogenen Ergebnissen in den Bereichen • Kundenbezogene Ergebnisse • Schlüsselergebnisse

Tabelle 19: Mindestanforderungen an die Struktur-, Prozess- und Ergebnisqualität

6.6 Die untersuchten BQGen in zusammengefassten Daten

Aufgrund des großen Interesses am Thema des Vorhabens waren mehr Einrichtungen an einer Zusammenarbeit interessiert, als bei der Durchführung des Vorhabens einzubeziehen waren. Bedingt durch die große Nachfrage nach Informationen zum Forschungsprojekt wurden zwei Workshops vorbereitet und durchgeführt, an denen insgesamt 20 Einrichtungen und Verbände teilnahmen, wovon schließlich zehn Organisationen aktiv an der Untersuchung teilnahmen. Die teilnehmenden BQGen waren:

AW AG Aachen, Zukunftswerkstatt (ZWD) gGmbH Düsseldorf, Zentrum für Arbeit und Qualifizierung (ZAQ) gGmbH Oberhausen, Zug um Zug e.V. Köln, sci:moers gGmbH, low-tech Düren gGmbH, Werkhof gGmbH Hagen, Renatec gGmbH Düsseldorf, SEN e.V. Soest, GrünBau gGmbH Dortmund.

Die Grundsatzdaten dieser BQGen sind in der Tabelle 20 anonymisiert zusammengestellt.

Rechtsform	Verbandszugehörigkeit	Gründungsdatum	Personal (im Herbst 2001)		Qualitätsmanagement (im Herbst 2001)		
			Stammpersonal	Teilnehmer	Seit wann	Ext. Begleitung	QM-Dokumentation
gGmbH	Diakon. Werk	1986	65	373	1999	ja	QM-Handbuch
e.V.	Diakon. Werk	1983	53	170	2001	ja	Prozessbeschreibung der Jobbörse, Prozessbeschreibung, Einrichtungshandbuch in Planung, Verwaltungsprozesse beschrieben, Hilfeplanung, Gewerke
gGmbH	Kommune	1989	50	400–450	1998	ja	QM-Handbuch, ISO Dokumentation
gGmbH	DPWV	1991	70	130	1999	ja	QM-Handbuch, Verfahrens- und Arbeitsanweisungen
gGmbH	Diakon. Werk	1996	56/1 Ehrenamtl.	181	2002	ja	QM-Handbuch
e.V.	AWO	1982	87	560	1989	ja	QM-Handbuch
gGmbH	DPWV	1986	40	115	1999	nein	QM-Handbuchentwurf, Verfahrensvereinbarungen, Auditprotokolle, mitgeltende Dokumente
AG	Diakon. Werk	1983 e.V. 1997 AG	31/3 Ehrenamtl.	110	1997	nein	QM-Handbuch, Selbstbewertungsergebnisse
e.V.	DPWV	1983	ca. 40/1 Ehrenamtl.	105	1997	ja	QM-Handbuch
gGmbH	DPWV	1984 Verein 1997 gGmbH	60	400	1998	ja	Keine systematisch angelegte

Tabelle 20: Grundsatzdaten der Organisationen

Die in Tabelle 20 gewählte Reihenfolge der benannten BQGen stimmt nicht mit der Nummerierung der BQGen in den Ergebnisdarstellungen ab Kapitel 8 überein, um so die Anonymität der Organisationsdaten sicherzustellen.

Im einzelnen lassen sich diese an der Befragung teilnehmenden Einrichtungen in folgender Weise charakterisieren:

Diese zehn BQGen *finanzieren* sich hauptsächlich durch öffentliche Mittel, die sie von der Europäischen Union, Bund einschließlich der Bundesanstalt für Arbeit, Land und Kommunen erhalten.

Außerdem werden sie auch durch Zuwendungen der Dachverbände, Spenden, Mitgliedsbeiträge, Gesellschafterzuschüsse und -einlagen, Stiftungszuwendungen und Einnahmen am Markt finanziert.

Ihr Angebot im Bereich Beschäftigung und Qualifizierung erstreckt sich auf verschiedene *Branchen*. Folgende sind zu finden: Einzelhandel, Lager und Transport, EDV, Elektrohandwerk/Elektrotechnik, Maler und Lackierer, Schreinerei, Schlosserei, Bauberufe/Bauarbeit, Garten- und Landschaftsbau, Schneiderei, Friseur, industrielle Produktion, Hausmeisterservice, Gastronomie und Service, Werbung und Touristik, Pflege, Kinderbetreuung, Recycling, Textil, Hauswirtschaft.

Die verschiedenen durchgeführten *Maßnahmen* können in den meisten der Einrichtungen in die folgenden vier Bereiche unterteilt werden: Training/ Orientierung, Beschäftigung, Kombination von Beschäftigung und Qualifizierung, und berufliche Weiterbildung/Ausbildung.

Die im Projekt kooperierenden BQGen arbeiten mit verschiedenen *Zielgruppen*, die die Gemeinsamkeit haben, am Arbeitsmarkt benachteiligt zu sein. Folgende Gruppen sind zu finden: Sozialhilfeempfänger, Jugendliche, Langzeitarbeitslose, Berufsrückkehrerinnen, Arbeitslose allg., Schwerbehinderte, Methadon-Substituierte, psychisch Kranke und Migranten (vgl. Abbildung 26).

Als *Gesellschaftsformen* finden sich bei den BQGen drei eingetragene Vereine, sechs Gesellschaften mit beschränkter Haftung sowie eine Aktiengesellschaft (vgl Tabelle 20). Alle BQGen sind *steuerrechtlich* als *gemeinnützig* anerkannt. Acht der zehn Einrichtungen wurden in den 1980er Jahren *gegründet*, nur zwei in den 1990er Jahren.

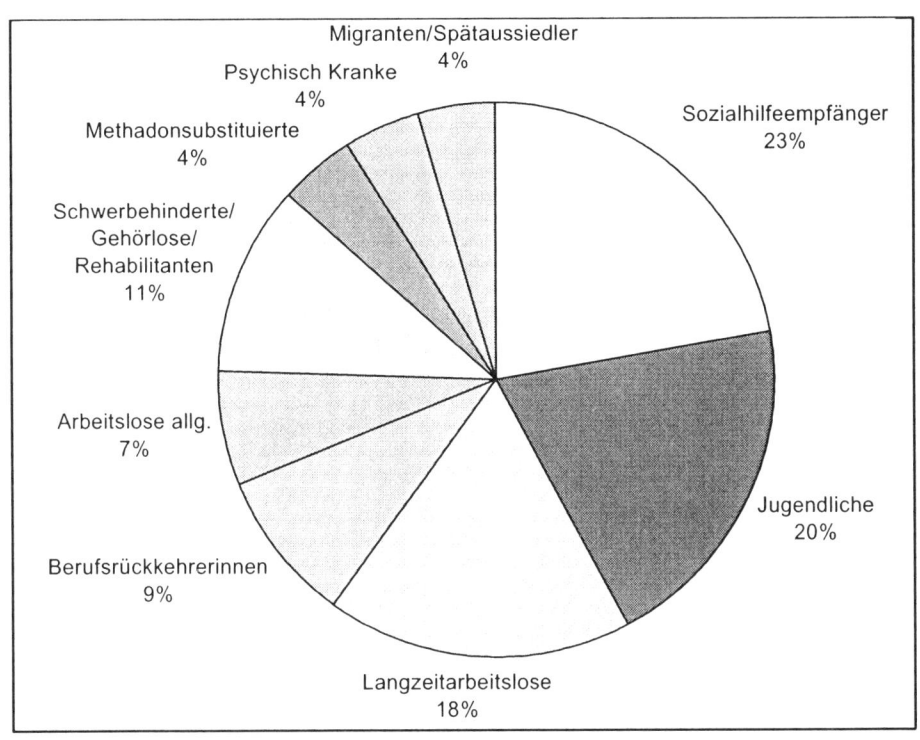

Abbildung 26: Zielgruppen und prozentualer Anteil der Einrichtung, die mit diesen Gruppen arbeiten

Die Zahl der an Maßnahmen der Qualifizierung und Beschäftigung *teilnehmenden Personen* lag beim Eintritt in das Forschungsprojekt zwischen 110 und 450. Es handelt sich somit um mittlere Unternehmen des öffentlich geförderten Zweiten Arbeitsmarktes.

Qualitätsmanagement betreiben die BQGen bei Beginn des Forschungsprojektes seit knapp einem Jahr bis zu fünf Jahren. Nur zwei der zehn BQGen verzichteten zur Einführung auf *externe Beratung*. Zwei BQGen nutzen kein Handbuch, um ihre QM-Aktivitäten zu dokumentieren. Eine davon beschränkt sich auf die systematische Dokumentation wichtiger Prozesse, während zu Beginn des Forschungsprojektes bei der anderen BQG die systematische Anlage einer Dokumentation noch in der Entwicklung war.[294]

Die zehn BQGen implementierten verschiedene *Qualitätsmanagementsysteme/- modelle.* (vgl. Abbildung 27). Das EFQM-Modell und TQM-Ansätze sind am häufigsten zu finden (sechs mal), eine BQG hat sich auf keinen bestimmten

---

[294] vgl. Tabelle 20

Ansatz festgelegt, sondern verfährt nach einem Musterhandbuch. Drei BQGen orientieren sich an der DIN EN ISO 9000ff., wovon eine nach ISO 9001 zertifiziert ist.

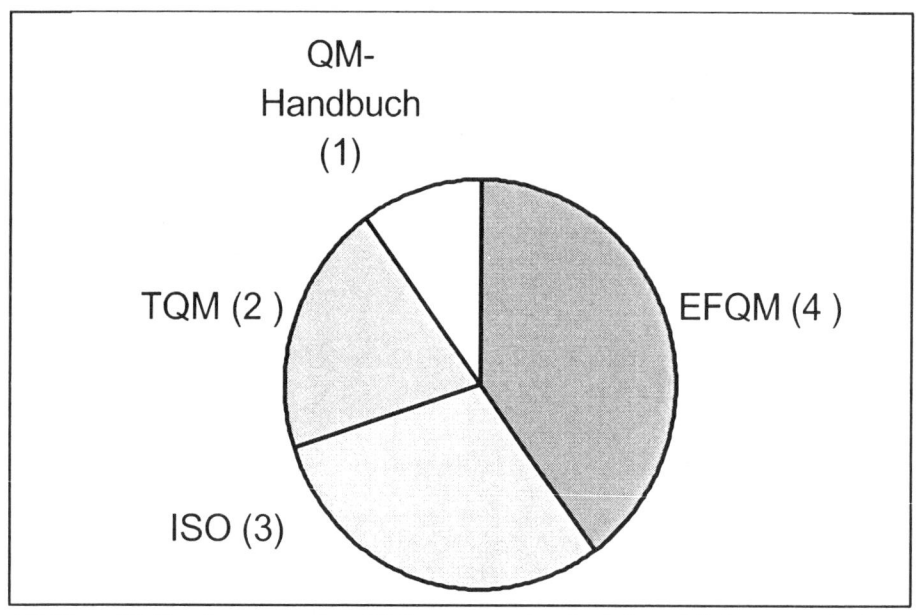

Abbildung 27: Von den untersuchten BQGen angewendete Qualitätsmodelle/ -systeme (in Klammern: Anzahl der Einrichtungen, die diese Modelle anwenden)

Die *Implementation von QM-Strukturen* ist ebenfalls unterschiedlich. Einige haben eine Projektorganisation mit Steuerungsgruppe und Qualitätszirkeln gewählt. Andere gestalten den Prozess von der Geschäftsführung ausgehend. Bei allen ist jedoch ein Gremium vorhanden, das die Aufgabe des Qualitätsmanagements wahrnimmt.

Die BQGen wurden zu Beginn des Projektes daraufhin befragt, woher die *rechtlichen bzw.* institutionellen *Vorgaben* kommen, die bei der Entwicklung des QM zum Tragen kommen. Die Ergebnisse sind in Tabelle 21 aufgeführt. Hier wird deutlich, dass neben den sozialrechtlichen Vorgaben, wie sie in Kapitel 4 skizziert wurden, Vorgaben branchenspezifischer Art zum Tragen kommen, da die BQGen mit Produkten und Dienstleistungen im Markt präsent sind.

Nach den eingesetzten und definierten *Ressourcen für die Einführungsphase von Qualitätsmanagement* gefragt, antworteten die meisten BQGen, dass Mitarbeiterressourcen eingesetzt wurden. (siehe Tabelle 22). Eine Bezifferung eines Budgets für QM-Maßnahmen erfolgte nur bei drei BQGen.

	Externe Qualitätsvorgaben
1	Vom Dachverband, Arbeitsamt, ASS-Stellen
2	BSHG, SGB III, SGB VIII, BG, EU-Richtlinien, Ausbildungsverordnung, VOB
3	BSHG, SGB III, zertifiziert im Recycling, Kundenanforderungen
4	SGB III, BSHG, Förderrichtlinien, Berufsgenossenschaft, Baurecht, Brandschutz, HACCP, UVV, VOB, Handwerksordnung, Landwirtschaftskammer, IHK
5	SGB, BSHG, VOB, HGB, Zuwendungsrecht, Richtlinien der BfA, Richtlinien LVA, EU-Richtlinien, BG
6	BSHG, SGB III, BG, Dachverband
7	SGB III, BSHG, Ziel 3 Vorgaben, Ausbildungsordnung, IHK, BG, HCCP, Second Hand Verband
8	Qualitätsleitfaden der Bundesanstalt für die Berufsvorbereitung und für die Ausbildung
9	SGB III, BSHG, VOB, Berufsgenossenschaft, Ausbildungsordnung, Handwerkskammer, Innungen, FSC
10	IHK, vom Arbeitsamt aufgestellte Richtlinien

Tabelle 21: Externe Qualitätsvorgaben

	Ressourcen für das Qualitätsmanagement
1	Keine Antwort
2	Mitarbeiterressourcen
3	Keine offizielle Ressourcenzuteilung
4	Mitarbeiterressourcen, ½ QMB-Stelle, Fortbildungsbudget, Sachmittel: 5000 €
5	Mitarbeiterressourcen, Budget: 5000 €(Fortbildung und Qualitätsentwicklung)
6	Mitarbeiterressourcen
7	Mitarbeiterressourcen
8	2000 Euro
9	Mitarbeiterressourcen, Dienstleistungen des Fachverbands, Sachkosten
10	Fortbildungsmittel, kein Qualitätsbeauftragter

Tabelle 22: Ressourcen für das Qualitätsmanagement

Die untersuchten BQGen spiegeln – über die in den vorherigen Abschnitten genannten Kriterien hinaus – den für die Untersuchung relevanten Bereich der BQGen wieder, da sie *weitere Kriterien* erfüllen:

- Breite Finanzierungsbasis durch Nutzung von Förderungen der Maßnahmen nach SGB III und BSHG unter Einbezug sowohl von kommunalen Mitteln

und Landesprogrammen als auch von ESF-Geldern und von Maßnahmen nach SGB VIII im Rahmen der Jugendberufshilfe,
- Anwendung verschiedener QM-Modelle,
- mittlere Organisationsgröße,
- Zugehörigkeit zu verschiedenen Wohlfahrtsverbänden,[295]
- Kombination von Beschäftigung und Qualifizierung mit Tätigkeiten am Markt.

Regional musste sich das Forschungsprojekt auf *Nordrhein-Westfalen* beschränken, da eine bundesweite Kooperation mit BQGen weder durch die Ressourcen des Forschungsprojektes noch durch die der Organisationen abzudecken gewesen wäre. Nach anfänglichen Versuchen, bundesweit zu akquirieren, stellte sich heraus, dass der Zeitaufwand für mehrere Reisen nicht hätte geleistet werden können; auch die Einrichtungen scheuten den Aufwand, zu Workshops aus der gesamten Bundesrepublik anzureisen, was erforderlich gewesen wäre.

Nachdem in diesem Kapitel die zu befragenden Einrichtungen des Zweiten Arbeitsmarktes im Mittelpunkt der Betrachtung standen, wollen wir im folgenden Kapitel die RADAR-Card - das wesentliche Evaluationsinstrument der EFQM - und deren Instrumentalisierung für das QMiB-Projekt vorstellen.

---

[295] Leider konnte trotz Bemühungen keine Einrichtung aus dem Caritasverband gewonnen werden. Das Deutsche Rote Kreuz hat als Wohlfahrtsverband keine Einrichtungen der Beschäftigungsförderung. Der dem Deutschen Roten Kreuz nahestehende Internationale Bund für Sozialarbeit (IB) konnte wegen interner Umstrukturierungsmaßnahmen zum Zeitpunkt der Forschung nicht gewonnen werden.

7 Die EFQM-RADAR-Card als Evaluationsinstrument

Bisher wurde das Gesamtdesign der QMiB-Untersuchung dargestellt. Offen geblieben ist dabei, wie einerseits die ermittelten qualitativen Daten über den *QM-Stand in den BQGen* und andererseits die Wahrnehmung der Teilnehmer über das Maß der *Förderung ihrer Beschäftigungsfähigkeit* vergleichbar gemacht werden. In diesem Kapitel wird dargestellt, wie das Auswertungsverfahren der verschiedenen Teiluntersuchungen auf der Basis einer Bewertung mit der EFQM-RADAR-Card vorgenommen wurde.

Die RADAR-Card bietet sich an, da die aus den Befragungen gewonnenen Daten und Informationen nicht nur interpretativ bewertet, sondern durch eine Quantifizierung vergleichbar gemacht werden sollten. Da dieser Aspekt die zentrale Grundlage zum Verständnis der im Weiteren benutzten Daten ist, wird ihm hier ein eigenständiges Kapitel gewidmet. Mit dieser Erläuterung wird auch ein mögliches Verfahren für eine spätere externe Prüfung des QM-Systems in BQGen oder in anderen arbeitsmarktpolitischen Maßnahmen dargelegt. Die RADAR-Card der EFQM bietet dazu eine gute und systematische Grundlage. Die Nutzbarkeit der RADAR-Card zur Quantifizierung der Befragungsergebnisse liegt darin begründet, dass sie bereits ein bewährtes Instrument zur quantitativen Bewertung von QM-Systemen ist. Ausgangspunkt für alle im Folgenden dargestellten Teilbefragungen waren zum einen die theoretischen Erläuterungen zur *Beschäftigungsfähigkeit* im Kapitel 2.3 und zum anderen die *EFQM-Kriterien* 5, 6 und 9. Das QM der Organisationen müsste folglich sowohl auf die Erreichung der Beschäftigungsfähigkeit ausgerichtet sein als auch den EFQM-Kriterien gerecht werden, wenn es ein zielorientiert entwickeltes QM darstellen sollte.

Ein quantifizierbarer QM-Stand der Organisationen lässt sich aus den Analysen der Befragungsergebnisse feststellen. Dazu müssen die Werte gemäß der RADAR-Card pro Kernprozess und Kriterium bzw. Teilkriterium in Form eines Bewertungsverfahrens definiert werden. Die Systematik der Bewertung mit der RADAR-Card wurde bereits grob in Kapitel 5.2 dargestellt. Für die genaue Bewertung ist die RADAR-Card in ihren Details zu berücksichtigen, wie sie in Abbildung 28 und 29 dargestellt sind.

Zur Ermittlung der Gesamtwerte wurden die auf die Teilkriterien bezogenen Werte aus den einzelnen Befragungen ermittelt. Zunächst wurde hierzu die *Einrichtung* selbst auf der Leitungsebene befragt; anschließend wurden die *Mitar-*

beiter der Einrichtung befragt. Durch die *Einrichtungsbefragung* konnte der Stand des QM auf der *strategischen* Ebene, durch die *Mitarbeiterbefragung* auf der *operativen* Ebene ermittelt werden. Die Ergebnisse der *Einrichtungsbefragung* wurden im Verhältnis 3:1 mit denen der *Mitarbeiterbefragung* zusammengeführt und ergaben so den Wert der *Organisationsbefragung*.[296]

Weiterhin wurde eine Befragung der *Teilnehmer* in den Maßnahmen der Einrichtung durchgeführt. Die Ergebnisse dieser *Teilnehmerbefragung* wurden dem errechneten Wert der *Organisationsbefragung* gegenübergestellt um herauszuarbeiten, welche Wirkung das QM aus der Sicht der *Teilnehmer* auf die Förderung ihrer *Beschäftigungsfähigkeit* hat.

Die *Ergebnis- und Befähigerkriterien* gemäß EFQM wurden nach unterschiedlichen, in Kapitel 5.2.2, Abbildung 17, geschilderten Aspekten bewertet und mit der Matrix der RADAR-Card - den doppelseitigen Abbildungen 28 und 29[297] am Ende dieses Kapitels - abgeglichen. Bei den *Ergebniskriterien* wird bewertet, inwiefern Ergebnisse sowie die Trends der Ergebnisse positiv sind, die gesetzten Ziele erreicht wurden, Vergleiche mit anderen Organisationen gezogen werden und die Ergebnisse ihre Ursachen in den auf der Befähigerseite entwickelten Verfahren haben. Ebenfalls wird bewertet, auf welche Reichweite innerhalb der Organisation sich diese Ergebnisse beziehen.

Bei den *Befähigerkriterien* wird untersucht, inwieweit das in den Verfahren niedergelegte Vorgehen fundiert und integriert ist, inwieweit bezüglich der Umsetzung die Verfahren tatsächlich eingeführt sind und systematisch angewendet werden und inwieweit die Bewertung und Überprüfung der Verfahren anhand von Messungen geschieht. Dabei wird das besondere Augenmerk auf das Lernen der Organisation und die aus den Messungen ableitbaren Verbesserungen gelenkt.

Nach dem RADAR-Card-Verfahren werden keine einzelnen Kernprozesse bewertet. Für das Forschungsprojekt war es jedoch wichtig, zwischen den drei Kernprozessen SPB, PBQ und VERM zu unterscheiden, um herauszufinden, wo die Organisationen in der Förderung der Beschäftigungsfähigkeit ihre starken oder schwachen Seiten haben.

---

[296] Zur Begründung der Wahl des Verhältnisses vgl. Kapitel 8.3
[297] In den Abbildungen 28 und 29 haben wir auf die Bewertungsmatrix in der neuen Form, die seit 2003 gültig ist zurückgegriffen. Sie deckt sich inhaltlich mit der Vorgänger-Version ist aber klarer formuliert als die Version von 1999.(vgl. EFQM (2003))

Das Bewertungsverfahren sah folgendermaßen aus: Es beinhaltete zunächst eine Analyse von Stärken und ferner von Bereichen mit der Notwendigkeit von Verbesserungen; hier wurden die erfragten Aspekte durch die Forschungsmitarbeiter nach Umfang und Ausprägung in der Organisation qualitativ analysiert.[298] Im nächsten Schritt wurden diese qualitativen Aussagen mittels der RADAR-Card-Systematik gemäß deren Punkte-Skala quantifiziert, indem die Forschungsmitarbeiter nach dem RADAR-Schema Punktwerte festlegten. Für jedes Teilkriterium erhält man einen Zahlenwert zwischen 0 und 100 Punkten. Die Punktzahlen der Teilkriterien werden anschließend nach - durch die EFQM festgelegten - Algorithmen zu Punktzahlen für das entsprechende Kriterium und schließlich zu einer Gesamtpunktzahl für den entsprechenden Kernprozess zusammengefasst.

5 - *Prozesse*		6 - *Kundenbezogene Ergebnisse*		9 - *Schlüsselergebnisse*	
5a	__ Punkte	6a	__ Punkte	9a	__ Punkte
5b	__ Punkte	6b	__ Punkte	9b	__ Punkte
5c	__ Punkte				
5d	__ Punkte				
5e	__ Punkte				
Wert Krit. 5 = Summe (5a:5e) / 5		Wert Krit.6 = 6a*0,75+ 6b*0,25		Wert Krit.9 = 9a*0,5+ 9b*0,5	

Tabelle 23: Algorithmen für die Berechnung der Kriterien 5, 6 und 9

---

[298] Die Forschungsmitarbeiter waren als EFQM-Assessoren in der Handhabung der Bewertung mittels RADAR-Card ausgebildet.

ELEMENTE	ATTRIBUTE	0%	25%	50%	75%	100%
VOR-GEHEN	**Fundiert** × Vorgehen ist klar begründet × Vorgehen basiert auf definierten Prozessen × Vorgehen ist auf die Interessengruppen ausgerichtet **Integriert** × Vorgehen unterstützt Politik und Strategie policy and strategy × Vorgehen ist mit anderen Vorgehensweisen verknüpft, wo angemessen	Kein Nachweis oder anekdotisch Kein Nachweis oder anekdotisch	Einige Nachweise Einige Nachweise	Nachweise Nachweise	Klare Nachweise Klare Nachweise	Umfassende Nachweise Umfassende Nachweise
	Bewertung	0 5 10	15 20 25 30 35	40 45 50 55 60	65 70 75 80 85	90 95 100

ELEMENTE	ATTRIBUTE	0%	25%	50%	75%	100%
UM-SETZUNG	× Vorgehen ist eingeführt **Systematisch** × Vorgehen ist strukturiert umgesetzt, wobei fundiert geplant und methodisch vorgegangen wird	Nach Nachweis für Einführung Kein Nachweis oder anekdotisch	In etwa 1/4 der relevanten Bereiche eingeführt Einige Nachweise	In etwa 1/2 der relevanten Bereiche eingeführt Nachweise	In etwa 3/4 der relevanten Bereiche eingeführt Klare Nachweise	In allen relevanten Bereichen eingeführt Umfassende Nachweise
	Bewertung	0 5 10	15 20 25 30 35	40 45 50 55 60	65 70 75 80 85	90 95 100

ELEMENTE	ATTRIBUTE	0%			25%			50%			75%			100%
BEWERT-UNG & ÜBER-PRÜFUNG	**Messung** • Die Wirksamkeit des Vorgehens und der Umsetzung wird regelmäßig gemessen	Kein Nachweis oder anekdotisch			Einige Nachweise			Nachweise			Klare Nachweise			Umfassende Nachweise
	Lernen dient zur: • Identifikation Bester Praktiken und von Verbesserungspotenzialen	Kein Nachweis oder anekdotisch			Einige Nachweise			Nachweise			Klare Nachweise			Umfassende Nachweise
	Verbesserung Erkenntnisse aus Messung und Lernen werden analysiert und dienen zur: • Identifikation, Priorisierung, Planung und Einführung von Verbesserung	Kein Nachweis oder anekdotisch			Einige Nachweise			Nachweise			Klare Nachweise			Umfassende Nachweise
	Bewertung	0	5	10	15	20	25	30	35	40	45	50	55	60	65	70	75	80	85	90	95	100
	Gesamtbewertung	0	5	10	15	20	25	30	35	40	45	50	55	60	65	70	75	80	85	90	95	100

Abbildung 28: RADAR-Bewertungsmatrix-Befähigerkriterien (Doppelseite)
© EFQM 1999-2003

ELEMENTE	ATTRIBUTE	0%	25%	50%	75%	100%
ERGEB-NISSE	**Trends** » Trends sind positiv UND/ODER es liegt eine nachhaltig gute Leistung vor	Keine Ergebnisse oder anekdotische Angaben	Positive Trends und/oder zufriedenstellende Leistungen für etwa 1/4 der Ergebnisse über mindestens 3 Jahre	Positive Trends und/oder nachhaltig gute Leistungen für etwa 1/2 der Ergebnisse über mindestens 3 Jahre	Positive Trends und/oder nachhaltig gute Leistungen für etwa 3/4 der Ergebnisse über mindestens 3 Jahre	Positive Trends und/oder nachhaltig gute Leistungen für alle Ergebnisse über mindestens 3 Jahre
	Ziele » Ziele sind erreicht » Ziele sind angemessen	Keine Ergebnisse oder anekdotische Angaben	Erreicht und angemessen für etwa 1/4 der Ergebnisse	Erreicht und angemessen für etwa 1/2 der Ergebnisse	Erreicht und angemessen für etwa 3/4 der Ergebnisse	Erreicht und angemessen für alle Ergebnisse
	Vergleiche » Ergebnisse fallen im Vergleich mit Anderen gut aus UND/ODER » Ergebnisse fallen im Vergleich mit der anerkannten „Weltklasse" gut aus	Keine Ergebnisse oder anekdotische Angaben	Günstige Vergleiche für etwa 1/4 der Ergebnisse	Günstige Vergleiche für etwa 1/2 der Ergebnisse	Günstige Vergleiche für etwa 3/4 der Ergebnisse	Günstige Vergleiche für alle Ergebnisse
	Ursachen » Ergebnisse sind auf das Vorgehen zurückzuführen	Keine Ergebnisse oder anekdotische Angaben	Ursache und Wirkung für ca. 1/4 der Ergebnisse erklärt	Ursache und Wirkung für ca. 1/2 der Ergebnisse erklärt	Ursache und Wirkung für ca. 3/4 der Ergebnisse erklärt	Ursache und Wirkung für alle Ergebnisse erklärt
	Bewertung	0 5 10	15 20 25 30 35	40 45 50 55 60	65 70 75 80 85	90 95 100

ELEMENTE	ATTRIBUTE	0%					25%					50%					75%					100%		
	Umfang • Ergebnisse beziehen sich auf alle relevanten Bereiches • Ergebnisse sind angemessen segmentiert, z.B. nach Kunden oder Geschäftsbereichen	Keine Ergebnisse oder anekdotische Angaben					Ergebnisse beziehen sich auf 1/4 der relevanten Bereiche und Aktivitäten					Ergebnisse beziehen sich auf 1/2 der relevanten Bereiche und Aktivitäten					Ergebnisse beziehen sich auf 3/4 der relevanten Bereiche und Aktivitäten					Ergebnisse beziehen sich auf alle relevanten Bereiche und Aktivitäten		
	Bewertung	0	5	10	15	20	25	30	35	40	45	50	55	60	65	70	75	80	85	90	95	100
	Gesamtbewertung	0	5	10	15	20	25	30	35	40	45	50	55	60	65	70	75	80	85	90	95	100

Abbildung 29: RADAR-Bewertungsmatrix-Ergebniskriterien (Doppelseite)
© EFQM 1999-2003

8 Analyse des QM-Standes in den 10 Partnereinrichtungen

Das hier dargestellte Forschungsprojekt fragt nach der Wirkung des QM in BQGen auf die *Beschäftigungsfähigkeit* von am Arbeitsmarkt Benachteiligten. Hieraus leiten sich, wie in Kapitel 6 und 7 beschrieben, die verschiedenen durchzuführenden Befragungen ab.[299]

Dies waren vor allem die Befragungen in den BQGen, um die Teilziele 1-3 zu realisieren, die in Kapitel 6.1 beschrieben sind. Dazu waren die folgenden drei Befragungen als Arbeitsschritte erforderlich:

- Befragung der strategischen Ebene, im Weiteren als *Einrichtungsbefragung* bezeichnet (Kap. 8.1),
- Befragung der ausführenden Fachkräfte in den verschiedenen Aufgabenfeldern, im Weiteren als *Mitarbeiterbefragung* bezeichnet (Kap. 8.2),
- Befragung der in arbeitsmarktpolitischen Maßnahmen beschäftigten bzw. zu qualifizierenden Teilnehmer der BQGen, im weiteren Verlauf als *Teilnehmerbefragung* bezeichnet (Kap. 9.1).

Im Hinblick auf die Bewertung der Befragungsergebnisse mit der EFQM-RADAR-Matrix sowie im Hinblick auf ihre Vergleichbarkeit waren die drei Erhebungen anhand von gleichen Befragungsinhalten (Befragungsgrundsätze nach EFQM) und mit ineinander linear transformierbaren Auswertungsskalen zu konstruieren.[300]

In den folgenden Kapiteln 8.1 und 8.2 werden zunächst die *Einrichtungs- und Mitarbeiterbefragung* beschrieben, um dann in Kapitel 8.3 die zusammengefassten Ergebnisse dieser beiden Befragungen darzustellen, bevor in Kapitel 9 die *Teilnehmerbefragung* erörtert wird.

8.1 Die Einrichtungsbefragung

8.1.1 Rahmenentscheidungen

Die Zielgruppe der Einrichtungsbefragung waren Geschäftsleitung, QMB, pädagogische Leitung sowie in das QM strategisch involvierte Mitarbeiter der

---

[299] vgl. Kapitel 6.1 und 6.2
[300] Beispiele: 100 Punkte RADAR-Skala in fünf Bereichen (0-15;15-35;35-65;65-85;85-100); 5-teilige RADAR-Card Bewertungsstufen (keine Nachweise; einige Nachweise; Nachweise; klare Nachweise; umfassende Nachweise); Selbstbewertungsskala von 1-5; vgl. Kapitel 7.

Anleiter- und Vermittlerebene. Die Geschäftsleitung und die pädagogische Leitung wurden als Quellen für Fragen zu den Ergebniskriterien angesprochen, der/die QMB als Quelle für die Prozessdokumentation sowie die Implementierung des QM-Systems. Die im QM-System strategisch mitarbeitenden Anleiter und Vermittler wurden zur Unterstützung bei Fragen der detaillierten Ausformung des QM-Systems hinzugezogen, soweit diese Fragen nicht durch den vorgenannten Adressatenkreis zu beantworten waren.

Als einleitender Schritt sollten Grundsatzdaten der Einrichtung erhoben werden, die Auskunft über die Organisation (Aufbauorganisation, Finanzierung, Verbandszugehörigkeit usw.) sowie über Stand und Entwicklung des QM-Systems geben würden.

Im Hauptteil der Befragung sollte die Ausprägung des QM-Systems der Einrichtung anhand der von uns definierten Kernprozesse *SPB, PBQ* und *VERM* erfasst werden.[301] Mit den Partnereinrichtungen wurden deshalb zunächst im Rahmen von mehreren Auftaktworkshops[302] Vereinbarungen über Umfang und Realisierbarkeit der Befragung getroffen.

In einem auf 12 Stunden pro Einrichtungen anberaumten Diagnoseverfahren des QM-Standes, aufgeteilt in drei Sets zu je 4 Stunden, sollten - gemeinsam mit den oben genannten Zielgruppen - die Daten erhoben werden. Welche Bereiche ihrer Organisationen (Maßnahmen, Betriebseinheiten) die Einrichtungen für die Befragung zur Verfügung stellen wollten, wurde laut Vereinbarung ihnen selbst überlassen.

Im ersten Set sollten die Grundsatzdaten sowie der Kernprozess SPB abgefragt werden, im zweiten die beiden Kernprozesse PBQ und Vermittlung in den ersten Arbeitsmarkt, erfasst und im letzten die von der Einrichtung als Nachweise benannten Dokumente und Angaben kopiert bzw. begutachtet werden. Ferner sollte dabei eine Selbstbewertung mit einer 5-stufigen Skala von der Einrichtung durchgeführt werden.

8.1.2 Entwicklung des Befragungsinstruments

Da die gesamte Befragung auf der Basis des „EFQM-Modell für Excellence" durchgeführt wurde, mussten die Bewertungsinstrumente die Vorgehensweise

---

[301] Zur Definition der drei Kernprozesse und ihrer Herleitung aus dem im Forschungsprojekt verwendeten Begriff von Beschäftigungsfähigkeit vgl. Kapitel 2.3
[302] Zur Auswahl der Einrichtungen vgl. Kapitel 6.3; zu den Auftaktworkshops vgl. Kapitel 6.2

des EFQM-Modells entsprechend wiederspiegeln. Dazu wurden zunächst verschiedene publizierte Instrumente der EFQM[303], des Fachverbandes Arbeit und Ausbildung des Diakonischen Werkes der Evangelischen Kirche im Rheinland[304] sowie ein Fragebogen zur Ausgestaltung des QM-Systems aus einer Diplomarbeit[305] am eigenen Fachbereich, auf Verwertbarkeit hin überprüft.

Als Befragungsinstrument wurde schließlich ein durch Fragebogen gestütztes Interview im Umfang von 90 Fragen (30 pro Kernprozess) auf der Basis der Teilkriterien 5a bis e, 6a und b und 9a und b des „EFQM-Modell für Excellence" entwickelt.[306] Die fragengestützte Interviewform versprach die besten Möglichkeiten, unter Verwendung eines standardisierten Instruments die vielfältigen Konzepte und Ausformungen des QM in den Einrichtungen angemessen differenziert zu erfassen.

Die Auswertung der Befragung erfolgte in enger Anlehnung an die RADAR-Card-Systematik[307]. Als Interviewer kamen - aufgrund der zu erwartenden Übersetzungs- und Interpretationsleistungen sowie des benötigten komplexen Einblicks in die Fragestellung des Forschungsprojekts wie auch in die Alltagswirklichkeit der Einrichtungen - nur wissenschaftliche Mitarbeiter in Frage. Diese waren als Assessoren in der Anwendung des EFQM-Modells geschult und verfügen über sehr gute Kenntnisse des Arbeitsfeldes.

Um eine Transformation des EFQM-Bewertungsverfahrens auf die Befragungssituation des QMiB-Projektes zu bewerkstelligen, wurden zunächst für jeden Kernprozess und jedes Kriterium die dafür notwendigen Arbeitsschritte mittels Mind-Mapping (vgl. Abbildung 30) identifiziert und beschrieben. Aus den zu den Teilkriterien des EFQM-Modells angeführten „Orientierungspunkten"[308] wurden die Gegenstände der Befragung der Organisation abgeleitet und auf die speziellen Bedürfnisse des Projektes[309] sowie auf die „Branchenspezifika" von

---

[303] vgl. EFQM (1997); EFQM (1999a); EFQM (1999b)
[304] vgl. Fachverband für Arbeit und Ausbildung (o.J.)
[305] vgl. Heythausen (2001)
[306] vgl. EFQM (1999a), S.20/21, 22/23 und 28/29. Im ersten Entwurf war der Interviewleitfaden deutlich umfangreicher, was allerdings dem Pre-Test nicht standhielt, da die benötigte Interviewzeit zu umfangreich ausfiel.
[307] Zur RADAR-Card-Systematik vgl. Kapitel 7
[308] vgl. EFQM (1999a), S.48,50,52,54 und 56 für Kriterium 5; S.58 und 60 für Kriterium 6; S.70 und 72 für Kriterium 9.
[309] Die Gegenstände der Befragung mussten auf den jeweiligen zu untersuchenden Kernprozess zugeschnitten werden. Das EFQM-Modell sieht eine solche Unterscheidung nicht vor, sondern betrachtet die Organisation in ihrer Gesamtheit.

BQGen ausgerichtet, wie dies bereits in Kapitel 6.2 und im Anhang A dokumentiert und beschrieben ist.

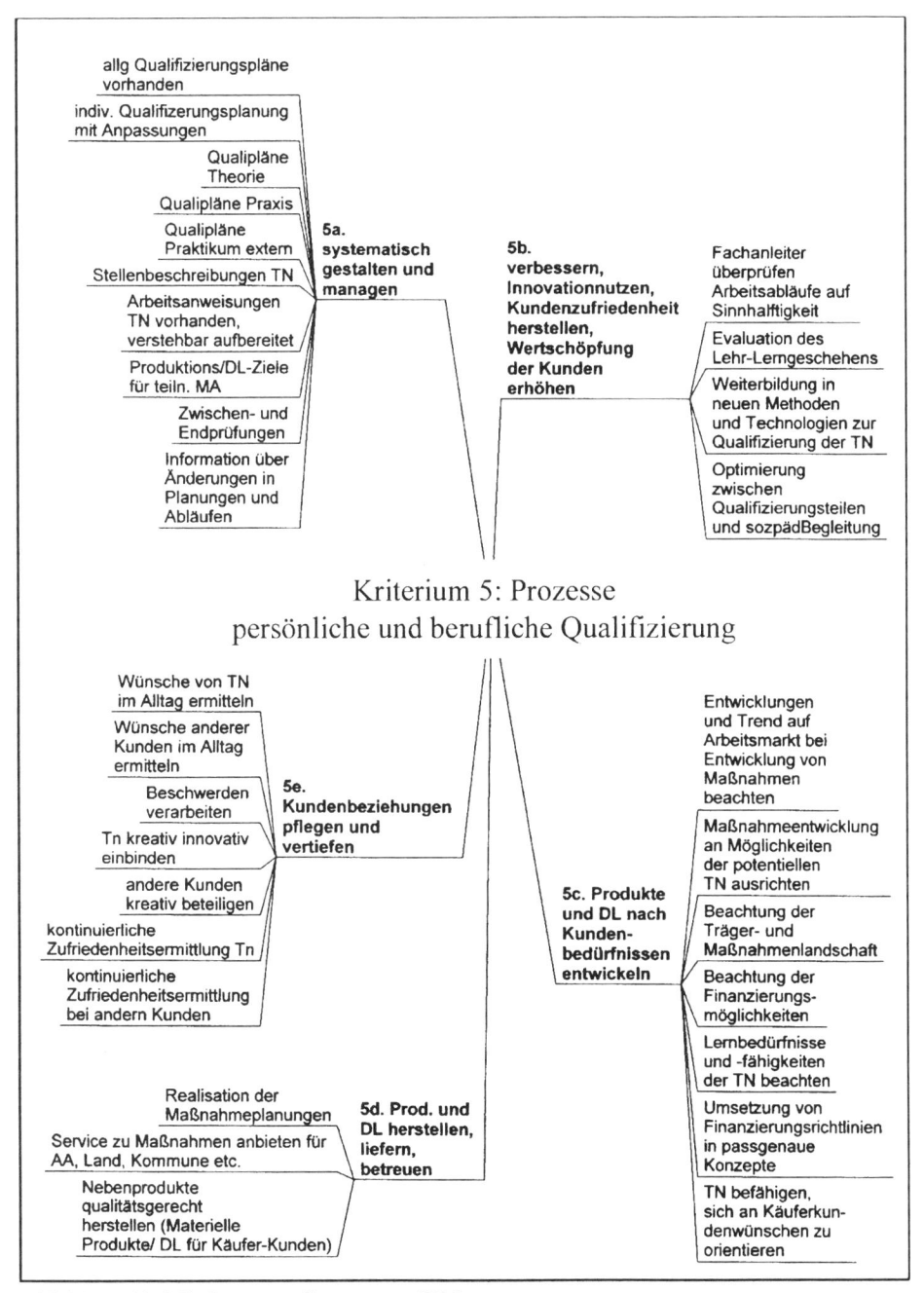

```
allg Qualifizierungspläne
vorhanden
indiv. Qualifizerungsplanung
mit Anpassungen
    Qualipläne
    Theorie
    Qualipläne Praxis
    Qualipläne          5a.                                                Fachanleiter
    Praktikum extern    systematisch      5b.                              überprüfen
    Stellenbeschreibungen TN  gestalten und  verbessern,                   Arbeitsabläufe auf
    Arbeitsanweisungen  managen           Innovationnutzen,                Sinnhaftigkeit
    TN vorhanden,                         Kundenzufriedenheit
    verstehbar aufbereitet                herstellen,                      Evaluation des
    Produktions/DL-Ziele                  Wertschöpfung                    Lehr-Lerngeschehens
    für teiln. MA                         der Kunden                       Weiterbildung in
         Zwischen- und                    erhöhen                          neuen Methoden
         Endprüfungen                                                      und Technologien zur
                                                                           Qualifizierung der TN
         Information über
         Änderungen in                                                     Optimierung
         Planungen und                                                     zwischen
         Abläufen                                                          Qualifizierungsteilen
                                                                           und sozpädBegleitung

                        Kriterium 5: Prozesse
                persönliche und berufliche Qualifizierung

    Wünsche von TN                                                   Entwicklungen
    im Alltag ermitteln                                              und Trend auf
    Wünsche anderer                                                  Arbeitsmarkt bei
    Kunden im Alltag                                                 Entwicklung von
    ermitteln                                                        Maßnahmen
         Beschwerden     5e.                                         beachten
         verarbeiten     Kundenbeziehungen
    Tn kreativ innovativ pflegen und                                 Maßnahmeentwicklung
    einbinden            vertiefen                                   an Möglichkeiten
                                                                     der potentiellen
         andere Kunden                                               TN ausrichten
         kreativ beteiligen                5c. Produkte
    kontinuierliche                        und DL nach               Beachtung der
    Zufriedenheitsermittlung Tn            Kunden-                   Träger- und
    kontinuierliche                        bedürfnissen              Maßnahmenlandschaft
    Zufriedenheitsermittlung               entwickeln                Beachtung der
    bei andern Kunden                                                Finanzierungs-
                                                                     möglichkeiten

                                                                     Lernbedürfnisse
                                                                     und -fähigkeiten
         Realisation der                                             der TN beachten
         Maßnahmeplanungen  5d. Prod. und                            Umsetzung von
    Service zu Maßnahmen anbieten für  DL herstellen,                Finanzierungsrichtlinien
    AA, Land, Kommune etc.   liefern,                                in passgenaue
         Nebenprodukte       betreuen                                Konzepte
         qualitätsgerecht
         herstellen (Materielle                                      TN befähigen,
         Produkte/ DL für Käufer-Kunden)                             sich an Käuferkun-
                                                                     denwünschen zu
                                                                     orientieren
```

Abbildung 30: Mindmap zum Kernprozess PBQ

Bei der Frageformulierung war Folgendes zu beachten:

- Die Fragen zu den einzelnen Kernprozessen mussten inhaltlich vergleichbar sein und trotzdem die unterschiedlichen Aufgabenstellungen der Kernprozesse SPB, PBQ und VERM berücksichtigen.
- Die Befragungsergebnisse zu allen drei Kernprozessen mussten nach dem gleichen Verfahren bewertet werden können und deshalb vergleichbar sein.
- Es musste möglich bleiben, die Fragen entlang der EFQM-Struktur der Kriterien 5 (Prozesse), 6 (Kundenbezogene Ergebnisse) und 9 (Schlüsselergebnisse) den jeweiligen Teilkriterien zuzuordnen (Teilkriterien-gerecht).

Nach der Festlegung der Befragungsgegenstände entlang der Teilkriterienstruktur[310] wurden diese zu jedem der 3 Kernprozesse in konkrete Fragen ausdifferenziert. So konnte eine Parallelität der Fragestellungen in den drei Kernprozessen gesichert werden. Diese Fragen dienten als Interviewleitfaden

Dabei war zu berücksichtigen, dass die Fragen grundsätzlich *offen* sein sollten, um möglichst viele Informationen jenseits einer Beantwortung mit „Ja" oder „Nein" zu erhalten.

8.1.3 Aufbau und Layout des Befragungsinstruments

Der Interviewleitfaden war formal so aufgebaut, dass auf jeweils einem Blatt zu einer Frage mehrere Antwortschritte erfasst werden sollten. Im ersten Schritt sollte die inhaltliche Antwort der Befragten als Kurztext protokolliert werden. In einem zweiten Schritt sollten diejenigen QM-Verfahren benannt werden, mit denen die protokollierte Vorgehensweise in der Organisation realisiert wurde. Im dritten Schritt wurden die - für die Existenz der Verfahren vorhandenen - Nachweise differenziert nach *schriftlichen* und *sonstigen Nachweisen* protokolliert. Im letzten Schritt wurde nach einer 5-teiligen Ordinalskala[311] eine Selbstbewertung der Zufriedenheit der Einrichtungen mit den gewählten Verfahren abgefragt. In einem Anmerkungsfeld auf der Rückseite des Blattes konnten durch den Interviewer Eindrücke und weitergehende Erläuterungen mitprotokolliert werden.[312]

---

[310] vgl. Kapitel 6.2 und Anhang A
[311] Bei Selbstbewertungsverfahren mit Fragebögen wird von der EFQM eine 4-teilige Skala verwendet. Sie stellte sich im Pre-Test jedoch als kritisch heraus und wurde in eine 5-teilige verändert.
[312] Die vollständige Befragung sowie ein Musterprotokollbogen sind im Anhang B abgedruckt.

Nach dem Pre-Test gab es geringe Veränderungen an den Frageformulierungen. Insgesamt erwies sich die Beantwortung im Test zwar als sehr anstrengend für die Partner, brachte jedoch die gewünschten Daten zu Tage. Die Komplexität der zu ermittelnden Aspekte und damit auch der Fragen erschwerte das Ad-hoc-Verstehen dessen, was erfragt werden sollte, so dass die Fragen im Verlauf der Antwortgenerierung wiederholt vorgetragen werden mussten. Dies wirkte sich sowohl auf den Arbeitsfluss als auch auf die Atmosphäre des Interviews erschwerend aus. Der Interviewleitfaden wurde den Interviewten schließlich in der Befragungssituation schriftlich vorgelegt. Dies erleichterte den Interview-Fluss erheblich. Insgesamt wurde die Befragung von den Einrichtungen als anregend für eine erneute Reflexion des QM bewertet und positiv aufgenommen.

8.1.4 Durchführung der Befragung

Im Zeitraum von Dezember 2001 bis Ende Februar 2002 wurden die beiden Interview-Sets (erstes Set: Grunddaten der BQG, Kernprozess: SPB; zweites Set: Kernprozesse PBQ und VERM) mit den Einrichtungen durchgeführt. Im April 2002 wurden im dritten Set die als Nachweise zu prüfenden Dokumente eingesehen und bewertet.

Zum Interview-Termin besuchte jeweils eine/r der beiden wissenschaftlichen Mitarbeiter/innen die Einrichtung vor Ort. In den Sitzungen die - nach Plan - getrennt nach den drei Kernprozessen durchgeführt wurden, waren oft unterschiedliche Kombinationen der in den Einrichtungen vorhandenen Professionen anzutreffen.

In einigen Einrichtungen waren QMB und/oder Geschäftsführung sowie - ständig oder bei Bedarf - ein für den jeweiligen Kernprozess zuständiges Leitungsmitglied anwesend. In einer anderen Einrichtungen nahmen bis zu 6 Mitglieder aus dem Leitungsteam an der Befragung teil. Da vom Forschungsteam nur Mindestanforderungen (Geschäftsführungskompetenz, QM-Kompetenz, pädagogische Leitungskompetenz) formuliert worden waren, konnten so die Bedürfnisse der Organisationen nach Mitgestaltung des Interviewprozesses berücksichtigt werden. Um unter diesen Umständen ein gleichförmiges Interviewverfahren sicherzustellen, war eine streng am Fragenkatalog orientierte Interviewführung von den Interviewern gefordert.

Insgesamt fanden die Befragungen in einem sehr kooperativen Klima statt, das trotz knapper zeitlicher Ressourcen zu guten Resultaten führte. Nur einige Einrichtungen waren bestrebt, die veranschlagte Befragungszeit abzukürzen; in wenigen anderen Fällen reichte die veranschlagte Zeit nicht aus, so dass entweder ein Ersatztermin anberaumt werden musste oder die anberaumte Sitzungsdauer überzogen wurde. Je mehr Personen bei der Befragung anwesend waren, desto schwieriger war in manchen Punkten die Konsensfindung innerhalb der Einrichtung.

Die Einrichtungen waren bei der Beantwortung der Fragen zum überwiegenden Teil sehr offen, obwohl im Verlauf des Interviews viele Verbesserungsbereiche an ihrem QM-System zutage traten. Bei der Einsicht und Sicherstellung der Dokumente waren die Einrichtungen sehr hilfreich. Nur nachvollziehbar kritische und vertrauliche Dokumente konnten nicht gesichert werden.

Die Trennung der Befragung in die drei Kernprozesse war in einigen Einrichtungen schwierig, weil z.T. das gleiche Personal in mehreren Kernprozessen tätig war. Manche Frageformulierungen mussten aufgrund der Notwendigkeit zur Standardisierung - und aufgrund der engen begrifflichen Nähe zum EFQM-Modell - von den Interviewern in die Wirklichkeit der Organisationen übersetzt bzw. detailliert erläutert werden.

Die Bewertung nach EFQM-Kriterien war für einige Einrichtungen, insbesondere für die an der ISO 9000 orientierten, zunächst gewöhnungsbedürftig. Die Kooperation der Befragenden mit den Einrichtungen hat jedoch in jedem Fall die gesetzten Erwartungen erfüllt. Die Offenheit und das Vertrauen gegenüber dem Forschungsprojekt waren zumeist größer als zunächst erwartet.

8.1.5 Auswertungsverfahren

Das Konzept zur Auswertung der gewonnenen Daten gliederte sich in zwei aufeinanderfolgende Abschnitte.

Zunächst wurden - nach Abschluss der Interviewphase und zur Vorbereitung des Termins zur Dokumenteneinsicht - die erhobenen Daten auf einzusehende Nachweise hin gesichtet und ausgewertet. Hierbei wurden zeitgleich unter den von den Einrichtungen benannten Verfahren die vermuteten Best-Practice-Verfahren identifiziert.

In einem zweiten Bewertungsschritt - nach Einsicht, Sicherung und Prüfung der Nachweise - wurde die abschließende Bewertung des QM-Standes der Einrichtungen - unter Einbeziehung der Erkenntnisse aus der Nachweisprüfung - vorgenommen, sowie die entgültige Identifizierung der Best-Practice-Modelle durchgeführt.

Mit diesem zweiteiligen Verfahren sollte festgestellt werden, ob bzw. wie weit die im Interview gemachten Angaben zum erreichten QM-Stand für einen Außenstehenden nachvollziehbar und gerechtfertigt erschienen. Die Suche nach den Best-Practice-Modellen sollte beispielhafte Lösungen im Sinne des Forschungsziels für allgemein in den Einrichtungen umzusetzende Prozess- bzw. Verfahrensabläufe hervorbringen.

Die Auswertungsmethode lehnte sich bei den beiden oben skizzierten Bewertungsdurchgängen eng an die Vorgaben der RADAR-Card an. Die Antworten der Einrichtungen wurden - getrennt für jedes der 9 verwendeten EFQM-Teilkriterien - nach Stärken und Verbesserungsbereichen kategorisiert und anschließend mit dem Schema der RADAR-Card, wie in Kapitel 7 geschildert, ausgewertet. Dazu waren zwei Bewertungsgänge erforderlich.

Im ersten Bewertungsgang wurde eine Bewertung ohne das RADAR-Card-Element „Bewertung und Überprüfung" entwickelt. Dabei wurden noch einzusehenden Nachweise für die benannten Verfahren nach vier Auswahlkriterien gesucht:

- Handelt es sich bei ausgewählten Verfahren um mögliche Best-Practice-Modelle?
- Handelt es sich um Nachweise mit hohem Dokumentationsstand?
- Handelt es sich um Nachweise mit geringem Formalisierungsgrad oder Dokumentationsstand, aber hoch eingeschätzter Wirkung aus Sicht der Einrichtung?
- Handelt es sich um Nachweise mit direkter Ausrichtung auf die Förderung der Beschäftigungsfähigkeit der Teilnehmer?

Im zweiten Bewertungsdurchgang wurden aufgrund der bis dahin begutachteten Nachweise eine erneute Bewertung und die Begründungen für die Unterschiede zur Bewertung im ersten Durchgang festgehalten. Nur die nach der Nachweis-Prüfung weiterhin als Best-Practice-Modelle anzusehenden Verfahren und Prozesse wurden als solche abschließend erfasst.

8.1.6 Aussagekraft der durch Interview erhobenen Daten

Jede empirische Untersuchung ist mit spezifischen methodischen Problemen konfrontiert, wenn es um die Validität der erhobenen Daten geht. Im Rahmen der vorliegenden Einrichtungsbefragung mussten die systematischen Eigenarten der Datenerhebung durch Interview berücksichtigt werden:

- das Problem der Repräsentativität[313],
- das Problem der Konstruktion des Befragungsinstruments,
- das Problem des Einsatzes in einer bestimmten Situation,
- das Problem der Interpretation und Bewertung.

Die systematischen Probleme des Interviews als Befragungsinstrument sind daher besonders vielschichtig:

Zunächst ist die Konstruktion der Fragen zu betrachten, die wir ausführlich weiter oben dargestellt haben.[314] Durch die überwiegende Verwendung sogenannter „Fragenbatterien"[315] zur Erzielung einer Antwortreaktion auf ein einzelnes Teilkriterium ist nach Holms *Theorie der Frage*[316] die Antwort der Befragten präziser zu erfassen, da der Zielaspekt aus mehreren Perspektiven abgefragt wird. Der vorgenommene Pre-Test konnte potentielle Verständigungsprobleme aufzeigen, die bereinigt wurden.

Ein weitaus schwierigeres Problem stellt die Interviewsituation dar. Diekmann nennt drei unverzichtbare Voraussetzungen unter denen „...überhaupt mehr oder minder unverfälschte Antworten erzielbar sind..."[317]:

„1. Kooperation der Befragten als Regelfall,

2. die Existenz einer <<Norm der Aufrichtigkeit>> in Gesprächen mit Fremden,

3. eine <<gemeinsame Sprache>> zwischen Interviewer und befragter Person".[318]

---

[313] vgl. Kapitel 6.5, in dem dazu schon Stellung bezogen wurde.
[314] vgl. Kapitel 8.1
[315] Diekmann (1995), S. 378
[316] vgl. Holm (1974)
[317] Diekmann (1995), S. 376
[318] Diekmann (1995), S. 377

Aufgrund der in den vorbereitenden Workshops getroffenen Vereinbarungen und Entscheidungen sowie aufgrund der vor Ort gemachten Erfahrungen waren diese Bedingungen in der Interviewsituation (bis auf den Fall einer Teilbefragung in einer einzelnen Einrichtung) gegeben.

Die gewählte „weiche"[319] Interviewtechnik erlaubte es den Interviewern, die Einrichtungen bei der Suche nach den korrekten Antworten in moderierender Weise zu unterstützen; dies trug speziell dazu bei, die generalisierten Fragen in Bezug zur jeweiligen Organisationswirklichkeit zu erschließen und dadurch die geforderte „gemeinsame Sprache" zu schaffen. Bedingung dazu war die Sachkunde der Interviewer in Fragen des QM - insbesondere des EFQM-Modells - sowie Erfahrung im Aufgabenfeld der BQGen.

Das Benennen von Nachweisen für die gemachten Angaben sicherte die Möglichkeit, die gemachten Angaben anhand weitergehender Belege zu relativieren und die mündlichen Aussagen zumindest in Teilen zu überprüfen.

Die RADAR-Card der EFQM - als ein erprobtes Konstrukt zur Organisationsbewertung - wurde genutzt, um die unvermeidliche Subjektivität der verschiedenen Bewertenden zu kanalisieren. Die Bewertenden waren als zertifizierte EFQM-Assessoren mit diesem Instrument vertraut und für die Problematik einer qualitativen Bewertung sensibilisiert.

Darüber hinaus wurde im Vorfeld das Vorgehen bei der Bewertung genauestens miteinander abgestimmt. In Teamsitzungen wurden die ersten Bewertungen miteinander analysiert und auffällige Abweichungen beim Bewerten durch Präzisierung der Bewertungskriterien angeglichen. Ziel war es, die Vorgehensweisen so weit wie möglich einander anzunähern.

8.1.7 Ergebnisse der Einrichtungsbefragung

Im Folgenden werden einige Aspekte der Ergebnisse dargestellt, die sich aus der Einrichtungsbefragung ergeben haben. Dabei konnte für jeden der drei untersuchten Kernprozesse ein Maximalwert von 100 Punkten erreicht werden.

---

[319] vgl. Diekmann(1995), S. 376

8.1.7.1. Kernprozess Sozialpädagogische Begleitung

Die folgenden Diagramme zu den Ergebnissen der Einrichtungsbefragung weisen die zu jedem EFQM-Teilkriterium erreichte Punktzahl für alle 10 BQGen aus, getrennt nach den Kernprozessen SPB, PBQ und VERM.

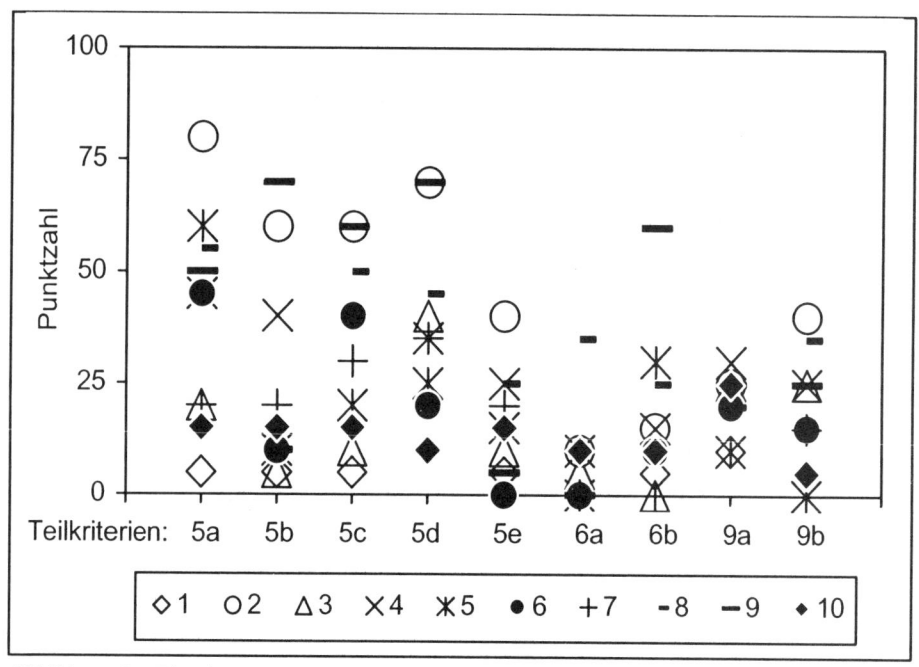

Abbildung 31: Einzelergebnisse der Einrichtungsbefragung zum Kernprozess Sozialpädagogische Begleitung

Auch wenn das Ergebnisdiagramm in Abbildung 31 wenig übersichtlich ist, zeigt es doch, dass die Ergebnisse der 10 Einrichtungsbefragungen auf der strategischen Ebene große Unterschiede in der Entwicklung des Kernprozesses SPB zu Tage brachten. In den Teilkriterien 5a (Management des Prozesses) sind die größten Unterschiede zu finden, während beim Teilkriterium 6a (Ermittlung von Ergebnissen des Prozesses aus Kundensicht) die geringsten Bewertungsunterschiede zwischen der Einrichtungen zu sehen sind.

Das Diagramm mit den Mittelwerten aller Organisationen zu den Teilkriterien in Abbildung 32 bietet einen Gesamtüberblick über den auf der strategischen Ebene der BQGen ermittelten Stand der Qualitätsplanungen, der Qualitätsregelungen und der Verfahren der Qualitätsverbesserung mit dem Ziel der Förderung der Beschäftigungsfähigkeit der Teilnehmer.

Es wird deutlich, dass im Mittel die Teilkriterien zur Prozessgestaltung der Sozialpädagogischen Begleitung besser entwickelt sind als die Ergebniskriterien. Insbesondere bei Kriterium 6a (Ermittlung von Ergebnissen des Prozesses aus Kundensicht) liegt ein Defizit vor. Hier haben die Einrichtungen bisher wenig systematische Verfahren entwickelt, um im Prozess der Förderung der Teilnehmer regelmäßig und systematisch Zwischenergebnisse zu erheben.

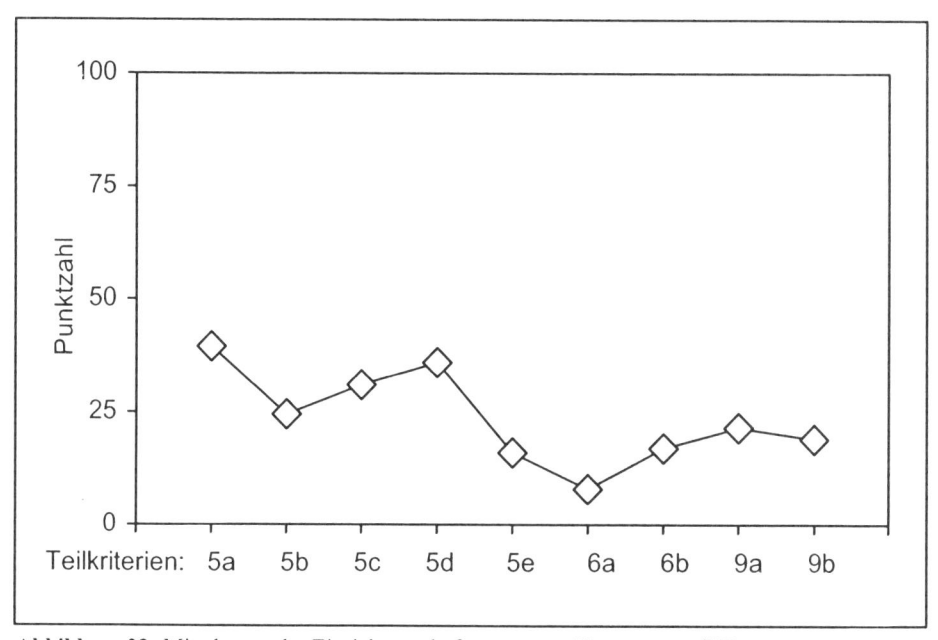

Abbildung 32: Mittelwerte der Einrichtungsbefragung zum Kernprozess SPB

8.1.7.2. Kernprozess Persönliche und Berufliche Qualifizierung und Beschäftigung

Eine vergleichbare Situation zeigt sich auch in Kernprozess Persönliche und Berufliche Qualifizierung und Beschäftigung, dargestellt in Abbildung 33. Im Kernprozess PBQ sind die Spannen insgesamt in den Bewertungen der Teilkriterien ähnlich wie beim Kernprozess SPB. Übereinstimmung gibt es auch in der Tatsache, dass das Teilkriterium 5a die größten Unterschiede und 6a die geringsten Unterschiede aufweist.

Betrachtet man in Abbildung 34 die Mittelwerte über alle 10 BQGen, so zeigt sich, dass ebenfalls die Teilkriterien 5a am besten und 6a am schlechtesten abschneiden. Auch hier verfügen die BQGen noch nicht in genügenden Maße über Verfahren der systematischen Ermittlung von Zwischenergebnissen oder von

Ergebnissen aus der Sicht der Teilnehmer im Qualifizierungs- und Beschäftigungsprozess.

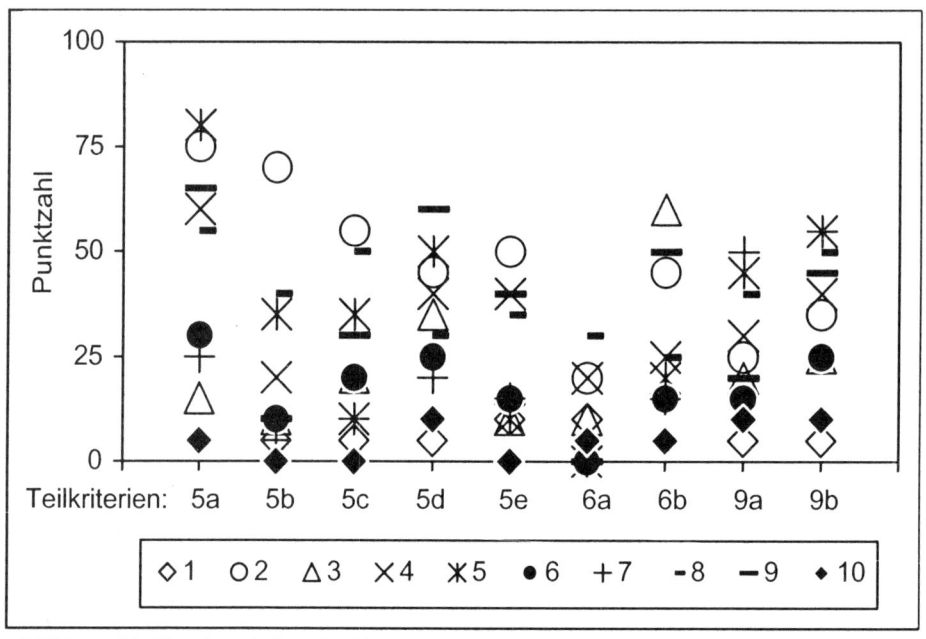

Abbildung 33: Einzelergebnisse der Einrichtungsbefragung zum Kernprozess PBQ

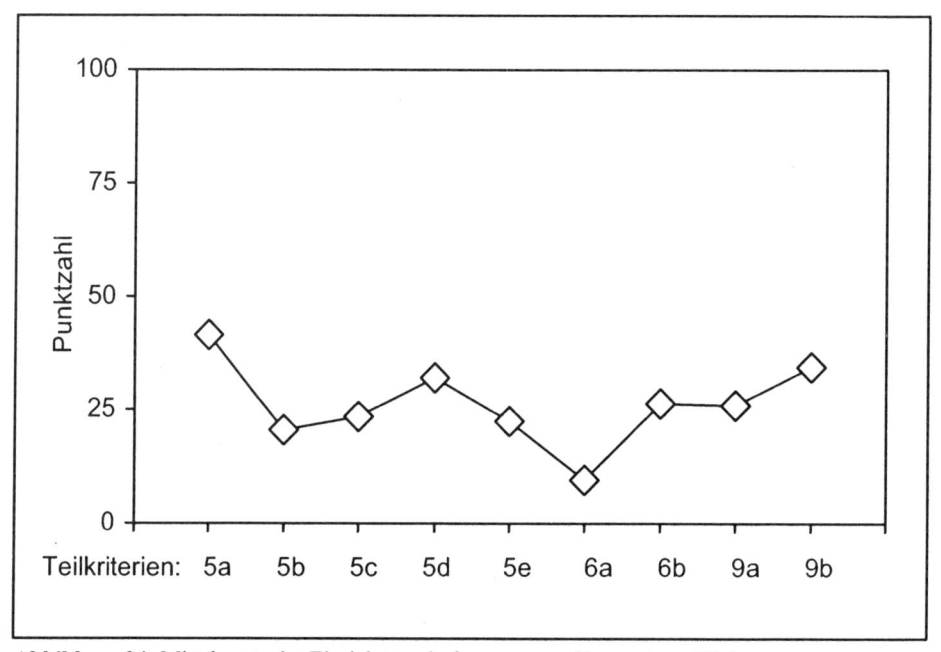

Abbildung 34: Mittelwerte der Einrichtungsbefragung zum Kernprozess PBQ

Das Kriterium 6b dagegen, in dem es um die Ermittlung von Ergebnissen aus in der BQG vorhandenen Indikatoren geht, ist etwas besser bewertet. Dies hängt damit zusammen, dass die Organisationen eher intern anfallende Daten erheben und auswerten als ihre Teilnehmer systematisch zu befragen.

8.1.7.3. Kernprozess Vermittlung in den ersten Arbeitsmarkt

Im Kernprozess VERM (Abbildung 35) zeigt sich, dass die Abweichungen zwischen den einzelnen Einrichtungen etwas anders gelagert sind. Die größten Unterschiede gibt es hier bei dem Teilkriterium 9a, der Ermittlung der Schlüsselleistungen. Dieses Teilkriterium zielt z.B. auf die Ermittlung von finanziellen Ergebnissen (Budgeteinhaltung, Rechnungsprüfung etc.) und die nicht finanziellen Schlüsselergebnisse (Marktanteile, Ergebnisse gesetzlich vorgeschriebener Überprüfungen u.ä.) ab.

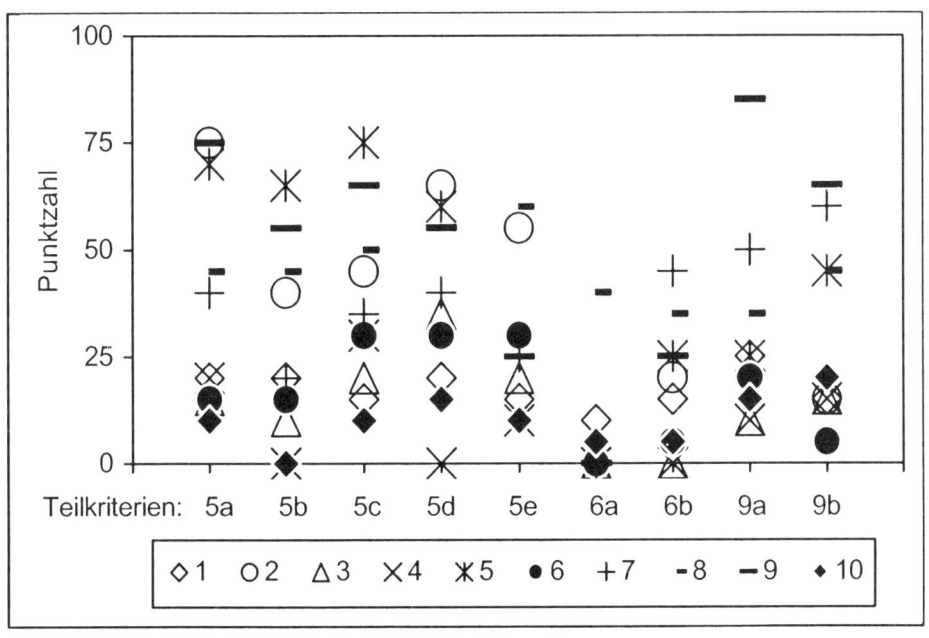

Abbildung 35: Einzelergebnisse der Einrichtungsbefragung zum Kernprozess Vermittlung in den Ersten Arbeitsmarkt

Auf den Kernprozess VERM bezogen weist dies darauf hin, dass mehrere der Organisationen zumindest über ihre Ergebnisse in diesem Bereich gut Bescheid wissen. Aber auch die Teilkriterien aus dem Kriterium 5 (Prozesse) weisen insgesamt größere Unterschiede auf als bei SPB und PBQ. Der Kernprozess Vermittlung ist in den untersuchten BQGen sehr unterschiedlich gut entwickelt, da er für einige Einrichtungen noch nicht lange zum Kerngeschäft gehört; daher richten die Einrichtungen ihre Aktivitäten bei der QM-Entwicklung unterschiedlich stark auf diesen Kernprozess aus.

Die Mittelwerte über alle Organisationen (Abbildung 36) zeigen jedoch eine ähnliche Tendenz wie bei den Kernprozessen SPB und PBQ. In der Summe ist das Teilkriterium 6a hier ebenfalls am schlechtesten bewertet; dagegen sind die Teilkriterien 5c (Ausrichtung der Leistungen auf die Bedürfnisse der Kunden) und 5d (Herstellung und Betreuung der Leistung) in diesem Kernprozess annähernd so bewertet wie das Teilkriterium 5a (Management des Prozesses).

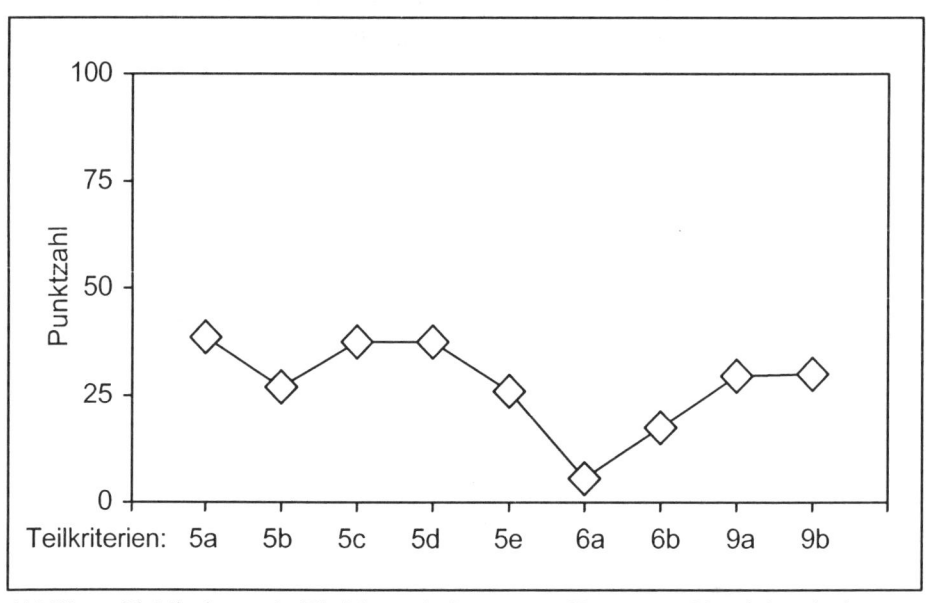

Abbildung 36: Mittelwerte der Einrichtungsbefragung zum Kernprozess Vermittlung in den Ersten Arbeitsmarkt

8.1.7.4. Die Kernprozesse im Vergleich

Abbildung 37 zeigt, dass die drei untersuchten Kernprozesse im Mittelwert sehr ähnliche Qualitätsausprägungen auf der Ebene von Qualitätsplanung, Qualitätsregelungen und Qualitätsverbesserungen zeigen.

Der Kernprozess SPB erhielt in 5 der 9 Teilkriterien (5e, 6a, 6b, 9a und 9b) den niedrigsten Wert des Vergleichs. Diese Teilkriterien beziehen sich auf unterschiedliche Aspekte der Ergebnisermittlung des Kernprozesses SPB (6a, 6b, 9a, 9b) und auf die Pflege der Kundenbeziehungen (5e). Dass das QM von Seiten der strategischen Ebene gerade hier am wenigsten systematisch entwickelt ist, verwundert nicht, bedenkt man, dass gerade dieser Prozess besonders von der

Co-Produktion mit den Teilnehmern abhängig ist und von daher am schwierigsten zu standardisieren und auch zu steuern ist.

Der Prozess Vermittlung ist in vier (5b, 5c, 5d, 5e) der fünf Teilkriterien zum Kriterium Prozesse (5) mit dem höchsten Durchschnittswert bewertet worden. Dies weist darauf hin, dass die Organisationen - insgesamt betrachtet - gerade hier Verfahren entwickelt haben, die sie befähigen sollen, hier bessere Ergebnisse zu erzielen. Der verhältnismäßig hohe Mittelwert verdeckt, dass einige Organisationen - wie bei den Ergebnissen zum Kernprozess VERM erläutert wurde - mit einer hohem Bewertung, andere mit einer niedrigen Bewertung abgeschnitten haben.

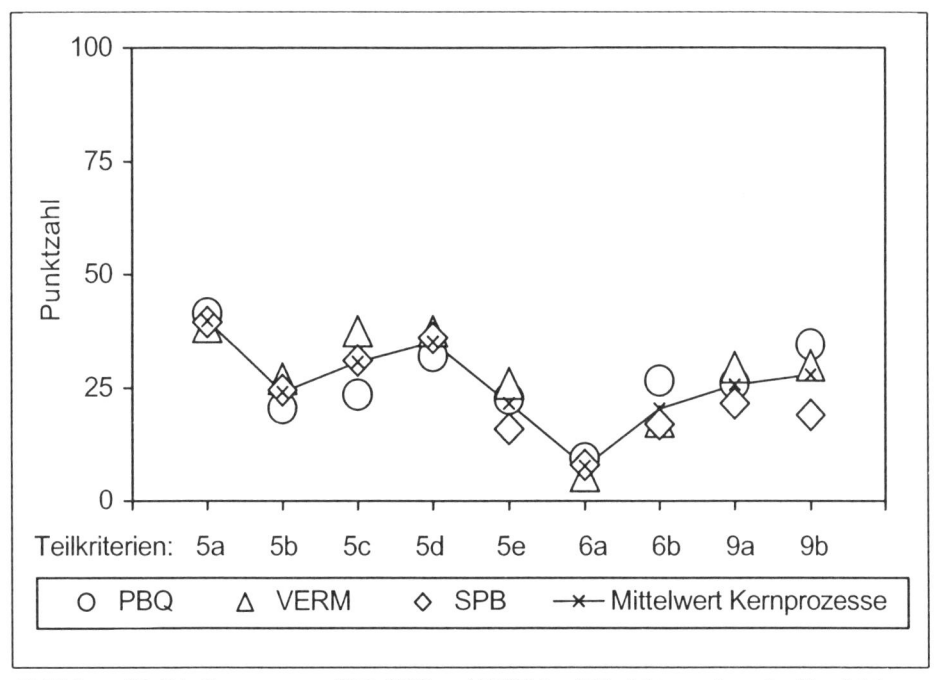

Abbildung 37: Die Kernprozesse SPB, PBQ und VERM auf Einrichtungsebene im Vergleich

Insgesamt fällt auf, dass - über alle untersuchten BQGen und alle drei Kernprozesse betrachtet - die Mittelwerte nahezu parallel sind. Es sind keine eklatanten Unterschiede in der Pflege und Entwicklung der Kernprozesse auf Seiten der strategischen Ebenen der BQGen zu finden, wenngleich die Unterschiede zwischen den einzelnen BQGen - bezogen auf die Teilkriterien - erheblich sind.

8.1.8 Die identifizierten Best-Practice-Modelle

Bei der Auswertung und Bewertung der Ergebnisse der Einrichtungsbefragung und bei der Überprüfung der Nachweise und Dokumente in den Einrichtungen konnten insgesamt 17 Best-Practice-Verfahren gefunden werden. Acht dieser Verfahren sind dem Kernprozess SPB, fünf dem Kernprozess PBQ und vier dem Kernprozess VERM zuzuordnen. Diese werden im Folgenden getrennt nach den Kernprozessen aufgelistet. Eine ausführliche Darstellung der Best-Practice-Verfahren ist hier nicht möglich. Dies würde einerseits die Schutzrechte der Organisationen verletzen, andererseits würde dies den Rahmen dieser Veröffentlichung sprengen.

Teilkriterium	*Bezeichnung des Best-Practice-Verfahrens*	*Kurzbeschreibung*
5a	Dienstleistungsprozess: „soziale Stabilisierung"	Durch eine Vielzahl standardisierter, dokumentierter und nach DIN ISO 9000 zertifizierter Verfahren werden ergänzende, längerfristige und ganzheitliche Hilfen angeboten, um einen Prozess der „sozialen Bemächtigung" bei den Teilnehmern zu initiieren.
5a	Leistungsbeschreibung	Die projektbezogene Leistungsbeschreibung beschreibt detailliert alle Leistungen, die im Rahmen einer Maßnahme durchgeführt werden. Sie ist Grundlage für die Entwicklung standardisierter Arbeitsabläufe anhand der Leitfrage: Wer erbringt für welche Zielgruppe welche Leistungen mit welchen Methoden und wie wird die Erbringung der Leistungen sichergestellt bzw. kontrolliert?
5a	Individuelle Förderplanung	Bezogen auf Bedarfe der Teilnehmer im sozialpädagogischen Bereich werden systematisch Schritte festgelegt, wie mit TN eine Diagnose und Hilfeplanung abläuft. Dabei fließen Fremdbeobachtungen mit Selbstbeobachtungen der TN immer wieder zusammen.
5a	Aktivierende Hilfeplanung	Die aktivierende Hilfeplanung umfasst standardisierte Vorgehensweisen in den Bereichen Beratung, Motivationsarbeit, Identifizierung von Zielen, Vereinbarung von Zielen und Entwicklung eines „persönlichen Aktionsplanes".
5a	Anamnese/ begleitende Teilnehmerbeobachtung:	Mittels der standardisierten Verfahren „Bewerbungsbogen" und der Erstellung eines „internen Bewerberprofils" werden umfassende Informationen bezüglich der persönlichen und beruflichen Situation der Teilnehmer eingeholt.
5a	Teilnehmererhebungsbogen	Durch den formalisierten Ablauf „Erstellung eines Teilnehmererhebungsbogens" werden die persönlichen und fachlichen Ressourcen der Maßnahmeteilnehmer umfassend erhoben.

5d	Leistungsprofil: Teilnehmer	Bei Maßnahmeende wird ein detailliertes Leistungsprofil mit Bewertungen in den Bereichen Qualifizierung, Arbeits- und Sozialverhalten, Mitwirkung bei der Arbeitsvermittlung sowie zukünftige Entwicklung- und Unterstützungsmöglichkeiten erstellt.
5e	Kontaktpflege zu ausgeschiedenen Teilnehmern	Durch das standardisierte Verfahren „Nachbetreuung" wird die Pflege und der Erhalt des Kontaktes der Einrichtung zu den ausgeschiedenen Teilnehmern gestaltet. Es wird zurückblickend die Zufriedenheit ermittelt, es erfolgen weiterhin Gesprächsangebote und Einladungen.

Tabelle 24: Best-Practice-Verfahren im Kernprozess SPB in 10 untersuchten BQGen

Die Zahl der Best-Practice-Verfahren aus dem Kernprozess SPB (Tabelle 24) im Teilkriterium 5a spiegelt die zahlenmäßige Bewertung des Teilkriteriums 5a in diesem Kernprozess wieder. Es ist auffällig, dass zum Kernprozess SPB ausschließlich Best-Practice-Verfahren aus dem Kriterium Prozesse (5) gefunden wurden.

Teilkriterium	Bezeichnung des Best-Practice-Verfahrens	Kurzbeschreibung
5a	Modulares Qualifizierungskonzept	Je nach Eignung und Neigung der Teilnehmer werden die einzelnen, in sich abgeschlossenen qualifizierenden Grund-, Aufbau- und Spezialmodule inhaltlich aufeinander abgestimmt und angeboten.. Hierbei wird den Teilnehmern ermöglicht, anhand ihres individuellen Bedarfs sowohl vertiefend einzelne Bereichen als auch umfassend alle Module wahrzunehmen.
5a	Einbeziehung der Teilnehmer zur zielorientierten Umsetzung des Prozesses	Durch die gemeinsame Erstellung eines individuellen Förderplanes, die Durchführung eines Eignungstestes und regelmäßige Hilfeplangespräche vor und während der Maßnahme werden die Teilnehmer intensiv an der zielorientierten Umsetzung der persönlichen und beruflichen Qualifizierung beteiligt.
5b	Bewertungsbogen der Teilnehmer zur Identifizierung von Verbesserungsbedarf	Die Teilnehmer erhalten während der Maßnahme mehrfach die Möglichkeit, die erbrachten Dienstleistungen des Trägers mittels standardisierten Frage- und Einschätzungsbögen zu bewerten. Die daraus gewonnenen Erkenntnisse werden zur Verbesserung der Prozesse verwendet.
5c	Ermittlung von Bedürfnissen und Erwartungen der Teilnehmer	Durch vielschichtige standardisierte Verfahren werden während der Maßnahme mehrfach die Bedürfnisse und Erwartungen der Teilnehmer ermittelt. Im einzelnen sind dies Hilfeplangespräche, Abfragen von Einschätzungen und Sichten der Teilnehmer, Erstellung von Dokumentationen über die erste Orientierungsphase sowie die Projektwoche.

5d	Qualifizierungsvertrag	Für den Zeitraum der Maßnahme wird zwischen dem Träger und dem Teilnehmer ein Qualifizierungsvertrag geschlossen. Dieser enthält neben den üblichen arbeitsvertraglichen Bestandteilen auch Qualifizierungsvereinbarungen, die die Vorerfahrungen des Teilnehmers, die daraus resultierenden Lernmodule und Zielvereinbarungen beinhalten.

Tabelle 25: Best-Practice-Verfahren im Kernprozess PBQ in 10 untersuchten BQGen

Im Kernprozess Persönliche und Berufliche Qualifizierung und Beschäftigung wurden die in Tabelle 25 dargestellten Best-Practice-Verfahren ermittelt.

Auch hier sind die identifizierten Best-Practice-Verfahren ausschließlich dem Kriterium Prozesse (5) des EFQM-Modells zuzuordnen.

Teilkriterium	Bezeichnung des Best-Practice-Verfahrens	Kurzbeschreibung)
5a	Passgenaue Arbeitsvermittlung	Die gesamte Unterstützungsstruktur für Teilnehmer ist vom Eintritt in die Organisation an systematisch auf Vermittlung ausgerichtet. Insbesondere wurde ein spezielles Matching-Verfahren für den Abgleich von Teilnehmermerkmalen mit Arbeitgeberanforderungen entwickelt.
5c	A.S.S.ment Potenzialanalyse	10-tägiges Assessment bei Einstieg in eine Maßnahme zur Analyse der Teilnehmerpotentiale, um diese in Richtung Vermittlung zu nutzen und auszubauen.
5c	Einbezug der Bedürfnisse und Erwartungen der Teilnehmer	Es erfolgt eine kontinuierliche, standardisierte und dokumentierte Einbeziehung der Bedürfnisse und Erwartungen der Teilnehmer durch eine konkrete Strategieplanung incl. Zielaufstellungen hinsichtlich der angestrebten Vermittlungsaktivitäten. Eingebunden ist ebenfalls ein bedürfnisorientiertes Betriebspraktikum. Im weiteren erfolgt eine Zielkontrolle durch gemeinsame Auswertungsgespräche.
5e	Verbleibsermittlung und Kontakt zu ausgeschiedenen Teilnehmern	Durch die Pflege und den Erhalt des Kontaktes zu ausgeschiedenen Teilnehmern wird die Ermittlung des Verbleibes und die Überprüfung des Vermittlungserfolges mittels telefonischer, persönlicher oder schriftlicher Abfrage ermöglicht. Die Ergebnisse fließen in eine Verbleibsstatistik ein. Im weiteren wird eine Nachbetreuungsübersicht erstellt.

Tabelle 26: Best-Practice-Verfahren im Kernprozess VERM in 10 untersuchten BQGen

Beim Kernprozess Vermittlung (VERM) wurden die in Tabelle 26 genannten Best-Practice-Verfahren gefunden. Auch hier zeigt sich, dass alle Verfahren dem Kriterium Prozesse (5) zuzuordnen sind. Dass kein Verfahren im Bereich der Ermittlung Kundenbezogener Ergebnisse gefunden wurde, weist darauf hin, dass die BQGen zu wenig im Austausch mit ihren direkten Kunden, den Teilnehmern, ihre Qualität reflektieren. Dies wurde auch bereits oben bei der numerischen Auswertung der Kernprozesse deutlich.

8.2 Die Mitarbeiterbefragung

8.2.1 Rahmenentscheidungen

Um die Umsetzung des strategischen QM in der Alltagspraxis zu untersuchen, wurden Mitarbeiter der 10 BQGen befragt. Deren Wirkungsbereich in den BQGen ist vielfältig. Die Befragung sollte sich in ihrer Betrachtung ausschließlich auf die *ausführenden* Aufgaben richten. Sie sollte sich auf die Arbeitsgebiete beschränken, die operativ - also umsetzend - mit dem QM verbunden sind. Die unterschiedlichen *operativen Betätigungsfelder der Beschäftigten* wurden entsprechend den Kernprozessen in drei Fachgebiete differenziert:

- Mitarbeiter der Sozialpädagogischen Begleitung, die im Bereich der allgemeinen sozialen sowie der lebenspraktischen Hilfeleistungen tätig sind;
- Mitarbeiter der Persönlichen und Beruflichen Qualifizierung und Beschäftigung, die durch praktische und theoretische Unterweisung der Teilnehmer auf den Erwerb von Fähigkeiten und Fertigkeiten ausgerichtet sind;
- Mitarbeiter mit der Aufgabe der Arbeitsvermittlung, um Teilnehmer direkt in den Ersten Arbeitsmarkt zu führen.

Diese Unterteilung in drei Sektionen musste deren Inkongruenz in der Praxis für die Erhebung berücksichtigen, da für alle Gruppen aus methodischen und zeitlichen Gründen der gleiche Fragebogen verwendet werden sollte.

Für eine optimale Befragungssituation wurde angestrebt, eine ausgeglichene Verteilung der Befragten auf die drei Kernprozesse bzw. die drei Arbeitsbereiche zu erreichen, um Aussagen zu den verschiedenen Kernprozessen treffen zu können. Dies konnte weitgehend realisiert werden.

Im Zusammenhang mit dem Forschungsziel, die Wirkung von QM-Maßnahmen auf die *Beschäftigungsfähigkeit* der Teilnehmer zu ermitteln, ist die Umsetzung des Qualitätsmanagements innerhalb der Organisation durch die Mitarbeiter ein wesentlicher Aspekt.

Durch die Mitarbeiterbefragung sollte festgestellt werden, inwieweit die Ergebnisse der *Einrichtungsbefragung* (Kap.8.1) mit denen der Mitarbeiter übereinstimmten bzw. davon abwichen, um somit den in den untersuchten Einrichtungen realisierten Einführungsgrad von QM-Maßnahmen und deren praktische Anwendung zu ermitteln. Dieser Ansatz trägt der Erfahrung Rechnung, dass die auf der strategischen Ebene entwickelten QM-Ansätze manchmal in der Praxis lückenhaft umgesetzt werden.

Es sollte nachgeprüft werden, ob und in welchem Grad die Beschäftigten QM-Maßnahmen bewusst - und ggf. auch in Kenntnis darüber, dass sie mit diesen QM-Verfahren arbeiten - in ihrem Tätigkeitsbereich anwenden.

Die Vorgaben der am Projekt teilnehmenden Organisationen steckten einen engen zeitlichen und personellen Rahmen ab, in dem etwa 5 Mitarbeiter pro Einrichtung parallel zueinander in ca. einer Stunde befragt werden sollten.

Die Befragung sollte direkt vor Ort in den beteiligten Einrichtungen stattfinden. Aufgrund dessen konnte nur eine standardisierte Befragung mittels Fragebogen in Betracht kommen. Die Mitarbeiter des QMiB-Forschungsprojektes sollten die Einführung in den Fragebogen übernehmen und gegebenenfalls unterstützend und erklärend mitwirken.

8.2.2 Entwicklung des Befragungsinstruments

Für die Mitarbeiterbefragung wurde ein standardisierter Fragebogen als Erhebungsinstrument vorgesehen. Um die vereinbarte Befragungszeit einzuhalten, sollte sich der Umfang der Erhebung auf 10-12 Fragen beschränken.

Wie bereits in Kapitel 6 geschildert, sollten alle Befragungen an den gleichen Befragungsgegenständen ausgerichtet sein, die auf die EFQM-Kriterien und Teilkriterien zurückgingen. Dies war geboten, um die Vergleichbarkeit der Aussagen von Einrichtungs-, Mitarbeiter- und Teilnehmerbefragung zu gewährleisten.

Ausgehend von den Gegenständen der *Einrichtungsbefragung* wurden die Gegenstände der *Mitarbeiterbefragung* abgeleitet, indem eine definierte Abfolge von Schritten abgearbeitet wurde:

Schritt 1: Zielsetzung

Jede Ableitung des Gegenstands der Mitarbeiterbefragung aus dem allgemeinen Gegenstand des EFQM-Teilkriteriums erfolgte unter Berücksichtigung der Zielfrage: Wie wirkt sich QM auf die 3 Kernprozesse aus und wie versucht die Einrichtung damit Beschäftigungsfähigkeit zu fördern?

Schritt 2: Umsetzbarkeitsanalyse

Es wurde bei jedem Gegenstand der Mitarbeiterbefragung analysiert, ob und wie das Ziel der Untersuchung erreicht werden konnte. Dabei mussten möglichst alle Kernprozesse mit vergleichbaren Fragen zu den jeweiligen EFQM-Teilkriterien berücksichtigt werden.

Schritt 3: Priorisierung

Aufgrund dieser Feststellungen konnte man nun die Zahl der zu stellenden Fragen auf diejenigen reduzieren, die für die Erhebung wesentlich waren. Ferner konnte man einzelne Items in der Art zusammenfassen, dass die Vollständigkeit ihrer Inhalte erhalten blieb.

Die Entscheidung, die Fragen möglichst geschlossen zu formulieren, ergab sich zum einen aus den bereits erwähnten zeitlichen Beschränkungen und zum anderen aus der Konsequenz, die Inhalte der Fragen unkompliziert und klar zu verfassen. Für die Gestaltung war es demzufolge maßgeblich, dass die Mitarbeiter - gleichgültig welchen Arbeitsbereiches und welchen Bildungsstandes - den Fragen folgen konnten. Die Komplexität des Inhaltes musste sich auf den Verständnisgrad derjenigen einstellen, die in ihrem Arbeitsalltag nicht fortwährend mit dem Erfassen von komplexen Texten konfrontiert sind.

Außerdem sollte - neben der qualitativen Auswertung - eine aussagefähige quantitative Auswertung der Antworten aus dieser *Mitarbeiterbefragung* erfolgen, die dann in Relation zu den Ergebnissen der *Einrichtungsbefragung* deren Wertbeständigkeit überprüfen sollte. In Spiegelung dessen wurden offene Fragen nur in den Fällen gestellt, in denen ein Verifizieren bzw. eine Kontrolle der zuvor gegebenen Antworten als erforderlich angesehen wurden. Dazu beschränkten sich die Antwortmöglichkeiten der offenen Frageteile auf das Benennen von Beispielen zu abgefragten Items.

Die generierten Fragen sollten Antworten erzeugen, die zu den folgenden Aspekten Auskunft geben sollten:

Prozessbezogen (Kriterium 5 - Prozesse)

- Inwiefern handeln die Mitarbeiter auf Basis der Instrumente des Qualitätsmanagements, um die Beschäftigungsfähigkeit der Teilnehmer zu fördern?

- Welche Verfahren haben die Mitarbeiter zur Verfügung, mit deren Hilfe die „Kunden" auf die Gestaltung der Kernprozesse im Sinne des QM Einfluss nehmen können?

Teilnehmerbezogen (Kriterium 6 – Kundenbezogenen Ergebnisse)

- Inwiefern werden systematisch Ergebnisse ermittelt, und inwiefern werden die Mitarbeiter darüber systematisch im Zusammenhang mit QM - bezogen auf die Förderung der Beschäftigungsfähigkeit der Teilnehmer - informiert?

Organisationsbezogen (Kriterium 9 - Schlüsselergebnisse)

- Inwiefern werden die Mitarbeiter systematisch über die Verwendung von Messergebnissen informiert, die zur Verbesserung von Kernprozessen führen sollen?

Alle Fragen an die Mitarbeiter sollten - durch die durchgängig verwendete Bezeichnung „QM-Regelung" - nach feststehender Arbeitspraxis fragen, bei der die Mitarbeiter bewusst Prozesse im Sinne des Qualitätsmanagements betreiben. Damit sollte eine Abgrenzung zu Verfahren hergestellt werden, die die Mitarbeiter individuell oder im Team entwickelt hatten, die aber nicht Teil des QM und damit nicht Teil festgelegter Standards waren.

8.2.3 Aufbau und Layout des Befragungsinstruments

Da die Leitungen der befragten Einrichtungen die zu befragenden Mitarbeiter bereits vorab über das Projekt informiert hatten, sollte ein einleitender Text lediglich den Ablauf der Befragung darstellen. Zum besseren Verständnis der in der Erhebung vorkommenden Begriffe wurden an zentraler Stelle die Kernprozesse als die wesentlichen Befragungsbereiche erläutert, und es wurden in einem der Befragung vorangestellten Glossar weitere verwendete Fachausdrücke allgemein verständlich beschrieben.

Der Fragebogen wurde in drei Bereiche unterteilt. Da vorhersehbar war, dass Mitarbeiter in Personalunion mehrere Arbeitsbereiche und damit mehrere Kernprozesse abdeckten, sollten alle Befragten im ersten Teil die jeweiligen prozentualen Anteile ihres Arbeitsfeldes an den drei Kernprozessen benennen. Dafür wurde dem entsprechenden Abschnitt des Fragebogens ein grau hinterlegtes Feld mit der Möglichkeit eines entsprechenden Eintrags vorangestellt.

Im zweiten Teil der Befragung sollten sich die Mitarbeiter für den Kernprozess ihres Hauptarbeitsgebietes entscheiden und aufgrund dieser Zuordnung die anschließenden Fragen beantworten. Hierfür fand sich in Übereinstimmung zum ersten Bereich am Kopf der Seite ebenfalls ein grau hinterlegtes Feld mit den drei Alternativen der Kernprozesse zur Auswahl.

Im dritten Abschnitt sollten - unabhängig vom persönlichen Arbeitsbereich von jeder befragten Person - Fragen für alle Kernprozesse beantwortet werden. Es waren also pro Frage drei Antworten aus den unterschiedlichen Perspektiven des jeweiligen Kernprozesses erforderlich.

Abschließend sollten die Mitarbeiter noch die Möglichkeit einer Stellungnahme zur Qualität des Fragebogens haben, um auf eventuelle systematische, inhaltliche und persönliche Schwierigkeiten in der Bearbeitung hinzuweisen.[320]

Um die Funktionalität des Fragebogens zu überprüfen, wurde nun ein Pre-Test durchgeführt. Die Durchführung des Pre-Tests sollte helfen, den Verständnisgrad der Fragen zu überprüfen, Fehlerquellen zu minimieren und die Dauer der Erhebung in der Praxis zu ermitteln. Eine Partnerorganisation aus dem näheren Umfeld erklärte sich bereit, mit jeweils einem Mitarbeiter aus den drei Kernprozessen an dem Pre-Test teilzunehmen. Die Befragung fand am Organisationsstandort statt.

Der Pre-Test bestätigte die hohe Praktikabilität der Mitarbeiterbefragung. Sowohl die benötigte Zeit (ca. 35 Minuten) als auch die sehr positive Resonanz der Mitarbeiter zeigten, dass die Befragung unter Berücksichtigung der oben genannten Punkte durchgeführt werden konnte.

8.2.4 Durchführung der Befragung

Die Mitarbeiter der jeweils befragten Einrichtungen wurden durch den Fragebogen in der Gruppe schriftlich befragt. Dabei wurde, um Beeinflussung zu vermeiden, darauf geachtet, dass niemand von der strategischen Ebene bei der Befragung anwesend war.

Das QMiB-Team stellte die Bedeutung des Projektes vor, führte in die Systematik des Fragebogens ein und beantwortete Rückfragen vor und während des

---

[320] vgl. Anhang C

Ausfüllens des Fragebogens. Die Erhebung selbst dauerte durchschnittlich 40 Minuten.[321]

Das Feedback der Mitarbeiter zur Gestaltung der Befragung, das mit jedem Fragebogen mitabgefragt wurde, ist in Abbildung 38 dargestellt. Die Auswertung dieser Ergebnisse zeigte deutlich die hohe Eignung der eingesetzten Befragungsmethode. Einführung in den Fragebogen und Formulierung der Fragen wurden von über Dreiviertel der Befragten als „gut" und „ausreichend" bzw. „leicht verständlich" und „überwiegend verständlich" eingestuft. Demgegenüber wurden die Aussagen über das Finden der Antworten überwiegend als „nicht so leicht" und „schwierig" beurteilt.

Die Anleitung zum Fragebogen war....
- unzureichend 7
- ausreichend 17
- gut 34

Die Fragen waren ...
- unverständlich 1
- überwiegend unverständlich 11
- überwiegend verständlich 35
- leicht verständlich 11

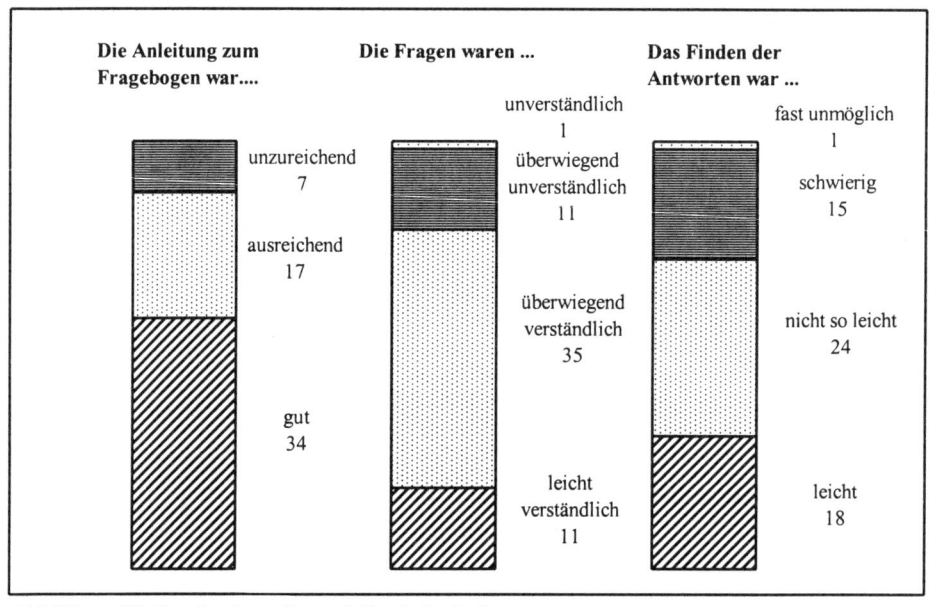

Das Finden der Antworten war ...
- fast unmöglich 1
- schwierig 15
- nicht so leicht 24
- leicht 18

Abbildung 38: Feedbackergebnisse Mitarbeiterbefragung

8.2.5 Auswertungsverfahren

Von 58 zurückerhaltenen Fragebögen mussten nur zwei Fragebögen nach einer ersten Durchsicht wegen nicht heilbarer formaler Mängel als nicht verwertbar eingestuft werden. Weiterhin wurden drei weitere Fragebögen als nur eingeschränkt verwendbar klassifiziert, weil Antworten zu einzelnen Abschnitten des

---

[321] Im Falle einer Einrichtung konnte die Befragung nicht vor Ort organisiert werden. Die Fragebogen wurden zusammen mit frankierten Rückumschlägen der Einrichtung zugesandt. Die Mitarbeiter konnten die Fragebogen ausfüllen und anschließend im verschlossenen Umschlag an das Forschungsteam zurücksenden.

Fragebogens keinem Kernprozess zugeordnet werden konnten und damit keine eindeutige Beantwortung vorlag. Zur Auswertung lagen somit 53 vollgültige Fragebögen vor.

Nachdem die Daten in einer Tabelle erfasst, sortiert und grafisch aufbereitet worden waren, wurde bei allen zweiteiligen Fragen (Teil 1 geschlossen, Teil 2 offen) überprüft, ob die offenen Antworten des Teil 2 plausibel zu den geschlossenen (ja/nein/weiß nicht) Antworten des Teil 1 passten. Insbesondere wurde dabei auf Folgendes geachtet:

- Sind die Fragen offensichtlich missverstanden worden?
- Sind die Antworten zu Teil 1 und Teil 2 formal logisch zueinander oder stehen sie im Widerspruch zueinander?
- Beziehen sich die offenen Antworten tatsächlich auf das QM der Einrichtung?

In den Fällen, in denen die Antworten als *nicht plausibel* gewertet werden mussten, wurden sie aus der Auswertung herausgenommen.

Anschließend wurden die Antworten aufgrund der Selbstzuordnung der Befragten den drei Kernprozessen SPB, PBQ und VERM zugeordnet. Ausgenommen davon waren die Antworten zu den ersten vier Fragen, die Kernprozess-übergreifend formuliert waren.

Im nächsten Schritt wurden die Antworten den zugehörigen EFQM-Teilkriterien (5a bis e, 6a und b, 9a und b) zugeordnet[322] und nach folgenden Grundsätzen zusammengefasst:

- Alle Antworten zu einem Teilkriterium, die die gleiche Antwortstruktur (z.B. ja/ nein/ weiß nicht) aufweisen, können unmittelbar aufsummiert werden.
- Alle Antworten zu einem Teilkriterium mit voneinander abweichenden Antwortstrukturen sind zunächst für sich zu bewerten.

Abschließend wurde der prozentuale Anteil der jeweiligen Antwortkategorie zur Gesamtzahl der gültigen Antworten zum Teilkriterium ermittelt. Um eine Vergleichbarkeit zur EFQM-RADAR-Card zu gewährleisten, wurden diese Prozentwerte als Punktwerte einer 0-100 Punkte-Skala interpretiert.

---

[322] Da, wie in Kapitel 6 dargestellt, die Fragen aus den Fragegegenständen, diese wiederum aus den EFQM-Teilkriterien abgeleitet wurden, war dies bereits in der Konzeption so angelegt.

Die so ermittelten Punktwerte der Teilkriterien ergeben die Datenbasis der *Mitarbeiterbefragung*. Sie werden dann später weiter verwendet zur Verknüpfung mit den Punktwerten der Teilkriterien der *Einrichtungsbefragung* (Kap. 8.3).

8.2.6 Aussagekraft der durch den Fragebogen erhobenen Daten

Durchschnittlich wurden pro BQG 5-6 Mitarbeiter mittels des Fragebogens befragt. Diese Mitarbeiter gehörten den Bereichen der BQGen an, in denen auch der QM-Stand im Rahmen der Einrichtungsbefragung analysiert worden war. Die BQGen hatten den Auftrag, diese zu befragende Gruppe so zusammenzustellen, dass sie zu allen drei Kernprozessen befragt werden konnte. Trotz der kleinen Zahl der Befragten pro BQG, die den Fragebogen beantwortete, geben die Ergebnisse Aufschluss darüber, inwiefern bei der Mitarbeitergruppe die strategisch geplanten QM-Verfahren bekannt sind und umgesetzt werden. Diese Annahme ist zulässig, weil ein systematisch aufgebautes und eingeführtes QM-System bei allen Mitarbeitern bekannt und von allen gelebte Realität sein muss.

Eine solche kleine Stichprobe wie hier – so wie auch bei externen Überwachungsverfahren für QM-Systeme, z.B. bei Audits nach der DIN EN ISO 9000ff. - muss also einen ausreichenden Einblick in den Umsetzungsstand geben.

8.2.7 Ergebnisse der Mitarbeiterbefragung

Im Folgenden werden einige Aspekte der Ergebnisse dargestellt, die sich aus der Mitarbeiterbefragung ergeben haben. Dabei konnte für jeden der drei untersuchten Kernprozesse dieser *Mitarbeiterbefragung* - analog zur *Einrichtungsbefragung* - ein Maximalwert von 100 Punkten erreicht werden.

Für die Mitarbeiterbefragung ist es nicht sinnvoll, die Ergebnisse jeder einzelnen Organisation nach Teilkriterien abzubilden, da sich dabei kein einheitlicher Trend über alle Organisationen ablesen lässt. Die Bewertungen der Mitarbeiter in Bezug auf die Teilkriterien schwanken in den 3 Kernprozessen und den je 9 untersuchten Teilkriterien des EFQM-Modells sehr stark. Es gibt einzelne Teilkriterien, z.B. im Kernprozess PBQ (Teilkriterium 5d und 6a), in denen die Bewertungen zwischen 0 und 100 Punkten schwanken. Da hieraus keine Trendaussagen über die Umsetzung des auf die Förderung der Beschäftigungsfähigkeit ausgerichteten QM durch die Mitarbeiter abgeleitet werden können, werden im Folgenden nur die Mittelwerte dargestellt, die sich aus allen Mitarbeiterbefragungen pro Kernprozess ergeben.

Sozialpädagogische Begleitung

Die Abbildung 39 zeigt, dass die Mitarbeiter im Kernprozess *SPB* die Teilkriterien 5a (Management des Prozesses) und 6a (Ermittlung von Ergebnissen des Prozesses aus Kundensicht) mit durchschnittlich ca. 50 Punkten als am besten umgesetzt bewerten. Insgesamt ist in diesem Kernprozess zwischen den Teilkriterien im Mittel nur eine Schwankungsbreite von 20 Punkten (50 bei 6a und 30 bei 9a) zu verzeichnen.

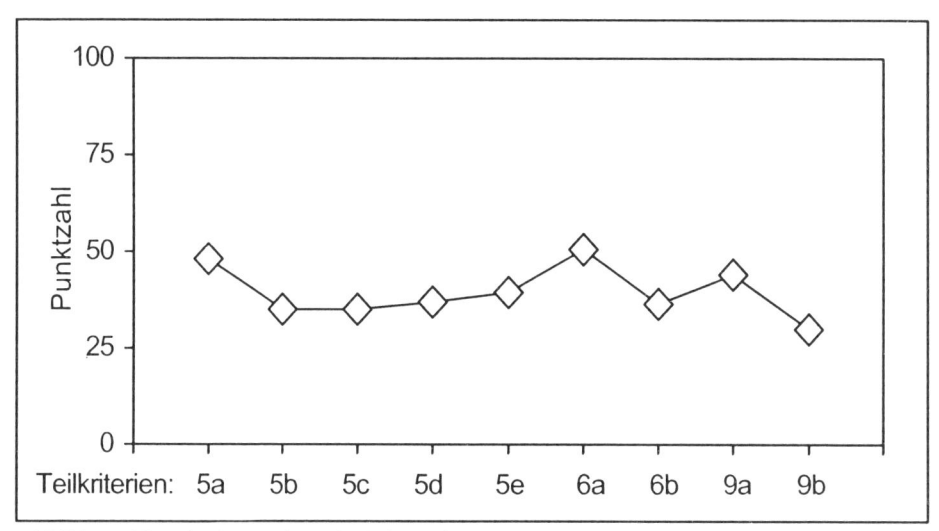

Abbildung 39: Mittelwerte der Mitarbeiterbefragung zum Kernprozess SPB

Persönliche und Berufliche Qualifizierung und Beschäftigung

Beim Kernprozess *PBQ* (Abbildung 40) stellt sich dies insofern anders dar, als die Schwankungsbreite zwischen den Teilkriterien breiter ist (5b und 5c: 24 Punkte, 6a: 58,5 Punkte). Ferner ist auffällig, dass das Teilkriterium 6a einen Durchschnittswert von 58,5 Punkten zeigt. Dies weist darauf hin, dass die Mitarbeiter die Ermittlung von Ergebnissen des Prozesses aus Kundensicht für besonders gut entwickelt halten. Insgesamt bewerten die Mitarbeiter die Umsetzung des QM auf der Seite der beiden Ergebniskriterien 6 (Kundenbezogene Ergebnisse) und 9 (Schlüsselergebnisse) höher als auf der Befähigerseite des Kriteriums Prozesse (5).

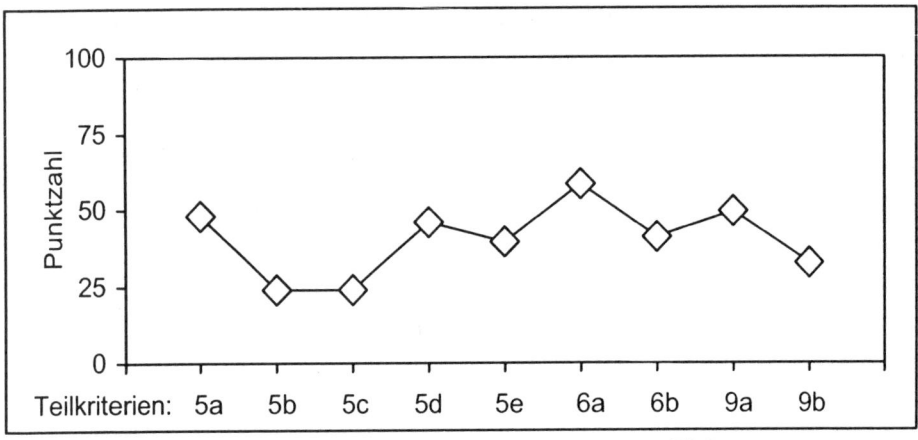

Abbildung 40: Mittelwerte der Mitarbeiterbefragung zum Kernprozess PBQ

Vermittlung in den Ersten Arbeitsmarkt

Beim Kernprozess *VERM* (Abbildung 41) zeigt sich, dass die Mitarbeiter auch hier beim Teilkriterium 6a die höchste Bewertung gegeben haben.

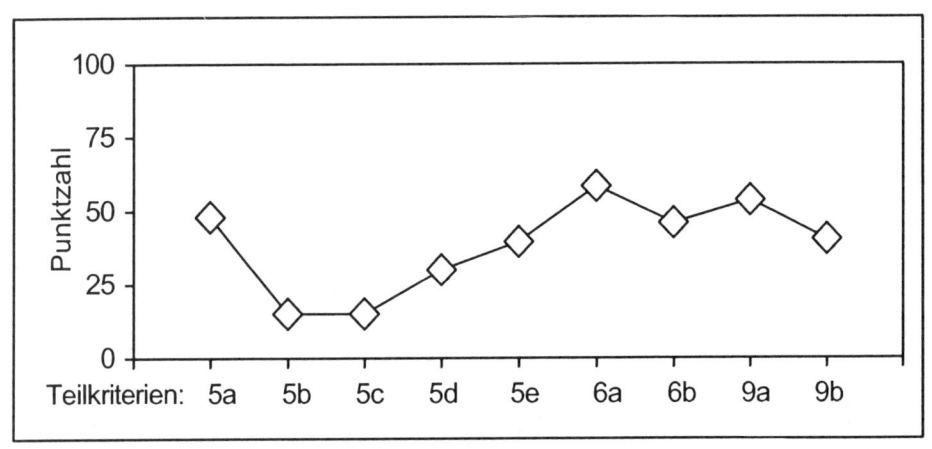

Abbildung 41: Mittelwerte der Mitarbeiterbefragung zum Kernprozess VERM

Aus ihrer Sicht sind die Ermittlung von Ergebnissen des Prozesses aus der Kundensicht (6a) und die Ergebnisse der Schlüsselleistungen des Vermittlungsprozesses (9a) am deutlichsten erfasst und für sie handhabbar. Direkt danach folgt das Teilkriterium 5a (Management des Prozesses), die internen Indikatoren für Kundenbezogene Ergebnisse in der Vermittlung (6b) und die Schlüsselleistungsindikatoren des Teilkriteriums 9b, das einzelne weitere Indikatoren - wie z.B. Finanzen, Sicherung externer Ressourcen und Fördermittel etc. - umfasst. Auch hier fällt auf, dass die Mitarbeiter das QM auf der Seite der Ergebnis-Kriterien deutlich besser bewerten als auf der Seite des Befähiger-Kriteriums

Prozesse (5). Dies erstaunt insofern, als die zuvor erfolgte *Einrichtungsbefragung* Stärken auf der Seite der Befähigerkriterien und Verbesserungsbedarf auf der Seite der Ergebniskriterien ergeben hatte.

8.2.8 Die Kernprozesse im Vergleich

Im Vergleich der Ergebnisse der Mitarbeiterbefragung über die drei Kernprozesse (Abbildung 42) wird deutlich, dass die Kurve der Bewertungen über die Teilkriterien für alle drei Kernprozesse einen ähnlichen Verlauf hat. Lediglich bei den Kriterien 5b und 5c sind Streuungen der Durchschnittswerte von 20 Punkten auszumachen. Die Teilkriterien 5a, 6a und 9a sind mit Werten zwischen 50 und ca. 60 Punkten annähernd gleich bewertet worden. Insgesamt sind die Ergebniskriterien deutlich besser bewertet als die Teilkriterien aus dem Befähiger-Kriterium Prozesse (5).

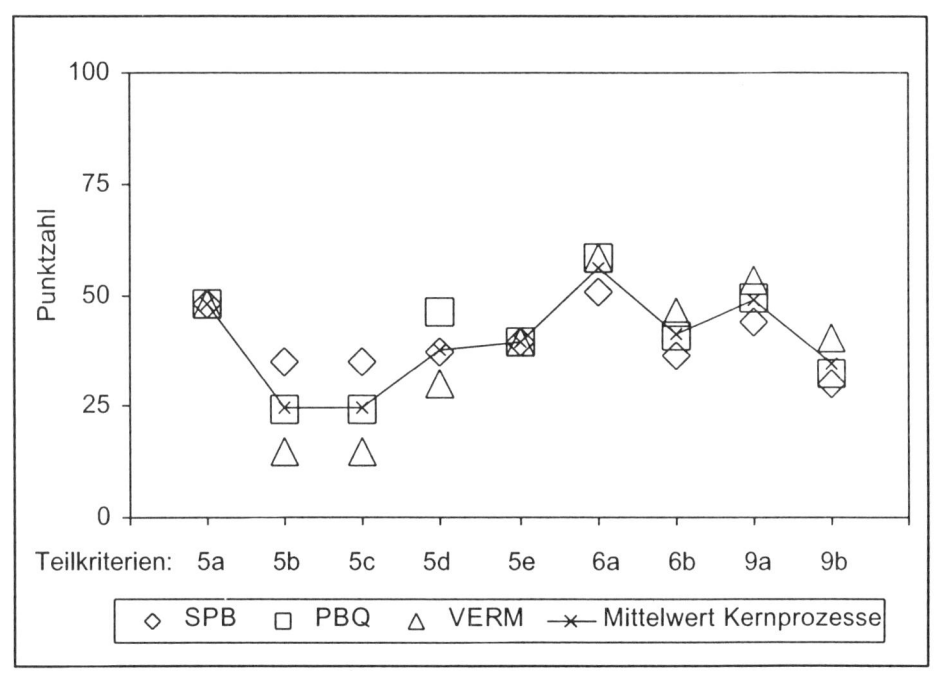

Abbildung 42: Die Kernprozesse SPB, PBQ und VERM aus der Bewertung durch die Mitarbeiter im Vergleich

Bisher wurde gezeigt, dass die Ergebnisse der *Einrichtungsbefragung* und der *Mitarbeiterbefragung* bei einigen EFQM-Kriterien größere Unterschiede aufwiesen und somit das von der *strategischen Ebene* geplante QM von den *Mitarbeitern* nicht in allen Aspekten umgesetzt und gekannt wird. Im folgenden Kapitel 8.3 wird durch Zusammenführung dieser Ergebnisse der QM-Stand der BQGen ermittelt. Dieser wird dann später (Kapitel 9) als Vergleichsbasis für die Ergebnisse der Teilnehmerbefragung verwendet. Obwohl es sich bei der Zusammenführung der Ergebnisse der *Einrichtungsbefragung* und der *Mitarbeiterbefragung* nicht um eine gesondert durchgeführte Befragung handelt, wird diese im Weiteren als *Organisationsbefragung* bezeichnet.

8.3 Der Qualitätsmanagementstand der Organisationen - Zusammenfassung der Ergebnisse der Einrichtungsbefragung und der Mitarbeiterbefragung[323]

Die Wirksamkeit eines eingeführten QM-Systems kann, wie wir weiter oben in Kapitel 6 ausführlich dargestellt haben, nur dann praxisgerecht ermittelt werden, wenn die Belege und Aussagen der strategischen Ebene (Ergebnisse der *Einrichtungsbefragung*) der untersuchten Organisationen zu den Aussagen der dort beschäftigten und umsetzenden Mitarbeiter (*Mitarbeiterbefragung*) in Beziehung gesetzt werden. In diesem Kapitel werden die ermittelten Daten dieser beiden Befragungen in drei verschiedenen Vergleichsverfahren präsentiert. Zunächst werden die numerischen Ergebnisse aller zehn BQGen - auf die EFQM-Teilkriterien bezogen - betrachtet. Anschließend wird eine organisationsübergreifende verbale Analyse anhand der Teilkriterien vorgenommen, um schließlich in einem dritten Schritt das QM der einzelnen Organisationen, aber bezogen auf die Gesamtergebnisse zu den Kernprozessen, zu analysieren.

8.3.1 Organisationsübergreifende numerische Ergebnisse auf der Ebene der EFQM-Teilkriterien

In den vorangegangenen Kapiteln wurden die Ergebnisse der *Einrichtungsbefragung* und der *Mitarbeiterbefragung* nach den Teilkriterien ausgewertet und dargestellt. Im Vergleich der beiden Einzelbefragungen ergibt sich das in Abbildung 43 dargestellte Bild. Hier zeigt sich, dass bei allen drei Kernprozessen die Bewertungen durch die Leitungsebenen der *Einrichtungen* und durch die *Mitarbeiter* im Bereich des Kriteriums 5 a bis d weitgehend parallel ausgefallen sind. In Punktwerten ausgedrückt, liegen die durchschnittlichen Bewertungen

---

[323] Die Zusammenfassung der Ergebnisse der Einrichtungs- und Mitarbeiterbefragung bezeichnen wir als Organisationsbefragung, auch wenn es sich dabei lediglich um die Auswertung in der Gesamtschau handelt und nicht um eine eigenständige Befragung.

über alle zehn BQGen maximal 23 Punkte auseinander: beim Kriterium 5c im Kernprozess Vermittlung. Insgesamt jedoch gibt es hier keine zu erkennende grundsätzliche Differenz zwischen den Einschätzungen der strategischen und der umsetzenden Ebene.

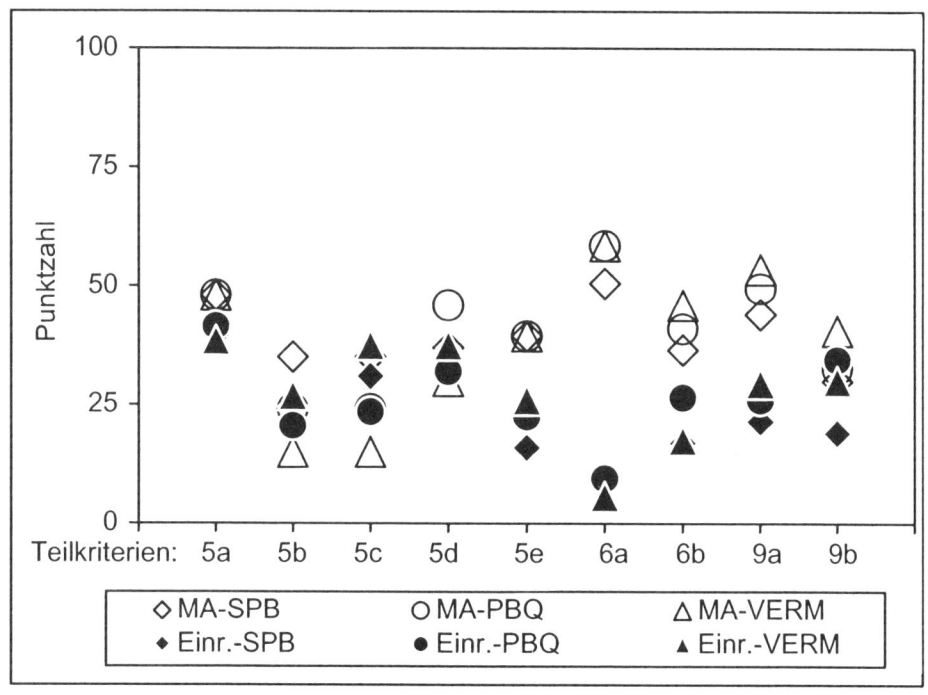

Abbildung 43: Vergleich der Ergebnisse der Einrichtungsbefragung mit denen der Mitarbeiterbefragung auf der Ebene der Teilkriterien.

Bei Kriterium 5e (Pflege der Kundenbeziehungen) wird der Abstand zwischen den gesamten Bewertungen größer; es zeigt sich dann beim Kriterium 6a und b und 9a, dass die Einschätzungen über die Entwicklung des QM in den BQGen deutlich auseinander gehen. Erst beim Kriterium 9b nähern sich die Bewertungen wieder an. Diese Unterschiede machen in der Gesamtbetrachtung deutlich, dass die *strategische* Ebene der BQGen (Leitungsebene) die noch vorhandenen Defizite in der QM-Entwicklung deutlich kritischer betrachten als die *operative* Ebene (Mitarbeiter). Gerade bei der Bewertung der Ergebniskriterien (6 und 9) konnte festgestellt werden, dass die *Mitarbeiter* z.T. angaben, Verfahren der Ermittlung von Ergebnissen operativ anzuwenden, die von der *strategischen* Ebene nicht als vorhanden benannt worden waren.

Dieses Ergebnis deutet auch darauf hin, dass die Mitarbeiter nicht deutlich zwischen einerseits als *Standards* gesetzten Verfahren und andererseits *intuitiven*

Verfahren der Ergebnisermittlung unterscheiden. Subjektiv haben sie das Gefühl, über die Ergebnisse ihrer Leistungen im Bilde zu sein, obwohl für die Ermittlung weder systematische noch umfassende Verfahren entwickelt sind.

Hierbei fällt insbesondere auf, dass der Kernprozess SPB in den Ergebniskriterien durchweg die niedrigsten Bewertungen von beiden Befragtengruppen erhielt. Die Ergebnisermittlung in diesem Kernprozess würde umfangreiche qualitative Verfahren erfordern, die die BQGen mit ihren Ressourcen z.T. gar nicht leisten können, da dieser Kernprozess häufig schlecht oder überhaupt nicht über Fördergelder refinanziert ist.

Damit sind die Aussagen der *strategischen* Ebene zu den Aussagen der *operativen* Ebene in Beziehung gesetzt; dies ergibt sich aus dem Verhältnis der strategischen und operativen Elemente der RADAR-Card-Bewertung. Die Zuordnung der vier RADAR-Card-Elemente zu den Verantwortungsbereichen der Organisationsebenen stellt sich wie in Tabelle 27 dar.

RADAR-Card Element	*Organisationsebene*
Vorgehen	Strategische Ebene
Umsetzung	Operative Ebene
Bewertung/Überprüfung	Strategische Ebene
Ergebnisse	Strategische Ebene

Tabelle 27: Zuordnung der RADAR-Card-Elemente zu den Organisationsebenen

Entsprechend wurden die Ergebnisse der *Einrichtungsbefragung* und der *Mitarbeiterbefragung* bezogen auf die Teilkriterien im Verhältnis 3:1 zusammengefasst; diese Ergebnisse wurden anschließend zur QM-Bewertung in Bezug auf die gesamte *Organisationsbefragung* weiterverarbeitet. Bezogen auf die Teilkriterien konnten daraus die in Abbildung 44 dargestellten Ergebnisse der *Organisationsbefragung* ermittelt werden.

Bei der Betrachtung dieser zusammengezogenen Ergebnisse zeigt sich, dass sich die Unterschiede sowohl zwischen den Teilkriterien als auch zwischen den Kernprozessen nivellieren. Die Unterschiede zwischen den Kernprozessen auf der Ebene der Teilkriterien schmelzen auf eine Streuung von maximal 12 Punkten zusammen (Kernprozess PBQ im Verhältnis zum Kernprozess VERM im Teilkriterium 9b); ebenso verringern sich die Unterschiede zwischen den Teilkriterien in den einzelnen Kernprozessen (23 bei SPB, 21 bei PBQ, 22 bei VERM). Ursprünglich lagen bei der Einzelbetrachtung der Kernprozesse und

Befragungen in der Einrichtungsbefragung diese Werte bei einer maximalen Streuung von 33 Punkten: z.B. im Kernprozess Vermittlung (Einrichtungsbefragung). Aufgrund dieser Nivellierung verschwinden auch die grundsätzlichen Bewertungsdifferenzen zwischen dem Befähiger-Kriterium Prozesse (5) und den Ergebniskriterien (6 und 9) weitgehend. Alle Durchschnittswerte bewegen sich im Bereich von 20 bis 40 Punkten; Ausnahmen sind das Teilkriterium 5a (Management der Prozesse), dessen Werte *darüber* liegen, und das Teilkriterium 6a (Ermittlung von Ergebnissen des Prozesses aus Kundensicht), dessen Werte *darunter* liegen.

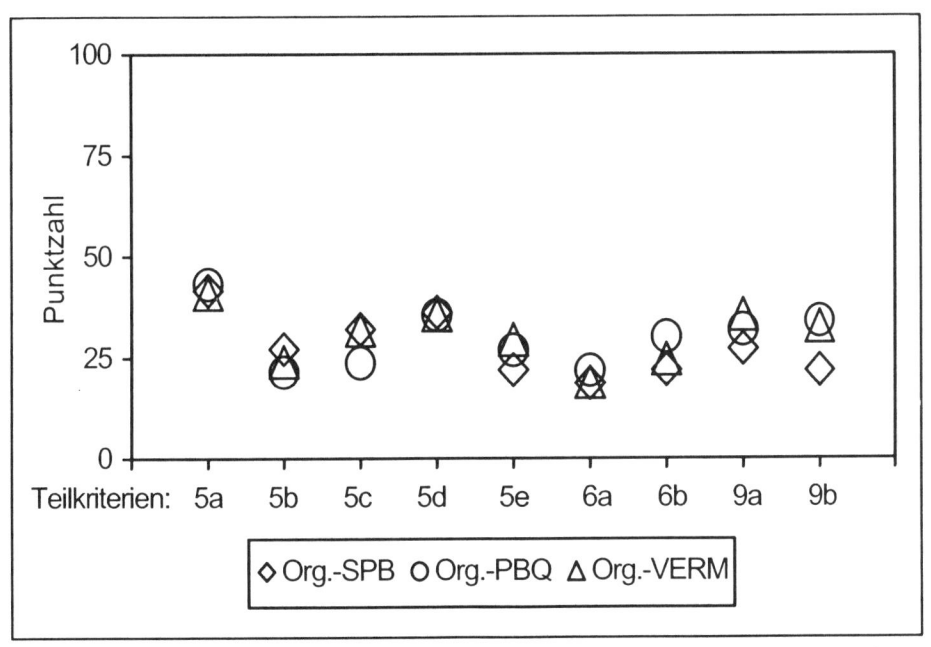

Abbildung 44: Zusammengefasste Ergebnisse der Einrichtungsbefragung und Mitarbeiterbefragung zur Organisationsbefragung auf Ebene der Teilkriterien

8.3.2 Organisationsübergreifende qualitative Bewertung des QM auf der Ebene der Kernprozesse

Um zu qualitativen Aussagen zur Ausformung des Gesamteindrucks der vorgefundenen QM-Systeme zu kommen, wurde zu den wichtigsten Befragungsgegenständen, zu jedem Teilkriterium in jedem Kernprozess, das Vorhandensein charakterisierender Verfahren und Nachweise überprüft und zusammengestellt. In der folgenden Darstellung fließen somit die Ergebnisse der *Einrichtungsbefragung,* der *Mitarbeiterbefragung* und der *Dokumentenanalyse* zusammen.

Bei der EFQM-Bewertung liegen textlich festgehaltene Aussagen (verbalisierte Interpretation) und Punktwerte der RADAR-Bewertungsmatrix (Quantifizierung) nebeneinander. Dies bietet eine implizite Möglichkeit, die vorgenommene Bewertung auf Plausibilität hin zu überprüfen. Die *numerische* Verarbeitung der Punktwerte liefert den ordnenden Aspekt,[324] und die verbalen Interpretationen liefern die dazugehörende Begründung. Das Maß der Übereinstimmung dieser beiden Aspekte kann als Kontrollparameter genutzt werden.

Analog zur fünfstufigen Bewertungsskala der EFQM-RADAR-Card, die - wie bereits weiter oben dargestellt - von 100 Punkten je Teilkriterium ausgeht, wurde zusätzlich eine qualifizierende Bewertungssystematik entwickelt, welche die Analyse der eingesehenen Dokumente berücksichtigt[325]. Sie stellt sich wie in Tabelle 28 dar.

Punktwertskala				
0 - 10	15 - 35	40 - 60	65 - 85	90 - 100
Begriffliche Bewertung				
Keine Hinweise	Einige Hinweise	Hinweise	Klare Hinweise	Umfassende Hinweise

Tabelle 28: Bewertungssystematik analog zur EFQM RADAR-Card

Um Begriffsverwirrung mit der Bezeichnung „Nachweise" bei einer Selbstbewertung nach dem EFQM-Modell zu vermeiden, wurde in der abgeleiteten Skala vom Forschungsteam der Begriff „Hinweise" statt des EFQM-Begriffs „Nachweise" verwendet. Dies sollte zum Ausdruck bringen, dass durch die Betrachtung eines kleinen Ausschnittes der BQGen nicht von einem Nachweis im Sinne „des Vorhandenseins einer Sache"[326], sondern lediglich von einem Hinweis „als Anzeichen für etwas"[327], das beobachtet wurde, gesprochen werden konnte.

Im folgenden Abschnitt sind die Ergebnisse der drei Kernprozesse auf der Basis der verbalen - auch auf die Dokumenteneinsicht gestützten - Analysen zusammengefasst dargestellt. In der textlichen Erläuterung werden im Folgenden immer die Bezeichnungen der Teilkriterien und die Bewertung mit der Hinweise-

---

[324] das „Ranking"
[325] Die EFQM-RADAR-Card nimmt die Bewertung in 5er Schritten vor.
[326] vgl. Duden (1978), S. 1851
[327] vgl. Duden (1978), S. 1239

Systematik in Klammern hinzugefügt; auf diese bezogen wurden die Ergebnisse ermittelt.

8.3.2.1. Der Kernprozess Sozialpädagogische Begleitung

Bei der Hälfte der Organisationen konnte im Bereich des *Kriteriums 5* festgestellt werden, dass der Prozess SPB hinreichend dokumentiert und in sieben BQGen nachvollziehbar umgesetzt wird und somit das Management des Prozesses systematisch gestaltet wird (5a - *Hinweise)*. Nur in zwei Organisationen gab es in Bezug auf den Kernprozess SPB definierte systematische Verbesserungsverfahren für die SPB, die sich durch fachlich-methodische Fortentwicklung an den Bedürfnissen der Kunden ausrichten. Allerdings wurden bei sechs BQGen die Bedürfnisse der Teilnehmer nachvollziehbar in die Prozessgestaltung einbezogen.

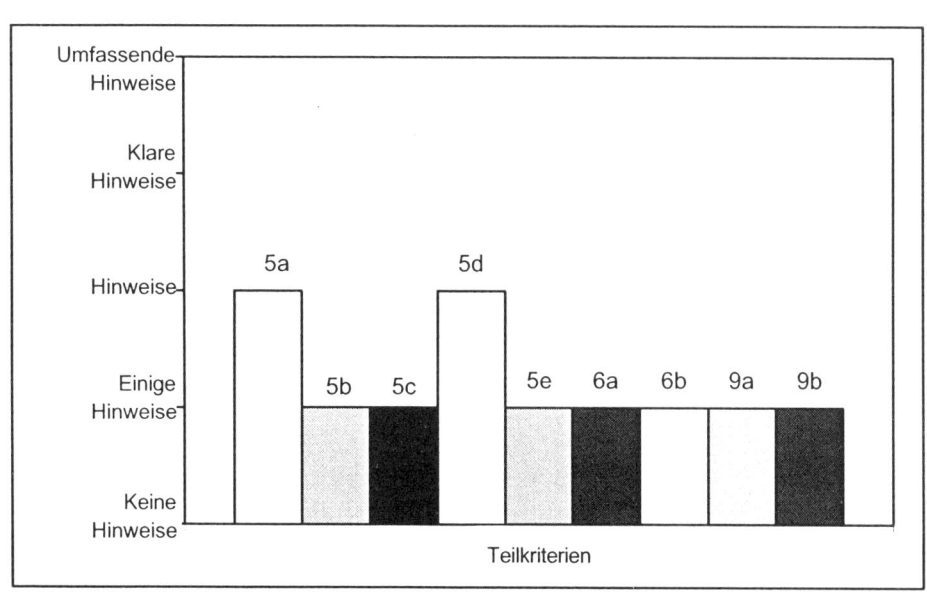

Abbildung 45: Ergebnisse der Bewertung mit Nachweisen /Hinweisen des Prozesses SPB über alle zehn untersuchten BQGen

Auf der Seite der Schlüsselkunden *Geldgeber* wurden in der Hälfte der BQGen deren Bedürfnisse in die Prozessgestaltung der Sozialpädagogischen Begleitung einbezogen, während bei keiner Organisation die von *Arbeitgebern* nachvollziehbar ermittelt und berücksichtigt wurden (5b - *einige Hinweise*). Bei vier der untersuchten Unternehmen wurde der Prozess der Sozialpädagogischen Begleitung aufgrund der Bedürfnisse und Erwartungen der *Teilnehmer* und bei drei BQGen aufgrund der Erwartungen der *Geldgeber* entwickelt und gestaltet (5c -

einige Hinweise). Der Kernprozess SPB wird von sechs Organisationen in einer klar definierten Weise den Teilnehmern zur Verfügung gestellt und in zwei Organisationen werden auch die Geldgeber nachvollziehbar über die Leistungen im Kernprozess SPB informiert (5d - *Hinweise).* Bezüglich des Aspektes der systematischen Pflege der Beziehungen zu den Kunden zeigte sich, dass vier Organisationen dies systematisch zu ihren Teilnehmern - auch nach Ende der Maßnahmen - tun, drei zu ihren Geldgebern und drei zu Arbeitgebern, zu denen Teilnehmer vermittelt wurden (5e - *einige Hinweise).*

Insgesamt gibt es zum Kernprozess SPB somit *einige Hinweise* auf ein systematisch angewendetes QM bezüglich des Managements des gesamten Kernprozesses im *Kriterium 5.*

Im Bereich des *Kriteriums 6* konnte festgestellt werden, dass in sieben BQGen sowohl aus der Kundensicht wie auch aus internen Indikatoren nachvollziehbar Daten erhoben, Indikatoren gebildet als auch Trends dieser Ergebnisse ermittelt werden. Diese sind allerdings in keiner Organisation für einen systematischen Feedbackprozess zur Verbesserung der Leistungen im Kernprozess SPB genutzt. Ebenfalls konnte in keiner BQG ein durchgängig positiver Trend über drei Jahre und mehr in diesem Kernprozess ermittelt werden (6a und 6b - *einige Hinweise).*

Ähnlich stellt sich die Situation im Bereich des *Kriteriums 9* (Schlüsselergebnisse) dar. Auch hier werden in sechs Organisationen nachvollziehbar Daten erhoben, Indikatoren gebildet und Trends ermittelt. In einer Organisation sind sie nachvollziehbar für einen Feedbackprozess genutzt. Die Ergebnisse oder Trends sind in einer Organisation nachweisbar über einen Zeitraum von drei Jahren positiv bzw. gleichbleibend gut (9a und 9b - *einige Hinweise).*

Betrachtet man alle zehn BQGen gemeinsam, so lässt sich mit der 5-stufigen - an die Nachweisskala der EFQM angelehnten - Hinweiseskala folgendes feststellen: Es gibt für den Kernprozess SPB *einige Hinweise,* dass für die Führung dieses Prozesses QM-Systeme vorhanden sind und auf die Förderung der *Beschäftigungsfähigkeit* hin umgesetzt werden.

8.3.2.2. Der Kernprozess Persönliche und Berufliche Qualifizierung und Beschäftigung

In sechs der untersuchten Organisationen konnte im *Kriterium 5* festgestellt werden, dass die entwickelten Verfahren für den Kernprozess PBQ nachvollziehbar umgesetzt und in fünf davon sogar hinreichend dokumentiert sind (5a - *einige Hinweise*). Bezüglich der bedarfsabhängigen Verbesserung des Kernprozesses und der fachlich-methodischen Fortentwicklung zeigte sich, dass es nur bei einer Organisation definierte Verbesserungsprozesse gab, in vier Organisationen die Bedürfnisse der *Teilnehmer* und in drei Organisationen die der *Geldgeber* dabei nachvollziehbar eingebunden wurden.

Nur in einer Organisation ist die Einbindung der Bedürfnisse der *Arbeitgeber* nachvollziehbar. Auffällig war, dass in keiner Organisation nachvollziehbare Verfahren zur fachlich-methodischen Fortentwicklung zu finden waren (5b - *einige Hinweise*).[328]

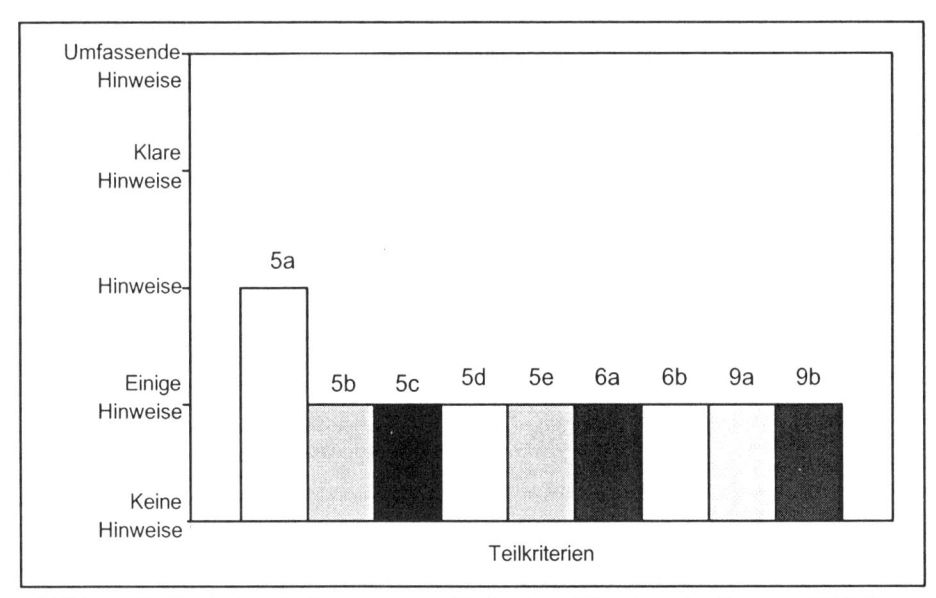

Abbildung 46: Ergebnisse der Bewertung mit Nachweisen /Hinweisen des Prozesses PBQ über alle zehn untersuchten BQGen

Hinsichtlich der Gestaltung und Entwicklung des Kernprozesses PBQ zeigte sich, dass die Bedürfnisse der *Teilnehmer* bei der Hälfte der Organisationen nachvollziehbar in die Prozessentwicklung einbezogen sind und in drei Organisationen auch die Erwartungen der *Geldgeber*. Über die Einbeziehung der Bedürfnisse der *Arbeitgeber* konnte hierzu kein Ergebnis ermittelt werden (5c -

---

[328] Das heißt natürlich nicht, dass es sie nicht gibt, sondern lediglich, dass sie nicht nachvollziehbar und systematisch entwickelt waren, dass darauf also im QM noch kein Focus gelenkt worden war. Fachliche Fortbildung für die Mitarbeiter und daraus abgeleitete Weiterentwicklungen in der PBQ existieren i.d.R. trotzdem.

einige Hinweise). In zwei Organisationen konnte nachgewiesen werden, dass für die *Teilnehmer* die umfassende Nutzung des Prozesses nachvollziehbar sichergestellt ist; die übrigen *Schlüsselkunden* werden in nur einer Organisation nachvollziehbar umfassend über die Prozesse informiert (5d - *einige Hinweise).* Bezogen auf die Pflege der Beziehungen zu den Kunden ließ sich belegen, dass in vier Organisationen die Kontakte zu den *Teilnehmern* nachvollziehbar systematisch gepflegt werden. Bezüglich der Kontakte zu den *Geldgebern* und *Arbeitgebern* wurde die nachvollziehbar systematische Kontaktpflege in drei Organisationen ermittelt (5e - *einige Hinweise).*

Insgesamt gibt es zum Kernprozess PBQ somit *einige Hinweise* auf ein systematisch angewendetes QM bezüglich des Managements des gesamten Kernprozesses im *Kriterium 5.*

In sechs BQGen wurden sowohl aus der Kundensicht wie auch aus internen Indikatoren nachvollziehbar Daten erhoben, die sich auf das *Kriterium 6* (Kundenbezogene Ergebnisse) beziehen. Dabei konnte festgestellt werden, dass sowohl Indikatoren gebildet werden als auch Trends dieser Ergebnisse ermittelt werden. Diese sind in zwei Organisationen für einen systematischen Feedbackprozess zur Verbesserung der Leistungen im Kernprozess PBQ genutzt. In keiner BQG konnte bezogen auf die Kundenbezogenen Ergebnisse ein durchgängig positiver Trend über drei Jahre und mehr in diesem Kernprozess nachgewiesen werden. (6a und 6b - *einige Hinweise).*

Ähnlich stellen sich die Erkenntnisse zum *Kriterium 9* (Schlüsselergebnisse) dar. Hier werden in sieben Organisationen nachvollziehbar Daten erhoben, Indikatoren gebildet und Trends ermittelt. In einer Organisation sind sie nachvollziehbar für einen Feedbackprozess genutzt. Die Ergebnisse oder Trends sind in drei Organisation über einen Zeitraum von drei Jahren positiv bzw. gleichbleibend gut (9a und 9b - *einige Hinweise).*

Mit der Hinweisskala beschrieben, lässt sich für den Kernprozess PBQ feststellen: Es gibt *einige Hinweise,* dass für die Führung dieses Prozesses QM-Systeme vorhanden sind und umgesetzt werden, die die Beschäftigungsfähigkeit fördern.

8.3.2.3. Der Kernprozess Vermittlung in den Ersten Arbeitsmarkt

Bei sechs der Organisationen konnte im Bereich des *Kriteriums 5* festgestellt werden, dass der Prozess VERM hinreichend dokumentiert und in sieben

BQGen nachvollziehbar umgesetzt wird; somit wird das Management des Prozesses systematisch gestaltet (5a - *Hinweise*). Nur in zwei Organisationen gab es in Bezug auf den Kernprozess VERM definierte systematische Verbesserungsverfahren für die Vermittlung. In einer BQG konnten Verfahren ermittelt werden, die der systematischen fachlich-methodischen Fortentwicklung, an den Bedürfnissen der Kunden ausgerichtet, dienen. Allerdings wurden bei der Hälfte der BQGen die Bedürfnisse der Teilnehmer nachvollziehbar in die Prozessgestaltung einbezogen.

Auf der Seite der Schlüsselkunden Geldgeber und Arbeitgeber wurde nur in je einem Fall ein Beleg dafür gefunden, dass deren Bedürfnisse in die Prozessgestaltung der VERM einbezogen wurden (5b - *einige Hinweise*).

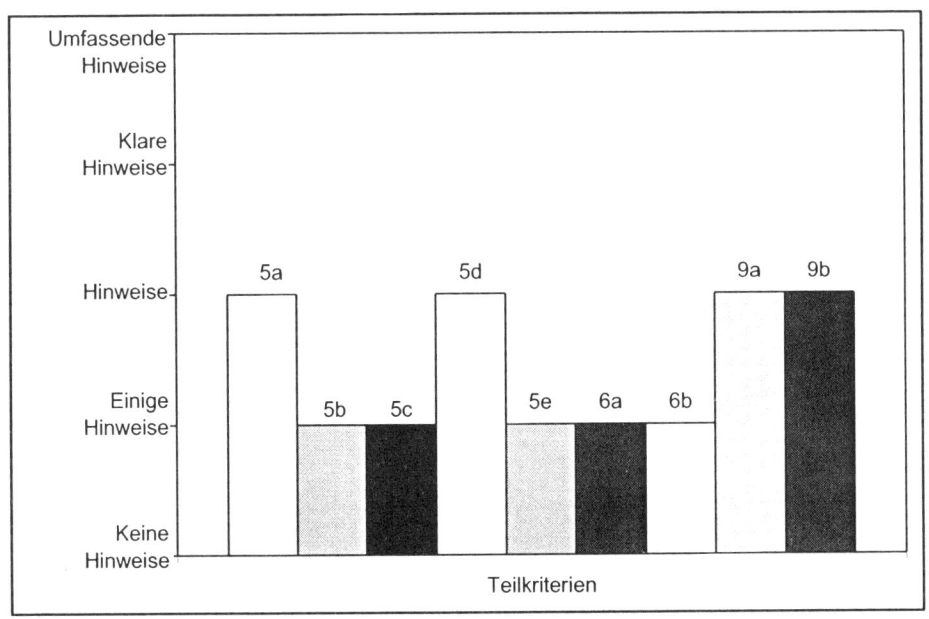

Abbildung 47: Ergebnisse der Bewertung mit Nachweisen /Hinweisen des Prozesses VERM über alle zehn untersuchten BQGen

Bei vier der untersuchten Unternehmen wurde der Prozess der Vermittlung aufgrund der Bedürfnisse und Erwartungen der *Teilnehmer* und nur bei einer BQG aufgrund der Erwartungen der *Geldgeber* entwickelt und gestaltet (5c - *einige Hinweise*). Der Kernprozess Vermittlung wird von vier Organisationen in einer klar definierten Weise den *Teilnehmern* zur Verfügung gestellt, und in nur einer Organisation werden auch die *Geldgeber* nachvollziehbar über die Leistungen im Kernprozess VERM informiert (5d - *Hinweise*). Bezüglich des Aspektes der systematischen Pflege der Beziehungen zu den Kunden zeigte sich, dass dies bei der Hälfte der Organisationen systematisch zu ihren *Teilnehmern* - auch nach Ende der Maßnahmen -, bei vier zu ihren *Geldgebern* und bei vier zu *Arbeitgebern,* zu denen Teilnehmer vermittelt wurden (5e - *einige Hinweise*), geschieht.

Bezüglich des Managements des gesamten Kernprozesses VERM im *Kriterium 5* gibt es somit *einige Hinweise* auf ein systematisch angewendetes QM zur Förderung der Beschäftigungsfähigkeit.

Im Bereich des *Kriteriums 6* konnte festgestellt werden, dass in der Hälfte der BQGen sowohl aus der Kundensicht wie auch aus internen Indikatoren nachvollziehbar Daten erhoben, Indikatoren gebildet als auch Trends dieser Ergebnisse ermittelt werden. Diese sind allerdings in nur einer Organisation für einen systematischen Feedbackprozess zur Verbesserung der Leistungen im Kernprozess VERM genutzt. Ebenfalls konnte nur in einer BQG ein durchgängig positiver Trend über drei Jahre und mehr in diesem Kernprozess nachgewiesen werden. (6a und 6b - *einige Hinweise*).

Die Situation im Bereich des *Kriteriums 9* (Schlüsselergebnisse) stellt sich noch etwas positiver dar. Hier werden in acht Organisationen nachvollziehbar Daten erhoben, Indikatoren gebildet und Trends ermittelt. In drei Organisationen sind sie nachvollziehbar für einen Feedbackprozess genutzt. Die Ergebnisse oder Trends sind in einer Organisation über einen Zeitraum von drei Jahren positiv bzw. gleichbleibend gut (9a und 9b - *Hinweise*).

In der Zusammenschau aller Organisationen zum Kernprozess Vermittlung in den Ersten Arbeitsmarkt gibt es *einige Hinweise,* dass in den untersuchten Organisationen QM-Systeme vorhanden sind und systematisch genutzt werden.

8.3.3 Ergebnisse der Organisationsbefragung auf der Ebene der Kernprozesse und Einzelorganisationen

Um die Ergebnisse der Organisationen miteinander vergleichen zu können, wurden zunächst für jede BQG die Teilkriterien-Punktzahlen (5a bis e, 6 a und b, 9 a und b) zu Punktzahlen - bezogen auf die EFQM-Kriterien - zusammengefasst. Dies geschah sowohl für die Einrichtungsbefragung als auch für die Mitarbeiterbefragung.

Hierzu wurde im ersten Schritt das von der EFQM vorgegebene Auswertungsschema zur Zusammenfassung der Punktzahlen der RADAR-Card-Teilkriterien genutzt. Anschließend wurden die Kriterien-Punktzahlen zum jeweiligen Kernprozess zusammengefasst, wie es die RADAR-Card, die in Kapitel 7 beschrieben wurde, im zweiten Schritt vorsieht.

Da wir nur 3 der 9 EFQM-Kriterien zur Bewertung der Kernprozesse genutzt haben, war die maximal erreichbare Punktzahl nach EFQM-Systematik pro Kernprozess 490 Punkte.

Die so ermittelten Ergebnisse werden in Tabelle 29 auf die Kernprozesse bezogen dargestellt.

Bewertung der Teilkriterien (Tk) getrennt nach Kernprozessen	*Bewertung der Kriterien (K) getrennt nach Kernprozessen*	*getrennte Bewertung der Kernprozesse*
Teilkriterium 5a (SPB/PBQ/VERM) max. je 100 Punkte	Kriterium 5 (SPB/PBQ/VERM) = Summe der Tk (5a:5e)/5 max. 100 Punkte	Kernprozess (SPB/PBQ/VERM) = K5*1,4 + K6*2 + K9*1,5 max. 490 Punkte
Teilkriterium 5b (SPB/PBQ/VERM) max. 100 Punkte		
Teilkriterium 5c (SPB/PBQ/VERM) max. 100 Punkte		
Teilkriterium 5d (SPB/PBQ/VERM) max. 100 Punkte		
Teilkriterium 5e (SPB/PBQ/VERM) max. 100 Punkte		
Teilkriterium 6a (SPB/PBQ/VERM) max. 100 Punkte	Kriterium 6 (SPB/PBQ/VERM) = Tk 6a*0,25+Tk 6b*0,75 max. 100 Punkte	
Teilkriterium 6b (SPB/PBQ/VERM) max. 100 Punkte		
Teilkriterium 9a (SPB/PBQ/VERM max. 100 Punkte	Kriterium 9 (SPB/PBQ/VERM) = Summe Tk (9a : 9b) /2 max. 100 Punkte	
Teilkriterium 9b (SPB/PBQ/VERM) max. 100 Punkte		

Tabelle 29: RADAR-Card-Systematik der Bewertungsschritte und Berechnungen

Die Zusammenschau der Punktwerte nach der EFQM-RADAR-Card als Ergebnisse der Befragung und Bewertung der Einrichtungen, wie sie in Kapitel 8.1 beschrieben wurde, ist in Abbildung 48 dargestellt.

Bei dieser Auswertungsvariante fällt auf, dass bei vier Einrichtungen die Bewertungen der drei Kernprozesse sehr nah beieinander liegen. (1,6,8 und 10). Bei der Hälfte der Einrichtungen fällt die Bewertung des Prozesses VERM und bei sechs Einrichtungen die des Prozesses SPB mit weniger als 100 Punkten recht niedrig aus (1,3,4,6 und 10), während der Prozess PBQ sieben mal oberhalb von 100 Punkten bewertet wurde.

Nur bei einer Einrichtung (4) liegen die Bewertungen für einzelne der drei Kernprozesse mehr als 100 Punkte auseinander. Insgesamt zeigt die Bewertung des QM für die *Einrichtungen* (strategische Ebene) eine große Heterogenität zwischen den drei Kernprozessen, wobei dem Prozess PBQ offensichtlich größere Aufmerksamkeit bei der QM-Entwicklung geschenkt wird als den Prozessen SPB und VERM.

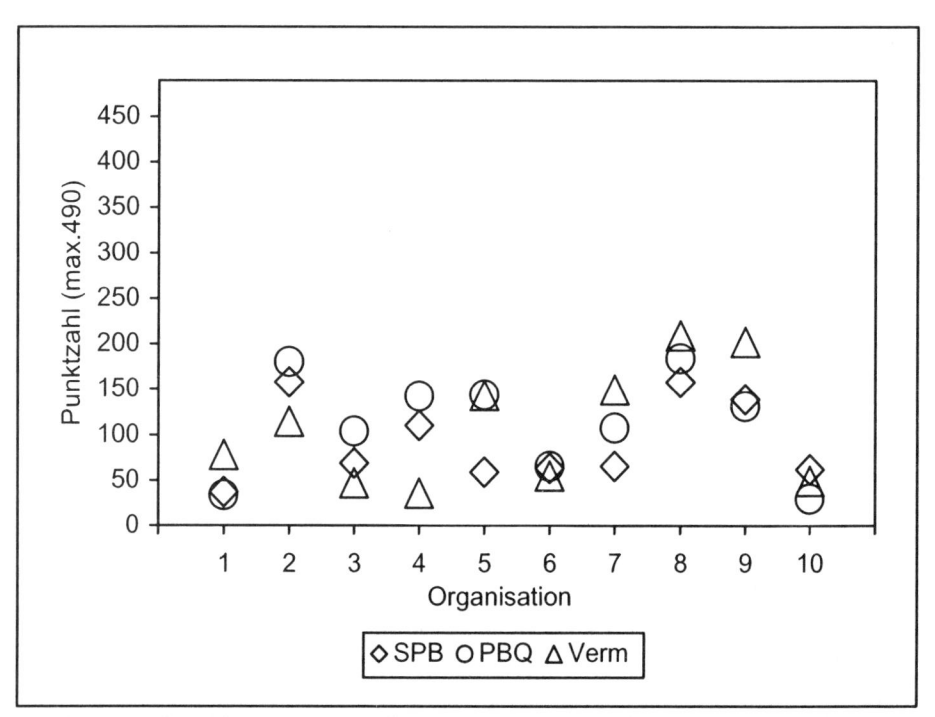

Abbildung 48: Ergebnisse Einrichtungsbefragung auf Organisationsebene und Ebene der Kernprozesse

Wie bereits oben dargelegt, wirken die Mitarbeiter - als die operative Ebene der Organisation - als *Schnittstellen* zwischen der Einrichtung und dem Großteil der Schlüsselkunden. Sie sind die Träger für das Wissen zu Strukturen und Wirkungen „ihres" QM-System sowie für ihre Einschätzung von dessen „Praxistauglichkeit" und für den tatsächliche Nutzungsgrad der QM-Regelungen. Daher ist das Wissen der Mitarbeiter ein Kontrollparameter dafür, ob und wie das QM-System der Organisation tatsächlich umgesetzt (gelebt) wird.

Erkenntnisse darüber wurden durch die Mitarbeiterbefragung gewonnen, deren Ergebnisse nach dem RADAR-Card-Verfahren ermittelt wurden; sie sind in der Abbildung 49 aufgezeichnet.

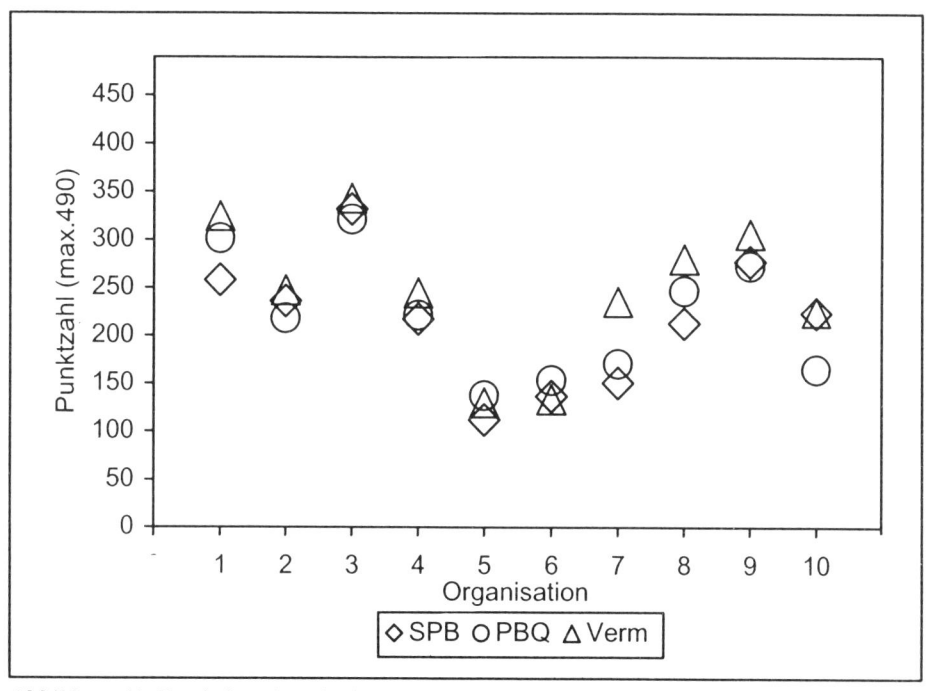

Abbildung 49: Ergebnisse der Mitarbeiterbefragung auf Organisationsebene und Ebene der Kernprozesse

Zieht man die Ergebnisse in der hier dargestellten Weise für die Kernprozesse über alle untersuchten Teilkriterien zu *einem Wert* pro Organisation zusammen, fällt zunächst auf, dass alle Werte der Ergebnisse der *Mitarbeiterbefragung* bis auf eine Ausnahme höher liegen als die Ergebnisse der *Einrichtungsbefragung*. Die Bewertung der QM-Systeme der Einrichtungen durch die *Einrichtungsbefragung* (Leitungsebene) ist somit deutlich strenger ausgefallen als die Bewertung durch die *Mitarbeiterbefragung* (operative Ebene).

In der detaillierten Betrachtung der Ergebnisse zeigen sich die *Mitarbeiter* im allgemeinen weniger informiert über die QM-Verfahren ihrer Organisation, als nach Angaben der *strategischen* Ebene zu erwarten wäre. Dies wurde bereits oben bei der Auswertung der Teilkriterien insofern deutlich, als die Mitarbeiter Aspekte positiv bewerten, die laut Auskunft der Leitung nicht als QM-Verfahren entwickelt sind. Aufgrund der Anzahl der befragten Mitarbeiter - befragt wurden zwischen drei und sieben Mitarbeiter pro Einrichtung - lässt sich ableiten, dass die Kommunikation über das QM *zwischen den Organisationsebenen* verbesserungsbedürftig ist. Für die Mitarbeiter ist nicht immer unterscheidbar, ob kernprozessbezogene Vorgaben und Verfahrensabläufe auf das QM rückbezogen sind. Gleichzeitig zeigt die deutlich positivere Einschätzung des QM-Standes durch die Mitarbeiter, dass diese weniger strenge Maßstäbe daran anlegen als die planende, strategische Ebene der Einrichtungen.

Die Einzelergebnisse jeder Organisation hier darzustellen, würde den Rahmen dieser Veröffentlichung sprengen. Aus diesem Grund gehen wir hier zur zusammengefassten Ergebnisdarstellung über[329].

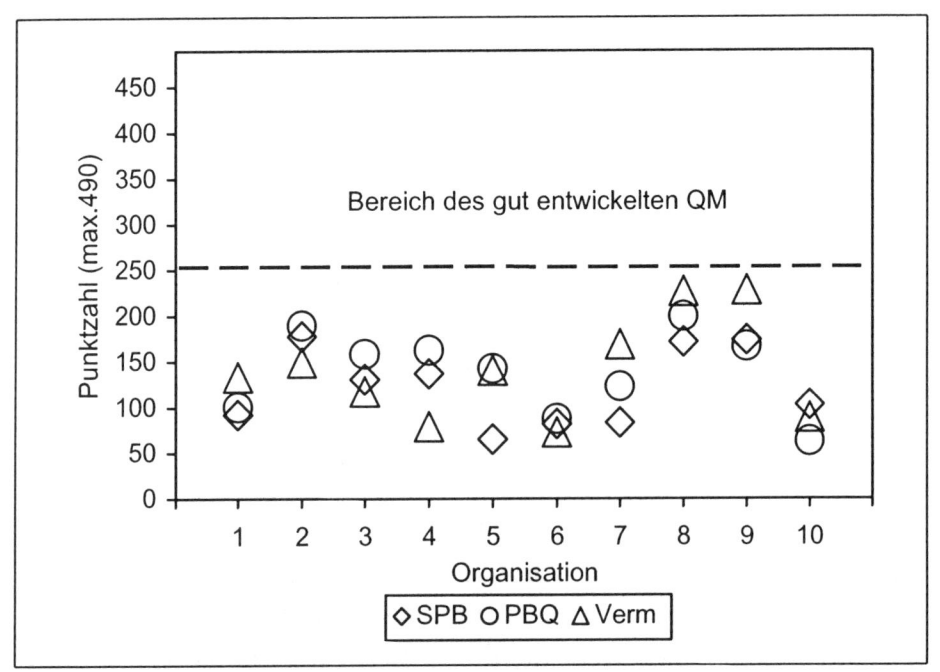

Abbildung 50: Organisationsübergreifendes QM-Profil

---

[329] Die Einzelergebnisse zu jeder Organisation sind in Anhang G dargestellt.

Die Ergebnisse der Einrichtungsbefragung und der Mitarbeiterbefragung wurden im oben beschriebenen Verhältnis 3:1 zum organisationsübergreifenden QM-Profil zusammengeführt. In diesem Diagramm (Abbildung 50) sind für jede Organisation die erreichten Punktzahlen der drei Kernprozesse als Ergebnis aus den beiden Befragungen, der *Einrichtungsbefragung* und der *Mitarbeiterbefragung,* eingezeichnet.

Die Auswertung der Untersuchungen wurde an den Prinzipien und Konzepten der EFQM ausgerichtet. Die Grundsätze zur Bewerbungen um den European Quality Award (EQA) der EFQM bieten sich damit konsequenterweise als Maßstab zur Einordnung des QM-Standes der untersuchten Organisationen an. Eine Einschätzung, ob es sich bei einer Organisation um ein gut entwickeltes QM-System handelt, brauchte für die Untersuchung ein Referenzmodell. Als solches wurde die von der EFQM zur Assessorenschulung vorgelegte „Fallstudie[330] Spektrum" gewählt, in der sich eine soziale Organisation mit herausragenden Leistungen um den europäischen Qualitätspreis EQA bewirbt.

Wäre diese Organisation heute nach den Bedingungen des QMiB-Projektes (nur die Kriterien 5, 6 und 9) bewertet worden, so hätte sie mit ihrem QM-Stand 254 Punkte erreicht. Dieser Wert wurde in Form der dick gestrichelten Linie als Referenz für den Bereich eines gut entwickelten QMs in das Diagramm „Organisationsübergreifendes QM-Profil" übernommen.

8.4 Bewertung der Ergebnisse

Um die Ergebnisse einordnen zu können, soll noch einmal darauf hingewiesen werden, dass alle untersuchten Organisationen bereits seit vielen Jahren sehr erfolgreich im Markt tätig sind und dies auch bereits vor der Einführung von QM waren. Um der Forschungsfrage - der Wirkung von QM auf die Förderung der *Beschäftigungsfähigkeit* von am Arbeitsmarkt benachteiligten Personen - durch die Diagnose des QM-Standes der Organisationen im ersten Schritt nachgehen zu können, musste also ein Bezugshorizont gefunden werden, der es erlaubte, die Entwicklungen der Organisationen im Bereich ihres QM-Systems

---

[330] vgl. hierzu EFQM 2000b. Diese Fallstudie stellt eine Bewerbung einer psychiatrischen Klinik in den Niederlanden dar. Anhand der Musterbewertung der EFQM handelt es sich um eine Einrichtung mit gut entwickeltem Qualitätsmanagement. Die Organisation erhielt in der Gesamtbewertung 503 Punkte über alle 9 EFQM-Kriterien. Dies ist geringfügig mehr als die Hälfte der möglichen Punkte und wird als gut entwickelt eingestuft, da die volle Punktzahl auch von der EFQM bisher nie vergeben wurde.

unabhängig von deren allgemeiner Leistungsfähigkeit angemessen zu beurteilen. Aus diesem Grunde wurde in den Befragungen nicht nach den erbrachten Leistungen gefragt, sondern danach, welchen *systematischen Zusammenhang die Leistungserbringung mit QM-Regelungen* aus der Sicht der Einrichtung und der Mitarbeiter hat.

Betrachten wir die Ergebnisse der von uns untersuchten Organisationen im Verhältnis zur Referenzlinie für „gut entwickeltes QM" in Abbildung 50, so ist festzustellen, dass die Organisationen in ihrem Bemühen zur systematischen Sicherung ihrer guten Leistungen klar auf dem Weg zu einem exzellenten QM sind. Es ist jedoch eine unterschiedliche Plazierung im *Entwicklungsstand des QM* bei den Organisationen festzustellen. Die Gründe für diesen Unterschied liegen einerseits in der unterschiedlichen Zeitspanne seit der Einführung des QM in den verschiedenen Organisationen.

Andererseits ergeben sich Unterschiede durch methodische Einflüsse aufgrund der Untersuchungsbedingungen. Die Untersuchung ist als „Momentaufnahme" anfällig für situationsbedingte Einflüsse. Organisationen mit höherem Dokumentationsstand haben bessere Nachweismöglichkeiten, um ihre Verfahren zu belegen. Da bei der Anwendung des EFQM-Modells für die Umsetzung von QM keine Vorschriften über Dokumentationsweisen vorliegen, haben Organisationen, die mit dem EFQM-Modell arbeiten, z.T. mehr Schwierigkeiten, diese Nachweise zu führen.

Abschließend möchten wir die vorgefundenen, wesentlichen Gemeinsamkeiten der Organisationen bei der Entwicklung ihres QM-Systems noch einmal hervor heben.

- Die allgemeinen Stärken der QM-Systeme der untersuchten Organisationen sind in den Bereichen QM-Dokumentation und Konstruktion teilnehmerorientierter Verfahren zu finden.
- Die Mitarbeiter „verdecken" in Teilen das auf der strategischen Ebene entwickelte QM. Dies geschieht vor allem dadurch, dass sie nicht zwischen im QM entwickelten Verfahren und „Alltagsverfahren" trennen. Die Grenzen und Zuordnungen zwischen den beiden Herkunftsbereichen der Verfahren stellten sich insgesamt als unscharf dar. Da die Mitarbeiter nur in Teilbereichen am Aufbau des QM beteiligt sind, können sie oft nicht zuordnen, was wo entwickelt wurde. Sie bewerten den QM-Stand ihrer Organisation insgesamt deutlich höher, als sich dies aus der Einrichtungsbefragung (Leitungs-

ebene) und Dokumentenanalyse ergibt. Dies ist insofern bedeutsam, als die Mitarbeiter auch unsystematisch geführte Verfahren dem QM zuordnen, ohne dass Gewähr für den regelmäßigen wirksamen Einsatz besteht.
- Aus der Analyse der Einzelergebnisse jeder Einrichtung zeigt sich der Trend, dass Einrichtungs-übergreifend die vorhandenen und ermittelten Ergebnisse nicht im vollen Umfang für die Möglichkeiten von Verbesserungsprozessen im Rahmen des QM genutzt werden. Die Rückkopplungsprozesse zwischen dem Wissen über die Ergebnisse der Kernprozesse auf der *strategischen Ebene* und deren Nutzung für Verbesserungsprozesse auch auf der Anwender- bzw. *Umsetzungsebene* sind lückenhaft. Um auf dem Weg zu einem exzellenten QM weiterhin Fortschritte zu erzielen, sollten die aus den Ergebnissen abgeleiteten oder ableitbaren Verbesserungsprozesse wesentlich konsequenter vollzogen werden.
- Auffällig ist, dass bei zwei Organisationen, die in der Bewertung durch das Forschungsteam (Einrichtungsbefragung) relativ niedrige Werte erhalten haben (1 und 3), die Mitarbeiter mit besonders großem Abstand den QM-Stand deutlich positiver bewerten. Der Abstand zwischen den Bewertungen beträgt hier bei allen Kernprozessen 45 Punkte und mehr (vgl. Abbildung 51).

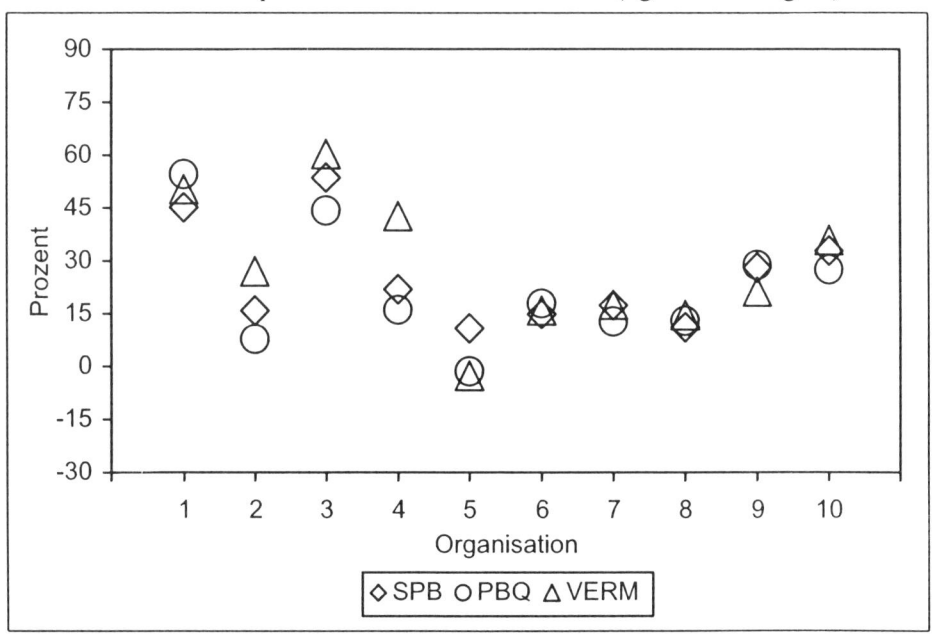

Abbildung 51: Abweichungen der auf die Kernprozesse bezogenen Werte zwischen Einrichtungs- und Mitabeiterbefragung.

- Im Bereich des Kernprozesses SPB wird deutlich, dass die Ermittlung und Nutzung von prozessbezogenen Ergebnissen weiterentwickelt werden müsste, um diese im Sinne eines systematischen QM in Bezug auf die Förderung der Beschäftigungsfähigkeit der Teilnehmer zu steuern.
- Die QM-bezogene Mitarbeiterschulung sollte in Zukunft in allen Einrichtungen intensiviert werden. Häufiger konnte festgestellt werden, dass Mitarbeiter über wesentliche QM-Elemente, die auf der strategischen Ebene entwickelt waren, nur unzureichend informiert waren, und dass diese Elemente somit nicht im vollen Umfang zum Einsatz kamen.

9 Die Wirkung des Qualitätsmanagements auf die Beschäftigungsfähigkeit der Teilnehmer in BQGen

9.1 Befragung von Teilnehmern in Maßnahmen der BQGen

Die Befragung der Maßnahmeteilnehmer war eines von fünf Instrumenten, mittels derer der Forschungsfrage des QMiB-Projektes nach der Wirkung des QM auf die Förderung der Beschäftigungsfähigkeit der Teilnehmer in BQGen, nachgegangen wurde. Diese von uns als *Teilnehmerbefragung* bezeichnete Befragung werden wir in diesem Kapitel darstellen.

9.1.1 Rahmenentscheidungen

Als Zielgruppe für die *Teilnehmerbefragung* waren in Forschungsantrag und Forschungsdesign Teilnehmerinnen und Teilnehmer definiert, die sich in laufenden Beschäftigungs- und Qualifizierungsmaßnahmen der untersuchten Organisationen befanden.

Die Teilnehmer wurden danach befragt, welche Maßnahmen die BQGen ergreifen, um sie in ihrer Beschäftigungsfähigkeit zu fördern. Ob sie die ggf. erreichte Beschäftigungsfähigkeit später auch am Arbeitsmarkt realisieren können, konnte - wie in Kapitel 6 beschrieben - hier nicht mit untersucht werden.

Zuvor waren die bereits beschriebenen Befragungen, die *Einrichtungsbefragung* und die *Mitarbeiterbefragung,* durchgeführt worden, die der Ermittlung des Qualitätsmanagements in den Organisationen dienten. Nun sollte die *Teilnehmerbefragung* die *Wirkung* des zuvor erhobenen QM-Standes auf die *Beschäftigungsfähigkeit* der Teilnehmer ermitteln. Insbesondere galt es hier, die Anteile in den Organisationen vertiefend zu betrachten, die sich auf die persönliche Entwicklung und Qualifizierung der Teilnehmer bezogen. Es stand somit die Perspektive der Maßnahmeteilnehmer im Hinblick auf *realisierte* qualitätssichernde Verfahren der Organisationen im Mittelpunkt der Befragung. Dabei war zu bedenken, dass die Teilnehmer aufgrund ihrer Position in den Organisationen nicht im Einzelnen beurteilen konnten, ob diese Verfahren mit dem QM in direktem Zusammenhang stehen.

Das konkrete Ziel der Teilnehmerbefragung bestand somit darin, Information über folgende Punkte zu erhalten:

- Inwiefern erleben die Teilnehmer, dass in den Organisationen Qualitätsmanagement für die Förderung der Beschäftigungsfähigkeit stattfindet?
- Inwiefern hat das Bemühen der Organisationen um Qualität - ggf. erkennbar durch qualitätssichernde Maßnahmen - aus Sicht der Teilnehmer Auswirkungen auf die Förderung ihrer individuellen Beschäftigungsfähigkeit und auf die Verbesserung der Maßnahmen?

Es sollte also nicht primär um die Ermittlung der Teilnehmerzufriedenheit gehen, sondern vor allem darum, inwiefern die Teilnehmer erkennen konnten, dass sich die Organisationen um *Qualität* in Verbindung mit der Förderung der *Beschäftigungsfähigkeit* bemühen und dies ggf. auch erzielen.

Mit den untersuchten Organisationen wurde vereinbart, dass eine schriftliche, leicht verständliche Befragung durchgeführt werden sollte. Sie sollte eine Stunde nicht überschreiten und mit geschlossenen Fragen operieren. So sollte sichergestellt werden, dass die Maßnahmeteilnehmer in der Lage waren, die Fragestellungen nachzuvollziehen und beantworten zu können.

9.1.2 Entwicklung des Befragungsinstruments

Ausgehend von den in Kapitel 8.1 skizzierten Befragungsgegenständen, die aus den EFQM-Kriterien 5, 6, und 9 abgeleitet waren, wurden Fragen formuliert, die von einem *kundenorientierten* Definitionsansatz von Qualität ausgehen. Das Kriterium 9 (Schlüsselergebnisse) musste bei der Teilnehmerbefragung ausgelassen werden, da die Teilnehmer positionsbedingt, außer ggf. bei Vermittlungsergebnissen von Vorgängermaßnahmen, darüber keine Kenntnisse haben können.

Im *kundenorientierten* Definitionsansatz von Qualität wird diese Qualität als die Erfüllung der Anforderungen der Kunden betrachtet. In BQGen bedeutet dies, die auf Beschäftigungsfähigkeit ausgerichteten Bedürfnisse der Teilnehmer nach Förderung und adäquater Unterstützung zu befriedigen. Zur Herstellung von Qualität ist es entscheidend, dass die Eigenschaften der angebotenen sozialen Dienstleistungen mit den subjektiven Erwartungen der Teilnehmer übereinstimmen.[331] Demnach sind für die Messung des Nutzens des QM die subjektiven Kriterien der Teilnehmer, deren Bedarfe, Anforderungen und Erwartungen relevant. Ausgehend von ihren Leistungserwartungen beurteilen die Teilneh-

---

[331] vgl. Vock (1998a), S.69 ff.

mer, wie *ihre Beschäftigungsfähigkeit* gefördert wird. Dass es dabei um die in Kapitel 6.1 angesprochene „hypothetische" Beschäftigungsfähigkeit geht, ist eine einschränkende Bedingung des hier referierten Forschungsprojektes und Forschungsansatzes.

Die Qualitätsbewertung der Dienstleistung *Qualifizierung und Beschäftigung* in einer BQG muss somit auf den Nutzen für die Anfordernden, hier die Teilnehmer, ausgerichtet sein und deren Bewertung der Förderung der Beschäftigungsfähigkeit erfassen.

Abgeleitet aus dieser Betrachtung des kundenorientierten Ansatzes von Qualität ist zur Beurteilung der Wirkung des QM auf die Beschäftigungsfähigkeit bei den Teilnehmern Folgendes zu erfragen:

- Welche Anforderungen stellen die Teilnehmer an die Förderung ihrer Beschäftigungsfähigkeit?
- Welche Anforderungen der Teilnehmer resultieren daraus an die Beschäftigungs- und Qualifizierungsgesellschaften?
- Wie identifizieren die Organisationen die Bedarfe, Anforderungen und Erwartungen der Teilnehmer?
- Wie setzen die Organisationen aus der Sicht der Teilnehmer diese Bedarfe in soziale Dienstleistungen um?

Auf der Basis der vorangestellten Ausführungen wurde eine *standardisierte schriftliche Befragung*[332] durchgeführt. Zur Vermeidung des Nachteils einer unkontrollierten Erhebungssituation war in jeder Organisation ein Mitarbeiter des Forschungsteams während der Befragung anwesend. Dies hatte den Vorteil, dass Anweisungen und Hilfestellungen gegeben werden konnten[333]. Im Weiteren wurde bei der Entwicklung des Fragebogens zur schriftlichen Gruppenbefragung auf eindeutige thematische Gliederung, Kürze, Verständlichkeit und Klarheit des Befragungsinstrumentes geachtet.[334]

Um eine einheitliche Betrachtung und Bewertung der Partnerorganisationen sowie einen Abgleich mit den Ergebnissen der Einrichtungs- und Mitarbeiterbe-

---

[332] vgl. hierzu auch Stier (1996), S. 173
[333] vgl. Friedrichs (1980), S. 242. Da es sich bei den Teilnehmern um benachteiligte Personen am Arbeitsmarkt handelte, war davon auszugehen, dass einige Teilnehmer Schwierigkeiten mit der deutschen Sprache und dem Umgang mit einer schriftlichen Unterlage haben und Hilfestellung benötigen würden.
[334] vgl. Bortz (1995), S. 231

fragung zu ermöglichen, galten die Befragungsgegenstände der *Einrichtungsbefragung* als Ausgangspunkt für die Entwicklung der konkreten Fragen der hier betrachteten *Teilnehmerbefragung*. Wie bereits in Kapitel 6 und 8.1 beschrieben, auch der Teilnehmerfragebogen in drei Schritten entwickelt:

- Abgleich mit den Gegenständen der Einrichtungsbefragung,
- Festlegung der Inhalte der Teilnehmerbefragung,
- Entwicklung der Fragestellungen anhand dieser Rahmenkonzeption.

Für jeden festgelegten thematischen Schwerpunkt wurden - vorwiegend geschlossene - Fragen formuliert. Da von den Teilnehmern hauptsächlich Sachverhalte bezüglich des Vorhandenseins von Leistungen und von systematischen Verfahren zu deren Realisierung beurteilt werden sollten, wurden die Fragen auf diese Punkte bezogen konzipiert; ferner ermöglichten sie eine abgestufte Einschätzung durch die Teilnehmer in Form einer Rating-Skala [335].

Hierbei galt es darauf zu achten, dass die Antwortkategorien erschöpfend, präzise und nicht überlappend waren; sie mussten auch hinreichende Möglichkeiten der Differenzierung bieten,[336] wie im Beispiel der Tabelle 30 gezeigt wird.

Werden Sie von den Mitarbeitern gefragt, was diese besser machen könnten?				
Fast immer	Oft	Manchmal	Selten	Nie

Tabelle 30: Frage und Antwortkategorien aus dem Teilnehmerfragebogen

Im Weiteren waren wesentliche Grundregeln der Fragebogengestaltung[337] von besonderer Bedeutung: Anwendung einer verständlichen Sprache, Vermeidung von Fragen nach zukünftigem Verhalten, Anknüpfung an konkrete Erfahrungen der Befragten, schwerpunktmäßige Anwendung geschlossener Fragen und eine ausreichende Anzahl von Antwortkategorien.

Aufbau und Layout des Befragungsinstruments

Der standardisierte Fragebogen bestand aus drei Teilen:

- Im ersten Teil wurden die im Fragebogen verwandten Begriffe erläutert, um Verständnisschwierigkeiten zu vermeiden.

---

[335] vgl. Stier (1996), S. 174
[336] vgl. Diekmann (1995), S. 411
[337] vgl. Diekmann (1995), S. 410 ff.

- Im zweiten Teil wurden sog. Einleitungsfragen[338] über Dauer und Anzahl der von den Teilnehmern besuchten Maßnahmen gestellt.
- Der dritte Teil beinhaltete die Kernfragen, die zu Themenkategorien zusammengefasst und auf die drei zu untersuchenden Kernprozesse bezogen waren.

Insgesamt bestand der Fragebogen aus dreißig geschlossenen und zwei offenen Fragen. Die persönlichen Daten der Teilnehmer wurden nicht abgefragt. Eine Zuordnung der Teilnehmerfragebögen zu den jeweiligen kooperierenden Organisationen war durch Kennzeichnung gegeben.

Mit einem Pre-Test beabsichtigte das Forscherteam eine Überprüfung hinsichtlich der Konzeptualisierung der Befragung[339] und der Brauchbarkeit[340]. Der Pre-Test wurde in einer der zehn im Projekt kooperierenden Organisationen mit neun Teilnehmern durchgeführt. Grundsätzlich wurde dabei festgestellt, dass der Fragebogen in der geplanten Zeit und ohne große Schwierigkeiten von der Zielgruppe zu beantworten war.

9.1.3 Durchführung und Auswertung der Befragung

Der soweit beschriebene Fragebogen[341] wurde im Juni 2002 als Instrument zur Erfassung der Wirkung von qualitätssichernden Maßnahmen auf die Beschäftigungsfähigkeit - aus Sicht der Teilnehmer in BQGen - eingesetzt.

Diese *Teilnehmerbefragung* wurde in allen zehn kooperierenden Organisationen vor Ort innerhalb eines Zeitraumes von einem Monat durchgeführt. In jeder Organisation nahmen durchschnittlich ca. zehn Teilnehmer an der schriftlichen Befragung teil; insgesamt wurden einhundertsieben Teilnehmer im Rahmen einer Befragungszeit von jeweils einer Stunde befragt. Die Teilnehmer füllten in Gruppen jeweils einzeln den Fragebogen aus. Die anwesenden Mitarbeiter des Forschungsteams erläuterten zu Beginn das Forschungsvorhaben und beantworteten auf Wunsch Verständnisfragen.

Das *Auswertungskonzept* der Teilnehmerbefragung basiert - analog zur Gesamtforschung - auf dem RADAR-Card-System des EFQM-Modells.

---

[338] Die Einleitungsfragen sollten leicht zu beantworten sein und dadurch ein günstiges Klima zur weiteren Bearbeitung des Fragebogens schaffen.
[339] vgl. Friedrichs (1980), S.153 ff;
[340] vgl. Schnell (1989), S. 320 ff.
[341] siehe hierzu im Anhang D

Die Auswertung wurde nach der leitenden *Konzeptualhypothese* wie folgt konzipiert:

Je höher der auf der Basis der Befragung ermittelte Punktwert und je klarer und umfassender die Hinweise gemäß RADAR-Card-Schema, umso deutlicher nehmen die Teilnehmer die qualitätssichernden Verfahren zur Förderung der Beschäftigungsfähigkeit wahr.

Diese Konzeptualhypothese wurde im Auswertungsverfahren in folgende Arbeitsschritte umgesetzt:

- Numerische Auswertung der erhobenen Teilnehmerdaten aus den geschlossenen Fragen,
- Zusammenstellung der textlichen Aussagen der Teilnehmer aus den offenen Fragen,
- Bewertung durch Einbeziehung einer begrifflich skalierten Bewertung,
- Bewertung mittels einer Punktwertskala.

Für die Auswertung der Teilnehmerbefragung gelten die Ausführungen des Kapitels 8.4.2 und 8.4.3 analog. Hier wurden die gleichen, aus der EFQM-RADAR-Card abgeleiteten Verfahren verwendet.

Bei den *geschlossenen* Fragen wurden die Daten jeweils numerisch zusammengestellt. Im Anschluss daran erfolgte eine Übertragung in die RADAR-Card. Dies ergab einen Punktwert und die Eingruppierung in die Hinweisstruktur. Die *textlichen* Antworten wurden genutzt, um die Plausibilität der Antworten bei den *geschlossenen* Fragen zu prüfen, und um den Organisationen darüber hinaus einen Zusatznutzen durch die Befragung zur Verfügung zu stellen. Über die *offenen* Fragen konnten den Organisationen die Verbesserungswünsche der Teilnehmer zugänglich gemacht werden.

Aussagekraft der durch den Fragebogen erhobenen Daten

Die Objektivität, Reliabilität und Validität der Befragung wurden wie folgt abgesichert. *Objektivität* wurde sowohl durch einen standardisierten Fragebogen für alle Teilnehmer als auch durch ein einheitlich angewandtes Auswertungsverfahren, wie oben skizziert, sichergestellt. Die *Reliabilität* wurde durch Befragung der gleichen Personen und durch Antwortvergleich bei Pre-Test und

Hauptbefragung überprüft.[342] Die Fassung des Pre-Tests und die endgültige Fassung des Fragebogens unterschieden sich nur marginal; ein Vergleich der jeweiligen Antworten war somit möglich. Bei der vergleichenden numerischen Zusammenstellung der Daten wurde deutlich, dass sich nur geringfügige Unterschiede bei den Antworten zeigten. Somit war das Befragungsinstrument reliabel.

Die *Validität* wurde durch eine Gültigkeitsprüfung hinsichtlich widersprüchlicher Äußerungen im Rahmen der Befragung analysiert. Es wurden Vergleiche zwischen den befragten Personen angestellt, um unglaubwürdig wirkende Äußerungen zu identifizieren.[343]

9.2 Ergebnisse der Teilnehmerbefragung[344]

9.2.1 Ergebnisse der Teilnehmerbefragung bezogen auf die EFQM-Teilkriterien

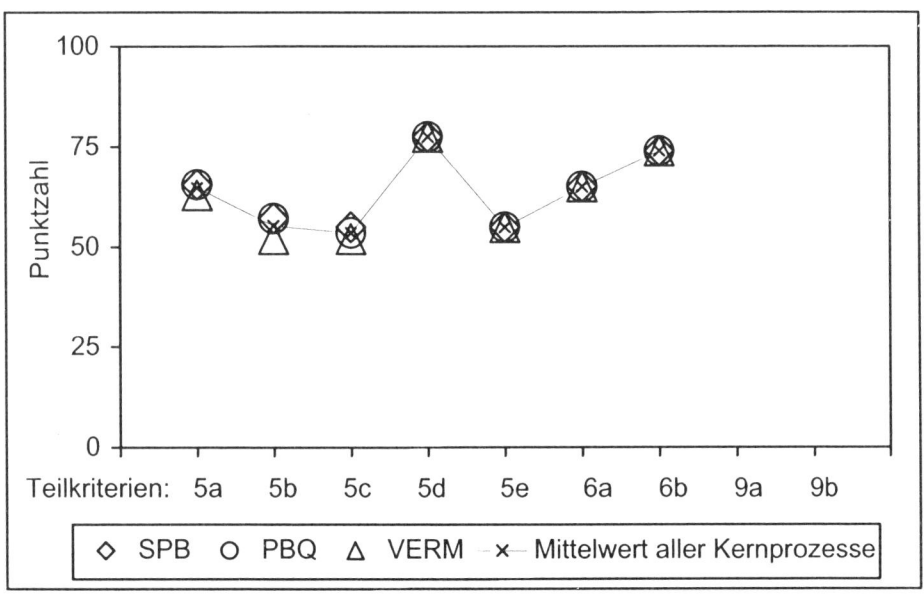

Abbildung 52: Mittelwerte der Teilnehmerbefragung über alle untersuchten BQGen nach EFQM-Teilkriterien

---

[342] vgl. Schnell (1989), S 147. Ergeben wiederholte Messungen mit einem Messinstrument die gleichen Werte, wird dies als Reliabilität, als Zuverlässigkeit bezeichnet. Dies war zwischen Pre-Test und Hauptbefragung gegeben.
[343] z.B. Äußerungen, die nur von einer Person gemacht wurden, während alle anderen übereinstimmend Gegenteiliges berichten. Vgl. Bortz (1995), S. 304
[344] Die Einzelergebnisse der Teilnehmerbefragung je Organisation sind in Anhang H dargestellt.

Bei der Analyse der numerischen Ergebnisse der Teilnehmerbefragung fällt auf, dass die drei Kernprozesse im Durchschnitt der BQGen von den Teilnehmern fast gleich bewertet wurden, wie die Abbildung 52 zeigt.

Dabei werden sowohl die Teilkriterien 5d (Verfügbarkeit der Kernprozesse) und 6b (Einfluss der Inanspruchnahme der Leistungen auf das Maßnahmeziel und die Vermeidung von Maßnahmeabbrüchen) mit 77,4 und 74 Punkten in allen drei Kernprozessen besonders positiv beurteilt. Hier sehen die Teilnehmer einrichtungsübergreifend besondere Stärken der BQGen. Die qualitätssichernden Verfahren scheinen hier am weitesten entwickelt und werden am deutlichsten von den Teilnehmern wahrgenommen.

Dagegen werden die Identifizierung von Verbesserungsbedarf durch die Einrichtungen und die Annahme von Verbesserungsvorschlägen (Teilkriterium 5b) von den Maßnahmeteilnehmern aller BQGen qualitativ geringer bewertet. Dies trifft auch auf die Einbeziehung der Bedürfnisse und Erwartungen der Teilnehmer zu (Teilkriterium 5c) sowie auf die Möglichkeiten zur Beschwerde und die Kontaktpflege zu ausgeschiedenen Teilnehmern (Teilkriterium 5d). Hier sehen die Teilnehmer eine geringere Realisierung des Qualitätsmanagements. Diese Resultate mit Werten zwischen 53,5 und 55 Punkten sollten von den BQGen als identifizierte Verbesserungsbereiche gewertet werden und Ansporn sein, ihr Qualitätsmanagement hier weiter zu entwickeln.

Im Gegensatz zu der vorherigen *einrichtungsübergreifenden* Betrachtung der Mittelwerte der Kernprozesse zeigt sich bei der Analyse der Mittelwerte der drei Kernprozesse *je untersuchter BQG* ein sehr uneinheitliches Bild. Dies macht Abbildung 53 deutlich, bei der die Teilnehmerbewertungen für die drei Kernprozesse pro BQG gemittelt wurden.

An Abbildung 54 wird deutlich, dass die hohen Werte bei den Teilkriterien 5d und 6b nicht durch einzelne besonders gute Bewertungen zu Stande kommen, sondern dass diese Teilkriterien *in allen BQGen* von den TN als verhältnismäßig gut entwickelt eingestuft wurden. Dass die Aspekte der Verbesserung der Prozesse (5b) und der Entwicklung der Prozesse unter Einbezug der Kundenwünsche (5c) sowie die Ermittlung von Ergebnissen aus der Kundensicht (6a) weniger gut abschneiden, sollte für die BQGen Ansporn sein, hier ihr QM weiter zu entwickeln.

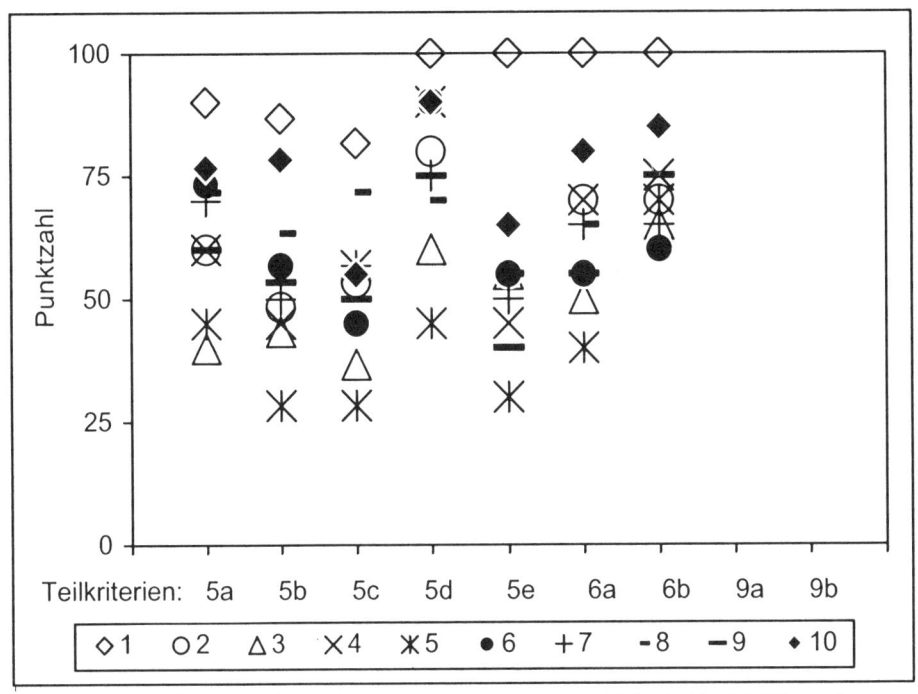

Abbildung 53: Mittelwerte der drei untersuchten Kernprozesse (SPB, PBQ, VERM) aus der Teilnehmerbefragung pro untersuchter BQG (Nummern 1-10).

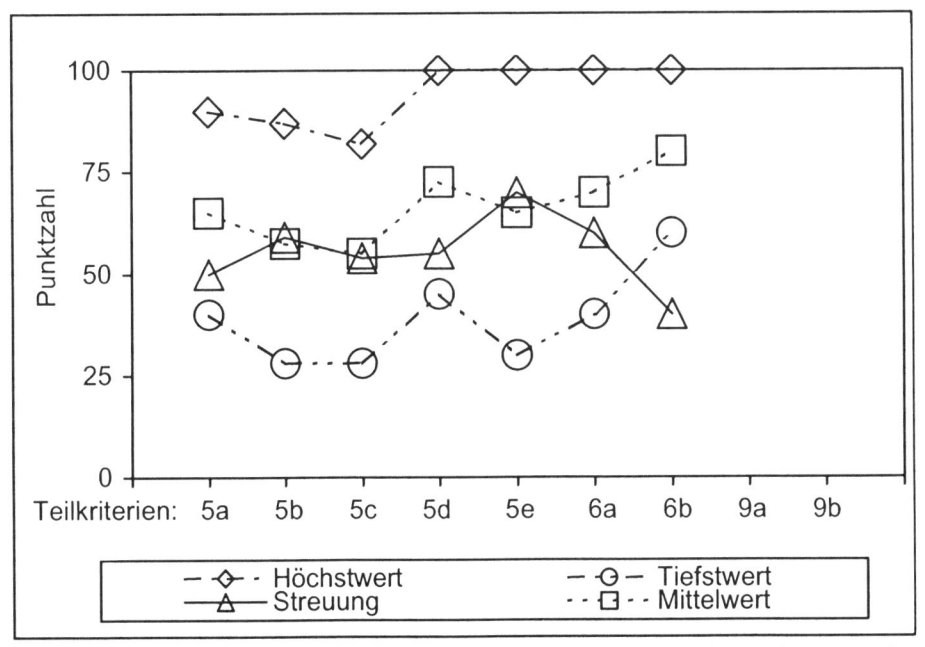

Abbildung 54: Streuung und Mittelwerte der Ergebnisse der Teilnehmerbefragung bezogen auf die drei Kernprozesse als zusammengefasstem Wert

Die Unterschiede der Teilnehmerbewertungen *zwischen den BQGen* sind dagegen besonders auffällig. Während die Teilnehmer der Organisation 5 fast durchgängig die niedrigsten Werte erzeugten, gaben die der Organisation 1 bei allen Teilkriterien die höchsten Werte an. (vgl. Abbildung 53).

Die Mittelwerte über die drei Kernprozesse pro BQG schwanken je nach Teilkriterium zwischen 55 und 80 Punkten. Am deutlichsten ist der Unterschied beim Teilkriterium 5e (Pflege der Kundenbeziehungen) mit einer Streuung zwischen den BQGen von 30 bis 100 Punkten. Am geringsten ist die Streuung beim Teilkriterium 6b (Einfluss der Inanspruchnahme der Leistungen auf das Maßnahmeziel und die Vermeidung von Maßnahmeabbrüchen) mit Werten zwischen 60 und 100 Punkten. Beim Vergleich der Höchstwerte mit den Tiefstwerten über alle Teilkriterien ergab sich eine durchschnittliche Streuung von 55,4 Punkten. (vgl. Abbildung 54)

Diese starke Streuung weist darauf hin, dass die Teilnehmer als Kunden differenziert die Einrichtung und ihre Dienstleistungen wahrnehmen und bewerten. Dies drückt sich in der detaillierten Beurteilung der einzelnen Aspekte aus und findet ihren Niederschlag in den sehr unterschiedlichen Punktwerten der einzelnen BQGen innerhalb der Teilkriterien. Zieht man das vorherige Ergebnis (Deckungsgleichheit der Punktwerte der drei Kernprozesse) hinzu, so ist zu diagnostizieren, dass einzelne Aspekte und Bereiche zwar sehr differenziert wahrgenommen, aber dann anscheinend auf den gesamten Dienstleistungsprozess bezogen werden. Es wird dann i.d.R. nicht mehr z.B. detailliert unterschieden zwischen Beschwerdemöglichkeiten beim Kernprozess Sozialpädagogische Begleitung gegenüber dem Kernprozess Vermittlung in den Ersten Arbeitsmarkt. Diese Erkenntnis lässt die These zu, dass die Maßnahmeteilnehmer den Dienstleistungsprozess als Einheit wahrnehmen, als „Gesamtpaket" der Einrichtung. Sie unterscheiden nicht zwischen einzelnen *Kernprozessen*, sondern beurteilen eher die einzelnen *Verfahren*.

Trotz der festgestellten Streuung der Ergebnisse für die Teilkriterien lassen sich auch Häufungen bzw. Tendenzen in der Bewertung erkennen. Besonders deutlich wird dies in der Abbildung 53 beim Teilkriterium 6b. Dort häufen sich die Bewertungen der Teilnehmer von acht Einrichtungen bei einer Punktzahl zwischen 60 und 75. Ähnliche „Bewertungsgruppen" lassen sich auch bei den anderen Teilkriterien erkennen. Beim Teilkriterium 5b liegen die Punktwerte von sechs Einrichtungen zwischen 40 und 55, beim Teilkriterium 5e befinden sich sieben Einrichtungen zwischen 30 und 55 Punkten. Das Teilkriterium 5d erreicht seine relativ hohe Punktzahl durch eine Bewertung der Teilnehmer aus acht Einrichtungen zwischen 70 und 100 Punkten.

An diesen Ergebnissen ist besonders interessant, dass - trotz unterschiedlicher eingesetzter Qualitätsmanagement-Systeme in den zehn BQGen und trotz unterschiedlich ausgeprägtem QM-Stand - die Stärken und Schwächen aus Teilnehmersicht ähnlich gelagert sind. In der Abbildung 53 wird ebenfalls deutlich, dass die hohen Werte beim Teilkriterium 5d und 6b nicht auf einzelne besonders gute Bewertungen gegründet sind, sondern dass durchweg diese Teilkriterien von den Teilnehmern als besonders gut entwickelt eingestuft wurden.

Die Unterschiede der Teilnehmerbewertungen zwischen den BQGen sind besonders auffällig. Während die Teilnehmer der Organisation 5 fast durchgängig bei allen Teilkriterien (bis auf Teilkriterium 6b) die niedrigsten Werte erzeugten, gaben die der Organisation 1 bei allen Teilkriterien die höchsten Werte an. (vgl. Abbildung 53)

Auffällig ist also, dass die Teilnehmer der zehn untersuchten BQGen in sehr unterschiedlichem Maße die Qualität der erbrachten Dienstleistungen in den einzelnen Einrichtungen wahrnehmen. Dies ist ein weiteres Indiz dafür, dass die Maßnahmeteilnehmer sehr differenziert bewerten und detailliert die Leistungen der qualitätssichernden Verfahren mit dem individuellen Nutzungsgrad vergleichen.

Um nun beurteilen zu können, inwiefern diese Ergebnisse mit den in den jeweiligen Organisationen realisierten *QM-Ständen* in Verbindung stehen, müssen die Teilnehmerbewertungen der Einzelorganisationen mit dem diagnostizierten QM-Stand - auf die EFQM Teilkriterien bezogen - verglichen werden. Anhand von Analysen der Einzelorganisationen lässt sich zeigen, dass es keinen durch die Befragungen belegbaren linearen Zusammenhang von *QM-Stand* und *Teilnehmerbewertung* zur Förderung der Beschäftigungsfähigkeit gibt. In einigen BQGen weichen die Ergebnisse grundsätzlich voneinander ab; in anderen BQGen liegen die Bewertungsergebnisse der Teilnehmer und der QM-Stand der Organisation nah beieinander oder weisen vergleichbare Werte aus. Bei anderen wiederum gibt es in einigen Teilkriterien große Übereinstimmung, in anderen große Differenzen.[345]

Zusammenfassend ist zu konstatieren, dass im Durchschnitt - über alle zehn Organisationen hinweg - die drei Kernprozesse von den Teilnehmern grundsätzlich gleich bewertet werden. Die *Unterschiede* in der Wahrnehmung und Bewertung werden nur bei den einzelnen Teilaspekten bzw. Verfahren ersichtlich. Dies lässt den Schluss zu, dass die Teilnehmer ein einzelnes Verfahren nicht jeweils zu den drei verschiedenen Kernprozessen in Beziehung setzen, sondern die drei Prozesse - Sozialpädagogische Begleitung, Persönliche und Berufliche Qualifizierung und Beschäftigung und Vermittlung in den Ersten Arbeitsmarkt - als „Prozess- und Dienstleistungseinheit" ihrer BQG wahrnehmen.

Trotzdem kann eine Beschäftigungs- und Qualifizierungsgesellschaft sehr wohl bei der Betrachtung der einzelnen Bewertungsergebnisse von Teilaspekten und Verfahren wesentliche Auffälligkeiten erkennen. Diese Erkenntnisse können als Basis für eine Stärken-Schwächen-Analyse in Bezug auf einzelne Verfahrensabläufe dienen und zur Optimierung der Prozesse beitragen.

9.2.2 Organisationsbezogene Ergebnisse der Teilnehmerbefragung

9.2.2.1. Die Ergebnisse im Überblick

Die Abbildung 55 zeigt einen Überblick über die Ergebnisse der *Teilnehmerbefragung,* bezogen auf die Gesamtergebnisse der drei Kernprozesse pro BQG. Dabei wurden nach dem EFQM-RADAR-Card-System die Punkte, wie in Kapitel 7 und 8.4 erläutert, zu einem Gesamtwert für die jeweilige BQG zusammengerechnet. Es wird - wie bereits oben anhand der Teilkriterien aufgezeigt - deutlich, dass in allen Organisationen die Ergebnisse der Kernprozesse SPB, PBQ und VERM fast deckungsgleich sind bzw. nur marginale Unterschiede aufweisen.

Im Kontext des maximalen Punktwertes von 340 für die befragten Teilkriterien 5a bis 5e sowie 6a und b gruppieren sich die Ergebnisse der Teilnehmerbefragung bei acht Organisationen in den Durchschnittswerten über alle drei Kernprozesse in einem Bereich von 150 bis 250 Punkten: Nur bei einer Organisation

---

[345] Entsprechende Grafiken, die dies für die einzelnen BQGen auf der Ebene der Teilkriterien aufzeigen, sind im Anhang G abgedruckt.

weichen die Punktwerte nach oben, bei einer Organisation nach unten ab. Lediglich beim Kernprozess SPB wichen zwei Organisationen nach oben ab. Bei den Abweichungen nach *oben* lagen klare bis umfassende Hinweise (Punktwert 250 - 300), dagegen bei der Abweichung nach *unten* nur einige Hinweise (Punktwert unter 150) dafür vor, dass die Organisationen aus Sicht der Teilnehmer ihre Prozesse gestalten und managen, Ergebnisse ermitteln und die individuelle Beschäftigungsfähigkeit fördern.

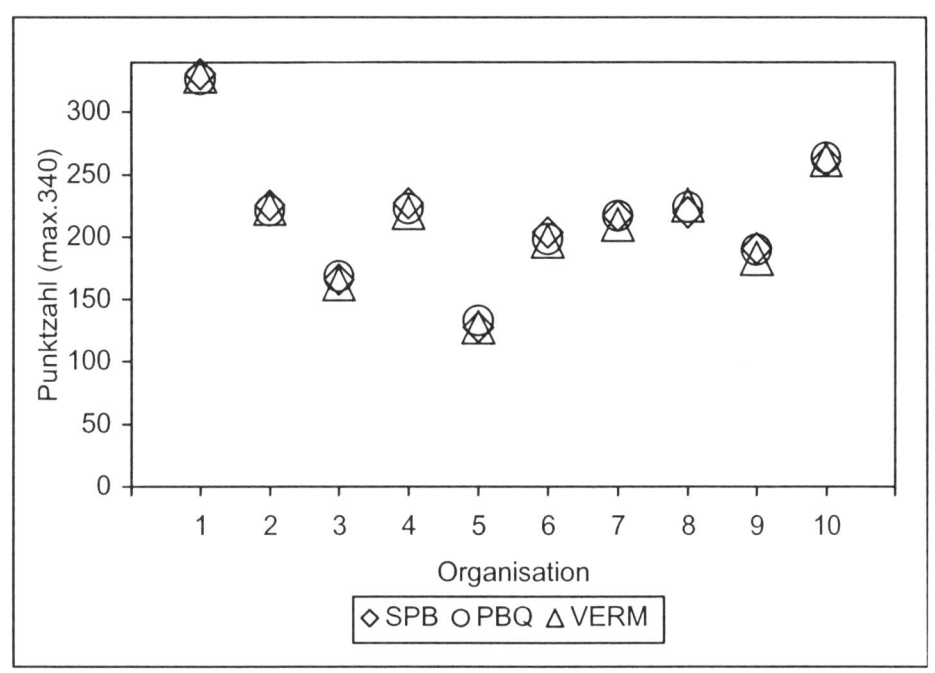

Abbildung 55: Organisationsbezogene Ergebnisse der Teilnehmerbefragung

Ein Vergleich der Ergebnisse der Teilnehmerbefragung für die einzelnen BQGen mit dem ermittelten QM-Stand der Organisationen erfolgt in Kapitel 9.2.

Das Gesamtergebnis der *Teilnehmerbefragung* wird im Folgenden - analog zu den Ergebnissen der *Organisationsbefragung* (d.h. der zusammengeführten *Einrichtungsbefragung* und *Mitarbeiterbefragung*) - organisationsübergreifend anhand der untersuchten Kernprozesse und der Hinweise-Systematik dargestellt. Dabei werden die drei Kernprozesse getrennt betrachtet.

9.2.2.2. Der Kernprozess Sozialpädagogische Begleitung

In der Betrachtung der Ergebnisse aus allen zehn untersuchten Beschäftigungs- und Qualifizierungsgesellschaften zum Kernprozess Sozialpädagogische Begleitung ergeben sich aus Sicht der Teilnehmer zu den jeweiligen Teilkriterien die in Abbildung 56 dargestellten Ergebnisse.

Bei acht Organisationen konnte im Bereich des *Kriteriums 5* festgestellt werden, dass der Prozess Sozialpädagogische Begleitung - und somit das Management des Prozesses - aus Sicht der Teilnehmer sehr systematisch gestaltet wird, und dass interne und externe Schnittstellen den Teilnehmern bekannt sind (5a - *klare Hinweise*). Nur in einer Organisation gab es lediglich einige Hinweise, dass systematische Verbesserungsverfahren für die SPB, die sich durch fachlich-methodische Fortentwicklung an den Bedürfnissen der Kunden ausrichten sollen, deren Bedürfnisse aktiv einbeziehen. Aus neun Organisationen äußerten die Teilnehmer, dass dies deutlich geschieht. (5b - *Hinweise*).

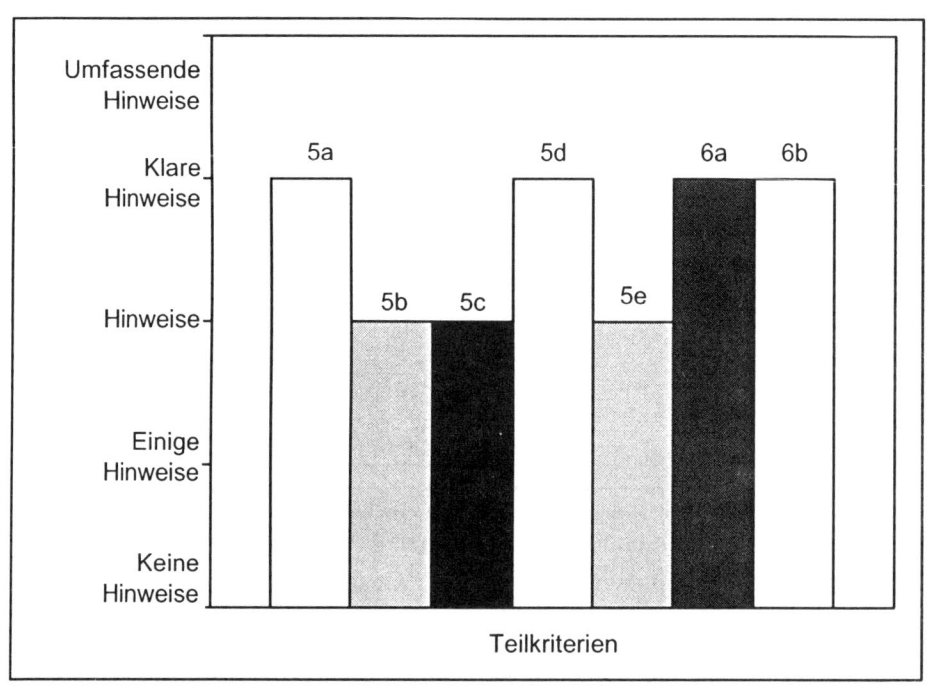

Abbildung 56: Organisationsübergreifende Ergebnisse der Teilnehmerbefragung zum Kernprozess SPB - Bewertung mit Hinweisen

Nach Angaben der Teilnehmer gab es in sieben BQGen Hinweise darauf, dass der Kernprozess SPB aufgrund der Bedürfnisse und Erwartungen der Teilnehmer - und auch in einem angemessenen Maß aufgrund der Erwartungen der Geld- und Arbeitgeber - entwickelt und gestaltet wird (5c - *Hinweise*).

Der Kernprozess SPB wird von allen Organisationen in einer klar definierten Weise den Teilnehmern zur Verfügung gestellt. Dies zeigt sich auch darin, dass die Mitarbeiter für die Teilnehmer z.B. durch feste Sprechstunden und Terminvergaben gut erreichbar sind (5d - *klare Hinweise*). Bezüglich des Aspektes der systematischen Pflege der Beziehungen zu den Kunden zeigte sich, dass im Durchschnitt der Organisationen diese Beziehungen im Kernprozess SPB gepflegt werden. Die Teilnehmer wissen, an wen sie sich mit ihren Problemen wenden können, und dass nach Ausscheiden aus der Organisation das Angebot der Kontaktpflege besteht (5e - *Hinweise*).

Insgesamt gibt es zum Kernprozess SPB somit *klare Hinweise* von den Teilnehmern, dass ihre Beschäftigungsfähigkeit durch die Führung des Kernprozesses SPB gefördert wird (*Kriterium 5*).

Es gibt aus Sicht der Teilnehmer (6a) *klare Hinweise*, dass Messergebnisse in Bezug auf die Zufriedenheit der Teilnehmer mit dem Kenprozess SPB ermittelt werden, und dass diese Messergebnisse Auskunft über den Ausprägungsgrad der Zufriedenheit geben. Die Teilnehmer bestätigen, dass Daten erhoben und Messergebnisse aus ihrer Perspektive ermittelt werden, und dass sie mit den Angeboten innerhalb des Kernprozesses SPB zufrieden sind. Ebenso gibt es aus Sicht der Teilnehmer (6b) *klare Hinweise*, dass die Inanspruchnahme der Leistungen des Kernprozesses Sozialpädagogische Begleitung Einfluss auf die Zielerreichung der Maßnahme sowie auf die Vermeidung von Maßnahmeabbrüchen hat. 135 von 192 Teilnehmer gaben an, dass die Angebote der Sozialpädagogischen Begleitung helfen, das Maßnahmeziel zu erreichen; sie erkennen an, dass sich damit ihre Chancen erhöhen, eine Arbeit nach Ende der Maßnahme zu finden. 65 Teilnehmer begründeten explizit ihre Entscheidung, die Maßnahme durch- und fortzuführen, mit den Angeboten des Kernprozesses Sozialpädagogische Begleitung.

Insgesamt gibt es zum Kriterium Kundenbezogene Ergebnisse (6) aus Sicht der Teilnehmer *klare Hinweise*, dass Daten erhoben und Messergebnisse ermittelt werden, wie die Teilnehmer den Prozess Sozialpädagogische Begleitung wahrnehmen und bewerten. Die Leistungen des Kernprozesses weisen aus Sicht der Teilnehmer Wirkungen in Bezug auf das Maßnahmeziel und auf die Vermeidung von Maßnahmeabbrüchen aus. Somit beurteilen die Teilnehmer ihre Förderung der Beschäftigungsfähigkeit durch diese Verfahren als hoch.

Zusammengefasst ergibt diese Befragung, dass aus Sicht der Teilnehmer im Kernprozess SPB in hohem Maße eine Förderung der Beschäftigungsfähigkeit stattfindet. Die Teilnehmer schreiben den in den BQGen angewendeten Verfahren eine hohe Qualität zu.

9.2.2.3. Der Kernprozess Persönliche und Berufliche Qualifizierung und Beschäftigung

In der Betrachtung der Ergebnisse aus allen zehn untersuchten Beschäftigungs- und Qualifizierungsgesellschaften zum Kernprozess PBQ ergeben sich aus Sicht der Teilnehmer zu den jeweiligen Teilkriterien die in Abbildung 57 dargestellten Ergebnisse.

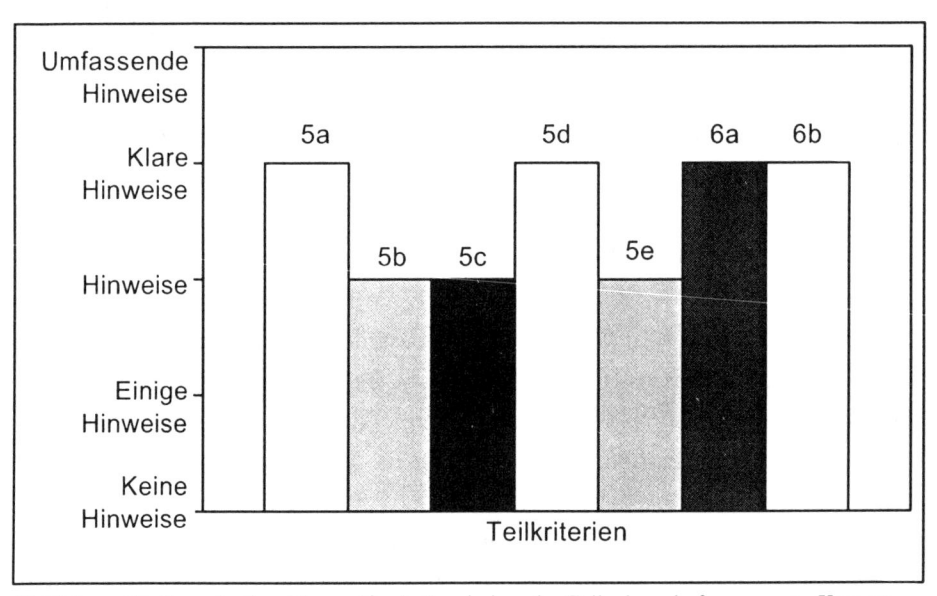

Abbildung 57: Organisationsübergreifende Ergebnisse der Teilnehmerbefragung zum Kernprozess PBQ - Bewertung mit Hinweisen

Der Prozess Persönliche und Berufliche Qualifizierung und Beschäftigung ist bei den Teilnehmern bekannt und wird bei allen Organisationen mit seinen internen und externen Schnittstellen durch die Teilnehmer wahrgenommen (5a - klare Hinweise). In acht BQGen bestätigen die Teilnehmer, dass ihre Bedürfnisse bei der Prozessgestaltung häufig berücksichtigt werden. Sie werden nach Verbesserungsvorschlägen gefragt und diese werden auch oft angenommen (5b - Hinweise).

Der Prozess der Qualifizierung und Beschäftigung wird laut Auskunft der Teilnehmer oft an ihren Bedürfnissen ausgerichtet. Jedoch hatten die Teilnehmer in geringerem Maße den Eindruck, dass der Prozess an den Bedürfnissen der *Geld- und Arbeitgeber* ausgerichtet wird (5c - *Hinweise*). In den untersuchten BQGen zeigte sich, dass der Kernprozess PBQ für die Teilnehmer gut vertreten ist und dass die anleitenden Mitarbeiter für sie gut erreichbar sind (5d - *klare Hinweise*). Die Kundenpflege wurde von den Teilnehmern insofern positiv bewertet, als diese in sieben BQGen die Auskunft gaben, dass die Beziehungen zu den Teilnehmern innerhalb der PBQ vertieft und gepflegt werden. Die Teilnehmer gaben bei sechs Organisationen *klare Hinweise* und bei vier Organisationen *Hinweise,* dass sie darüber Kenntnis haben, wo sie sich innerhalb der Organisation beschweren können. Im Weiteren wurde deutlich, dass eine Kontaktpflege zu ausgeschiedenen Teilnehmern besteht (5e - *Hinweise*).

Insgesamt gibt es zum Kriterium Prozesse (5) aus Sicht der Teilnehmer *Hinweise*, dass die Einrichtungen den Kernprozess Persönliche und Berufliche Qualifizierung und Beschäftigung gestalten, managen und verbessern, um ihre Kunden voll zufrieden zu stellen.

Der überwiegende Anteil der Befragten ist mit den Angeboten innerhalb dieses Kernprozesses zufrieden. Hier gibt es *klare Hinweise*, dass Messergebnisse in Bezug auf die Zufriedenheit der Teilnehmer mit diesem Kernprozess ermittelt werden (6a). Ebenso gibt es *klare Hinweise*, dass die Inanspruchnahme der Leistungen des Kernprozesses PBQ Einfluss auf die Zielerreichung der Maßnahme sowie auf die Vermeidung von Maßnahmeabbrüchen hat (6b). 135 von 192 Teilnehmer gaben an, dass die Angebote der Persönlichen und Beruflichen Qualifizierung und Beschäftigung helfen, das Maßnahmeziel zu erreichen und ihre Chancen zu erhöhen, eine Arbeit nach Ende der Maßnahme zu finden. 82 Teilnehmer begründeten ihre Entscheidung, die Maßnahme durch- und fortzuführen, mit den Angeboten diese Kernprozesses.

Damit gibt es zum Kriterium Kundenbezogene Ergebnisse (6) aus Sicht der Teilnehmer *klare Hinweise*, dass Daten erhoben und Messergebnisse ermittelt werden, wie die Teilnehmer den Prozess Persönliche und Berufliche Qualifizierung und Beschäftigung wahrnehmen und bewerten. Die Leistungen des Kernprozesses weisen aus Sicht der Teilnehmer Ergebnisse in Bezug auf das Maßnahmeziel und auf die Vermeidung von Maßnahmeabbrüchen aus.

In der Zusammenschau aller BQGen zum Kernprozess Persönliche und Berufliche Qualifizierung und Beschäftigung gibt es aus Sicht der Teilnehmer *klare Hinweise*, dass die Einrichtungen sich durch Gestaltung, Management und Verbesserung des Prozesses, durch Erhebung von Kundenbezogenen Daten und durch Messergebnisse zur Leistungsüberwachung innerhalb des Prozesses darum bemühen, Qualität der Verfahren zu sichern, um ihre Kunden voll zufrieden zu stellen. Es gibt klare Hinweise, dass Daten erhoben und Messergebnisse ermittelt werden, wie die Teilnehmer den Prozess PBQ wahrnehmen und bewerten. Die Leistungen des Kernprozesses weisen aus Sicht der Teilnehmer Wirkungen in Bezug auf das Maßnahmeziel und die Vermeidung von Maßnahmeabbrüchen aus. Somit sind die Teilnehmer der Ausfassung, dass der Kernprozess PBQ in hohem Maße ihre Beschäftigungsfähigkeit fördert.

9.2.2.4. Der Kernprozess Vermittlung in den Ersten Arbeitsmarkt

In der Betrachtung der Ergebnisse aus allen zehn untersuchten Beschäftigungs- und Qualifizierungsgesellschaften zum Kernprozess Vermittlung in den Ersten Arbeitsmarkt ergeben sich aus Sicht der Teilnehmer zu den jeweiligen Teilkriterien die in Abbildung 58 dargestellten Ergebnisse.

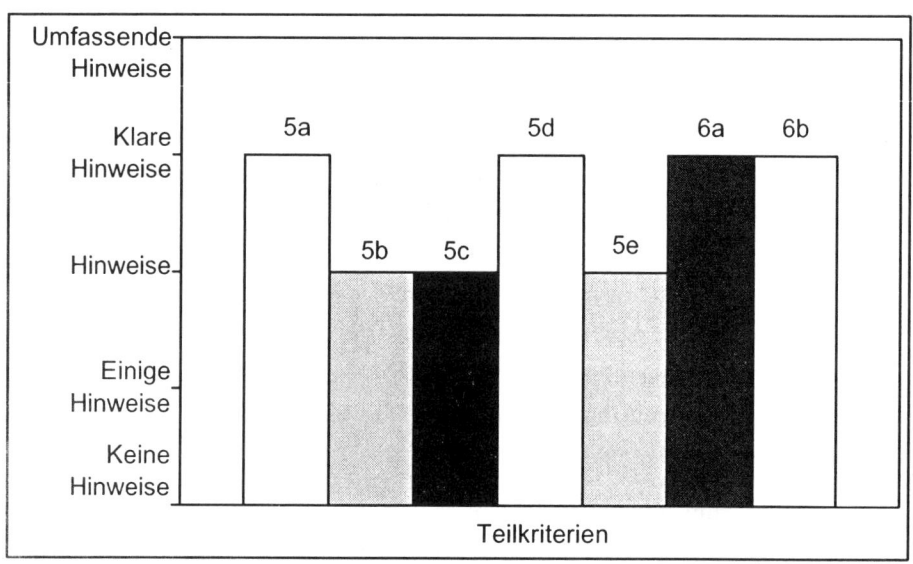

Abbildung 58: Organisationsübergreifende Ergebnisse der Teilnehmerbefragung zum Kernprozess VERM - Bewertung mit Hinweisen

Der Kernprozess der Vermittlung ist in den BQGen nach Aussagen der Teilnehmer systematisch geführt; er ist mit seinen internen und externen Schnittstellen bei den Teilnehmern bekannt (5a - *klare Hinweise*). Die Bedürfnisse der Teilnehmer werden dabei in einem mittleren Umfang einbezogen. Hier äußerten diese, dass ihre Verbesserungsvorschläge erfragt und auch manchmal angenommen werden (5b - *Hinweise*). Ebenso werden in einem mittleren Umfang die Wünsche der Teilnehmer sowie der Geld- und Arbeitgeber bei der Vermittlung einbezogen (5c - *Hinweise*).

Dem größten Teil der Teilnehmer ist klar, dass sie den Prozess Vermittlung in Anspruch nehmen können, und dass dafür auch in großem Umfang Mitarbeiter ansprechbar sind (5d - *klare Hinweise*). In sieben Einrichtungen gibt es bezüglich der Vermittlung Hinweise, dass die Beziehungen zu den Teilnehmern systematisch gepflegt werden. Den Teilnehmern ist eindeutig die Möglichkeit bekannt, Beschwerden zu äußern und nach Ausscheiden aus der Maßnahme Kontakt zu den Mitarbeitern der Organisation zu halten (5e - *Hinweise*).

In dieser Gesamtsicht auf das Kriterium 5 lässt sich feststellen, dass die Teilnehmer Hinweise geben, dass der Prozess der Vermittlung systematisch geführt wird.

In Bezug auf die Ergebnisaspekte im Prozess Vermittlung zeigt die Teilnehmerbefragung, dass es *klare Hinweise* darauf gibt, dass dieser Prozess aus der Sicht der Teilnehmer durch die BQGen überwacht wird. Es werden sowohl Daten dazu erhoben als auch die Zufriedenheit der Teilnehmer mit der Betreuung im Vermittlungsprozess abgefragt (6a). Die Bedeutung des Prozesses für die Zielerreichung in der Maßnahme schätzen die Teilnehmer ebenfalls hoch ein. In acht Organisationen äußerten die Teilnehmer, dass die Vermittlung ein Element ist, welches das Erreichen des Maßnahmeziels fördert sowie einen Abbruch der Maßnahme verhindert. 72 Teilnehmer begründeten ihre Entscheidung, die Maßnahme durch- und fortzuführen, mit den Angeboten des Kernprozesses Vermittlung in den Ersten Arbeitsmarkt (6b - *klare Hinweise*).

Im Bereich des Kriteriums 6 äußern die Teilnehmer eine hohe Zufriedenheit mit der Prozessgestaltung in der Vermittlung hinsichtlich der Förderung ihrer Beschäftigungsfähigkeit.

In der Zusammenschau aller Befragungsaspekte zum Kernprozess Vermittlung in den Ersten Arbeitsmarkt über alle befragten BQGen gibt es aus Sicht der Teilnehmer *klare Hinweise*, dass die Einrichtungen innerhalb dieses Prozesses durch Gestaltung, Management und Verbesserung des Prozesses, Erhebung von Kundenbezogenen Daten und durch Messergebnisse zur Leistungsüberwachung die Qualität der Verfahren sichern, um ihre Kunden voll zufrieden zu stellen. Die Leistungen des Kernprozesses weisen aus Sicht der Teilnehmer Wirkungen in Bezug auf das Maßnahmeziel und die Vermeidung von Maßnahmeabbrüchen aus. Somit fördern die BQGen in diesem Kernprozess in einem hohen Maße die Beschäftigungsfähigkeit der Teilnehmer.

9.3 Vergleich der Organisationsbefragung und der Teilnehmerbefragung

Zum Abschluss sollen noch die Ergebnisse der soweit beschriebenen Befragungen - der hier zuletzt dargestellten *Teilnehmerbefragung* sowie der *Organisationsbefragung* (bestehend aus der *Einrichtungsbefragung* und der *Mitarbeiterbefragung*) - in einer komprimierten Form gegenübergestellt werden.

Die Grafik in Abbildung 59 enthält:

- die Teilnehmerbefragung verbunden mit den drei bekannten Kernprozessen (TN-...)
- die Organisationsbefragung ebenfalls verbunden mit den drei bekannten Kernprozessen (Org.-...)

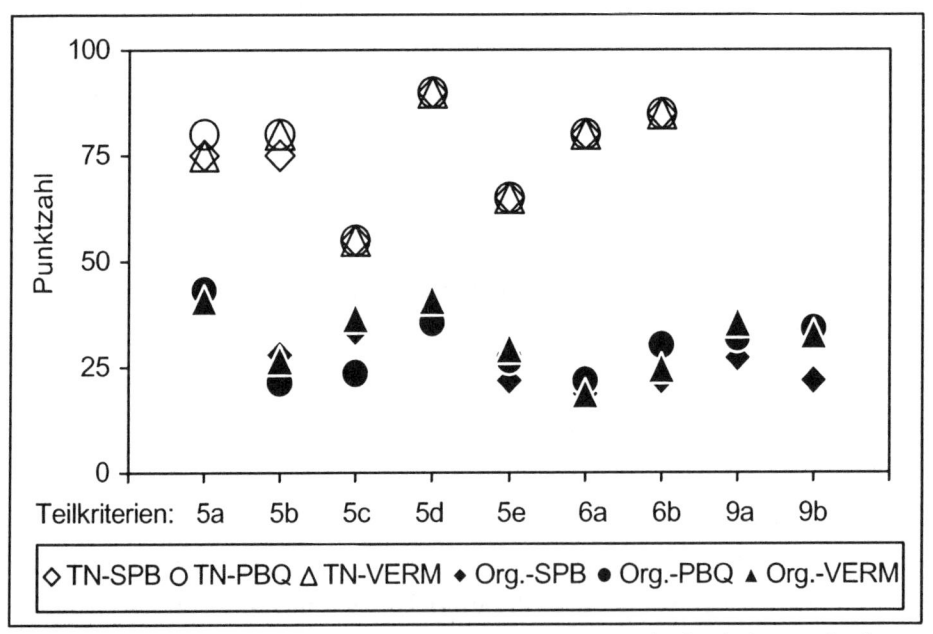

Abbildung 59: Vergleich der Ergebnisse der Teilnehmer- und Organisationsbefragung für die Kernprozesse

Diese Werte sind aufgetragen für die *Kriterien* (5a-9b); sie sind für alle zehn Organisationen gemittelt. Es zeigt sich, dass in der *Teilnehmerbefragung* die Bewertungen der Kernprozesse durch die Teilnehmer in allen Teilkriterien im Durchschnitt höher ausfielen, als dies die *Organisationsbefragung* ergeben hat.

Die *Teilnehmer* nehmen das von den BQGen entwickelte und realisierte QM als deutlich besser wahr, als sich dies in der am EFQM-RADAR-Schema orientierten Bewertung der *Organisationsbefragung* (d.h. durch Befragung von Leitungspersonal und Mitarbeiter) darstellt.

Dies kann einerseits eine Ursache darin haben, dass die *Teilnehmer* nicht nur die durch das QM gebotenen Leistungen bewerten, sondern eine ganzheitliche Sicht auf die ihnen gebotenen Dienstleistungen einnehmen. Für diese Annahme spricht auch, dass sie offensichtlich keine Sensibilität für die drei unterschiedlichen Kernprozesse haben. Sie bewerten sie fast identisch, obwohl die *Organisationsbefragung* durchaus Unterschiede zu Tage gefördert hat. Andererseits kann es aber auch sein, dass die Teilnehmer - aufgrund der z.T. sehr langen, den Maßnahmen vorausgehende Arbeitslosigkeit - besonders sensibel und damit positiv auf jede ihnen gebotene Hilfestellung reagieren und somit einen wenig kritischen Blick auf die Angebote und Kernprozesse einnehmen.

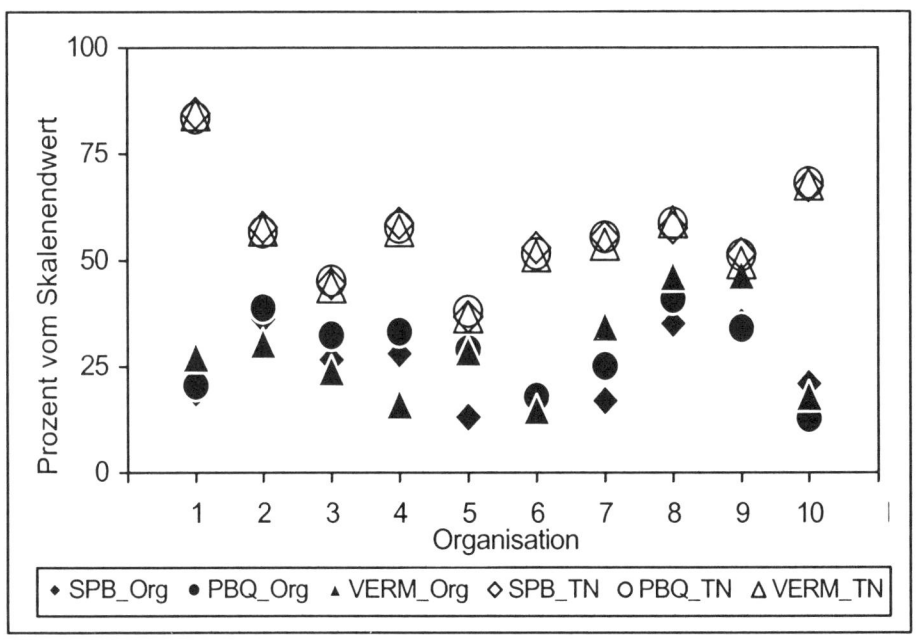

Abbildung 60: Vergleich der Organisations- und Teilnehmerbefragung für die einzelnen BQGen

Betrachtet man nun den Vergleich zwischen *Teilnehmerbefragung* und *Organisationsbefragung* für die *einzelnen BQGen*, so zeigt sich das in Abbildung 60 dargestellte Bild.

Hier zeigt sich, dass für einzelne BQGen die Bewertungen der *Teilnehmer* - auf der Basis der zu Kernprozessen zusammengezogenen Teilkriterien - höher ausfallen, als dies die *Organisationsbefragung* ausweist. Zwar fallen die *Teilnehmerbewertungen* bei einigen BQGen eng mit den Werten der *Organisationsbefragung* zusammen; z.T. liegen die Bewertungen jedoch sehr weit auseinander, wie z.B. bei den Organisationen 1, 4, 6 und 10.

9.4 Bewertung der Ergebnisse der Teilnehmerbefragung

Mit der Teilnehmerbefragung sollte die Wirkung - hier der individuelle Nutzen bzw. Erfolg der sozialen Dienstleistungen - bezogen auf die Förderung der Beschäftigungsfähigkeit der Teilnehmer analysiert werden. Dabei sollte der Zusammenhang zwischen dem Bemühen der BQGen um die Förderung der Beschäftigungsfähigkeit der Teilnehmer einerseits, und der Wahrnehmung dieses Bemühens durch die Teilnehmer andererseits analysiert werden. Die Fragestellung lautete folglich: Inwiefern können die Teilnehmer erkennen, dass sich die Organisationen um Qualität und Förderung der Beschäftigungsfähigkeit bemühen, und wie bewerten sie dieses Bemühen im Hinblick auf die Förderung ihrer Beschäftigungsfähigkeit?

Die Ergebnisse der Teilnehmerbefragung haben gezeigt, dass in allen drei untersuchten Kernprozessen *klare Hinweise* aus Sicht der Teilnehmer bestehen, dass die Organisationen sich durch Gestaltung, Management und Verbesserung der Prozesse, Erhebung von Kundenbezogenen Daten und Messergebnissen zur Leistungsüberwachung innerhalb der Prozesse darum bemühen, die Beschäftigungsfähigkeit der Teilnehmer zu fördern.

Im Kontext der Befragungsgegenstände gibt es damit *klare Hinweise*, dass den Teilnehmern die Prozesse bekannt sind, dass ferner die Erreichbarkeit, die Zusammenarbeit und der Informationsaustausch unter den Mitarbeitern gegeben ist; auch werden Zielvereinbarungen und Verlaufspläne erstellt, und es werden Zufriedenheit und Verbesserungswünsche ermittelt, Beschwerdemöglichkeiten sind gegeben, die Kostenträger und potentiellen Arbeitgeber sind in den Maßnahmeverlauf einbezogen, und die angebotenen Prozesse haben Einfluss auf die Erreichung des Maßnahmeziels und die Vermeidung von Abbrüchen.

Insgesamt drücken die erzielten Ergebnisse aus Sicht der Teilnehmer einen hohen Qualitätsgrad der von den BQGen eingesetzten Verfahren und Prozesse aus. Die klaren Hinweise machen deutlich, dass die Teilnehmer sich überzeugt von den Leistungen der Organisationen zeigen. Die Kernprozesse entsprechen den Teilnehmerwertungen und sind der Zieldimension „Förderung der Beschäftigungsfähigkeit" dienlich. Wie oben beschrieben, wurde die Befragung der Teilnehmer aus den *theoretischen Grundaussagen* zu Anforderungen an ein QM (nach dem EFQM-Modell) und aus den Aspekten einer *interaktiven Beschäftigungsfähigkeit* abgeleitet. Damit zeigt das Ergebnis der Teilnehmerbefragung, dass die Teilnehmer aus BQGen, in denen QM angewendet wird, von diesem QM im Hinblick auf die Förderung ihrer Beschäftigungsfähigkeit profitieren. Ob diese Ergebnisse auch ohne QM erreichbar wäre lässt sich jedoch aus dieser Untersuchung nicht ableiten; denn es gibt *keinen* linearen Zusammenhang zwischen dem ermittelten *QM-Stand der Organisation* und den Ergebnissen der *Teilnehmerbefragung.*

Die Abbildungen 59 und 60 haben damit allerdings Folgendes deutlich gemacht: Wenn die Teilnehmer die Förderung ihrer Beschäftigungsfähigkeit als hoch bewerten, lässt sich daraus nicht auf ein hoch entwickeltes QM-System rückschließen.[346] Die Teilnehmer sind zwar Indikatoren für die gesamte Leistungsfähigkeit der Organisationen, aber ein direkter Rückschluss auf ein gut entwickeltes QM hat sich nicht bestätigt.

Dies bedeutet als Konsequenz für zukünftige Zertifizierungsverfahren nach § 84 SGB III: Bei der Bewertung des Qualitätsmanagementstandes durch externe Gesellschaften können die Sichten der *Maßnahmeteilnehmer* lediglich *einen* Aspekt im Rahmen einer externen Begutachtung ausmachen. Wird jedoch im Rahmen der Qualitätsprüfung verstärkt nach der Leistungsfähigkeit der Weiterbildungsträger und Qualifizierungsgesellschaften geschaut, ist - neben der Eingliederungsquote in den Ersten Arbeitsmarkt - die Bewertung der Dienstleistung *durch die Teilnehmer* ein entscheidender Indikator.

Nach derzeitigem Stand sieht der § 84 SGB III hinsichtlich eines zukünftigen Zertifizierungsverfahrens sowohl die Überprüfung der Leistungsfähigkeit wie auch die Anwendung eines Qualitätsmanagementsystems vor. Es ist jedoch auch neun Monate nach Inkrafttreten des Gesetzes völlig unklar, wie die operative Umsetzung erfolgen soll. Es ist offen, welche Institutionen als sog. „fachkundige Stellen" die Qualitätsprüfungen vornehmen sollen, und welche konkreten Nachweise die Träger von Weiterbildungsmaßnahmen erbringen müssen. Die hoffentlich zur Klärung beitragende, notwendige Rechtsverordnung ist für

---

[346] Zumindest lässt sich nicht auf ein für externe Beobachter ermittelbares, hoch entwickeltes QM-System rückschließen.

den September 2003 angekündigt.[347] Die hier vorgestellten Erfahrungen, Beobachtungen und Folgerungen könnten zu einer angemessenen Entwicklung brauchbarer Werkzeuge beitragen.

---

[347] telefonische Auskunft von Frau Raskopp vom BiBB am 01.09.03

10 Beschäftigungsfähigkeit aus der Sicht von Arbeitgebern und Multiplikatoren

Wie zuvor erläutert, wurden in dem hier beschriebenen Forschungsprojekt insgesamt fünf unterschiedliche Befragungen durchgeführt, die sich auf 10 verschiedene BQGen bezogen:

- die Einrichtungsbefragung (vgl. Kap. 8.1) - hier wurden die Leitungsebenen der untersuchten BQGen befragt;
- die Mitarbeiterbefragung (vgl. Kap. 8.2) – hier wurden Mitarbeiter aus diesen BQGen auf der operativen Ebene der Einrichtungen befragt;
- die Teilnehmerbefragung (vgl. Kap. 9) - hier wurden Teilnehmer aus den Maßnahmen dieser BQGen befragt;
- die Arbeitgeberbefragung (vgl. das hier folgende Kap.10.1) – hier wurden Arbeitgeber aus dem Umfeld der untersuchten BQGen befragt;
- die Multiplikatorenbefragung (vgl. Kap. 10.2) – hier wurden Multiplikatoren im Umfeld der untersuchten BQGen befragt.

In diesem Kapitel 10 werden nun die beiden Befragungen der *Arbeitgeber* und der *Multiplikatoren* dargestellt.

10.1 Befragung von Arbeitgebern des Ersten Arbeitsmarktes

10.1.1 Rahmenentscheidungen

Die Befragung der Arbeitgeber war ein weiterer Bestandteil des Forschungsprojektes neben den Befragungen der *Leitungsebenen (Einrichtungsbefragung)*, der *Mitarbeiter (Mitarbeiterbefragung)* und der *Teilnehmer an den Maßnahmen (Teilnehmerbefragung)* dieser BQGen.

Die Befragung der *Arbeitgeber* sollte eine qualitative Erhebung in 30-50 Unternehmen des Ersten Arbeitsmarktes sein, deren Beschäftigte u.a. ehemalige Teilnehmer von Beschäftigungs- und Qualifizierungsmaßnahmen sind. Die Auswahl der zu befragenden Unternehmen erfolgte einerseits durch die Beschäftigungs- und Qualifizierungsgesellschaften. Andererseits wurden Unternehmen aus dem Bereich der kleinen und mittleren Unternehmen aus Branchen, in denen Geringqualifizierte üblicherweise am ehesten Beschäftigung finden können, nach dem Zufallsprinzip ausgewählt. Die zu befragenden Arbeitgeber waren eine sehr heterogene Gruppe; dies entspricht der Realität der BQGen, da die hier betrachteten Maßnahmen ebenfalls sehr unterschiedlich sind und für die unterschiedlichsten Branchen qualifizieren sollen. Bei der Auswahl der Unternehmen wurde grob darauf geachtet, dass sich die Branchen widerspiegeln, in denen auch die 10 untersuchten BQGen der Studie tätig waren. Die Gestaltung des Befragungsinstrumentes musste dementsprechend branchenunabhängig gestaltet werden, um allen Angesprochenen gerecht zu werden.

Das Ziel der Befragung der Arbeitgeber war zu untersuchen, woran Unternehmen die *Beschäftigungsfähigkeit* der Teilnehmer aus Beschäftigungs- und Qualifizierungsmaßnahmen festmachen, und welche Qualifizierungen aus Arbeitgebersicht gefördert werden sollten. Aufgrund der Aussagen der Unternehmen über ihre Anforderungen an die Beschäftigungsfähigkeit der Maßnahmeabsolventen sollte ein Abgleich mit dem von den BQGen im Rahmen ihres QM Geleisteten vorzunehmen sein.

In den in Kapitel 8 und 9 dargestellten Untersuchungsteilen war der QM-Stand der BQGen erhoben worden. Mit der *Arbeitgeberbefragung* sollten nun arbeitsmarktorientierte Teilziele für die Kernprozesse *Sozialpädagogische Begleitung, Persönliche und Berufliche Qualifizierung und Beschäftigung* und *Vermittlung in den Ersten Arbeitsmarkt* aus der Arbeitgebersicht ermittelt werden. Es sollte überprüft werden, inwiefern diese Teilziele mit den QM-Aktivitäten der BQGen übereinstimmen. Mit dieser Befragung sollte daher über die Untersuchung der Förderung der hypothetischen Beschäftigungsfähigkeit durch das QM[348] hinaus gegangen werden. Es sollte festgestellt werden, ob die BQGen im Sinne des Arbeitsmarktes „die richtigen Dinge" tun.

10.1.2 Entwicklung und Durchführung der Befragung

Anknüpfend an die im QMiB-Modell der Beschäftigungsfähigkeit benannten Wirkungsbereiche der BQGen - und abgeleitet aus den Gegenständen der zuvor dargestellten Befragungen - wurde ein Fragebogen bzw. Interviewleitfaden mit den folgenden Schwerpunkten entwickelt:

a. Mindestanforderungen an die individuelle Beschäftigungsfähigkeit von Bewerbern sowie Ausschlusskriterien für eine Einstellung;
b. Erfahrungen mit Teilnehmern aus BQGen;

---

[348] vgl. Kapitel 6 und 9

c. Leistungserwartungen an die Beschäftigungs- und Qualifizierungsgesellschaften;

d. Einfluss von finanziellen Anreizen auf die Bereitschaft, ehemalige Maßnahmeteilnehmer einzustellen.

In dem Bereich: *„a. Mindestanforderungen an die individuelle Beschäftigungsfähigkeit von Bewerbern sowie Ausschlusskriterien für eine Einstellung"* war herauszufinden, welche Merkmale oder Eigenschaften Bewerber aufweisen sollen, um als beschäftigungsfähig für ein Unternehmen zu gelten. Diese Eigenschaften und Merkmale sollten bezogen auf die soziale Lebenslage, auf persönliche und soziale Kompetenzen und auf außerfachliche Fähigkeiten und Fertigkeiten erfragt werden; sie beschreiben den Interventionsbereichen der BQGen. Der Aspekt der körperlichen Konstitution wurde zusätzlich aufgenommen. Auch wenn dieser spezielle Aspekt durch die BQGen bei einem einzelnen Teilnehmer nur wenig beeinflussbar ist, war es absehbar, dass er für die Arbeitgeber eine wichtige Rolle spielen würde.

Zu diesen Aspekten wurden Kontrollfragen gestellt, die thematisierten, welche Eigenschaften und Merkmale eine Einstellung von Zielgruppenpersonen grundsätzlich ausschließen.

Im Fragekomplex: *„b. Erfahrungen mit Teilnehmern aus BQGen"* sollte ermittelt werden, inwiefern die Unternehmen Defizite bei zur Einstellung vorgeschlagenen Teilnehmern feststellen konnten; ferner war zu fragen, welche dieser Defizite die Unternehmen selbst in der Lage waren zu kompensieren, oder welche zu einer Nichteinstellung führen würden. Mit diesem Aspekt wurde auch die Frage verbunden, ob es aus Sicht der Unternehmen *generell nicht vermittelbare Personen* gibt und welche Merkmale diese Personen aufweisen.

Im Fragenkomplex: *„c. Leistungserwartungen an die Beschäftigungs- und Qualifizierungsgesellschaften"* war herauszufinden, was die BQGen nach Meinung der Arbeitgeber leisten müssen, um die Teilnehmer beschäftigungsfähig zu machen.

In dem Fragebereich: *„d. Einfluss von finanziellen Anreizen auf die Bereitschaft, ehemalige Maßnahmeteilnehmer einzustellen"* sollte geklärt werden, inwiefern finanzielle Anreize zur Einstellung von Benachteiligten am Arbeitsmarkt bekannt sind, und welche Defizite in der individuellen Beschäftigungsfähigkeit seitens der Arbeitsgeber durch zusätzliche Finanzierungen kompensiert werden könnten.

Die Befragung wurde als Telefoninterview durchgeführt[349]. Der Interviewleitfaden ist im Anhang B abgedruckt und enthält Fragen zu den o.g. Aspekten. Die Fragen waren bezogen auf die Sektoren III und IV des QMiB-Modells zur Beschäftigungsfähigkeit[350] und zu den Kernprozessen SPB und PBQ, die allerdings begrifflich als „soziale Lebenslage" und „persönliche und soziale Kompetenzen" (= SPB), und als „außerfachliche Fähigkeiten" (= PBQ) bezeichnet wurden. Diese Fragen wurden ergänzt durch Fragen nach den Erfahrungen der Arbeitgeber mit ehemaligen Teilnehmern aus BQGen; diese Fragen zielten auf den Kernprozess VERM der BQGen ab.

Die Befragung wurde in zwei Wellen durchgeführt. Die erste fand von Mitte Juli bis Ende August 2002 statt, die zweite im September 2002.

In der ersten Welle wurden sieben Unternehmen befragt, die mit BQGen in direkter Kooperation standen. In der zweiten Welle wurden weitere 23 Unternehmen befragt; diese wurden aus ca. 120 Kontaktaufnahmen ausgewählt und waren bereit, telefonisch an dem Interview teilzunehmen. Die Interviewpartner kamen aus unterschiedlichen Branchen, wie z.B. Speditionen, Reinigungsunternehmen, Handwerksbetriebe u.a.. Die erste Auswahl der Unternehmen erfolgte danach, dass geringqualifizierte Personen in diesen eine Beschäftigungschance haben könnten.

Zur Auswertung kamen damit insgesamt 30 Befragungen. Diese setzten sich zusammen aus den sieben schriftlichen Befragungen der ersten Befragungswelle und den 23 telefonischen Interviews der zweiten Welle. Zu Beginn der Auswertung wurden die Antworten zu den einzelnen Fragen in Cluster zusammengefasst. Jedem Cluster wurde eine dem Inhalt der Antworten entsprechende Bezeichnung gegeben.

---

[349] In den Fällen, wo der Kontakt über die BQGen hergestellt wurde, wurde die Befragung aus organisatorischen Gründen schriftlich durchgeführt. Dies war in 7 Unternehmen der Fall.
[350] vgl. Kapitel 2.3

10.1.3 Ergebnisse der Arbeitgeberbefragung bezüglich Beschäftigungsfähigkeit

Im folgenden werden die Ergebnisse der Befragung bezüglich der unterschiedlichen Aspekte der *Beschäftigungsfähigkeit* aus der Sicht der Arbeitgeber dargestellt. Die Antworten werden aufgrund ihrer Fülle nicht vollständig aufgelistet. Die Zahlenangaben geben jeweils die Zahl der Nennungen innerhalb eines Clusters an.

Zunächst sollen die Ergebnisse bezüglich der Anforderungen an die individuelle Beschäftigungsfähigkeit von Bewerbern dargestellt werden. Dazu waren im Interview eine Frage und eine zugehörige Kontrollfrage gestellt. Die Frage lautete: *„Nennen Sie bitte Merkmale und Eigenschaften, die ein Bewerber um eine Arbeitsstelle in Ihrem Unternehmen mindestens aufweisen muss, und geben Sie dazu bitte jeweils eine kurze Erläuterung."* Die zugehörige Kontrollfrage lautete: *„Welche Merkmale und Eigenschaften eines Bewerbers in Ihrem Unternehmen schließen eine Einstellung grundsätzlich aus?"* Zu jeder dieser beiden Fragen wurden die gleichen Teilfragen gestellt, wie bereits oben in Kapitel 10.1.2 dargestellt wurde. Im Folgenden werden die Ergebnisse immer im Vergleich zwischen Frage und Kontrollfrage vorgestellt; in den Grafiken werden sie als *Anforderungen* und *Ausschlusskriterien* dargestellt.

Der erste Befragungsaspekt bezog sich auf die *soziale Lebenslage*. Insgesamt wurden bei dieser Frage 49 Antworten zu *Anforderungen* und bei der Kontrollfrage 26 Antworten zu *Ausschlusskriterien* gegeben.[351]

Diese Ergebnisse zeigen, dass die befragten Arbeitgeber klar benennen können, welche Anforderungen sie stellen (49); weniger klar benennen sie, was sie auf keinen Fall akzeptieren würden (26). Auffällig ist, dass die Freiheit von *Drogenkonsum* - bei einigen Antworten zumindest der kontrollierte Umgang mit

---

[351] In den folgenden Anmerkungen werden jeweils Beispiele für Einzelnennungen aufgeführt, die zu einem Cluster zusammengefasst wurden. Am Beispiel der Frage nach der Lebenslage sind dies z.B. bei „stabile soziale Lebenslage": fester Wohnsitz, gefestigtes soziales Umfeld, organisatorische Voraussetzungen beim Arbeitnehmer (z.B. telefonische Erreichbarkeit, zur Absprache von Terminen); Möglichkeiten der flexiblen Arbeitszeitplanung, d.h. Betreuung von Kindern u.ä. Ferner sollte gewährleistet sein
a. Schuldenfreiheit: schuldenfrei oder betreut durch eine Schuldnerberatung
b. Drogenfreiheit: genannt sind hier nicht ausschließlich illegale Drogen, sondern auch Alkoholmissbrauch
c. Gesamterscheinungsbild incl. biographische Merkmale: gepflegte äußere Erscheinung, keine Vorstrafen, kontinuierlicher Lebenslauf

Drogen - ein wichtiger Aspekt der Beschäftigungsfähigkeit ist. Hier liegen die Ergebnisse der Anforderungen- und Ausschlusskriterien am nächsten beieinander (16/17). Ebenso sind *geregelte soziale Lebensverhältnisse* für einen Teil der Befragten eine wichtige Größe (12), während nur wenige dies als Kriterium für den Ausschluss einer Beschäftigung nennen (2). Auch die *biografischen Merkmale bzw. das Gesamterscheinungsbild* spielen eine wichtige Rolle.

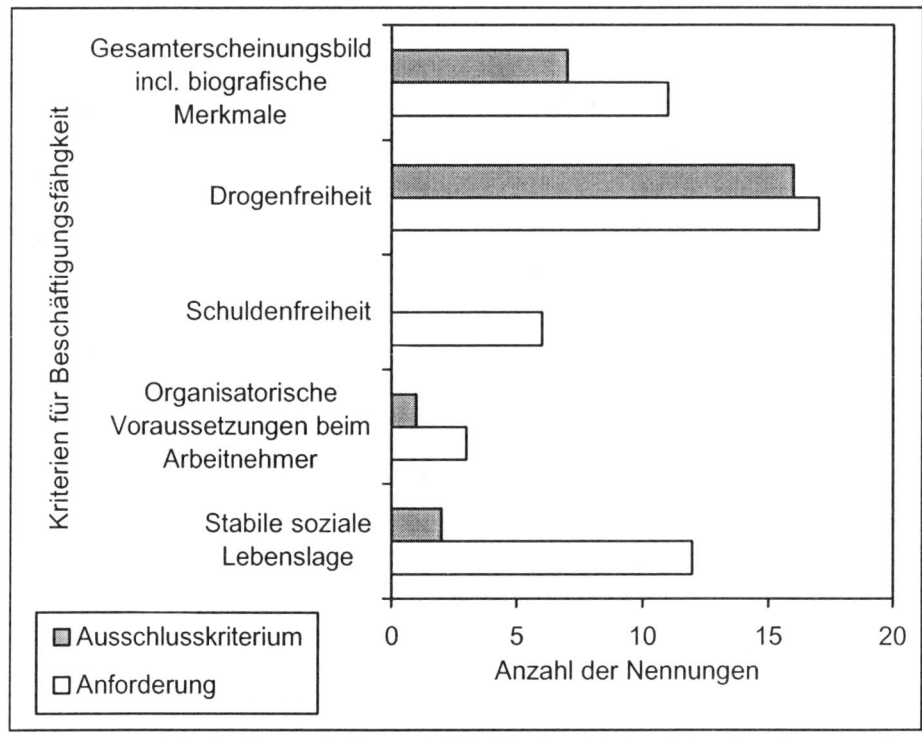

Abbildung 61: Kriterien für Beschäftigungsfähigkeit im Bereich der „Lebenslage" von Benachteiligten am Arbeitsmarkt aus der Sicht von Arbeitgebern (Anforderungen und Ausschlusskriterien)

Der zweite erfragte Aspekt bezog sich auf die *persönlichen und sozialen Kompetenzen*. Dazu wurden bei der Frage nach *Anforderungen* 133 Antworten gegeben, bei den *Ausschlusskriterien* dagegen nur 17.

Die genannten Kompetenzen verteilten sich auf die Cluster: *Kommunikations- und Kooperationsfähigkeit, Arbeitstugenden, positive Arbeitshaltung und ethische Grundhaltung.*[352]

Bei diesem Aspekt ist noch deutlicher als zuvor festzustellen, dass die Arbeitgeber eher ihre *Anforderungen* als ihre *Ausschlusskriterien* zu benennen wissen. *Kommunikations- und Kooperationsfähigkeit* und *Arbeitstugenden* überwiegen hier deutlich; dies weist darauf hin, dass hier gerade die Dinge gefordert werden, die durch langanhaltende Ausgrenzung aus dem Arbeitsmarkt bei den Betroffenen am stärksten verloren gehen.

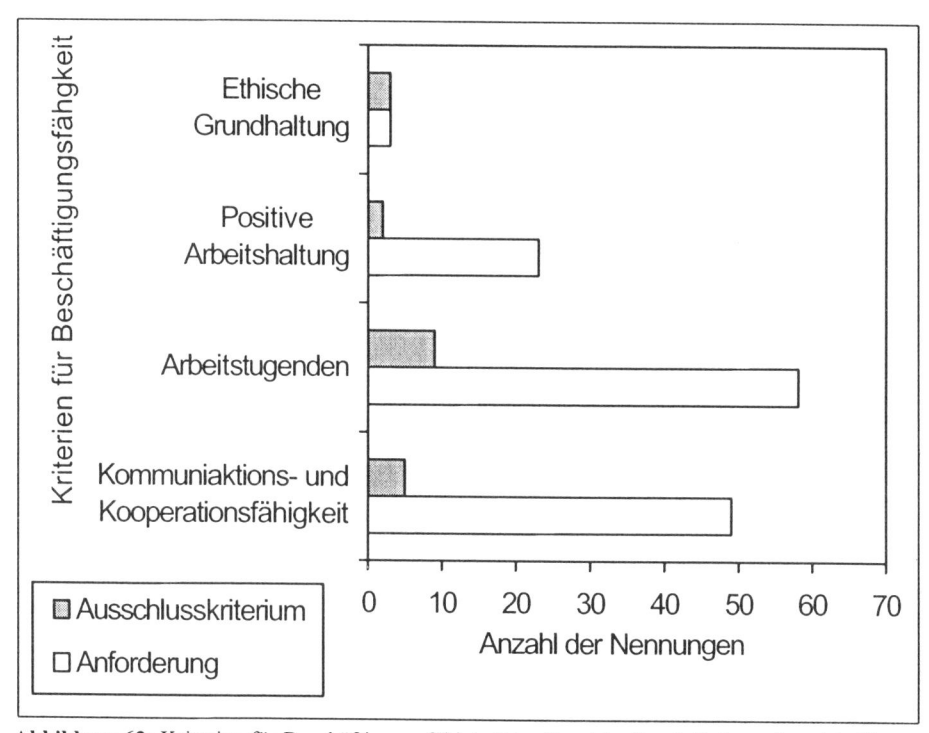

Abbildung 62: Kriterien für Beschäftigungsfähigkeit im Bereich „Persönliche und soziale Kompetenzen" von Benachteiligten am Arbeitsmarkt aus der Sicht von Arbeitgebern (Anforderungen und Ausschlusskriterien)

---

[352] Hier wurden genannt:
a. Kommunikations- und Kooperationsfähigkeit: Teamarbeit/Teamfähigkeit, Kommunikationsfähigkeit, Freundlichkeit, Konfliktfähigkeit
b. Arbeitstugenden: Pünktlichkeit, Verlässlichkeit/Zuverlässigkeit, Fleiß/Ordnung
c. positive Arbeitshaltung: lernwillig bzw. bereit sich in neue Arbeitsgebiete einzuarbeiten, Motivation, Flexibilität, eigenständiges Arbeiten/Eigeninitiative
d. ethische Grundhaltung: Toleranz

Der dritte Aspekt der Befragung bezog sich auf die *außerfachlichen Fähigkeiten* der Bewerber um einen Arbeitsplatz. Hier wurden 53 *Anforderungen* formuliert, während nur 9 Antworten zu *Ausschlusskriterien* gegeben wurden. Dabei kamen die Cluster: *angemessene Bildungsvoraussetzungen, Deutschkenntnisse, branchenspezifische Anforderungen* und *außerfachliche persönliche Fähigkeiten* zur Sprache.[353]

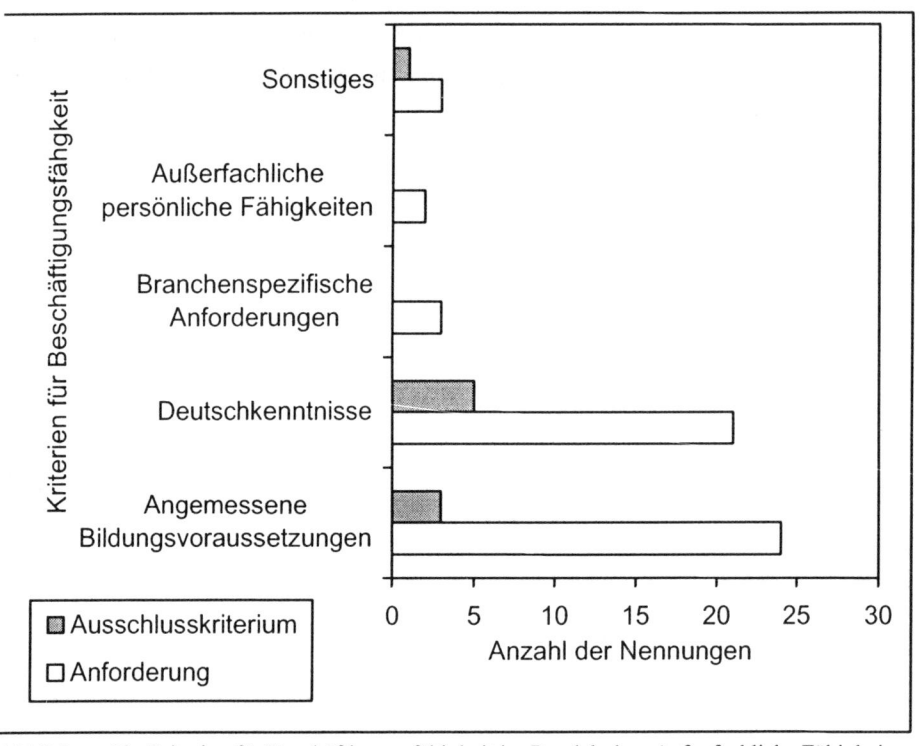

Abbildung 63: Kriterien für Beschäftigungsfähigkeit im Bereich der „Außerfachliche Fähigkeiten" von Benachteiligten am Arbeitsmarkt aus der Sicht von Arbeitgebern (Anforderungen und Ausschlusskriterien)

In Bezug auf die Zielgruppe, zu der die Arbeitgeber befragt wurden, wird deutlich, dass einerseits der *angemessene allgemeine Bildungsgrad* sowie die *deutschen Sprachkenntnisse Kernanforderungen* für die Arbeitgeber sind, um diese

---

[353] Hier wurden genannt:
a. angemessene Bildungsvoraussetzungen: lesen und schreiben, rechnen
b. Deutschkenntnisse: deutsche Sprachkenntnisse(Verständigung), sichere Sprachkenntnisse in Wort und Schrift
c. branchenspezifische Anforderungen: z.B. Englisch(Grundkenntnisse), Führerschein
d. außerfachliche persönliche Fähigkeiten: logisches Denken, Konzentrationsfähigkeit
e. Sonstiges

Personen einzustellen. Andererseits werden diese Dinge jedoch kaum genannt, wenn es um die *Ausschlusskriterien* geht, wobei hier die *Deutschkenntnis* wichtiger erscheinen als die *allgemeine Bildung*.

Im vierten und letzten Fragenaspekt zu den Kriterien der Beschäftigungsfähigkeit ging es um den Aspekt der *körperlichen Verfassung* der ggf. einzustellenden Arbeitslosen. Auf diesen Aspekt haben die BQGen geringen Einfluss in ihren Maßnahmen. Dennoch spielt dieser Aspekt für eine Vermittlungstätigkeit eine wichtige Rolle. Hier wurden bei der Frage nach *Anforderungen* 24 Antworten und bei der Frage nach *Ausschlusskriterien* nur 7 Antworten gegeben.

Viele der befragten Unternehmer merkten an, dass diese Einstellungsvoraussetzungen in starkem Maße von der konkreten, zu besetzenden Stelle abhängig sind. In diesem Bereich kristallisierten sich zwei Cluster heraus: *keine körperlichen Einschränkungen* und *eingeschränkte körperliche Leistungsfähigkeit*.

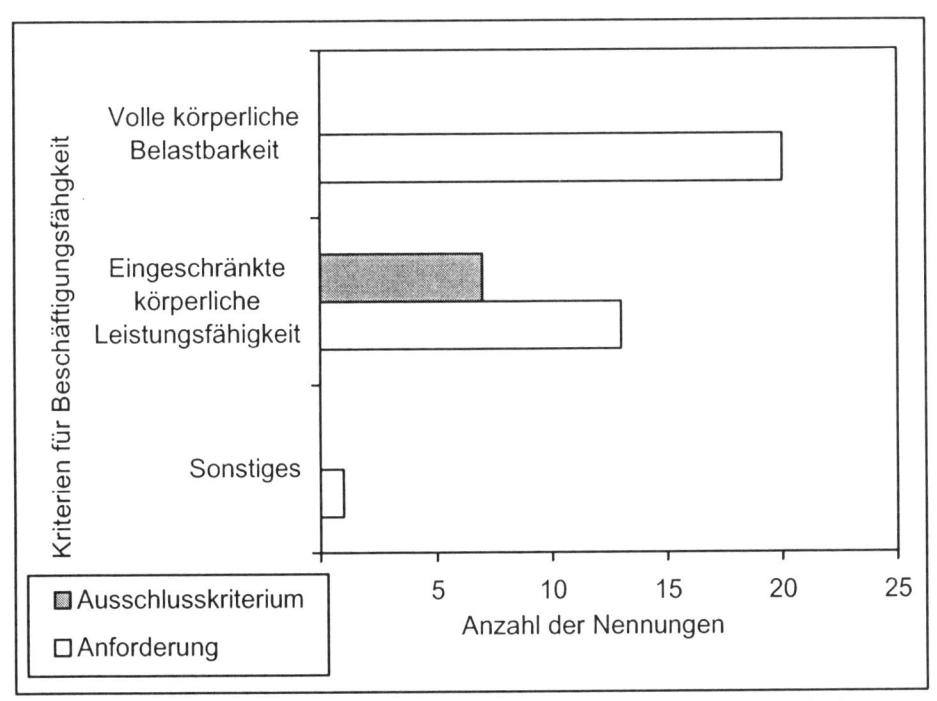

Abbildung 64: Kriterien für Beschäftigungsfähigkeit im Bereich „Körperliche Konstitution" von Benachteiligten am Arbeitsmarkt aus der Sicht von Arbeitgebern (Anforderungen und Ausschlusskriterien)

Bei diesem Fragenaspekt wurde zwar 20 mal geantwortet, dass die Bewerber *keinerlei körperliche Einschränkungen* haben dürfen; aber keinmal wurden körperliche Einschränkungen als Ausschlusskriterium genannt. Bei der Kontrollfrage nach den Ausschlusskriterien wurden jedoch verschiedene Einschränkungsarten genannt, die zu einem Ausschluss führen: *schwere Behinderung oder Krankheit, körperliche Behinderung* und *mangelnde körperliche Belastungsfähigkeit*.[354]

10.1.4 Befragungsergebnisse bezüglich der Einstellung von Teilnehmern

Mit der Frage *„Haben Sie in der Vergangenheit Mitarbeiter aus Beschäftigungs- und Qualifizierungsgesellschaften eingestellt"* sollte bei den befragten Unternehmen überprüft werden, ob die Befragten schon Kontakt mit Beschäftigten dieser Herkunft hatten. Darauf antworteten von allen Befragten

JA   20 und
NEIN   10 der Befragten.

Nie (3)

Selten (4)

Oft/häufig (9)

Immer (4)

Anzahl der Nennungen ( )

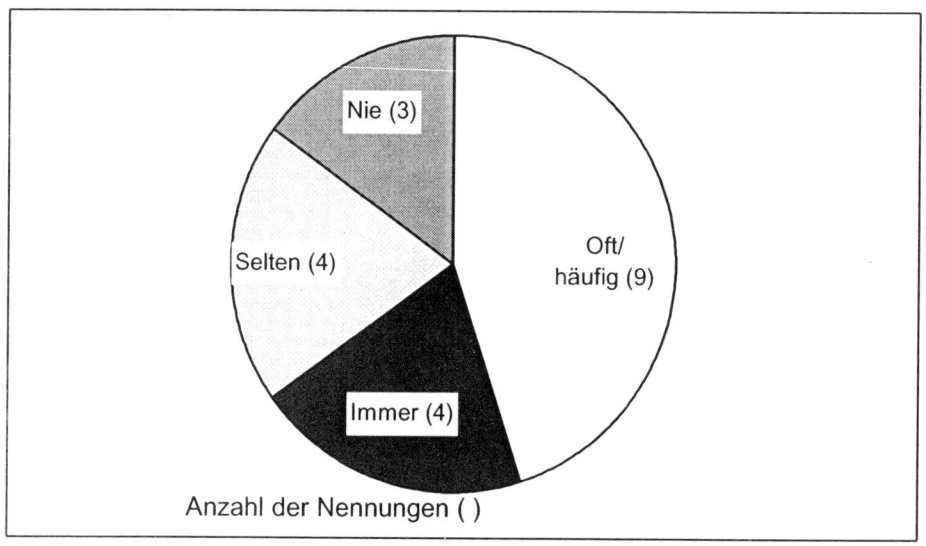

Abbildung 65: Zufriedenheit der Arbeitgeber mit ehemaligen Teilnehmern aus BQGen

Die Frage *„Erfüllen Mitarbeiter, die Sie aus Beschäftigungs- und Qualifizierungsgesellschaften übernommen haben, Ihre Erwartungen an einen optimalen*

---

[354] Hier wurden genannt:
a. keine körperlichen Einschränkungen: keine körperlichen Einschränkungen; guter körperlicher Allgemeinzustand; solide körperliche Konstitution, da körperlich schwere Arbeit
b. eingeschränkte körperliche Leistungsfähigkeit: nur teilweise körperliche Einschränkungen möglich, oder konkrete Nennungen wie keine Augenprobleme, keine Taubheit, keine Gehbehinderungen, keine psychischen Probleme
c. Sonstiges

Mitarbeiter" wurde dann wieder an die 20 bejahenden Interviewpartner der vorherigen Frage gestellt. Die Antworten der Unternehmen sind in Abbildung 65 dargestellt.

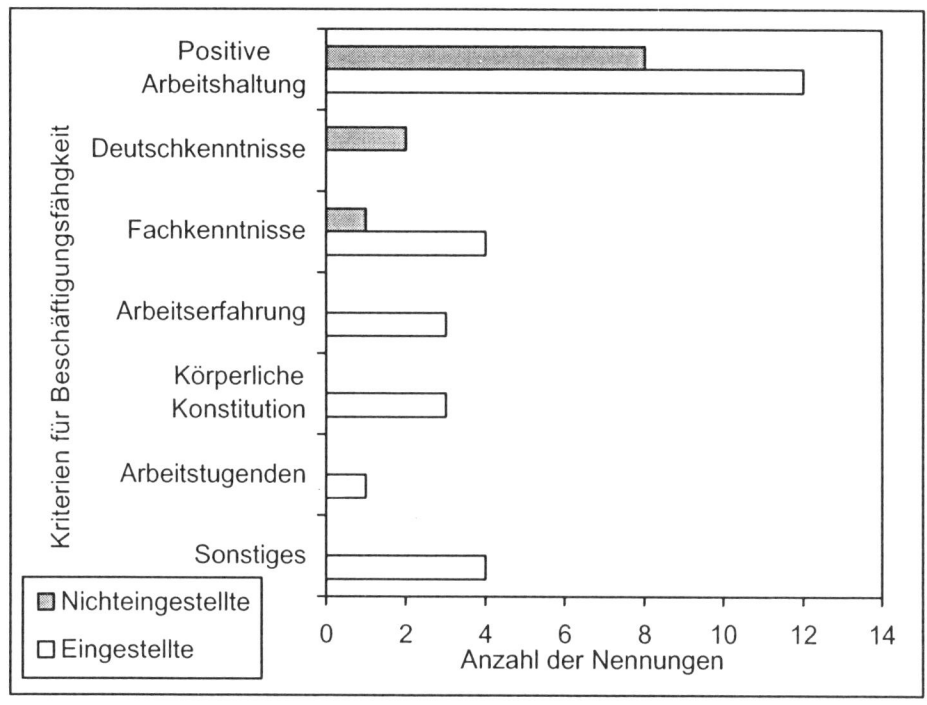

Abbildung 66: Was Arbeitgeber an eingestellten und nicht eingestellten ehemaligen Teilnehmern aus BQGen vermisst haben.

Die Arbeitgeber wurden auch daraufhin befragt, was sie an *eingestellten* und *an nicht eingestellten Teilnehmern* aus BQGen *vermisst* haben. Die erhaltenen Antworten (28 bezogen auf *eingestellte* und 11 auf *nicht eingestellte ehemalige Teilnehmer*) lassen sich, wie in Abbildung 66 gezeigt, gegenüberstellen.[355]

---

[355] Zu den eingestellten Teilnehmern aus BQGen wurden genannt:
a. positive Arbeitshaltung: Arbeitsmotivation/Arbeitsmoral, Leistungsbereitschaft, selbständiges Arbeiten;
b. Arbeitstugenden: Pünktlichkeit, Zuverlässigkeit;
c. körperliche Konstitution;
d. Arbeitserfahrungen: es fehlte die praktische Vorbereitung auf den Ersten Arbeitsmarkt;
e. Fachkenntnisse: fachliche Kompetenz;
f. Sonstiges: Kritik an der Zuweisungspraxis, Eignung und Interesse für den Beruf war nicht vorhanden, Ausbildung und Bedarf in der Praxis stimmen nicht überein

Zu den nicht eingestellten wurden genannt:

Obwohl aus der Menge der Antworten keine generelle Aussage abgeleitet werden kann, fällt hier auf, dass der Aspekt der *mangelnden positiven Arbeitshaltung* deutlich gegen die anderen Aspekte abgehoben erscheint.

10.1.5 Befragungsergebnisse bezüglich der generellen Vermittelbarkeit

Zum Abschluss dieser Befragung wurden die Unternehmen durch eine summarische Frage gefragt, *„ob es Personengruppen gibt, die Ihrer Meinung nach generell nicht vermittelbar sind"*. Hier waren wieder alle 30 Befragten einbezogen.

Darauf antworteten mit

    JA   11
    NEIN   15
    Keine Angabe 4 der Befragten.

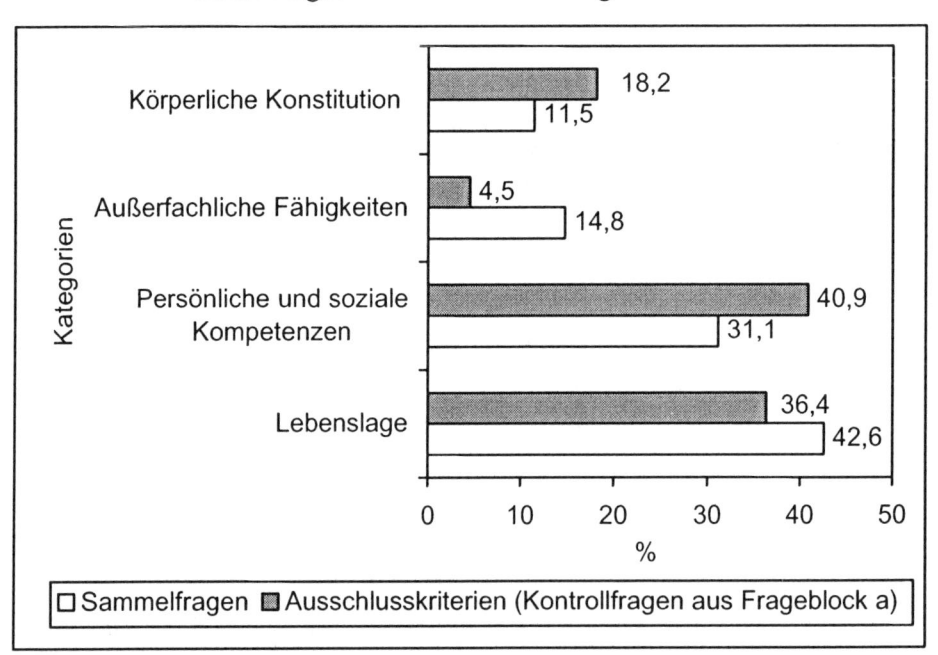

Abbildung 67: Vergleich der Antworten zu Ausschlusskriterien im ersten Frageblock zu den Antworten der Sammelfrage in % der gesamten Antworten der jeweiligen Frage.

---

a. positive Arbeitshaltung: kein erkennbarer Einsatzwille/keine positive Einstellung zu Arbeit, Flexibilität, Eigeninitiative;
b. branchenspezifische Anforderungen, Führerschein;
c. Deutschkenntnisse

Mit der Frage *"Wenn ja, welche?"* sollten diese Befragten ihre Antwort präzisieren. Diese Sammelfrage nach den Kriterien für *Nichtvermittelbarkeit* sollte die Befragungsergebnisse für eine Einstellung von Personen der Zielgruppe summarisch auf Plausibilität hin überprüfbar machen. In der Abbildung 67 werden deshalb die Ergebnisse aus den Fragen zu den Ausschlusskriterien mit den Ergebnissen zu dieser Sammelfrage verglichen.

Auf die vier Kategorien: *körperliche Konstitution, außerfachliche Fähigkeiten, persönliche und soziale Kompetenzen* und *Lebenslage* bezogen, verteilten sich die Antworten wie in Abbildung 67 dargestellt. In Abbildung 68 zeigt sich, dass eine mittlere Übereinstimmung zwischen den Beantwortungen bestand, da die Differenzen nicht mehr als 10% betrugen. Da diese Ergebnisse aus Antworten offener Fragen generiert wurden, lässt dies auf zuverlässige Aussagen schließen.

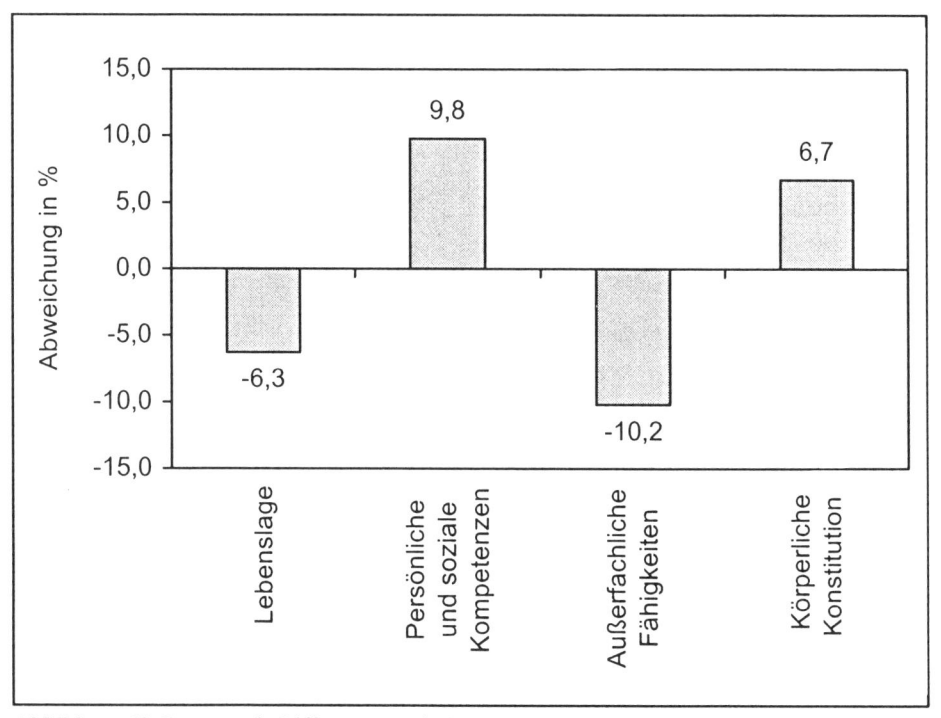

Abbildung 68: Prozentuale Differenzen zwischen der Kontrollfrage nach Ausschlusskriterien für eine Einstellung von Benachteiligten Personen im Hauptbefragungsteil und der überprüfenden Sammelfrage am Ende der Befragung.

Mit der Frage: *„Was sollte eine Beschäftigungs- und Qualifizierungsgesellschaft unbedingt anbieten, um die Beschäftigungsfähigkeit der Teilnehmer zu* *erhöhen?"* sollte eine Klärung konkreter Anforderungen von Seiten der Unternehmer versucht werden. Auch hier wurden wieder aus den insgesamt 34 Antworten Cluster gebildet, die in Abbildung 69 dargestellt sind.[356]

Abgeschlossen wurde das Interview mit der Frage danach, welche Defizite in der Beschäftigungsfähigkeit für die Arbeitgeber durch *finanzielle Anreize* in Form von öffentlicher Förderung bei der Einstellung ausgleichbar sind.

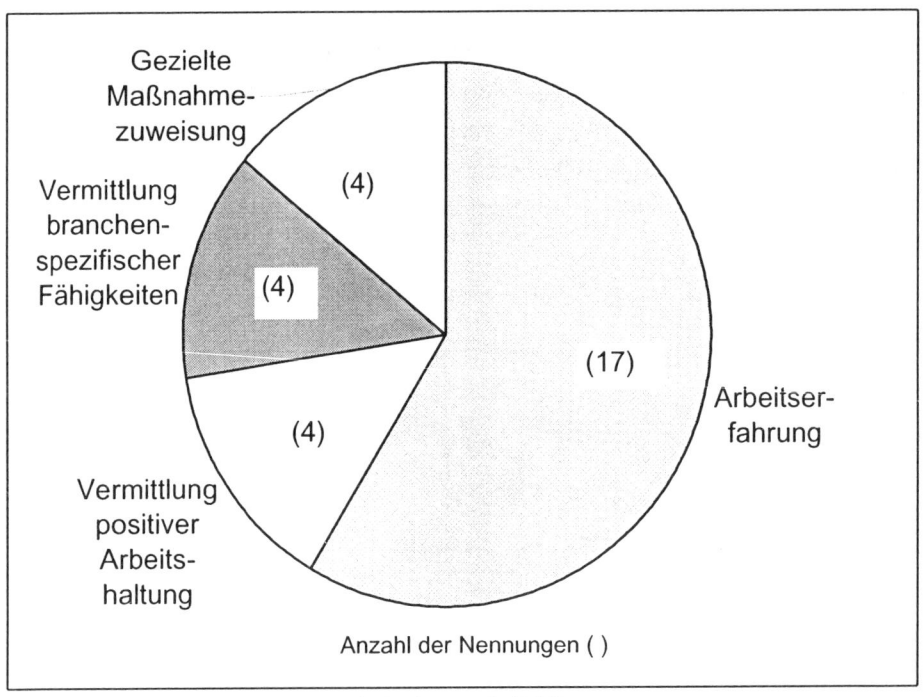

Abbildung 69: Anforderungen der Arbeitgeber an die BQGen.

Zwei Arbeitgeber antworteten: „keine", 13 konnten dazu keine Angaben machen und 15 antworteten entsprechend der Clusterung in Abbildung 70.[357]

---

[356] Die gebildeten Cluster bestanden aus folgenden Antworten:
a. Arbeitserfahrungen: z.B. Praktika, besser auf den Ersten Arbeitsmarkt vorbereiten/Maßnahmen sind zu realitätsfern;
b. Vermittlung einer positiven Arbeitshaltung: z.B. Leistungsdenken fördern, Motivationskurse, abklären des Arbeitswillens;
c. Vermittlung branchenspezifischer Fähigkeiten: z.B. Führerschein, Maschinen- und Fuhrparkkenntnisse;
d. gezielte Maßnahmenzuweisung: z.B. es sollte auf individuelle Fähigkeiten und Interessen geachtet werden, nicht am Markt vorbei qualifizieren

[357] Die Nennungen zu den einzelnen Clustern umfassten:
a. strukturelle Defizite: Überbrückung der Probezeit, fördert die Bereitschaft, Stellen zu schaffen;

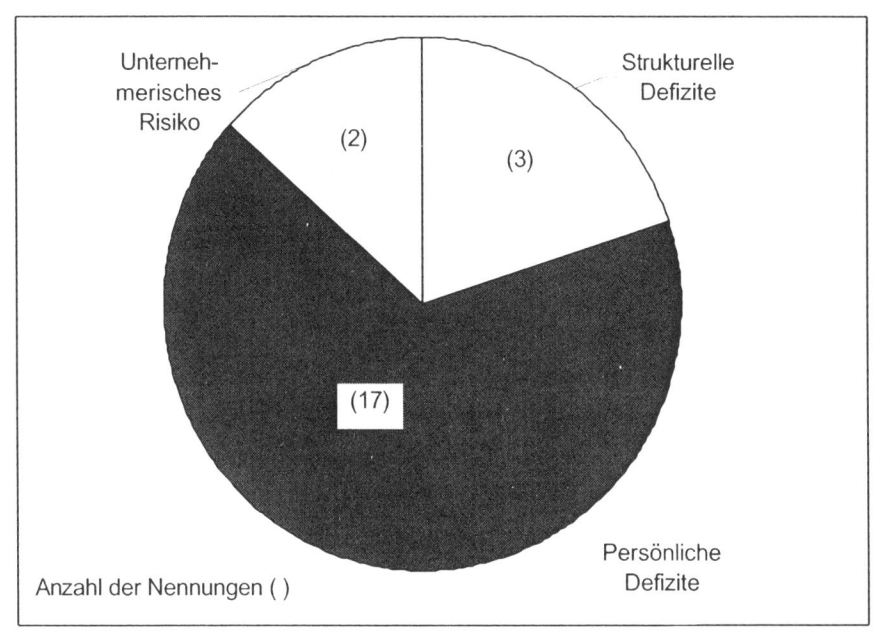

[Kreisdiagramm: Unternehmerisches Risiko (2), Strukturelle Defizite (3), Persönliche Defizite (17); Anzahl der Nennungen ( )]

Abbildung 70: Welche Defizite können aus Sicht der Arbeitgeber durch finanzielle Anreize zur Einstellung von Benachteiligten ausgeglichen werden?

10.1.6 Bewertung der Ergebnisse

Die Arbeitgeberbefragung sollte, wie in Abschnitt 10.1.1 dargestellt wurde, die Anforderungen von Unternehmen im Hinblick auf die *Beschäftigungsfähigkeit* von Maßnahmeteilnehmern in BQGen klären. Sie hat gezeigt, dass von Unternehmern sehr viel Wert auf den Aspekt der persönlichen und sozialen Kompetenzen gelegt wird. Hier wurden die meisten Antworten zu den offenen Fragen bezüglich der Kriterien für Beschäftigungsfähigkeit gegeben (133), die von den Antworten zu einer stabilen sozialen Lebenslage (49) bezüglich des Kernprozesses SPB der BQGen ergänzt wurden. Auf den Aspekt der Lebenslage folgt dann der Aspekt der außerfachlichen Fähigkeiten mit 53 Nennungen, der sich auf den Bereich des Kernprozesses PBQ bezieht. Bezüglich der VERM konnte die Aussage ermittelt werden, dass 13 von 20 Unternehmen mit den Mitarbeitern aus BQGen zufrieden waren. Hier zeigte sich, dass die Unternehmen, die mit Mitarbeitern aus BQGen arbeiten, die Defizite hauptsächlich im Bereich der Arbeitstugenden und der Arbeiterfahrung sehen. Damit geben sie dem Bereich des Kernprozesses PBQ ebenfalls eine wichtige Bedeutung.

---

b. lange Einarbeitungszeiten, geringe Leistungen;
c. Risiko, in einen ungeeigneten Kandidaten investiert zu haben.

Die Befragung zeigt, dass die Arbeitgeber sehr großen Wert auf die sogenannten „Softskills" legen. Diese zu sichern, schreiben die Unternehmen aber nicht selbstverständlich den BQGen als Aufgabe zu, wie die Frage nach den Anforderungen an die BQGen zeigt. 15 von 30 der befragten Unternehmen konnten keine Anforderungen an BQGen benennen. Diejenigen Anforderungen der Unternehmen, die ermittelt werden konnten, sind recht allgemein formuliert.

In dieser Befragung ist die Tatsache sichtbar geworden, dass die Kooperation zwischen den BQGen und den Unternehmen nicht genügend eng ist, und dass die BQGen wenige „Stammkunden" in der Wirtschaft haben. Insofern fällt den BQGen die Ausrichtung der Kernprozesse auf die Wünsche dieser Schlüsselkunden schwer. Hier ist für die Zukunft Handlungsbedarf angezeigt. Die BQGen müssen die von den Unternehmern zu allgemein formulierten Anforderungen selbst in operationalisierbare, teilnehmerbezogene Ziele umzusetzen.

10.2 Focusgruppe mit Multiplikatoren

10.2.1 Das Konzept der moderierten Focusgruppe

Im Forschungsdesign war festgelegt worden, dass auch sogenannte *Multiplikatoren* als Befragungspartner zu ihrer Definition von Beschäftigungsfähigkeit und zu Anforderungen an die BQGen - auch hinsichtlich deren QM - befragt werden sollten. Da es darum ging, zu qualifizierten Aussagen wichtiger arbeitsmarktpolitischer Akteure zu kommen, wurde dieser Teil der Untersuchung in Form einer *moderierten Focusgruppe* durchgeführt. Im Rahmen der Untersuchung, die in den Kapiteln 6 ff. dargestellt wurde und auf dem Modell der EFQM aufbaut, sind die Schlüsselkunden in Form der Geldgeber eine zentrale Gruppe um zu überprüfen, ob die BQGen ihr QM auch an den Zielen ihrer Schlüsselkunden ausrichten. Dabei spielen aus der Perspektive der Geldgeber, wie in Kapitel 3 dargelegt, sowohl die Zielkriterien *Fiskalischer Ertrag* und *Arbeitsmarktintegration* als auch *Sozialintegration* eine wichtige Rolle.

Die moderierte Focusgruppe wurde in Form eines speziellen Workshops realisiert. Es nahmen Vertreter unterschiedlicher Institutionen teil, die als *Multiplikatoren* zum überwiegenden Teil gegenüber BQGen die Rolle als Schlüsselkunden einnahmen. Dazu gehören sowohl Arbeitsämter als auch kommunale Beschäftigungsgesellschaften als Auftraggeber für die BQGen. Es nahmen aber auch Vertreter von Kammern, Wirtschaftsförderungsgesellschaften, Ministerien,

Wohlfahrtsverbänden, Beratungsunternehmen für BQGen und Vertreter von Regionalsekretariaten als Steuerungseinheiten der regionalisierten Arbeitsmarktpolitik in NRW daran teil. Insgesamt waren bei diesem Workshop 30 Personen anwesend.

Die *moderierte Focusgruppe* ist eine Arbeitsweise, durch die mit geringem Aufwand eine qualitative Aussage - aus einer in den zentralen Zielvorstellungen und Funktionen weitgehend homogen zu erwartenden Gruppe - zu einer spezifischen Fragestellung ermittelt werden kann. Zielsetzung der Focusgruppe im Rahmen des hier dargestellten Forschungsprojektes war die Klärung des Begriffsverständnisses der *Beschäftigungsfähigkeit* auf der Seite der Multiplikatoren. Hintergrund dafür ist, dass die BQGen ihr QM nur an den Anforderungen der Beschäftigungsfähigkeit ausrichten können, wenn die Multiplikatoren ihrerseits konkrete Anforderungen stellen. Ferner sollte die Erwartungshaltung der Multiplikatoren an die BQGen im Hinblick auf die Gestaltung der Kernprozesse (SPB/ PBQ/ VERM) ermittelt werden. Durch die Ermittlung dieses Aspektes sollte geklärt werden, welche Anforderungen an Qualitätssicherung und Qualitätsentwicklung sich daraus inhaltlich ableiten und inwiefern die untersuchten BQGen diese Anforderungen bereits realisiert haben.

Den Multiplikatoren wurde im Rahmen der moderierten Focusgruppe im Mai 2002 zunächst das Gesamtdesign und das Anliegen des Forschungsprojektes vorgestellt. Ebenfalls wurde vermittelt, was an Erkenntnissen aus der bisherigen Befragung der Einrichtungen und Mitarbeiter vorlag. Darüber hinaus wurde den Multiplikatoren die Konzeption der verschiedenen Befragungen (insbesondere Teilnehmerbefragung und Arbeitgeberbefragung) vorgestellt. Hierdurch war es für die Workshop-Teilnehmer möglich, die an sie gerichteten Fragen in einen Gesamtkontext einzuordnen. Im Rahmen der Moderation wurden die Teilnehmer mit zwei Fragestellung konfrontiert:

„1. Welche Merkmale müssen Personen aus der Zielgruppe nach einer Maßnahme aufweisen, damit Sie sie als beschäftigungsfähig einstufen?"

„2. Welche Aspekte sind als Anforderungen an die Träger für die Erreichung der Beschäftigungsfähigkeit der Benachteiligten wichtig?"

Die Ergebnisse zu diesen beiden Fragen werden in den hier folgenden Abschnitten wiedergegeben.

10.2.2 Anforderungen der Multiplikatoren an Ergebnisse bei den Teilnehmern von Maßnahmen in BQGen

In diesem Abschnitt werden die Ergebnisse des Workshops zu der ersten der beiden o.g. Fragen behandelt: die Frage nach den geforderten Merkmalen für verbesserte *Beschäftigungsfähigkeit* bei den Teilnehmern nach Abschluss von Maßnahmen in BQGen. Die Ergebnisse stellen sich dar, wie in Abbildung 71 gezeigt.

Bei der Betrachtung dieser Ergebnisse fällt auf, dass die Multiplikatoren den Schwerpunkt der Anforderungen an die Beschäftigungsfähigkeit auf den Bereich der *persönlichen und sozialen Kompetenzen* legen. Hierbei spielen ähnliche Aspekte eine Rolle wie bei den Arbeitgebern, wobei zwei Aspekte mit hohem Gewicht hinzutreten: Die Bereiche der *Eigenverantwortung* und *persönliche Schlüsselqualifikationen* werden hier besonders betont. Aus der Sicht derjenigen, die auf der materiellen Seite die Verantwortung für Unterstützungssysteme - wie die BQGen - tragen, ist die Forderung nach *Eigenverantwortung* ein zentraler Aspekt der Beschäftigungsfähigkeit. Dies weist darauf hin, dass die Eigenaktivität der Maßnahmenteilnehmer bei der Eingliederung in den Arbeitsmarkt als besonders wichtig eingeschätzt wird. Im Bereich der geforderten Schlüsselqualifikationen werden weiterhin insbesondere die *Bereitschaft zum Lernen und zur Weiterentwicklung* angesprochen, die von Maßnahmeabsolventen gefordert werden.

Diese Ergebnisse zeigen deutlich, dass die Multiplikatoren einen wichtigen Schwerpunkt der notwendigen Unterstützungsarbeit bei der Entwicklung von persönlicher und sozialer Kompetenz in den BQGen sehen. Bei der Betrachtung der genannten Aspekte zur *Lebenslage* fällt auf, dass diese von den *Multiplikatoren* deutlich weniger differenziert benannt wurden als zuvor von den *Arbeitgebern*. Das Thema *Drogenkonsum* taucht hier nicht als Forderung zur Bearbeitung in einer Maßnahme der Arbeitsmarktförderung auf, sondern versteckt sich allenfalls hinter dem Begriff *Stabilität*, der mehrfach genannt wurde. Große Übereinstimmung besteht dagegen bei den Forderungen, die sich auf die außerfachlichen Fähigkeiten beziehen. Hier spielt das Thema *Deutschkenntnisse* eine wichtige Rolle, das von Arbeitgebern wie von Multiplikatoren als wichtig eingestuft wurde.

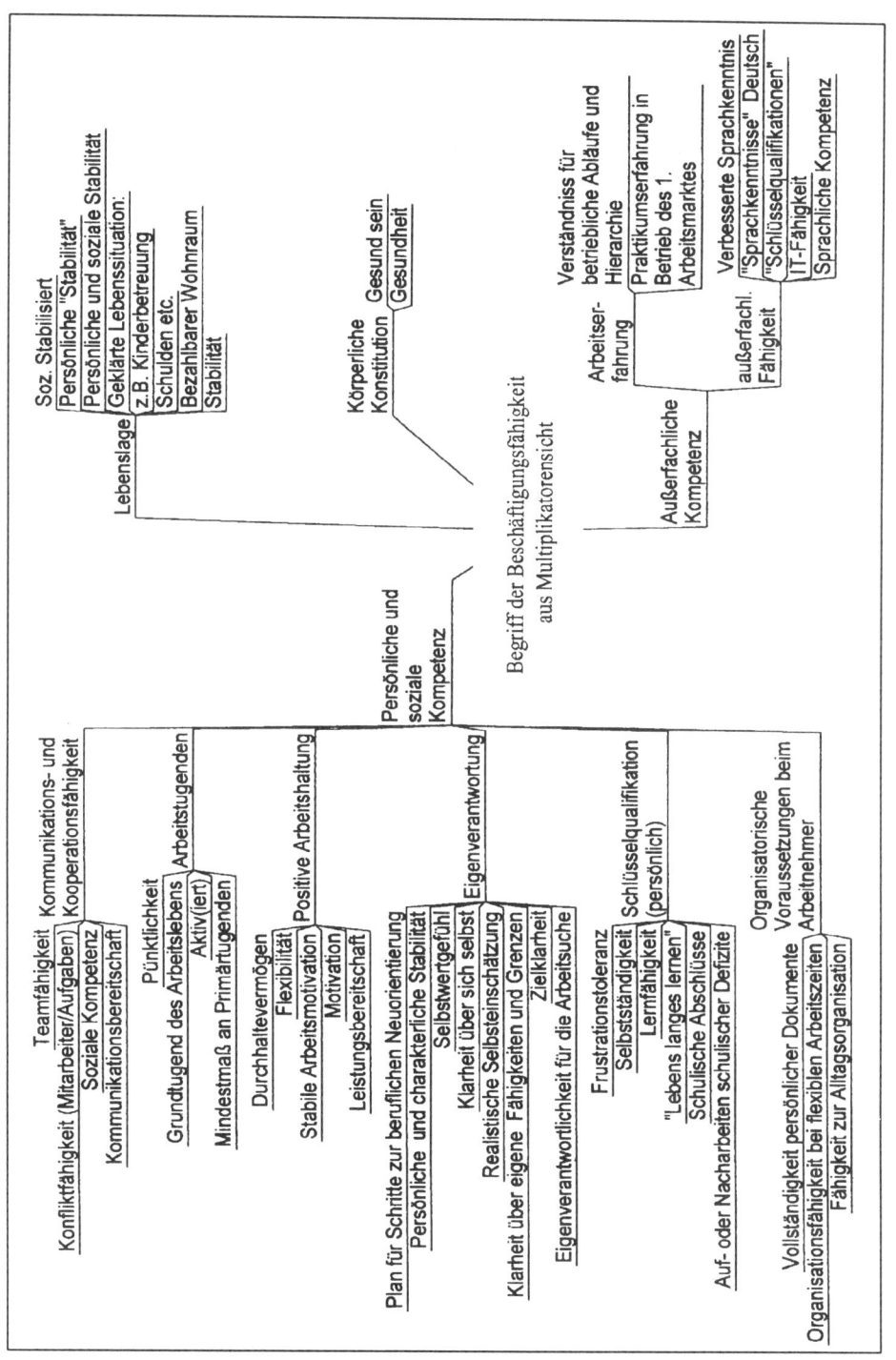

Abbildung 71: Ergebnisse des Multiplikatorenworkshops zu den Anforderungen an Teilnehmer aus BQGen hinsichtlich der Beschäftigungsfähigkeit.

Mit insgesamt 30 Nennungen zum Bereich der *persönlichen und sozialen Kompetenzen* - im Gegensatz zu nur 17 Nennungen in allen anderen Clustern - wird deutlich, dass die Multiplikatoren in diesem Bereich die zentrale Aufgabe der Förderung Benachteiligter am Arbeitsmarkt innerhalb der BQGen sehen.

Erstaunlich ist, dass trotz offener Fragestellung keine einzige Antwort zu fachlichen Qualifikationsmerkmalen kam. Offensichtlich ist auch bei den Multiplikatoren das Bewusstsein für die besonderen persönlichen und sozialen Schwierigkeiten der Zielgruppen und für die Vordringlichkeit einer Unterstützung in diesem Bereich vorhanden. Dies steht in krassem Widerspruch zu politischen Entwicklungen, die bei arbeitsmarktpolitischen Förderinstrumenten den Teil der sozialpädagogischen Begleitung und der persönlichen/ personenbezogenen Qualifizierung immer weiter zurückschrauben. Dieser Aspekt wird mehr und mehr in die Phase der Förderplanung verlagert.

10.2.3 Anforderungen der Multiplikatoren an die Träger von Maßnahmen in BQGen

Die zweite im Multiplikatorenworkshop bearbeitete Frage lautete: „Welche Aspekte sind als *Anforderungen* an die Träger für die Erreichung der Beschäftigungsfähigkeit der Benachteiligten wichtig?". Die Antworten dazu werden ebenfalls als Cluster dargestellt.(vgl. Abbildung 72)

Bei der Betrachtung dieser Ergebnisse zeigt sich, dass die Multiplikatoren an die Einrichtungen überwiegend Anforderungen im Bereich der *sozialpädagogischen Begleitung* stellen. Hier werden Angebote wie Clearing, Beratung, Gruppenarbeit und Coaching ins Zentrum der geforderten Angebote gestellt; diese Angebote sollen einer positiven Persönlichkeitsentwicklung dienen. Der Bereich des *Clearing* hängt eng mit dem Cluster *Zielorientierung* zusammen. In der Auswertung wurden sie als Cluster getrennt, da sich die Zielorientierung, wie sie von den Multiplikatoren benannt wurde, auf alle 3 Kernprozesse bezieht, während sich das Clearing überwiegend auf die *sozialen Aspekte* der Problemlagen der Teilnehmer bezog.

Teilaspekte der Nennungen, die hier unter *Sozialpädagogische Begleitung* zusammengefasst sind, könnten auch unter *Persönlicher Qualifizierung* geführt werden. Die Trennungen sind unscharf; hier wurden sie dem sozialen Aspekt zugeordnet. Beim Cluster zum Kernprozess *Vermittlung* zeigt sich, dass die

Multiplikatoren in erster Linie eine intensive Begleitung bei Praktika und Bewerbungen sowie beim Übergang in eine Beschäftigung erwarten. Eine direkte Vermittlungstätigkeit seitens der BQGen wurde nicht genannt.

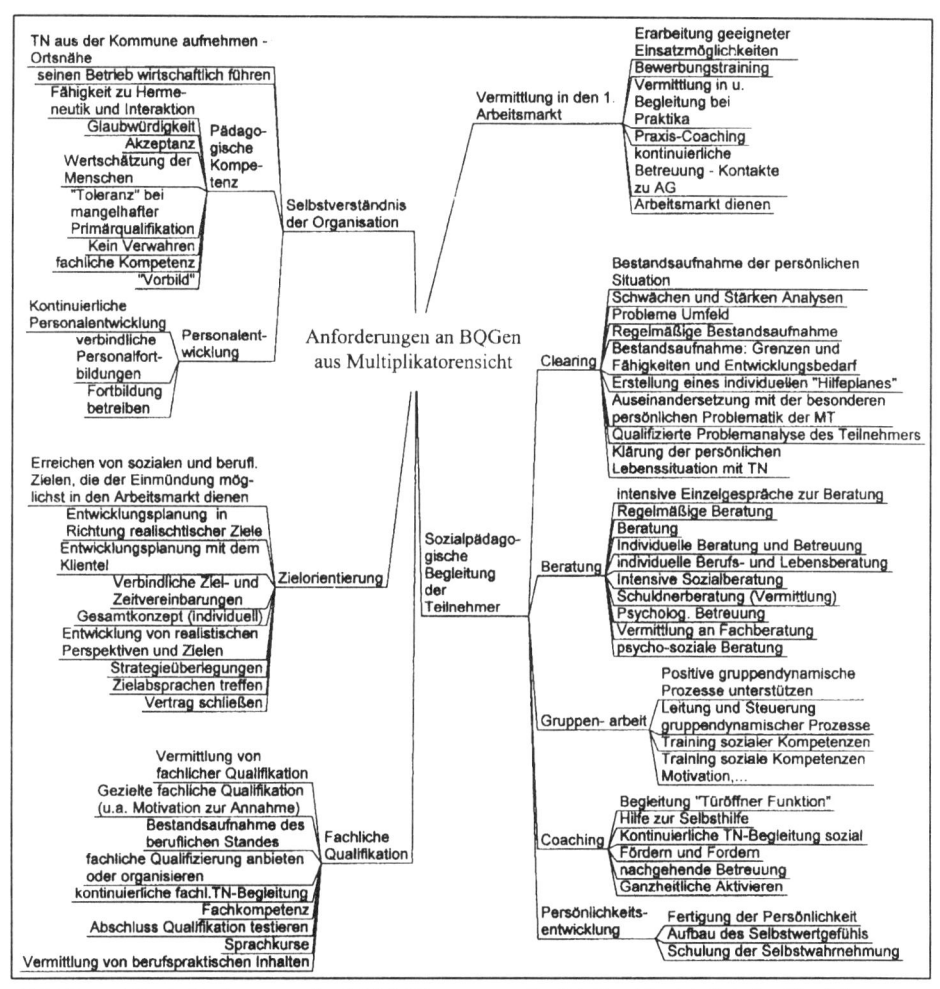

Abbildung 72: Anforderungen der Multiplikatoren an die BQGen hinsichtlich der Erreichung von Beschäftigungsfähigkeit bei den Teilnehmern

Bezogen auf das Selbstverständnis der Organisationen wurden Aspekte der *pädagogischen Kompetenz* sowie der *Personalentwicklung* deutlich mehr betont als die wirtschaftliche Geschäftsführung. Aspekte der Organisationsentwicklung und des Qualitätsmanagements wurden überhaupt nicht als Anforderungen benannt, was angesichts des Themenkontextes, in dem der Workshop durchgeführt wurde, überrascht. Hier haben die Multiplikatoren offensichtlich keine dezidierten Vorstellungen, die sie umgesetzt sehen wollen.

10.2.4 Bewertung der Ergebnisse

Vergleicht man die Ergebnisse der beiden Fragen der moderierten Focusgruppe mit *Multiplikatoren,* so wird folgendes deutlich:

Bezogen auf die *Merkmale von Teilnehmern* nach Abschluss von Maßnahmen (Frage 1) wird der Bereich der *sozialen und personenbezogenen Kompetenzen* als wichtigster Förderbereich bei der Gruppe der Benachteiligten am Arbeitsmarkt angesehen. Hierin besteht unter allen am Workshop Beteiligten eine große Übereinstimmung. Dieses Ergebnis der *Multiplikatorenbefragung* deckt sich mit dem der *Arbeitgeberbefragung,* wo ebenfalls die meisten Nennungen im Bereich des Kernprozesses Sozialpädagogische Begleitung erfolgten.

Die von den Multiplikatoren formulierten *Anforderungen an die BQGen* (Frage 2) sind fast ausschließlich auf die *fachlich-inhaltliche Seite der Angebote* gerichtet. Anforderungen an die Gestaltung eines QM-Systems und an Organisationsstrukturen, die kontinuierliche Prozessverbesserung sicherstellen, wurden nicht formuliert. Ebenfalls wurden auch keinerlei Anforderungen an Erfolgsmessungen unterhalb der Schwelle zur Vermittlung in den ersten Arbeitsmarkt formuliert. Auf diese Frage 2 hätte mit Forderungen nach einer prozessbezogenen Ergebnisermittlung und nach einer daraus abgeleiteten Prozesssteuerung gerechnet werden können.

Insgesamt wurde hier deutlich, dass die Multiplikatoren immer noch von einer eher input-orientierten Steuerung von Beschäftigungsfähigkeit ausgehen. Sie denken in Bezug auf die Teilnehmer angebotsorientiert; daher betrachten sie beim Output der BQGen primär die erfolgreiche Vermittlung in Arbeit, also die *realisierte* Beschäftigungsfähigkeit. Für sie ist weder die *hypothetische* Beschäftigungsfähigkeit noch der Erfolg einzelner Teilschritte auf dem Weg zur Beschäftigungsfähigkeit von entscheidender Bedeutung.

Für die BQGen ergeben sich damit aus dem ermittelten Katalog der Anforderungen keine neuen überzeugenden Handlungsoptionen in Bezug auf mehr Kundenzufriedenheit bei den Multiplikatoren als ihren Schlüsselkunden. Die Angebotspalette in Form der Kernprozesse SPB, PBQ und auch VERM ist zwar von Seiten der BQGen, wie die Kapitel 8 und 9 gezeigt haben, realisiert. Es zeigt sich aber, dass die Multiplikatoren kaum weitergehende Anforderungen formulieren können, wie die Prozesse im Konkreten besser ausgestaltet sein sollen.

In Kapitel 4.3 wurden die Entwicklungen im SGB III gezeigt, die eine Überprüfung der Träger von FbW-Maßnahmen im Hinblick sowohl auf die Qualität von Maßnahmen als auch auf das QM eher von den Geldgebern weg auslagern wollen. Dieses Konzept ist in gewisser Weise konsequent; denn die Schlüsselkunden der BQGen - wie z.B. Arbeitsämter - sehen diese Überprüfungen, wie die Ergebnisse dieser letzten Befragung zeigen, offensichtlich nicht als ihre Aufgabe: Sie wollen und sollen sich auch nicht mit den Detailfragen der Prozessgestaltung und des Prozess-Controlling in BQGen belasten. Für sie erscheint es politisch gewollt, dass für sie nur noch die *realisierte* Beschäftigungsfähigkeit - bzw. die Vermittelbarkeit in weiterführende Maßnahmen - zählen.

Die Ausrichtung der BQGen ist jedoch weiterhin - da sie auf viele Faktoren des Arbeitsmarktes keinen Einfluss ausüben können - die Stärkung und Entwicklung der *hypothetischen* Beschäftigungsfähigkeit. Die BQGen sind daher in einer misslichen Lage: einerseits werden die Ressourcen für alle nicht direkt auf Vermittelbarkeit in den Ersten Arbeitsmarkt ausgerichteten Maßnahmen immer mehr reduziert; andererseits würde der Aufwand, für die Verbesserung einer hypothetischen Beschäftigungsfähigkeit Erfolge messbar und nachweisbar zu machen, erhöhten Aufwand verursachen. Dies würde erfordern, *prozessbezogene* Teilergebnisse systematisch und kontinuierlich zu ermitteln.

Die Untersuchung in den BQGen hat gezeigt, dass inzwischen einige Verfahren entwickelt wurden, mit denen es den BQGen möglich ist, ihren Output (Ergebnisse) in der Förderung der Beschäftigungsfähigkeit der Teilnehmer zu ermitteln, auch wenn diese noch nicht tatsächlich vermittelbar - also noch unterhalb der Vermittlungsschwelle - sind. Diese Orientierung auf prozessbezogene Output-Faktoren hat bei den Geldgebern in Bezug auf den Output unterhalb der Vermittlungsschwelle der Teilnehmer jedoch noch nicht stattgefunden. Für diese zählt (fast) nur die realisierte Beschäftigungsfähigkeit.[358]

Bis hierher sind nun die Ergebnisse aller Teilbefragungen vorgestellt. In den nun folgenden Kapiteln werden Aspekte zur Beantwortung der Forschungsfrage nach der Wirkung des QM in BQGen auf die Förderung der Beschäftigungsfähigkeit der Teilnehmer resümierend dargestellt. Ferner werden Empfehlungen für die zukünftige Entwicklung im Bereich QM in BQGen entfaltet.

---

[358] Ansätze dazu gibt es im Rahmen des Case-Management und des Profiling, die nach den Vorstellungen der Gesetzentwürfe infolge des Hartz-Konzeptes (Drittes Gesetz für moderne Dienst-

11 Erkenntnisse und Erfordernisse - ein Resümee

In diesem Kapitel werden für die 10 untersuchten BQGen zunächst die drei Befragungen der *Leitungsebenen* (*Einrichtungsbefragung*), der *Mitarbeiter* dieser Einrichtungen *(Mitarbeiterbefragung)* und der *Teilnehmer* an den Maßnahmen dieser Einrichtungen (*Teilnehmerbefragung*) vergleichend betrachtet. Zu diesen drei Befragungen kommen Vergleiche, welche die Befragungen von *Arbeitgebern* und *Multiplikatoren* als den weiteren Schlüsselkunden der BQGen betreffen, hinzu. Die zuvor in den Kapiteln 8 und 9 dargestellten Untersuchungen in den 10 BQGen durch die verschiedenen Befragungen haben verschiedene Problembereiche bei der Wirksamkeit des QM bereits gezeigt. Diese Problembereiche werden in dem folgenden Kapitel zusammenfassend erörtert.

11.1 Ergebnisse im Vergleich der Einrichtungs-, Mitarbeiter- und Teilnehmerbefragungen

11.1.1 Vergleich aus der Perspektive der Mitarbeiterbefragung

Die Befragung der Mitarbeiter in den 10 BQGen, die in Kapitel 8 dargestellt ist, hat folgendes gezeigt:

Einerseits wurde deutlich, dass das auf der strategischen Ebene entwickelte QM durch die Mitarbeiter teilweise verdeckt wird, da individuelle Handlungsweisen z.T. mehr Gewicht haben als die strategischen QM-Verfahren. So tendieren die Mitarbeiter dazu, auch solche Arbeitsverfahren ihrer BQG als positiv wirksam dem QM zuschreiben, die von ihrer eigenen Leitungsebene als nicht existent benannt wurden, da diese Verfahren aus der Sicht der Leitung nicht Bestandteil des QM sind.

Andererseits werden aber auch bestimmte, von der Leitung auf der strategischen Ebene eingeführte QM-Verfahren durch Mitarbeiter manchmal unzureichend umgesetzt und entfalten somit nicht ihre volle mögliche Wirkung.

Es hat sich damit gezeigt, dass der Einfluss der Mitarbeiter auf die Umsetzung des QM sehr hoch ist. Jedoch wurde auch deutlich, dass das auf der *strategischen Ebene* entwickelte QM durch die Mitarbeiter auf der *operativen Ebene*

---

leistungen am Arbeitsmarkt), u.a. in den Eingliederungsvereinbarungen im Rahmen der Job-Center zum Tragen kommen sollen.

z.T. verdeckt wird, da individuelle Handlungsweisen z.T. mehr Gewicht haben als die strategischen QM-Verfahren.

In dem Vergleich der Befragungen der Leitungsebene (*Einrichtungsbefragung*) und der Mitarbeiter (*Mitarbeiterbefragung*) für die untersuchten BQGen zeigten sich einige beträchtliche Differenzen. Sie weisen darauf hin, dass die Einrichtungen auf der Leitungsebene höhere Anforderungen an das eigene QM stellen als ihre Mitarbeiter; diese Mitarbeiter können bestimmte Arbeitsverfahren auch dann als positiv bewerten, wenn diese nicht systematisch in einen QM-Prozess eingebunden sind, sondern eher der je individuellen Fachlichkeit entspringen.

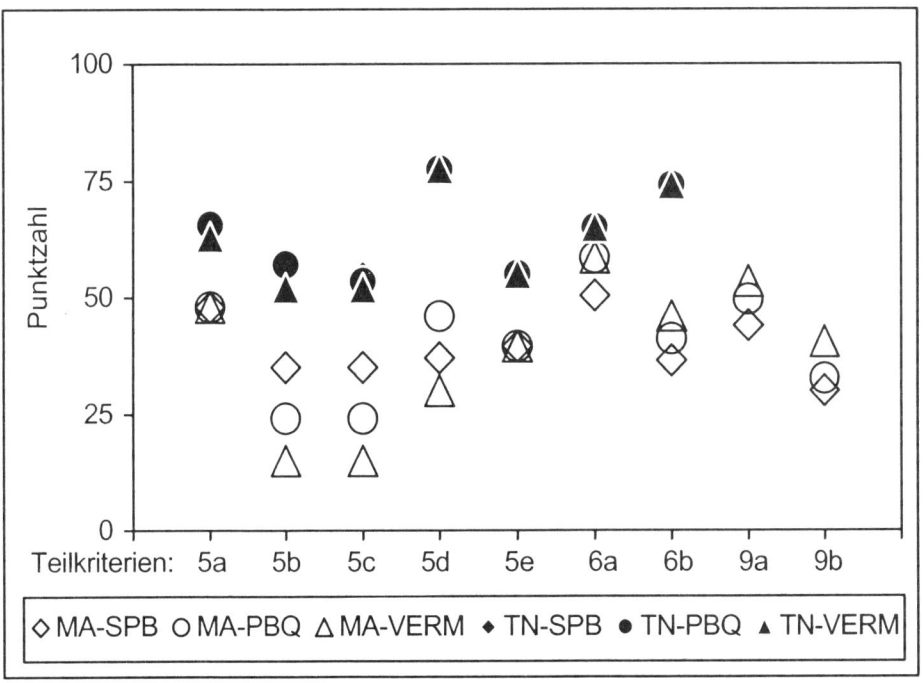

Abbildung 73: Vergleich der Ergebnisse der Mitarbeiterbefragung und der Teilnehmerbefragung für alle Kriterien über alle 10 BQGen

Als besonders auffällig sei hier noch betont, dass gerade im Kriterium 6a (Ergebnisse aus Kundensicht) eine große Bewertungsdiskrepanz besteht. Hier steht zu vermuten, dass die Mitarbeiter auch spontane Rückmeldungen der Teilnehmer im täglichen Kontakt als *Ermittlung von Ergebnissen* im Sinne eines QM werteten; die Leitungen der Einrichtungen waren sich jedoch überwiegend darüber im klaren, dass sie in ihren BQGen z.T. wenig systematische Verfahren des QM entwickelt und eingesetzt hatten, und die vorhandenen Verfahren nur wenig systematisch nutzten.

Auffällig ist darüber hinaus, dass die Ergebnisse der *Mitarbeiterbefragung* viel eher mit denen der Befragung der Teilnehmer in Maßnahmen der BQGen (*Teilnehmerbefragung*) korrespondieren als mit denen der Befragung auf der Leitungsebene (*Einrichtungsbefragung*).

Die Abbildung 73 zeigt, dass die *Mitarbeiter* die Relationen zwischen den Teilkriterien im Durchschnitt ähnlich bewerten wie die *Teilnehmer*. Lediglich die Höhe der Bewertungen variiert.

Diese Parallelität der Bewertungen stützt die These, dass die Mitarbeiter einerseits das strategisch entwickelte QM verdecken, andererseits aber ein wichtiger Mittler zu den Teilnehmern und deren Wahrnehmung von Qualität in den BQGen sind. So wie die *Mitarbeiter* die Verfahren anwenden und nutzen, werden diese Verfahren bei den *Teilnehmern* wirksam und von diesen auch wahrgenommen.

11.1.2 Vergleich aus der Perspektive der Teilnehmerbefragung

Die vergleichende Analyse der *Teilnehmerbefragung* und der Befragungen von *Leitung* und *Mitarbeitern* bezüglich des QM-Standes in den BQGen (vgl. Abbildung 61 in Kapitel 9.2) hat folgendes gezeigt:

Die *Teilnehmer* bewerteten die Förderung ihrer Beschäftigungsfähigkeit vor dem Hintergrund der QM-Verfahren deutlich besser, als dies durch die Befragungen der Leitungen und Mitarbeiter (durch externe Betrachter ausgewertet und zur *Organisationsbefragung* zusammengeführt) nachgewiesen werden konnte. Die Abweichungen zwischen beiden Befragungen sind jedoch bei den Teilkriterien verschieden, wie die Abbildung 74 zeigt.

Die größten Abweichungen bestehen in den Kriterien 6a (Ermittlung von Ergebnissen aus Kundensicht) und 6b (Einfluss der Inanspruchnahme der Leistungen auf das Maßnahmeziel und die Vermeidung von Maßnahmeabbrüchen) mit 55 Punkten (PBQ) bis 63 Punkten (SPB). Die geringsten Abweichungen gab es beim Kriterium 5c (Entwicklung und Gestaltung des Prozesses aufgrund der Kundenbedürfnisse) mit 19 Punkten im Kernprozess VERM und 31 Punkten im Kernprozess PBQ. Es folgt daraus: Die *Organisationen* sehen insbesondere bei der Ermittlung von Kundenbezogenen Ergebnissen ihre Defizite, während die *Teilnehmer* dies nicht so wahrnehmen.

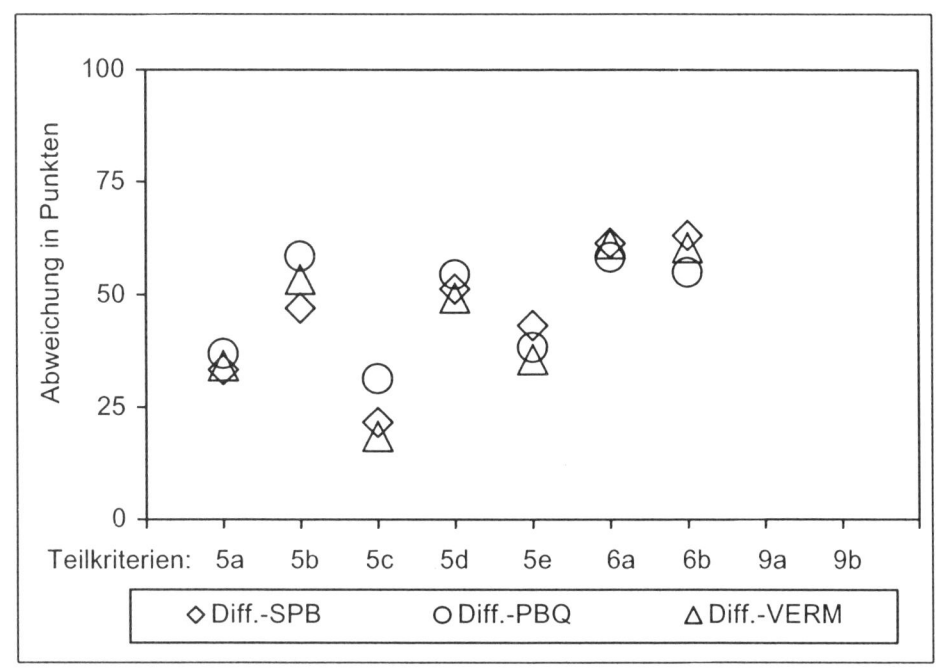

Abbildung 74: Abweichungen zwischen Teilnehmerbefragung und Organisationsbefragung nach Kriterien über alle 10 BQGen.

Deutlich wurde auch, dass die Teilnehmer kaum zwischen den Kernprozessen SPB, PBQ und VERM unterscheiden, sondern die Dienstleistung der BQGen eher als eine Komplett-Leistung wahrnehmen, wie dies bereits in Kapitel 9.1 dargestellt wurde. In der Detailanalyse der Ergebnisse hat sich jedoch auch gezeigt, dass die Teilnehmer durchaus zu einzelnen Verfahren präzise Kritik äußern. Dies spiegelt sich jedoch nicht in einer auf die Kernprozesse bezogenen Auswertung wider.

Insgesamt hat die Befragung der Teilnehmer gezeigt, dass die Teilnehmer ein wichtiger Indikator für die Leistungsfähigkeit der Organisation sind. Aus dieser Befragung sind jedoch nur eingeschränkt Rückschlüsse auf die Entwicklungsstufe bzw. die Reife des QM zu ziehen. In der Beantwortung durch die Teilnehmer mischen sich unterschiedliche Erfahrungen der Teilnehmer mit den Leistungen der Organisation. Die Teilnehmer bewerteten vor allem die konkret erlebten *Arbeitsverfahren* der Organisation. Rückschlüsse darüber, dass die Qualität dieser Verfahren ursächlich mit dem *QM* verbunden sind, sind nur insoweit zulässig, als die Teilnehmer in dieser Untersuchung gezielt nach den Elementen des QM befragt wurden, die ihre Beschäftigungsfähigkeit fördern sollten.

Ein linear-kausaler Zusammenhang zwischen *hohem QM-Stand* der Organisation und *hoher Teilnehmerbewertung* der Arbeitsqualität in der Organisation war daher nicht zu finden. Denn es gibt BQGen, bei denen die Teilnehmerbewertung hoch ist, obwohl der QM-Stand als verhältnismäßig niedrig diagnostiziert wurde; bei anderen BQGen stimmen die Bewertungen nahezu überein. Bei den BQGen 3, 5, 8 und 9 liegen z.B. keine nennenswerten Differenzen vor, während in BQG 1 und 10 eklatante Bewertungsunterschiede ausgemacht wurden. (vgl. Abbildung 75)

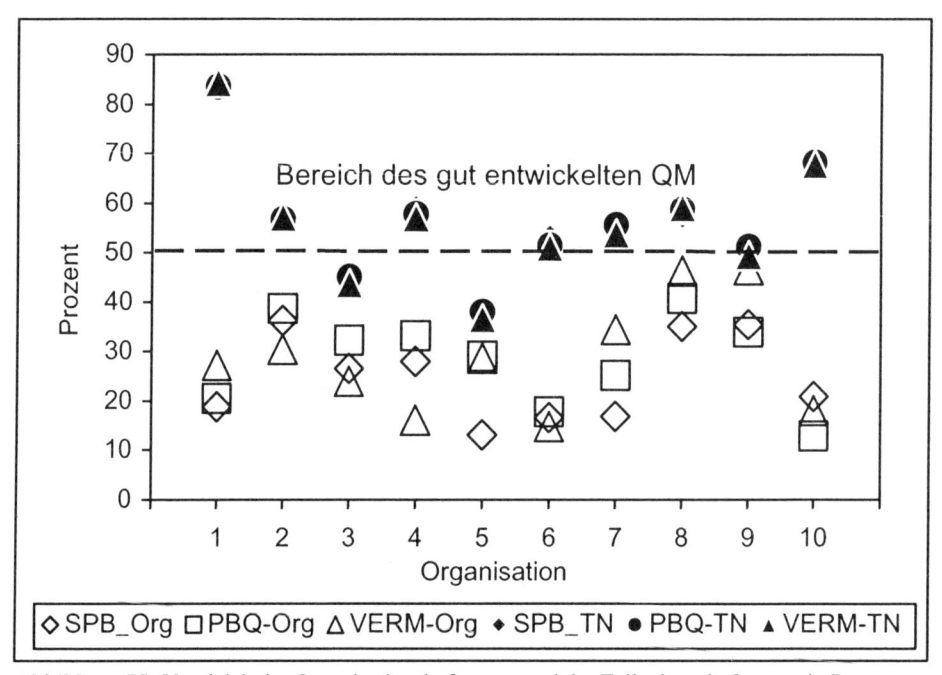

Abbildung 75: Vergleich der Organisationsbefragung und der Teilnehmerbefragung in Prozent von Skalenendwert der jeweiligen Befragung.

Die Grafik in Abbildung 75 macht nochmals deutlich, dass sich die Teilnehmer *über* einem als gut zu bezeichnenden Ergebnis einer QM-Bewertung äußern, denn die *Teilnehmerbefragung* hat für die meisten BQGen einen Wert erbracht, der oberhalb der Marke für ein gut entwickeltes QM, bezogen auf die betrachteten EFQM-Kriterien, liegt.

Die Abbildung 76 zeigt die Abweichungen zwischen den Ergebnissen der *Organisationsbefragung*, und den Ergebnissen der *Teilnehmerbefragung* für die Kernprozesse. Die mittlere Abweichung liegt bei SPB 32%, PBQ 28% und VERM 27%, was die oben skizzierte Bewertung ebenfalls unterstreicht.

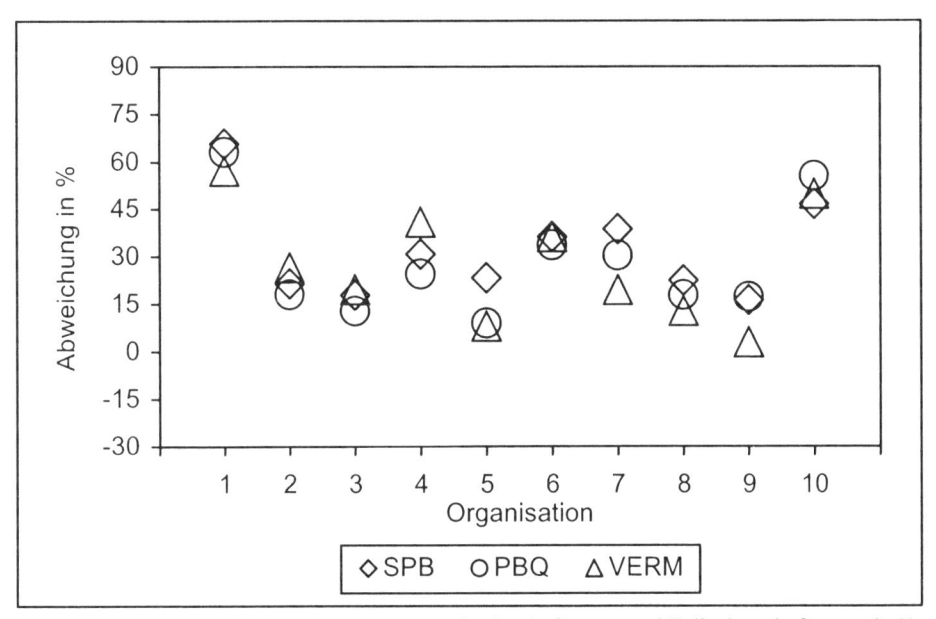

Abbildung 76: Abweichungen zwischen Organisationsbefragung und Teilnehmerbefragung in % der Gesamtwerte

Vergleicht man die *Teilnehmerbewertung* mit der von den Einrichtungen abgegebene *Selbsteinschätzung*[359], so wird folgendes deutlich: Diese Teilnehmerbewertung korreliert viel stärker mit der Selbsteinschätzung als mit den Ergebnissen der *Organisationsbefragung,* die durch nachträgliche *Fremdbewertung* (auf der Basis der *Einrichtungsbefragung* und der *Mitarbeiterbefragung*) entstanden ist. In der Abbildung 77 zeigt sich, dass es zwar Unterschiede bei den Abweichungen zwischen den einzelnen BQGen gibt; diese liegen aber insgesamt auf niedrigem Niveau.

Die mittlere Abweichung beträgt hier nur SPB 1%, PBQ -5% und VERM 6% während sie zwischen der *Teilnehmerbefragung* und der *Organisationsbefragung* (zusammengesetzt aus *Einrichtungs- und Mitarbeiterbefragung*) SPB 32%, PBQ 28% und VERM 27% betrug (vgl. vorletzte Seite, letzter Abschnitt; und Abbildung 76).

---

[359] Diese wurde am Ende des 2. Befragungstermins der Einrichtungen erhoben.

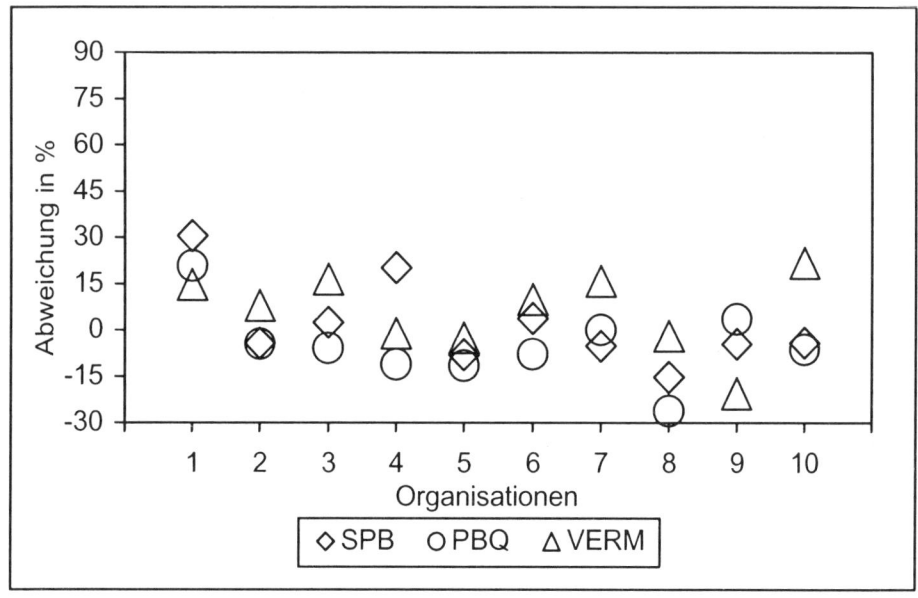

Abbildung 77: Abweichungen zwischen Selbsteinschätzung der Einrichtungen und Ergebnissen der Teilnehmerbefragung in % der Gesamtwerte

Auch die Frage, inwiefern das QM einer BQG der Förderung der Beschäftigungsfähigkeit dient, wurde von den *Teilnehmern* als der wichtigsten Schlüsselgruppe ähnlich beantwortet wie von den *Mitarbeitern* der BQGen. Hier beträgt die mittlere Abweichung nur SPB 13%, PBQ 12% und VERM 6% Nur bei den BQGen 3 und 9 bewerten die Teilnehmer etwas schlechter als die Mitarbeiter. Bei allen anderen Organisationen zeigt sich ein relativ hoher Grad der Übereinstimmung in den Einschätzungen (vgl. Abbildung 78).

11.1.3 Verbesserungsbedarfe im QM der BQGen: ein Abgleich der Perspektiven von Einrichtungsleitungen, Mitarbeitern und Teilnehmern

Im Mittelpunkt dieses Abschnittes stehen für die 10 untersuchten BQGen die drei Befragungen der *Leitungsebenen* (*Einrichtungsbefragung*), der *Mitarbeiter* dieser Einrichtungen (*Mitarbeiterbefragung*) und der *Teilnehmer* an den Maßnahmen dieser Einrichtungen (*Teilnehmerbefragung*).

Es konnte durch diese drei Befragungen bestätigt werden, dass die untersuchten BQGen ein QM entwickelt haben, das unmittelbar auf die Förderung der Beschäftigungsfähigkeit ausgerichtet ist. Dabei ist es unerheblich, wenn die Umsetzung des QM durch die *Mitarbeiter* der BQGen teilweise besser bewertet wurde, als dies die Befragung der *Leitung* vermuten ließ.

Auch wenn Aspekte in diese Bewertung eingeflossen sind, die nicht direkt aus dem QM ableitbar scheinen, so weisen die Ergebnisse der Befragungen auf eine gute Umsetzung des QM hin.

Insgesamt zeigen diese Ergebnisse, dass von einem Nutzen des QM für die Förderung der Beschäftigungsfähigkeit ausgegangen werden kann. Die eingesetzten QM-Verfahren sind überwiegend gut auf die Förderung der Beschäftigungsfähigkeit ausgerichtet und tragen einen wesentlichen Teil zur Schaffung von Beschäftigungsfähigkeit der Teilnehmer in den untersuchten BQGen bei.

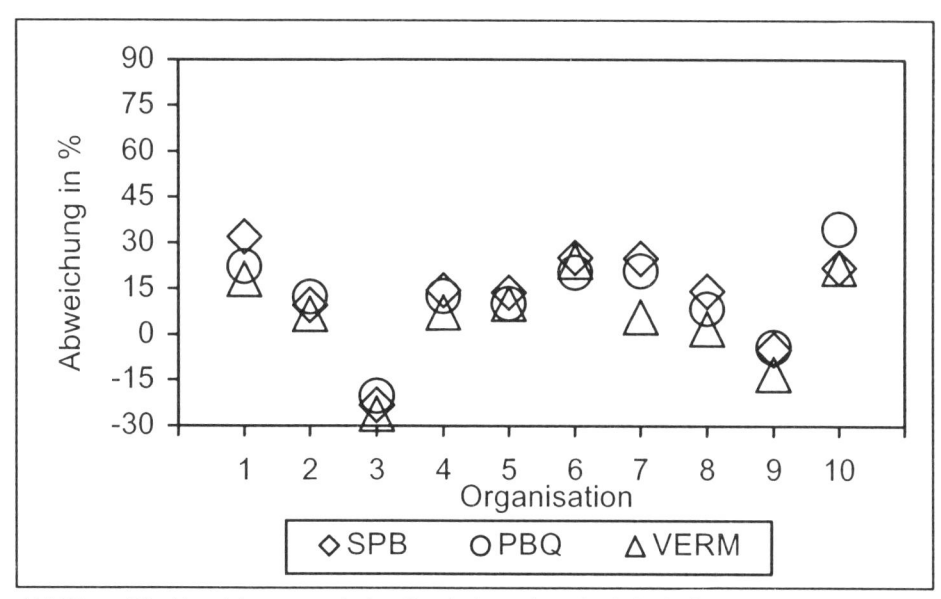

Abbildung 78: Abweichungen zwischen Ergebnissen der Mitarbeiterbefragung und Ergebnissen der Teilnehmerbefragung in % der Gesamtwerte

Aufgrund der ermittelten Daten kann somit die Untersuchungshypothese, die in Kapitel 6.4 dargestellt wurde, als bestätigt betrachtet werden.

Aus diesen Ergebnissen der Untersuchung sollen hier nun einige zentrale Verbesserungsvorschläge an die untersuchten BQGen zusammengefasst werden.

Zwar werden in den meisten BQGen Daten erhoben und Indikatoren in Bezug zu den *Kunden* gebildet, aber sie werden in den seltensten Fällen systematisch und umfassend ausgewertet. Als Controlling-Parameter für einen Verbesserungsprozess sind sie deshalb nur sehr eingeschränkt genutzt (Kriterium 6a und

6b). Bei den *Schlüsselergebnissen* ist die Lage insofern besser, als die Einrichtungen hier deutlich mehr Daten und Indikatoren ermitteln. Für die Auswertung und die Verwertbarkeit für die Verbesserungsprozesse werden sie dennoch nur eingeschränkt genutzt (Kriterium 9a und 9b).

Ferner sollte einerseits die *Kommunikation* zwischen Mitarbeitern und Leitungsebene durch Organisationsentwicklung, andererseits die fachlich-methodische *Weiterentwicklung* des Personals in den BQGen durch systematische Verfahren abgesichert werden, wie in Antworten zu Kriterium 5b in den Befragungen deutlich wurde.

Die zentralen Aspekte für die Weiterentwicklung des QM in den BQGen scheinen daher dem Forschungsteam die folgenden:

- Entwicklung klarer Indikatoren sowohl für das operative als auch das strategische Controlling;
- Ausbau der prozessbegleitenden Ergebnisermittlung, Dokumentation und systematische Auswertung dieser Ergebnisse;
- Ableitung von kontinuierlichem Prozess-Controlling und daraus resultierenden Prozess-Verbesserungen;
- Bessere Kommunikation zwischen strategischer Ebene (Leitung) und operativer Ebene (Mitarbeitern) in den BQGen;
- Stärkere Einbindung der Mitarbeiter in die QM-Entwicklung und in das Controlling[360] sowie Angebote fachlicher Weiterbildung.

11.2 Vergleich der Anforderungen der externen Schlüsselkunden mit dem QM der BQGen

Im vorherigen Abschnitt wurden die drei Befragungen der *Leitungsebenen* (*Einrichtungsbefragung*), der *Mitarbeiter* dieser Einrichtungen (*Mitarbeiterbefragung*) und der Teilnehmer an den Maßnahmen dieser Einrichtungen (*Teilnehmerbefragung*) zusammenfassend betrachtet. Hier folgen für die 10 untersuchten BQGen Betrachtungen zu den Befragungen von *Arbeitgebern* und *Multiplikatoren* als den weiteren Schlüsselkunden der BQGen.

---

[360] Dass diese Forderung angesichts immer schneller werdender Veränderungen in den Anforderungen an Maßnahmen seitens der Geldgeber problematisch ist, ist dem Forschungsteam bewusst. Dennoch sollten hier Instrumente entwickelt werden, die möglichst maßnahmeübergreifend und maßnahmeunabhängig nutzbar sind.

Zunächst sind hier die *Arbeitgeber* zu betrachten. Es ist auffällig in der zusammenfassenden Bewertung der Befragungsergebnisse, dass die Arbeitgeber ihre Hauptanforderungen an Benachteiligte vor allem auf die Aspekte der persönlichen und sozialen Kompetenzen sowie der stabilen sozialen Lebenslage beziehen. Damit kommt dem Kernprozess SPB eine besondere Bedeutung zu. Dieser ist im QM, wie in Kapitel 8.4 gezeigt wurde, jedoch von Seiten der BQGen etwas weniger gut entwickelt als der Kernprozess PBQ.[361] Dem Kernprozess PBQ weist die *Arbeitgeberbefragung* allerdings immerhin den zweiten Rang bezüglich der Bedeutung für die von den Arbeitgebern gestellten Anforderungen zu. Bedenkt man, dass in der politischen Debatte gerade die *berufspraktische Qualifizierung* vehement gefordert wird, so zeigt sich hier in Teilen ein Widerspruch zu den Ergebnissen der durchgeführten Arbeitsgeberbefragung.

In Kapitel 10.1 wurde auch gezeigt, dass der Kontakt zwischen BQGen und dem Schlüsselkunden „Unternehmen des Ersten Arbeitsmarktes" nicht sehr eng ist. Dies zeigte sich einerseits darin, dass – über die 10 BQGen vermittelt – zunächst nur sieben Fragebögen von kooperierenden Unternehmen der BQGen beantwortet in die Untersuchung einfließen konnten, da nicht jede der untersuchten BQGen ein solches Unternehmen als direkt gekoppelt einbinden konnte. Andererseits machten von insgesamt 30 befragten Unternehmen nur 15 direkte Aussagen über ihre Anforderungen an die Leistungen der BQGen.

Um am Arbeitsmarkt *realisierbare* Beschäftigungsfähigkeit zu erzeugen, ist die Kommunikation zwischen diesen beiden Akteuren - BQGen und Arbeitgebern - bei der Eingliederung von Benachteiligten besonders verbesserungsbedürftig. Dennoch kann davon ausgegangen werden, dass - durch den insgesamt gut ausgeprägten QM-Stand in den BQGen - diese BQGen arbeitsmarktgerecht und an den Bedürfnissen der Arbeitgeber orientiert ihr QM ausgerichtet haben. Dies spiegelt auch die positive Bewertung der Maßnahmen durch die Teilnehmer wider. Dabei sind die BQGen vielfach darauf angewiesen, ihre Aktivitäten ohne konkret formulierte Anforderungen zu konzipieren.

Die Befragung der *Multiplikatoren* hat gezeigt, dass diese Gruppe - ähnlich wie die *Arbeitgeber* - den höchsten Förderbedarf der Benachteiligten am Arbeits-

---

[361] So ergab sich bei der *Einrichtungsbefragung* ein Mittelwert über alle BQGen für den Kernprozess SPB von 92 Punkten, für den Kernprozess PBQ von 112,1 Punkten und für den Kernprozess VERM von 108,5 Punkten. Bei der *Mitarbeiterbefragung* betrugen die Mittelwerte beim Kern-

markt bei den sozialen Kompetenzen sieht (vgl. Kapitel 10.2.2). Es sind die immer noch stark auf der *Input*-Ebene formulierten Anforderungen an die Gestaltung von Maßnahmen und die auf der *Output-Ebene* erwarteten Zielerreichungen, welche die Multiplikatoren an die BQGen erwarten. Sie machen eine Ausrichtung des QM im Rahmen eines *prozess-orientierten* QM schwierig. Zwar werden von den Multiplikatoren Angebote gefordert, die nur über das Management von *Prozessen* sinnvoll zu realisieren sind; jedoch wird von den Multiplikatoren nichts konkret benannt, was in Richtung eines systematischen Prozess-Controlling weist. Selbst klare Anforderungen an ein systematisches QM werden nicht formuliert. Es scheint, als herrsche - über die in Gesetzen formulierten Qualitätsanforderungen hinaus - kaum eine konkrete Vorstellung, was auf Seiten der BQGen in diesem Bereich zu tun sei. Hinweise darauf, wie die BQGen ihre Prozesse auf diese Schlüsselkunden ausgerichtet gestalten sollten, ergeben sich daraus nicht.

Obwohl von Seiten der öffentlichen Hand, insbesondere der BA, hohe Vermittlungszahlen in Arbeit von den BQGen gefordert werden, wurden im Multiplikatoren-Workshop der hier beschriebenen Untersuchung keine Aktivitäten und Prozesse als Anforderung zu einer zielgenauen *Vermittlungstätigkeit* formuliert. Lediglich eine gute Betreuung von Praktika und allgemein gute Kontakte zu Arbeitgebern wurden als Anforderungen formuliert.

Die Verfahren zur Gestaltung der Kernprozesse unter Berücksichtigung der Interessen der *Schlüsselkunden* (Teilnehmer, Arbeitgeber, Multiplikatoren und Geldgeber) sind daher durchaus verbesserungswürdig. Die Einbindung der *Teilnehmer* in die Prozessgestaltung ist bisher anscheinend etwas besser entwickelt als die Einbindung von *Arbeitgebern* und *Multiplikatoren*. Denn vor allem die *Geldgeber* sind überwiegend nur im Rahmen von Maßnahmebewilligungen durch ihre Vorgaben eingebunden. Hier sind neue Ansätze zu entwickeln, um diese eher unkonkreten Anforderungen interpretativ und proaktiv aufzunehmen und Arbeitsverfahren und QM entsprechend neu zu gestalten. Insgesamt hat sich in den Befragungen die Kontaktpflege zu allen Schlüsselkunden als verbesserungsbedürftig herausgestellt (Kriterium 5e). Hier liegen die wichtigsten Verbesserungsbereiche der BQGen.

---

prozess SPB 215,5 Punkte, beim Kernprozess PBQ 220,6 Punkte und beim Kernprozess VERM 246,7 Punkte.

12 Empfehlungen zur sozialpolitischen Gestaltung des zukünftigen Umgangs mit QM in BQGen und in arbeitsmarktpolitischen Maßnahmen.

12.1 Hinweise für Zertifizierungsverfahren bzw. externe QM-Prüfungen

Mit der vorliegenden Untersuchung konnte folgendes gezeigt werden:

Teilnehmer von Maßnahmen in den hier untersuchten Beschäftigungs- und Qualifizierungsgesellschaften bewerten die *hypothetische Beschäftigungsfähigkeit* durch den Einsatz von QM als gefördert. Wenn daher der QM-Stand in einer BQG im Sinne der hier vorgelegten Untersuchung dem eines guten bzw. exzellenten QM nach der EFQM-Bewertung entspricht, und wenn die einzelnen Verfahren der BQG auf die Förderung der Beschäftigungsfähigkeit ausgerichtet sind, dann wird die Beschäftigungsfähigkeit der Teilnehmer dieser BQG durch das QM gefördert. Dies gilt insbesondere bei einer externen Begutachtung eines QM-Systems.

Allerdings sind dabei einige einschränkende Bedingungen zu beachten.

Eine solche aussagefähige, belastbare Diagnose des QM-Standes in einer BQG ist nur mit relativ großem Aufwand zu erreichen. Mit dieser Untersuchung konnte gezeigt werden, dass die Perspekti*ven der Leitungsebene der Organisationen, der Mitarbeiter* und *der Teilnehmer* sehr verschieden sind; damit werden der realisierte QM-Stand sowie dessen Wirkung sehr unterschiedlich beurteilt.

Bei der Analyse des QM sollte auf keinen Fall nur die Leitung der Organisation (strategische Ebene), sondern immer auch die Umsetzung durch die Mitarbeiter (operative Ebene) betrachtet werden, da nur aus diesem Gesamtbild ermessen werden kann, inwiefern die Organisation ihr QM an der Förderung der *Beschäftigungsfähigkeit* ausrichtet. Die Befragung der Mitarbeiter ist für die Beurteilung unerlässlich, gibt aber, wie anhand der Unterschiede der Befragungen gezeigt wurde, allein kein zuverlässiges Bild.

Auch die Befragung von Teilnehmern kann das Bild des QM - und vor allem der Leistungsfähigkeit der Organisation - sinnvoll komplettieren, wobei, wie gezeigt wurde, die Teilnehmer eher für den Aspekt der Leistungsfähigkeit eine Auskunftsinstanz darstellen.

Die BQGen verfügen bisher nur über wenige Instrumente, um Ergebnisse im Prozess der Förderung der Teilnehmer in Zwischenschritten festzuhalten. Je mehr die Entwicklung in Richtung Case-Management und Profiling mit Eingliederungsplanungen geht, um so mehr sind solche Instrumente notwendig, um von Seiten der Geldgeber ermessen zu können, welchen Nutzen die Maßnahmen für den Einzelnen auf dem Weg zur Beschäftigungsfähigkeit haben.

Um die Prozesse in den BQGen auf ihre Tauglichkeit hin bewerten zu können, sollten deshalb eigene, auf die einzelnen Kernprozesse bezogene Controlling-Instrumente entwickelt und angewendet werden. Diese Instrumente müssen etwas über die Güte der Prozesse aussagen können. Der notwendige Aufwand, um die *Wirkung* der im QM gestalteten Prozesse auf die Beschäftigungsfähigkeit der Teilnehmer im Einzelnen, wie in dieser Untersuchung geschehen, zu prüfen, ist u.E. ökonomisch und gesellschaftspolitisch kaum als regelmäßig anzuwendendes Verfahren vertretbar. Vielmehr sollte eine differenzierte und auf die Kernprozesse bezogene Analyse des QM als ausreichend betrachtet werden. Dabei muss u.E. aber folgender Aspekt besonders berücksichtigt werden: die prozessualen Aspekte der Co-Produktion von BQGen bzw. Weiterbildungsanbietern einerseits und Zielgruppen-Personen andererseits.

Wenn es um BQGen und deren Maßnahmen für am Arbeitsmarkt besonders Benachteiligte bei der QM-Bewertung geht, sollte insbesondere dem Prozess Sozialpädagogische Begleitung bei einer externen Bewertung Aufmerksamkeit geschenkt werden. Hier stellte sich - wie oben bereits erläutert - heraus, dass diese Ergebniskriterien häufig nicht sehr gut entwickelt sind; den Ergebnissen in diesem Kernprozess aber ist gerade auf der Seite der Schlüsselkunden besondere Bedeutung beizumessen. Eine schlechte Umsetzung dieses Prozesses - bzw. der Wegfall der zu diesem Kernprozess gehörenden Leistungen - führen zu einem erhöhten Risiko des Nicht-Erreichens der Beschäftigungsfähigkeit. Dies hat sowohl die Befragung der Arbeitgeber als auch die der Multiplikatoren gezeigt.

12.2 Hinweise für notwendige zukünftige Strategien

BQGen arbeiten mit Maßnahmeförderungen, die von der kommunalen bis zur europäischen Ebene breit gestreut sind. Eine Harmonisierung der QM-Anforderungen von der EU bis zur kommunalen Ebene ist erforderlich, um langfristig ein einheitliches Ziel- und Verfahrenssystem für die Entwicklung und Überprüfung von QM in BQGen und in Weiterbildungseinrichtungen entwickeln zu können. Dies ist insbesondere für diejenigen Träger und Organisationen notwendig, die Fördermittel der verschiedenen Ebenen koordinieren und miteinander verbinden, um so den Teilnehmern optimale Fördermöglichkeiten anzubieten. Für die Träger von Maßnahmen ist es dringend erforderlich, Klarheit zu den arbeitsmarktpolitischen Strategien und Förderungen auf der politischen Ebene zu bekommen, um ihr QM sinnvoll zu entwickeln. Kontinuierliche QM-Entwicklung bei sich immer wieder kurzfristig ändernden Förderinstrumenten und Rahmenbedingungen, wie dies gerade in diesen Jahren geschieht, ist nicht möglich.

Mit der durchgeführten Untersuchung konnten einige gute Ansätze gefunden werden, die auch in der Lage sind, neue Anforderungen zu erfüllen, die sich z.B. bei Verfahren wie dem Profiling stellen. Hier müssten aber Methoden entwickelt werden, die der Zielgruppe der Benachteiligten am Arbeitsmarkt angemessen sind. Anleihen aus dem Bereich der Behindertenarbeit, die von einigen beteiligten BQGen mangels anderer Ansätze auf ihren Nutzwert hin überprüft werden, erweisen sich als nur bedingt brauchbar.

Da wo Ansätze zu einem systematischen Controlling von Teilzielen gemacht sind, zeigt sich jedoch, dass die BQGen den erforderlichen Ressourcenaufwand nicht aus vorhandenen Mitteln zu erbringen vermögen. Maßnahmefinanzierungen geben i.d.R. nur das Notwendigste für die Durchführung her. Hier müsste die Entwicklung von QM praxisnah - und unterstützt durch gezielte externe Mittel - ermöglicht werden. Die entsprechenden Mittel dafür müssten in die Kostensätze einkalkuliert werden.

12.3 Fazit

Zum Abschluss dieser Publikation sollen keine konkreten Empfehlungen für QM-Strategien in BQGen gegeben werden, da die rasanten Entwicklungen und Veränderungen im Feld der Förderung der Benachteiligten und in der aktiven Arbeitsmarktpolitik dies z.Zt. als wenig sinnvoll erscheinen lassen. Im Verlaufe des Forschungsprojektes ist die Frage nach der *Brauchbarkeit* des gewählten Verfahrens für die externe QM-Bewertung fast wichtiger geworden als die Frage nach der *Wirkung* des QM auf die Beschäftigungsfähigkeit in BQGen; denn die Kombination von Beschäftigungs- und Qualifizierungsangeboten ist durch den Umbau der Förderinstrumente im SGB III - und in dieser Folge auch bei

Ländern und Kommunen - fraglich geworden. Hingegen ist die Verpflichtung zum Qualitätsmanagement, wie in Kapitel 4 gezeigt wurde, im SGB III bereits verankert und wird wohl nach und nach auch auf andere Förderbereiche ausgedehnt werden.

Das hier gewählte Verfahren der Anlehnung einer externen Bewertung an das EFQM-Modell für Excellence hat sich als geeignet erwiesen, den QM-Stand der Organisationen (QM-Gestaltung und Umsetzung) im Hinblick auf die Förderung der Beschäftigungsfähigkeit zu erheben. Dies gilt unabhängig davon, mit welchem QM-System die Organisation arbeitet. Die von uns entwickelten Befragungsinstrumente für die *Teilnehmerbefragung* sind geeignet, Aufschluss über eine systematische Führung der drei Kernprozesse *Sozialpädagogische Begleitung, Persönliche und Berufliche Qualifizierung* und *Vermittlung in den Ersten Arbeitsmarkt* sowie über die Leistungsfähigkeit der Organisation zu geben. Es ist allerdings nicht eindeutig nachweisbar, wie diese Leistungsfähigkeit im Zusammenhang mit dem QM steht, da keine lineare Korrelation zwischen QM-Stand und *Teilnehmerbefragungen* ermittelt werden konnte.

Zusammenfassend lässt sich aus der Untersuchung folgendes ableiten:
Wird bei der Überprüfung der Kernprozesse einer Beschäftigungs- und Qualifizierungsgesellschaft festgestellt, dass in dieser BQG eine Ausrichtung auf die Förderung der Beschäftigungsfähigkeit gegeben ist, und wird auch festgestellt, dass die Mitarbeiter dieser BQG die Prozesse entsprechend umsetzen, so ist eine positive Wirkung auf die Förderung der Beschäftigungsfähigkeit der Teilnehmer anzunehmen, wenn diese Teilnehmer die Leistungsfähigkeit der Organisation als hoch einstufen.
Somit fördern die untersuchten BQGen durch ihre Qualitätsmanagementsysteme die Beschäftigungsfähigkeit der Benachteiligten am Arbeitsmarkt.

Die im dargestellten Forschungsprojekt untersuchten zehn BQGen stehen mit ihren Maßnahmen unter erheblichem Legitimationsdruck und entwickeln deshalb aufwendige QM-Verfahren, obwohl die Evaluation von außen weder methodisch noch in den Zielkategorien letztlich geklärt ist. Ein QM auf sich ständig wandelnde Ziele auszurichten ist außerordentlich schwierig und kostenintensiv. Soziale BQGen mit dem beschriebenen sozial-ethischen Hintergrund sind jedoch in Drahtseilakten geübt und werden es vermutlich schaffen, sich auch unter verschärften Bedingungen am Markt zu behaupten. Den Zielgruppen der BQGen jedenfalls ist dies zu wünschen.

Literaturverzeichnis

Allemeyer, Jürgen (1995): *Freie Wohlfahrtspflege und Markt - Bedrohung oder Chance?* In: Theorie und Praxis der Sozialen Arbeit, 1/1995; 46. Jahrgang, S. 2 f.

Arbeiterwohlfahrt Bundesverband e.V. (Hrsg.) (2000): *Projekt AWO Qualitätsmanagement*. Bonn

Arbeiterwohlfahrt Bundesverband e.V. (Hrsg.) (2003): *Muster-Qualitätsmanagement-Handbuch Jugendberufshilfe*. Bonn

Arbeitsgruppe Alternative Wirtschaftspolitik (2002a): *Gegen weiteren Kahlschlag bei der Arbeitsförderung - Hartz- Konzepte lösen Misere auf dem Arbeitsmarkt nicht*. Sondermemorandum. http://www.memo.uni-bremen.de/docs/mf29.pdf

Arbeitsgruppe Alternative Wirtschaftspolitik (2002b): *Initiative für eine sozialstaatlich orientierte aktive Arbeitsmarktpolitik*. http://www.memo.uni-bremen.de/docs/initiative.pdf

Arbeitsgruppe Alternative Wirtschaftspolitik (2002c): *Memorandum 2002. Blauer Brief für falsche Wirtschaftspolitik - Kurswechsel für Arbeit und Gerechtigkeit .-Kurzfassung-*. http://www.memo.uni-bremen.de/docs/memo02ku.pdf

Arbeitsgruppe Alternative Wirtschaftspolitik (2002d): *Ziele der Memoranden-Gruppe*. http://www.memo.uni-bremen.de/infos/memorandum.htm

Autorengemeinschaft (2002): *Moderne Dienstleistungen am Arbeitsmarkt. Stellungnahme des IAB zum Bericht der „Hartz-Kommission"*. IAB-Werkstattbericht 13/2002, Nürnberg

Bäcker, Gerhard; Bispink, Reinhard u.a. (2000): *Sozialpolitik und soziale Lage in Deutschland. Band 1: Ökonomische Grundlagen, Einkommen, Arbeit und Arbeitsmarkt*. Wiesbaden

bag arbeit (Bundesarbeitsgemeinschaft Arbeit e.V.) (1999): *QM-Musterhandbuch*. Berlin 1999

bag arbeit (Bundesarbeitsgemeinschaft Arbeit e.V.) (2002a): *Kooperation statt Konkurrenz. Dokumentation der Fachtagung Qualitätsmanagement. Vorberei-*

tung, Qualifizierung, Beratung. Arbeitsmarktpolitische Unternehmen auf dem Weg zur Zertifizierungsreife. Berlin

bag arbeit (Bundesarbeitsgemeinschaft Arbeit e.V.) (2002b): *Position der Bundesarbeitsgemeinschaft Arbeit e.V. (bag arbeit) zu den Vorschlägen der Hartz-Kommission— insbesondere zur Funktion der Personal-Service-Agenturen.* In: www. bag-arbeit.de vom 13.12.2002

Balli, Christel; Krekel, Elisabeth M.; Sauter, Edgar (2002): *Qualitätsentwicklung in der Weiterbildung. Zum Stand der Anwendung von Qualitätssicherungs- und Qualitätsmanagementsystemen bei Weiterbildungsanbietern.* Schriftenreihe des Bundesinstituts für Berufsbildung. Bonn

Bauer, Rudolph (Hrsg.) (1992): *Lexikon des Sozial- und Gesundheitswesens.* München; Wien

Bergmann, Christine (1993): *Initiative für einen öffentlich geförderten Beschäftigungssektor (Zweiter Arbeitsmarkt).* In: WSI-Mitteilungen, 10/1993, S. 677-684

Bertelmann-Stiftung; Bundesanstalt für Arbeit; Deutscher Landkreistag; Deutscher Städtetag; Deutscher Städte und Gemeindebund (2002): *Handbuch Beratung und Integration. Fördern und Fordern - Eingliederungsstrategien in der Beschäftigungsförderung.* Gütersloh

Bischoff, Joachim (2002): *Die Memoranden- Alternativen zur neoliberalen Wirtschaftskonzeption.* In: UTOPIE kreativ, Heft 146, S. 1114-1123

Blaschke, Dieter; Plath, Hans-Eberhard (2002): *Probleme der Evaluation von Maßnahmen aktiver Arbeitsmarktpolitik am Beispiel beruflicher Weiterbildung.* in: Kleinhenz, Gerhard (2002) (Hrsg.): *IAB-Kompendium Arbeitsmarkt- und Berufsforschung. Beiträge zur Arbeitsmarkt- und Berufsforschung BeitrAB 250.* Nürnberg, S. 429-446

Bortz, Jürgen, Döring, Nicola (1995): *Forschungsmethoden und Evaluation für Sozialwissenschaftler.* Berlin

Bremer Institut für Arbeitsmarktforschung und Jugendberufshilfe (2003): Infomail vom 5.6.2003, Datei ba92-0503

Brinkmann, Christian; Wießner, Frank (2002): *Zur Wirkungsforschung aktiver Arbeitsmarktpolitik - neue Herausforderungen für Monitoring und Evaluation.* In: Kleinhenz, Gerhard (2002) (Hrsg.): IAB-Kompendium Arbeitsmarkt- und

Berufsforschung. Beiträge zur Arbeitsmarkt- und Berufsforschung BeitrAB 250, Nürnberg, S. 373-386

Bundesanstalt für Arbeit (1997): 1. Ergänzungslieferung zum Dienstblatt-Runderlass 44/96 vom März 1997

Bundesanstalt für Arbeit (1998): Dienstblatt-Runderlass 8/98 vom 16.2.1998

Bundesanstalt für Arbeit (1999): *Anforderungskatalog an Bildungsträger und Maßnahmen der beruflichen Weiterbildung. BA I FW 109 – 11/9.* http://www.arbeitsamt.de/hast/services/foerdweit/fbwvordr.html; Abruf: 29.11.2002

Bundesanstalt für Arbeit (1999a): Dienstblatt-Runderlass 50/99 vom 25.11.1999

Bundesanstalt für Arbeit (2001): Dienstblatt Runderlass 12/2002 vom 17.12.2001

Bundesanstalt für Arbeit (2002a): div. Statistiken verschiedener Jahrgänge, Nürnberg

Bundesanstalt für Arbeit (2002b): *Arbeitsmarkt in Zahlen. Aktuelle Daten 2001. Jahreszahlen (Referat IIIb4), 09.01.2002.* Nürnberg

Bundesanstalt für Arbeit (2002c): *Wichtige arbeitsmarktpolitische Instrumente der Bundesanstalt für Arbeit.* http://www1.arbeitsamt.de/hst/services/statistik/200210/iiia4/ampb.pdf

Bundesanstalt für Arbeit (2003a): *Arbeitsmarkt in Zahlen. Aktuelle Daten 2002. Jahreszahlen (Referat IIIb3), 10.01.2000.* Nürnberg

Bundesanstalt für Arbeit (2003b): *Haushaltsplan 2003.* Nürnberg

Bundesanstalt für Arbeit (2003c): *Umsteuerung in EGT, 2003 Veränderung absolut,* Folie vorgetragen von Hans-Uwe Stern bei der IAB-Tagung „Arbeitsmarkt - Neue Instrumente im Einsatz." vom 21.5. bis 23.5. 2003 in Bad Boll

Bundesministerium für Arbeit und Sozialordnung (2002): *Sozialbericht* 2001. Bonn

Bundesrepublik Deutschland (2001): *Nationaler beschäftigungspolitischer Aktionsplan 2001.* Berlin

Bundestagsdrucksache 15/25 vom 5.11.2002

Bundestagsdrucksache 16/25 vom 5.11.2002

De la Motte, Brunhilde (1998): *Prekäre Arbeitszeit in Großbritannien*
http://www.gbi.ch/input/1998/98-4/england.htm Abruf 27.12.2002

Deeke, Axel; Kruppe, Thomas (2003): *Beschäftigungsfähigkeit als Evaluationsmaßstab? Inhaltliche und methodische Aspekte der Wirkungsanalyse beruflicher Weiterbildung im Rahmen des ESF-BA-Programms.* In: IAB Werkstattbericht, 1/2003

Diekmann, Andreas (1995): *Empirische Sozialforschung. Grundlagen, Methoden, Anwendungen.* Hamburg

DIN EN ISO 9000:2000-12: *Qualitätsmanagementsysteme. Leitfaden zur Leistungsverbesserung.* hrsg. vom Deutschen Institut für Normung e.V. Berlin

DIN EN ISO 9004:2000-12: *Qualitätsmanagementsysteme. Grundlagen und Begriffe.* hrsg. vom Deutschen Institut für Normung e.V. Berlin

Donabedian, Avedis (1980): *The Definition of Quality an Approaches to its Assessment and Monitoring. Vol I.*

Duden (1978): *Das Wörterbuch der deutschen Sprache.* Mannheim

Emmerich Knut (1999): *Flexicurity - Ein dänisches Erfolgsrezept.* In: IAB Materialien Nr. 4/1999, Nürnberg

Europäische Kommission (1994): *Wachstum, Wettbewerbsfähigkeit, Beschäftigung. Herausforderungen der Gegenwart und Wege ins 21. Jahrhundert. Weißbuch.* Brüssel, Luxemburg

Europäische Kommission; Vertretung in der BRD (1997): *EU-Nachrichten Dokumentation Nr.3. Der Vertrag von Amsterdam: Ergebnisse, Erläuterungen, Vertragsentwurf.* Bonn

Europäische Kommission; Vertretung in der BRD (1997): *EU-Nachrichten Dokumentation Nr.3 Der Vertrag von Amsterdam.* Bonn

Europäische Kommission (1999a): *Agenda 2000. Stärkung und Erweiterung der Europäischen Union. Entwurf einer für die breite Öffentlichkeit bestimmten Informationsbroschüre der Kommission über die Agenda 2000.* in:
http://europa.eu.int/comm/agenda2000/public_de.pdf vom20.12.2002

Europäische Kommission (1999b): *Der Vertrag von Amsterdam: Was sich in Europa geändert hat.* Brüssel

Europäische Kommission (1999c): *Entschließung des Rates zu den beschäftigungspolitischen Leitlinien für 1999.*
http://europa.eu.int/comm/employment_social/empl&esf/empl99/guide_de.htm; Abruf 27.11.2002

Europäische Kommission (2001): *Beschäftigungspolitik und Sozialpolitik: ein Konzept für Investitionen in Qualität. Mitteilungen der Kommission an den Rat, das Europäische Parlament, den Wirtschafts- und Sozialausschuss und den Ausschuss der Regionen.* Brüssel 20.6.2001, KOM(2001) 313

Europäische Kommission (2002a): *Der Vertrag von Amsterdam: Gebrauchsanweisung. Die Union und die Bürger.* in:
http://europa.eu.int/scadplus/leg/de/lvb/a13000.htm vom 20.12.2002

Europäische Kommission (2002b): *Die europäische Beschäftigungsstrategie: In Menschen investieren – mehr und bessere Arbeitsplätze schaffen.* Link zu diesem Dokument ist zu finden in:
http://europa.eu.int/comm/employment_social/empl&esf/ees_de.htm; Abruf: 20.12.2002

Europäische Kommission (2002c): *ESF 2000-2006.* in:
http://europa.eu.int/comm/employment_social/esf2000/index-de.htm vom 20.12.2002

Europäische Kommission (2003a): *Die neue koordinierte Beschäftigungsstrategie.* In: http://www.europa.eu.int/scadplus/leg/de/cha/c10234.htm vom 18.1.2003

Europäische Kommission (2003b): *Gemeinsamer Bericht des Europäischen Rates: Madrid (1995)* in:
http://www.europa.eu.int/scadplus/leg/de/cha/c10229a.htm vom 18.1.2003

Europäische Kommission (2003c): *Gemeinsamer Bericht des Europäischen Rates: Dublin (1996).* in:
http://www.europa.eu.int/scadplus/leg/de/cha/c10229b.htm vom 18.1.2003

Europäische Kommission (2003d): *Beschäftigung. Einleitung.* in:
http://www.europa.eu.int/scadplus/leg/de/cha/c00002.htm vom 18.1.2003

Europäische Kommission (2003e): *Gemeinsamer Bericht an den Europäischen Rat: Luxemburg (1997).* in: http://www.europa.eu.int/scadplus/leg/de/cha/c10229c.htm vom 18.1.2003

Europäische Kommission (2003f): *Die europäische Beschäftigungsstrategie auf lokaler Ebene.* in: http://www.europa.eu.int/scadplus/leg/de/cha/c10234.htm vom 18.1.2003

Europäische Union (2003): *Der rechtliche Rahmen nach dem Vertrag von Amsterdam.* In: http://www.europa.eu.int/scadplus/leg/de/cha/c10101.htm vom 18.1.2003

EFQM (1997): *Assessor-Handbuch.* Brüssel

EFQM (1999a): *Das EFQM-Modell für Excellence. Öffentlicher Dienst und soziale Einrichtungen.* Brüssel

EFQM (1999b): *Excellence bestimmen: Eine Fragebogen-Methode.* Brüssel

EFQM (2000a): *Spectrum Modellbewertungshandbuch.* Brüssel

EFQM (2000b): *Spectrum Fallstudie.* Brüssel

EFQM (2003): *Das EFQM-Modell für Excellence. Öffentlicher Dienst und soziale Einrichtungen.* Brüssel

Eurostat (2002): *Eurostat Jahrbuch 2002, Menschen in Europa. Arbeit und Arbeitsmarkt.* PDF-Datei, S. 18. In: http://europa.eu.int/comm/eurostat/Public/datashop/print-product/DE?catalogue=Eurostat&product=Freeselect1-DE&mode=download vom 06.01.2003

Evangelischer Fachverband Arbeit und Soziale Integration e.V. (EFAS) (2001): *Muster-Qualitätsmanagementhandbuch.* Stuttgart

Evers, A. (1992): *Megatrends im Wohlfahrtsmix. Soziale Dienstleistungen zwischen Deregulierung und Neugestaltung.* In: Blätter der Wohlfahrtspflege; 1/1992; 139. Jahrgang; S. 3 ff.

Evers, Adalbert; Schulze-Böing, Matthias (1999): *Öffnung und Eingrenzung. Wandel und Herausforderungen lokaler Beschäftigungspolitik.* http://www.uni-giesen.de/fb03/politik/personen/evers2.doc

Fachverband für Arbeit und Ausbildung (o.J.): *Einführung des „Excellence-Modells" der EFQM durch Selbstbewertung. Fragebogen zur Selbstbewertung für die hauptamtlichen MitarbeiterInnen und Führungskräfte.* Fachverband für Arbeit und Ausbildung im Diakonischen Werk der Evangelischen Kirche im Rheinland, Düsseldorf

Finis-Siegler, Beate (1997): *Ökonomik Sozialer Arbeit.* Freiburg i.Br.

Flynn, Padraigh (1998) in *:Beschäftigung in Europa 1998. Arbeit für die Menschen: Von Leitlinien zu Maßnahmen.* Vorwort (S.3) http://europa.eu.int/comm/employment_social/empl&esf/docs/empleurope98_de.pdf; Abruf 27.11.2002

Frenzer, Stephanie; Massolle, Johannes; Meyer-Kocot, Ulrich; Rauchfuß, Andreas (2000): *Qualitätsmanagement für Beschäftigungs- und Qualifizierungsgesellschaften. Ein Praxisbuch.* Münster

Friedrichs, Jürgen (1980): Methoden empirischer Sozialforschung. Opladen

Fülbier, Paus; Münchmeier, Richard (Hrsg.) (2001): *Handbuch Jugendsozialarbeit. Geschichte, Grundlagen, Konzepte, Handlungsfelder, Organisation. Band 1.* Münster

Gazier, Bernhard (1999): *Beschäftigungsfähigkeit: Konzepte und politische Maßnahmen.* www.eu-employment-observatory.net/introframeset_de.htm

Gazier, Bernard (2001): *Beschäftigungsfähigkeit: Ein komplexer Begriff.* In: Weinert, Patricia; Baukens, Michèle u.a.: *Beschäftigungsfähigkeit: Von der Theorie zur Praxis.* Bern; S.19-46

Gazier, Bernard (2002): *Beschäftigungsfähigkeit: Konzepte und Maßnahmen. In: Europäisches Beschäftigungsobservatorium: Nationale Arbeitsmarktpolitiken Basisinformationsberichte.* http://www.eu-employment-observatory.net/ersep/imi67_d/00140002.asp; Abruf 27.11.2002

Gerull, Peter (2000): *Hand- und Werkbuch. Soziales Qualitätsmanagement. Konzepte und Erfahrungen.* Hannover

Gesetzentwurf der Bundesregierung (2003a): *Entwurf eines Dritten Gesetzes für moderne Dienstleistungen am Arbeitsmarkt.* Berlin 25.7.2003

Gesetzentwurf der Bundesregierung (2003b): *Entwurf eines Vierten Gesetzes für moderne Dienstleistungen am Arbeitsmarkt.* Berlin 25.7.2003

Grün, Josef; Röhrig, Peter (2002): *Qualität steigern und sichern.* In: Social Management. 4/2002, 12. Jahrgang, S. 22 ff.

Grunow, Dieter (1995): *Zwischen Solidarität und Bürokratie: Organisationsprobleme von Wohlfahrtsverbänden.* In: Rauschenbach, Thomas; Sachße, Christoph; Olk, Thomas (Hrsg.) (1995): *Von der Wertegemeinschaft zum Dienstleistungsunternehmen. Jugend- und Wohlfahrtsverbände im Umbruch.* Frankfurt am Main, S. 253-279

Handelsblatt (2002): *Exporte bleiben einziger Motor für die Wirtschaft.* In Handelsblatt 10.01.2003, http://www.handelsblatt.com/BRDaktuell/exporte.htm, Abruf 11.01.2003

Hartz, Peter; Bensel, Norbert; Fiedler, Jobst; Fischer, Heinz; Gasse, Peter; Jann, Werner; Kraljic, Peter; Kunkel-Weber, Isolde; Luft, Klaus; Schartau, Harald; Schickler, Wilhelm; Schleyer, Hanns-Eberhard; Schmid, Günther; Tiefensee, Wolfgang; Voscherau, Eggert (2002): *Moderne Dienstleistungen am Arbeitsmarkt.* Berlin

Hauser, Albert, Neubarth, Rolf, Obermaier, Wolfgang (Hrsg.) (1997): *Management-Praxis: Handbuch soziale Dienstleistungen.* Neuwied, Kriftel, Berlin

Hermsen, Thomas (2000): *Wohlfahrtsverbände und Sozialmanagement: Differenzierung und Verselbständigung in der sozialen Hilfe.* Frankfurt am Main

Holm, K. (1974): *Theorie der Frage.* In: Kölner Zeitschrift für Soziologie und Sozialpsychologie; Nr. 26, S.91-114

Hottelet, Harald (1998): *Aufbau- und Ablauforganisation.* In: Maelicke, Bernd (2000) (Hrsg.): *Handbuch Sozialmanagement.* Baden-Baden, S. 600 -1- 36

http://www.deutsche-efqm/efqm/modell2000-3.html. Abruf am 26.10.1999

http://www.esf-brandenburg.de/erfahrungen/erf3.html. Abruf vom 26.7.2003

http://www.handelsblatt.com/Wirtschaft+Politik/Bundestagswahl/Blitzmeinung zurWahl.htm. Abruf 29.12.2002

http://www.vollbeschäftigung.de/definition.htm. Abruf 13.11.2002

Heydthausen, Ina (2001): *Einführung von Qualitätsmanagement in diakonischen Einrichtungen der Arbeitslosenförderung - unter dem Eindruck eines verbandsgesteuerten Projektbeginns.* Mönchengladbach (Diplomarbeit im SS 2001)

Hummel, Thomas; Malorny, Christian (1997):*Total Quality Management. Tips für die Einführung*. München, Wien

Jugendsozialarbeit online (2003): *Entscheidungsleitfaden zur fachlichen Qualitätsbeurteilung bei der Vergabe von Maßnahmen in der Benachteiligtenförderung*. In: Jugendsozialarbeit News vom 11.2.2000 In: www.news.jugendsozialarbeit.de vom 5.6.2003

Kantel, H.-Dieter (2002): *Mit Beschäftigungsgesellschaften gegen Arbeitslosigkeit?* In: Sozialer Fortschritt 5/2002, S. 123 – 130

Kleinhenz, Gerhard (2002) (Hrsg.): *IAB-Kompendium Arbeitsmarkt- und Berufsforschung. Beiträge zur Arbeitsmarkt- und Berufsforschung BeitrAB 250*. Nürnberg

Knigge, Arnold (1999): *Maßnahmebündel statt Königsweg* In: SOCIALmanagement 3/99; 9. Jhrg.

Koch, Susanne; Walwei, Ulrich; Wießner, Frank; Zilka, Gerd (2002): *Wege aus der Arbeitsmarktkrise. Finanzpolitik, Ordnungspolitik, Arbeitsmarktpolitik und Tarifpolitik auf dem Prüfstand*. IAB Werkstattbericht 11/2002, Nürnberg

Landesarbeitsamt NRW (2002a): div. Statistiken, Düsseldorf

Landesarbeitsamt NRW (2003): *Presseinfo Nr. 01/2003*. in www.landesarbeitsamt.de, Düsseldorf

Landesarbeitsamt NRW(2002): *Analysen zum Arbeitsmarkt Nr.3/2002, Eckdaten des Arbeitsmarktes seit 1948*. Düsseldorf

Luschei, Frank; Trube, Achim (2000)*: Evaluation und Qualitätsmanagement in der Arbeitsmarktpolitik. Einige systematische Vorüberlegungen und praktische Ansätze zur lokalen Umsetzung*. In: Mitteilungen aus der Arbeitsmarkt- und Berufsforschung. 33. Jg., Stuttgart u.a., S. 533 ff.

Massolle, Johannes; Dams, Sabine (2003): *Praxishandbuch: Qualitätsmanagement für Beschäftigungs- und Qualifizierungsgesellschaften. Arbeitshilfe zur Anwendung des Move-Praxishandbuchs im Rahmen der ISO 9000:2000*.

Ministerium für Arbeit und Soziales, Qualifikation und Technologie des Landes Nordrhein-Westfalen (2000) (Hrsg.): *NRW-aktiv. Arbeitsmarktpolitik in NRW. Eine Bilanz*. Düsseldorf

Ministerium für Wirtschaft und Arbeit des Landes NRW (2003): *ESF-kofinanzierte Arbeitsmarktprogramme des Landes NRW. Landesbericht über die Umsetzung in den Arbeitsmarktregionen Nordrhein-Westfalens. Juni 2003.* Düsseldorf

Paridon, K., van (1997): *Das Modell Holland - Ein neues Wirtschaftswunder?* Wirtschaftsdienst, Baden-Baden

Raskopp, Cornelia (2003): *Qualitätssicherung in der beruflichen Weiterbildung. Fakten-Trends-Gesetze.* Präsentation anlässlich der Tagung: „Beschäftigungsfähigkeit durch Qualitätsmanagement fördern!?" Am 25.3.2003 in der Hochschule Niederrhein Fachbereich Sozialwesen, Mönchengladbach

Reichard, Christoph (1988a): *Der Dritte Sektor - Entstehung, Funktion und Problematik von "Nonprofit"-Organisationen aus verwaltungswissenschaftlicher Sicht.* In: Die öffentliche Verwaltung - Zeitschrift für öffentliches Recht und Verwaltungswissenschaft 9/1988; 41. Jahrgang, S. 363-370

Reichard, Christoph (1988b): *Der "Dritte Sektor" - Ansätze zur Strukturierung eines Forschungsbereiches.* In: Zeitschrift für öffentliche und gemeinwirtschaftliche Unternehmen 1/1988; Bd. 11, S. 75-81

Reinberg, Alexander (2003): *Zur langfristigen Entwicklung des qualifikationsspezifischen Arbeitskräfteangebots- und Bedarf..* Vortrag anlässlich der IAB-Tagung „Arbeitsmarkt - Neue Instrumente im Einsatz." vom 21.5. bis 23.5.2003 in Bad Boll

Reis, Claus; v. Freyberg, Thomas; Kinstler, Hans-Joachim (2001): *Integrierte Hilfe zur Arbeit. Endbericht der wissenschaftlichen Begleitung. Teil B: Theoretische und empirische Analysen zum Pilotprojekt der Fachhochschule Frankfurt am Main.* Frankfurt

Scherl, Hermann (2002): *Das Hartz-Programm zur Halbierung der Arbeislosenzahl bis 2005: Erfolgversprechende Reformansätze oder dubiose Zahlenspielerei?.* Erlangen

Schickler, Wilhelm (2002): *Kompendium- Bundesweite Einführung der PersonalServiceAgenturen.* Frankfurt am Main

Schliebeck, Peter (2002): *Stellungnahme zu den Gesetzesentwürfen für moderne Dienstleistungen am Arbeitsmarkt.* DAA Deutsche Angestellten Akademie, Entwicklung+ Marketing 91/02, Hamburg

Schmid, Josef, Blancke, Susanne (2001): *Arbeitsmarktpolitik der Bundesländer - Chancen und Restriktionen einer aktiven Arbeitsmarkt- und Strukturpolitik im Föderalismus.* Berlin

Schnell, Rainer, Hill, Paul B., Esser, Elke (1989): *Methoden der empirischen Sozialforschung.* München

Schulze-Böing, Matthias (2002): *Fördern und Fordern – Fordern durch Fördern? Aktivierende Arbeitsmarktpolitik und die Rolle der Kommunen.* In Sozialer Fortschritt, 7/2002, S. 160ff.

Sinn, Hans-Werner; Holzner, Christian; Meister, Wolfgang; Ochel, Wolfgang; Werding, Martin (2002): *Aktivierende Sozialhilfe - Ein Weg zu mehr Beschäftigung und Wachstum.* In: ifo-Schnelldienst - Sonderausgabe, 5/2002; Berlin; 55. Jhg., Heft 9

Statistisches Bundesamt (2002): div. Statistiken, Wiesbaden

Statistisches Bundesamt (2003): Presseerklärung vom 16.1.2003, in: www.destatis.de vom 12.6.2003

Stier, Winfried (1996): *Empirische Forschungsmethoden.* Berlin

Temps, Claudia (2002): *Der öffentlich geförderte Beschäftigungssektor (ÖBS) im Konzept der Arbeitsgruppe Alternative Wirtschaftspolitik.* In: Troost, Axel: *Massenarbeitslosigkeit bekämpfen - Arbeit eine Perspektive geben: Der öffentlich geförderte Beschäftigungssektor.* Berlin

Trube, Achim (1994): *Marktversagen, Staatsversagen und die Funktion des Dritten Sektors in der Massenarbeitslosigkeit.* In: Theorie und Praxis der sozialen Arbeit, 45. Jhrg., Nr. 9/94, S. 342-350

Trube, Achim (1997): *Zur Theorie und Empirie des Zweiten Arbeitsmarktes: Exemplarische Erörterungen und praktische Versuche zur sozioökonomischen Bewertung lokaler Beschäftigungsförderung.* Münster

Trube, Achim (1998): *Arbeitslosigkeit: Der zweite Arbeitsmarkt verspielt? Was bedeutet das – Zweiter Arbeitsmarkt? Was sind die Aufgaben? Hat die Sozialarbeit Lösungen und wie weit tragen sie?* In: Sozialmagazin, 10/1998, S. 1 ff.

Trube, Achim (2002a): *Zur Frage des volkswirtschaftlichen Nutzens eines öffentlich geförderten Beschäftigungssektors- Legitimation, Funktion und Probleme.* http://www.memo.uni-bremen.de/docs/m1902.pdf

Trube, Achim; Wohlfahrt, Norbert (2002b): *Zur Güte von Gutachten – Eine Einschätzung der wissenschaftlichen Seriosität von Reformkonzepten der aktivierend e Sozialhilfe- und Arbeitsmarktpolitik.* Siegen

Verband Bremer Beschäftigungsträger (2002): *Qualitätsmanagement-Handbuch.* Revision 3, Stand 24.9.2002

Verband Bremer Beschäftigungsträger e.V. (1998): *Qualitäts-Management-Handbuch.* Bremen

Vock, Rainer (1998a): *Qualitätsmanagement für Qualifizierungs- und Beschäftigungsgesellschaften. Teil 1. Theoretische und methodische Grundlagen.* Lübeck

Vock, Rainer; Besser, Ralf (1998b): *Qualitätsmanagement für Qualifizierungs- und Beschäftigungsunternehmen. Teil 2: Konzepte, Strategien, Instrumente.* Lübeck

Vomberg, Edeltraud (2000): *Social and Environmental Orientation of Enterprises.* Plenary Prensentation. Proceedings 7th International Symposium: Automated Systems Based on human Skill. International Federation of Automatic Control (IFAC), Aachen 15.-17.6.2000, S.7 ff.

Vomberg, Edeltraud (2001):*Recycling elektr(on)ischer Systeme: Zerlegung und Wiederverwertung im Rahmen aktiver Arbeitsmarktpolitik.* In: Henning, Klaus; Brandt, Dietrich (Hrsg.) (2003): *Die RWTH und die Region - Innovation und Arbeit..* Aachener Reihe Mensch und Technik (ARMT) Band 34, Aachen, S. 85 ff.

Vomberg, Edeltraud (2002): *Zur Aktualität der Debatte um Qualitätsmanagement in der sozialen Arbeit.* In: Vomberg, Edeltraud (Hrsg.) (2002): *Qualitätsmanagement als Zukunftsstrategie für die Soziale Arbeit. Theoretische Konzepte und praktizierte Beispiele aus sozialen Einrichtungen.* Schriftenreihe des Fachbereiches Sozialwesen der Hochschule Niederrhein, Band 32 Mönchengladbach, S. 11 ff.

Vomberg, Edeltraud (2003): *Social and Environmental Orientation of Enterprises.* In: Brandt, Dietrich (Hrsg.): *Human-Centred System Design. First: People, Second: Organization, Third: Technology. 20 Case Reports.* Aachener Reihe Mensch und Technik (ARMT) Band 42, Aachen, S. 74 ff.

Vomberg, Edeltraud; Keymer, Helmut; Liegener Hans- Georg (1999): *Total Quality Management als Innovationsstrategie in einem Unternehmen des zweiten Arbeitsmarktes.* In: *Soziale Arbeit zwischen globalen Risiken und nachhalti-*

ger Hilfe vor Ort. hrsg. von Prof. Klaus Hansen, Fachbereich Sozialwesen der Fachhochschule Niederrhein Mönchengladbach, S. 245 ff.

Wagner, Klaus (2002): *Qualitätsmanagement in der Jugendberufshilfe - ein AWO-Pilotprojekt.* In: Theorie und Praxis der Sozialen Arbeit. 6/2002, S. 444 ff.

Walwei, Ulrich (2003): *Probleme am deutschen Arbeitsmarkt und die Optionen der Politik (policy mix).* Vortrag im Rahmen der IAB-Tagung „Arbeitsmarkt: neue Instrumente im Einsatz." Bad Boll, 21.-23.5.2003

Wehaus, Rolf (1999): *Qualitätsmanagement.* In: Maelicke, Bernd (2000) (Hrsg.): *Handbuch Sozialmanagement.* Baden-Baden, S. 1350 -1- 44

Wenzel, Hans-Joachim; Woltering, Michael (2000): *Arbeitsmarktpolitik in der EU konkret: Konzepte und Projekte zur Integration von Migranten in Deutschland und den Niederlanden.* Osnabrück, S. 4 ff.

Wittenius, Ullrich (1999): *Das AWO-Qualitätsmanagement-Konzept – Ein Beitrag zur Zukunftssicherung des Verbandes.* In: Theorie und Praxis der Sozialen Arbeit, Nr. 7, S. 258 ff.

Wohlfahrt, Norbert (1999): *Die freie Wohlfahrtspflege auf dem Prüfstand (II) Zwischen Ökonomisierung und verbandlicher Erneuerung: Die Freie Wohlfahrtspflege auf dem Weg in einen veränderten Wohlfahrtsmix.* In: Theorie und Praxis der sozialen Arbeit; 1/1999; 50. Jahrgang; S. 3 ff.

Zollondz, Hans-Dieter (2002): *Grundlagen Qualitätsmanagement. Einführung in Geschichte, Begriffe, Systeme und Konzepte.* München, Wien

Abbildungsverzeichnis

Abbildung 1: Verschiebungen der arbeitsmarktpolitischen Mittel im Eingliederungstitel der Bundesanstalt für Arbeit bundesweit für 2003 in Mio € 35
Abbildung 2: Vier-Säulen-Modell 43
Abbildung 3: Entwicklung der europäischen Beschäftigungsstrategie 46
Abbildung 4: Struktur der Arbeitsmarktpolitik zwischen EU, Bund, Land NRW und Kommunen. 51
Abbildung 5: Das QMiB-Modell zur Kategorisierung von Einflussfaktoren auf die Beschäftigungsfähigkeit 62
Abbildung 6: Die Kunden und Stakeholder von Organisationen des Zweiten Arbeitsmarktes 73
Abbildung 7: Die Mehrzielproblematik arbeitsmarktpolitischer Projekte 76
Abbildung 8: Förderung der beruflichen Weiterbildung und Arbeitsbeschaffungsmaßnahmen. (Ist-Ausgaben, gleitend, 12-Monatssumme in Mrd. €) 85
Abbildung 9: Förderung der beruflichen Weiterbildung und Arbeitsbeschaffungsmaßnahmen. Anteil an den Beitragseinnahmen (Ist-Ausgaben, gleitend, 12-Monatssumme) 85
Abbildung 10: Ausgaben für die aktive Arbeitsmarktpolitik in Deutschland nach Maßnahmetypen (in % des BIP) 86
Abbildung 11: Zum Stand der Qualitätsmanagementdiskussion - Schwerpunkte 90
Abbildung 12: Qualitätssicherung bei Weiterbildungsanbietern - Beginn der Aktivitäten 91
Abbildung 13: Gründe für die Einführung von Qualitätsmanagement bei Weiterbildungseinrichtungen 92
Abbildung 14: Verteilung der verwendeten Qualitätsmanagementansätze bei den Weiterbildungseinrichtungen 92
Abbildung 15: Einschätzung zur Qualitätsentwicklung von Weiterbildungsanbietern 93
Abbildung 16: Qualitätsmanagementkreis 110
Abbildung 17 : Das EFQM-Modell für Excellence 112
Abbildung 18: Die Systematik der EFQM-Kriterienstruktur 114
Abbildung 19: Das Prozessmodell der DIN EN ISO 9001: 2000 120

Abbildung 20: Forderungen an ein QM-System zu dessen Fähigkeit, ständig fehlerfreie Produkte bereitzustellen und Kundenzufriedenheit zu erreichen. 121

Abbildung 21: Das Entwicklungsmodell „Von Konformität über ständige Verbesserung zur Business Excellence". 122

Abbildung 22: Kausal-, Aktions- und Konzeptualhypothese 136

Abbildung 23: Arbeits- und Begründungsschritte 143

Abbildung 24: Zusammenhang der QMiB-Befragungen 145

Abbildung 25: Übersicht über die Gesamtuntersuchung des QMiB-Projektes 148

Abbildung 26: Zielgruppen und prozentualer Anteil der Einrichtung, die mit diesen Gruppen arbeiten 155

Abbildung 27: Von den untersuchten BQGen angewendete Qualitätsmodelle/ -systeme (in Klammern: Anzahl der Einrichtungen, die diese Modelle anwenden) 156

Abbildung 28: RADAR-Bewertungsmatrix-Befähigerkriterien (Doppelseite) 163

Abbildung 29: RADAR-Bewertungsmatrix-Ergebniskriterien (Doppelseitig) 165

Abbildung 30: Mindmap zum Kernprozess PBQ 169

Abbildung 31: Einzelergebnisse der Einrichtungsbefragung zum Kernprozess Sozialpädagogische Begleitung 176

Abbildung 32: Mittelwerte der Einrichtungsbefragung zum Kernprozess SPB 177

Abbildung 33: Einzelergebnisse der Einrichtungsbefragung zum Kernprozess PBQ 178

Abbildung 34: Mittelwerte der Einrichtungsbefragung zum Kernprozess PBQ 178

Abbildung 35: Einzelergebnisse der Einrichtungsbefragung zum Kernprozess Vermittlung in den Ersten Arbeitsmarkt 179

Abbildung 36: Mittelwerte der Einrichtungsbefragung zum Kernprozess Vermittlung in den Ersten Arbeitsmarkt 180

Abbildung 37: Die Kernprozesse SPB, PBQ und VERM auf Einrichtungsebene im Vergleich 181

Abbildung 38: Feedbackergebnisse Mitarbeiterbefragung 190

Abbildung 39: Mittelwerte der Mitarbeiterbefragung zum Kernprozess SPB 193

Abbildung 40: Mittelwerte der Mitarbeiterbefragung zum Kernprozess PBQ 194

Abbildung 41: Mittelwerte der Mitarbeiterbefragung zum Kernprozess VERM 194

Abbildung 42: Die Kernprozesse SPB, PBQ und VERM aus der Bewertung durch die Mitarbeiter im Vergleich 195

Abbildung 43: Vergleich der Ergebnisse der Einrichtungsbefragung mit denen der Mitarbeiterbefragung auf der Ebene der Teilkriterien. 197

Abbildung 44: Zusammengefasste Ergebnisse der Einrichtungsbefragung und Mitarbeiterbefragung zur Organisationsbefragung auf Ebene der Teilkriterien 199

Abbildung 45: Ergebnisse der Bewertung mit Nachweisen /Hinweisen des Prozesses SPB über alle zehn untersuchten BQGen 201

Abbildung 46: Ergebnisse der Bewertung mit Nachweisen /Hinweisen des Prozesses PBQ über alle zehn untersuchten BQGen 203

Abbildung 47: Ergebnisse der Bewertung mit Nachweisen /Hinweisen des Prozesses VERM über alle zehn untersuchten BQGen 205

Abbildung 48: Ergebnisse Einrichtungsbefragung auf Organisationsebene und Ebene der Kernprozesse 208

Abbildung 49: Ergebnisse der Mitarbeiterbefragung auf Organisationsebene und Ebene der Kernprozesse 209

Abbildung 50: Organisationsübergreifendes QM-Profil 210

Abbildung 51: Abweichungen der auf die Kernprozesse bezogenen Werte zwischen Einrichtungs- und Mitabeiterbefragung. 213

Abbildung 52: Mittelwerte der Teilnehmerbefragung über alle untersuchten BQGen nach EFQM-Teilkriterien 221

Abbildung 53: Mittelwerte der drei untersuchten Kernprozesse (SPB, PBQ, VERM) aus der Teilnehmerbefragung pro untersuchter BQG (Nummern 1-10). 223

Abbildung 54: Streuung und Mittelwerte der Ergebnisse der Teilnehmerbefragung bezogen auf die drei Kernprozesse als zusammengefasstem Wert 223

Abbildung 55: Organisationsbezogene Ergebnisse der Teilnehmerbefragung 227

Abbildung 56: Organisationsübergreifende Ergebnisse der Teilnehmerbefragung zum Kernprozess SPB - Bewertung mit Hinweisen 228

Abbildung 57: Organisationsübergreifende Ergebnisse der Teilnehmerbefragung zum Kernprozess PBQ - Bewertung mit Hinweisen 230

Abbildung 58: Organisationsübergreifende Ergebnisse der
Teilnehmerbefragung zum Kernprozess VERM -
Bewertung mit Hinweisen 232
Abbildung 59: Vergleich der Ergebnisse der Teilnehmer- und
Organisationsbefragung für die Kernprozesse 234
Abbildung 60: Vergleich der Organisations- und Teilnehmerbefragung
für die einzelnen BQGen 235
Abbildung 61: Kriterien für Beschäftigungsfähigkeit im Bereich der
„Lebenslage" von Benachteiligten am Arbeitsmarkt aus der
Sicht von Arbeitgebern (Anforderungen und
Ausschlusskriterien) 244
Abbildung 62: Kriterien für Beschäftigungsfähigkeit im Bereich
„Persönliche und soziale Kompetenzen" von
Benachteiligten am Arbeitsmarkt aus der Sicht von
Arbeitgebern (Anforderungen und Ausschlusskriterien) 245
Abbildung 63: Kriterien für Beschäftigungsfähigkeit im Bereich der
„Außerfachliche Fähigkeiten" von Benachteiligten am
Arbeitsmarkt aus der Sicht von Arbeitgebern
(Anforderungen und Ausschlusskriterien) 246
Abbildung 64: Kriterien für Beschäftigungsfähigkeit im Bereich
„Körperliche Konstitution" von Benachteiligten am
Arbeitsmarkt aus der Sicht von Arbeitgebern
(Anforderungen und Ausschlusskriterien) 247
Abbildung 65: Zufriedenheit der Arbeitgeber mit ehemaligen
Teilnehmern aus BQGen 248
Abbildung 66: Was Arbeitgeber an eingestellten und nicht eingestellten
ehemaligen Teilnehmern aus BQGen vermisst haben. 249
Abbildung 67: Vergleich der Antworten zu Ausschlusskriterien im ersten
Frageblock zu den Antworten der Sammelfrage in % der
gesamten Antworten der jeweiligen Frage. 250
Abbildung 68: Prozentuale Differenzen zwischen der Kontrollfrage nach
Ausschlusskriterien für eine Einstellung von
Benachteiligten Personen im Hauptbefragungsteil und der
überprüfenden Sammelfrage am Ende der Befragung. 251
Abbildung 69: Anforderungen der Arbeitgeber an die BQGen. 252
Abbildung 70: Welche Defizite können aus Sicht der Arbeitgeber durch
finanzielle Anreize zur Einstellung von Benachteiligten
ausgeglichen werden? 253

Abbildung 71: Ergebnisse des Multiplikatorenworkshops zu den Anforderungen an Teilnehmer aus BQGen hinsichtlich der Beschäftigungsfähigkeit..257

Abbildung 72: Anforderungen der Multiplikatoren an die BQGen hinsichtlich der Erreichung von Beschäftigungsfähigkeit bei den Teilnehmern 259

Abbildung 73: Vergleich der Ergebnisse der Mitarbeiterbefragung und der Teilnehmerbefragung für alle Kriterien über alle 10 BQGen 263

Abbildung 74: Abweichungen zwischen Teilnehmerbefragung und Organisationsbefragung nach Kriterien über alle 10 BQGen. 265

Abbildung 75: Vergleich der Organisationsbefragung und der Teilnehmerbefragung in Prozent von Skalenendwert der jeweiligen Befragung. 266

Abbildung 76: Abweichungen zwischen Organisationsbefragung und Teilnehmerbefragung in % der Gesamtwerte 267

Abbildung 77: Abweichungen zwischen Selbsteinschätzung der Einrichtungen und Ergebnissen der Teilnehmerbefragung in % der Gesamtwerte..268

Abbildung 78: Abweichungen zwischen Ergebnissen der Mitarbeiterbefragung und Ergebnissen der Teilnehmerbefragung in % der Gesamtwerte 269

Tabellenverzeichnis

Tabelle 1: Entwicklung der Ziele der EU-Förderung in den Stufen bis 1993, 1993-1999 und ab 2000 48

Tabelle 2: Finanzmittel des ESF in den Perioden 1990-1993, 1994-1999 und 2000-2006 für die Mitgliedsstaaten in Mio € 49

Tabelle 3: Politikfelder der Landesarbeitsmarktpolitik in NRW im Bereich des EU-Ziels 3 (2000-2006) 50

Tabelle 4: (Doppelseitig) Historische Entwicklung der Modelle von Beschäftigungsfähigkeit 57

Tabelle 5: Einflussfaktoren auf Angebot und Nachfrage auf dem Arbeitsmarkt 60

Tabelle 6: Einflussfaktoren aus der Bewerberkonkurrenz (unvollständig) 60

Tabelle 7: Einflussfaktoren strukturell-individuell 61

Tabelle 8: Einflussfaktoren arbeitsmarktbezogen - personenbezogen 61

Tabelle 9: Mitteleinsatz aus Landes- und ESF-Mitteln in NRW im Zeitraum 2000 bis 2002 87

Tabelle 10: Die 15 Qualitätskriterien in der Benachteiligtenförderung 101

Tabelle 11: QM-Modelle der Partnerorganisationen 109

Tabelle 12: Struktur des EFQM-Kriteriums 5: Prozesse 114

Tabelle 13: Struktur des EFQM-Kriteriums 6: Kundenbezogene Ergebnisse 115

Tabelle 14: Struktur des EFQM-Kriteriums 9: Schlüsselergebnisse 115

Tabelle 15: Struktur des Teilkriteriums 5a 115

Tabelle 16: Systematik der Bewertung mit der RADAR-Card für Befähiger- und Ergebniskriterien 117

Tabelle 17: Grobes Bewertungsraster der EFQM RADAR-Card 119

Tabelle 18: Ableitung der Befragungen aus den EFQM-Teilkriterien 147

Tabelle 19: Mindestanforderungen an die Struktur-, Prozess- und Ergebnisqualität 152

Tabelle 20: Grundsatzdaten der Organisationen 153

Tabelle 21: Externe Qualitätsvorgaben 157

Tabelle 22: Ressourcen für das Qualitätsmanagement 157

Tabelle 23: Algorithmen für die Berechnung der Kriterien 5, 6 und 9 161

Tabelle 24: Best-Practice-Verfahren im Kernprozess SPB in 10 untersuchten BQGen 183

Tabelle 25: Best-Practice-Verfahren im Kernprozess PBQ in 10 untersuchten BQGen 184
Tabelle 26: Best-Practice-Verfahren im Kernprozess VERM in 10 untersuchten BQGen 184
Tabelle 27: Zuordnung der RADAR-Card-Elemente zu den Organisationsebenen 198
Tabelle 28: Bewertungssystematik analog zur EFQM RADAR-Card 200
Tabelle 29: RADAR-Card-Systematik der Bewertungsschritte und Berechnungen 207
Tabelle 30: Frage und Antwortkategorien aus dem Teilnehmerfragebogen 218

Anhang A:
Ableitung der Einrichtungs-, Mitarbeiter und Teilnehmerbefragungen aus den EFQM-Kriterien 5, 6 und 9

Teilkriterium	Gegenstand des Kriteriums	Gegenstand der Einrichtungsbefragung	Gegenstand der Mitarbeiterbefragung	Gegenstände für die Teilnehmerbefragung
5 a: Prozesse werden systematisch gestaltet und gemanagt.	Die Kernprozesse sozialpädagogische Begleitung, persönliche und berufliche Qualifizierung und Beschäftigung sowie Vermittlung werden systematisch gestaltet und gemanagt.	Bezeichnung des Prozesses Beschreibung des Prozesses Schnittstellen innerhalb der Organisation Schnittstellen außerhalb der Organisation Verfahren zur zielorientierten Umsetzung	Beschreibungen und Bezeichnungen der Prozesse sind den MA geläufig und werden verbindlich angewendet. Hindernisse zur zielorientierten Umsetzung auf der operativen Ebene. Definierte Verfahrensanwendung sichert den Informationsfluss bzw. stellt eine Verbesserung im Verfahrensablauf dar.	Ist den Teilnehmern bekannt, dass es ein Konzept gibt? Wie erleben sie die Zusammenarbeit? Können sie Prozesse, Maßnahmen, Abläufe, Verfahren benennen?
5 b: Prozesse werden bei Bedarf verbessert, wobei Innovation genutzt wird, um Kunden und andere Interessengruppen voll zufrieden zu stellen und die Wertschöpfung für diese zu steigern.	Die Kernprozesse sozialpädagogische Begleitung, persönliche und berufliche Qualifizierung und Beschäftigung sowie Vermittlung werden bei Bedarf verbessert wobei fachlich-methodische Fortentwicklungen sowie die Bedürfnisse der Schlüsselkunden, insbesondere die der Teilnehmer, maßgeblich sind.	Verfahren zur kontinuierlichen Verbesserung der Kernprozesse, Identifizierung von Verbesserungsbedarf	Es gibt Verfahren die vorsehen bzw. sicherstellen, dass MA die KP aus ihrem Arbeitsprozess heraus verbessern und weiterentwickeln können. Fortbildungen werden regelmäßig angeboten.	Ist den Teilnehmern bekannt, dass sie die Möglichkeit haben Verbesserungen anzuregen?

A-1

Teilkriterium	Gegenstand des Kriteriums	Gegenstand der Einrichtungsbefragung	Gegenstand der Mitarbeiterbefragung	Gegenstände für die Teilnehmerbefragung
5 c: Produkte und Dienstleistungen werden aufgrund der Bedürfnisse und Erwartungen der Kunden entworfen und entwickelt.	Die Kernprozesse sozialpädagogische Begleitung, persönliche und berufliche Qualifizierung und Beschäftigung sowie Vermittlung werden aufgrund der Bedürfnisse und Erwartungen der Teilnehmer und Geldgeber entworfen und entwickelt.	Entwicklung der Prozesse unter Einbeziehung der Wünsche und Bedürfnisse der TN. Einbeziehung der Anforderungen der Geldgeber bzw. Arbeitgeber im regulären Arbeitsmarkt	MA tragen zur Entwicklung und Einbeziehung der Wünsche der TN u. GG bei. MA setzen vorgefertigte Konzepte lediglich um (Kompetenz/Aufgabe/Verantwortung).	Ist den Teilnehmern bekannt, dass ihre Bedürfnisse und Erwartungen mit in die Entwicklung der Kernprozesse einfließen?
5 d: Produkte und Dienstleistungen werden hergestellt, geliefert und betreut.	Die Kernprozesse sozialpädagogische Begleitung, persönliche und berufliche Qualifizierung und Beschäftigung sowie Vermittlung werden bereitgestellt und angeboten.	Nutzungsmöglichkeit für die Teilnehmer. Verfahren zur Information der Geldgeber und/oder Arbeitgeber im Ersten Arbeitsmarkt über die angebotenen Leistungen.	MA benutzen die bereitgestellten Verfahren	Sind den Teilnehmern die Möglichkeiten der Nutzung der Kernprozesse bewusst?
5 e: Kundenbeziehungen werden gepflegt und vertieft.	Beziehungen zu den Schlüsselkunden der Kernprozesse sozialpädagogische Begleitung, persönliche und berufliche Qualifizierung und Beschäftigung sowie Vermittlung werden gepflegt und vertieft.	Kontaktpflege zu ausgeschiedenen Teilnehmern. Kontaktpflege zu anderen Schlüsselkunden. Beschwerdemanagement	Die Kontaktpflege zu den TN u. anderen Schlüsselkunden erfolgt bei den MA nach vereinbarten Regeln. Das Beschwerdemanagement läuft in festgelegten Verfahren.	Sind den Teilnehmern die Möglichkeiten der weiteren Kontaktpflege nach Beendigung der Maßnahme bewusst? Ist den Teilnehmern bewusst, wie mit ihren Beschwerden umgegangen wird?

Teilkriterium	Gegenstand des Kriteriums	Gegenstand der Einrichtungsbefragung	Gegenstand der Mitarbeiterbefragung	Gegenstände für die Teilnehmerbefragung
6 a: Messergebnisse aus Kundensicht	Die Messergebnisse zeigen, wie die Kunden die Kernprozesse sozialpädagogische Begleitung, persönliche und berufliche Qualifizierung und Beschäftigung und Vermittlung bewerten.	Zufriedenheit der TN und Trend der Zufriedenheit (in den letzten 3 Jahren). Zufriedenheit anderer Schlüsselkunden und Trend der Zufriedenheit	Die MA haben die Aufgabe die Kundenzufriedenheit zu dokumentieren.	Wie äußern sich die Teilnehmer zu ihrer Zufriedenheit? Ist den TN bewusst wie die Geldgeber und Arbeitgeber mit den Leistungen der Organisation in den drei Kernprozessen zufrieden sind?
6 b: Leistungsindikatoren	Interne Messergebnisse, die die Organisation verwendet um die Kernprozesse sozialpädagogische Begleitung, persönliche und berufliche Beschäftigung sowie Vermittlung zu überwachen, zu verbessern und um vorherzusagen, wie ihre Schlüsselkunden die Leistungen wahrnehmen.	Kenngrößen zum Umgang mit Beschwerden sowie Trends dazu. Kenngrößen zur Bindung von Schlüsselkunden und Trend zur Bindung. Umfang der Ermittlung von Controllingkenngrößen und daraus abzuleitenden Trends in Bezug auf die Nutzung der Kernprozesse durch die TN. Inanspruchnahme der Leistungen der Kernprozesse mit Einfluss auf Zielerreichung der Maßnahme. Durchführung und Verbesserung der Kernprozesse mit Einfluss auf Maßnahmeabbrüche	Messergebnisse werden von den MA für die Verbesserung ihrer Arbeit und den damit verbundenen Maßnahmen genutzt.	Können die Teilnehmer Angaben darüber machen, wie häufig und wofür sie die Leistungen innerhalb der Kernprozesse nutzen? Woran machen die Teilnehmer für sich eine Bindung an die Organisation fest? Wie sind die Erfahrungen mit Beschwerden? Sind die Teilnehmer der Auffassung, dass sie durch die Inanspruchnahme der Leistungen der Kernprozesse ihre Ziele im Hinblick auf die Maßnahme erreichen und einen Maßnahmeabbruch vermeiden?

Teilkriterium	Gegenstand des Kriteriums	Gegenstand der Einrichtungsbefragung	Gegenstand der Mitarbeiterbefragung	Gegenstände für die Teilnehmerbefragung
9 a: Ergebnisse der Schlüsselleistungen	Messergebnisse der Schlüsselleistungen der Kernprozesse	Grad der detaillierten Kostenermittlung zu Leistungen der Kernprozesse. Refinanzierung der Kosten des jeweiligen Kernprozesses. Systematische Ermittlung konkreter Prozessergebnisse und daraus abzuleitende Trends.	Information der Mitarbeiter über finanzielle Ergebnisse der Kernprozesse. Information der Mitarbeiter über gesamte (teilnehmerbezogen) Ergebnisse der Kernprozesse.	
9 b: Schlüsselleistungsindikatoren	Verwendung interner Messergebnisse und Indikatoren, um die Kernprozesse zu überwachen und zu verbessern	Einfluss der Inanspruchnahme der Leistungen der Kernprozesse auf Zielerreichung der Maßnahme anhand von Kenngrößen und daraus abzuleitende Trends; Einfluss von Durchführung und Verbesserung der Kernprozesse auf Maßnahmeabbrüche anhand von Kenngrößen und daraus abzuleitenden Trends; Einflussnahme auf Zahl bewilligter Maßnahmen aufgrund hoher Kompetenz bei der Leistungserbringung.	Messergebnisse den Mitarbeitern bekannt machen. Systematische Information der MA über wichtige Schlüsselergebnisse, um sie für die Verbesserung der Arbeit zu nutzen. Systematische Information, in wie weit Verbesserungsbemühungen zu besserem Erreichen der Ziele der Maßnahmen führen	

Anhang B:

Fragenkatalog und Musterseite des Interviewleitfadens der Einrichtungsbefragung

a. Fragenkatalog

Kernprozess Sozialpädagogische Begleitung

5a: Die Sozialpädagogische Begleitung wird systematisch gestaltet und gemanagt.
1: Wie ist der Prozess Sozialpädagogische Begleitung inkl. seiner evtl. Unterprozesse bezeichnet und wie ist er beschrieben?
2: Inwiefern und in welcher Form sind die Schnittstellen der Sozialpädagogischen Begleitung mit anderen Diensten und Prozessen innerhalb der Organisation definiert und beschrieben?
3: Inwiefern und in welcher Form sind die Schnittstellen mit anderen Einrichtungen der sozialen Arbeit definiert und beschrieben?
4: Mit welchen Verfahren wird unter Einbeziehung der TeilnehmerInnen/teilnehmenden MitarbeiterInnen die zielorientierte Umsetzung der Sozialpädagogischen Begleitung gesichert?

5b: Die Sozialpädagogische Begleitung wird bei Bedarf verbessert, wobei fachlich- methodische Fortentwicklungen sowie die Bedürfnisse der Schlüsselkunden, insbesondere die der TeilnehmerInnen, maßgeblich sind.
1: Mit welchem System identifizieren die Verantwortlichen für die Sozialpädagogische Begleitung Verbesserungsbedarf, auch im Hinblick auf die Schlüsselkunden?

5c: Die Sozialpädagogische Begleitung wird aufgrund der Bedürfnisse und Erwartungen der TeilnehmerInnen und der teilnehmenden MitarbeiterInnen und der Geldgeber entworfen und entwickelt.
1: Wie wird sicher gestellt, dass die Bedürfnisse und Erwartungen der TeilnehmerInnen und der teilnehmenden MitarbeiterInnen in die Entwicklung der Sozialpädagogischen Begleitung einfließen?
2: Wie wird sicher gestellt, dass die Anforderungen der Geldgeber als KundInnen in die Entwicklung der Sozialpädagogischen Begleitung einfließen?

5d: Die Sozialpädagogische Begleitung wird bereitgestellt und angeboten.
1: Wie stellt die Organisation sicher, dass die Sozialpädagogische Begleitung grundsätzlich für jede/n TeilnehmerIn/teilnehmende/n MitarbeiterIn nutzbar ist?
2: Mit welchem Verfahren werden die Geldgeber über Leistungen der Sozialpädagogischen Begleitung und ihrer evtl. Unterprozesse in Kenntnis gesetzt?

5e: Beziehungen zu den SchlüsselkundInnen der Sozialpädagogischen Begleitung werden gepflegt und vertieft.

1: Wie hält und vertieft die Sozialpädagogische Begleitung den Kontakt mit ausgeschiedenen TeilnehmerInnen/teilnehmenden MitarbeiterInnen?
2: Wie werden Beschwerden über die Sozialpädagogische Begleitung von den Verantwortlichen angenommen, weitergeleitet und bearbeitet sowie Verbesserungsmaßnahmen eingeleitet?
3: Wie wird der Kontakt bezüglich der Sozialpädagogischen Begleitung zu den anderen Schlüsselkunden von den Verantwortlichen gepflegt und weiterentwickelt?

6a: Die Messergebnisse zeigen, wie die KundInnen den Prozess Sozialpädagogische Begleitung bewerten.

1: Welche Daten erheben Sie in Ihrer Organisation regelmäßig, um die Zufriedenheit der TeilnehmerInnen/teilnehmenden MitarbeiterInnen mit der Sozialpädagogischen Begleitung zu ermitteln?
2: Inwieweit sind die Ergebnisse im Bereich der Zufriedenheit der TeilnehmerInnen/Teilnehmenden MitarbeiterInnen gleichbleibend gut oder weisen einen positiven Trend über einen längeren Zeitraum (3 Jahre) auf? (auch im Vergleich zu anderen Organisationen)
3: Welche Daten erheben Sie regelmäßig, um die Zufriedenheit anderer SchlüsselkundInnen mit der Sozialpädagogischen Begleitung in Ihrer Organisation zu ermitteln?
4: Inwieweit sind die Ergebnisse im Bereich der Zufriedenheit anderer SchlüsselkundInnen gleichbleibend gut oder weisen einen positiven Trend über einen längeren Zeitraum (3 Jahre) auf? (auch im Vergleich zu anderen Organisationen)

6b: Interne Messergebnisse, die die Organisation verwendet, um den Prozess Sozialpädagogische Begleitung zu überwachen, zu verbessern, und um vorherzusagen, wie ihre SchlüsselkundInnen die Leistung wahrnehmen.

1: Welche Daten werden intern erhoben, anhand derer Sie Aussagen darüber treffen können, wie Sozialpädagogische Begleitung von den TeilnehmerInnen angenommen wird, konkret genutzt wird und für welche Anliegen sie genutzt wird.
2: Inwieweit sind die Ergebnisse zu Annahme und Nutzung der Sozialpädagogischen Begleitung gleichbleibend gut oder weisen einen positiven Trend über einen längeren Zeitraum (3 Jahre) auf?
3: Über welche Indikatoren verfügt die Organisation, um die Bindung von SchlüsselkundInnen insbesondere von TeilnehmerInnen/teilnehmenden MitarbeiterInnen aufgrund der Sozialpädagogischen Begleitung festzustellen

4: Inwieweit sind die Ergebnisse zur Bindung der KundInnen gleichbleibend gut oder weisen einen positiven Trend über einen längeren Zeitraum (3 Jahre) auf?
5: Welche Indikatoren für den Umgang mit Beschwerden zur Sozialpädagogischen Begleitung gibt es?
6: Inwieweit sind die Ergebnisse zum Umgang mit Beschwerden zur Sozialpädagogischen Begleitung gleichbleibend gut oder weisen einen positiven Trend über einen längeren Zeitraum (3 Jahre) auf?

9a: Messergebnisse der Schlüsselleistungen im Prozess Sozialpädagogische Begleitung.
1: Inwiefern werden die anfallenden Kosten für einzelne Leistungen im Prozess Sozialpädagogischen Begleitung detailliert ermittelt?
2: Inwiefern refinanzieren sich die anfallenden Kosten der Sozialpädagogischen Begleitung durch die Maßnahmefinanzierungen?
3: Welche konkreten Ergebnisse des Prozesses Sozialpädagogische Begleitung werden systematisch ermittelt?
4: Weisen die Ergebnisse des Prozesses Sozialpädagogische Begleitung einen positiven Trend über einen längeren Zeitraum (3 Jahre) auf?

9b: Verwendung interner Messergebnisse und Indikatoren, um den Prozess Sozialpädagogische Begleitung zu überwachen und zu verbessern.
1: Inwieweit weist die Inanspruchnahme von Sozialpädagogischer Begleitung auf einen positiven Trend bei der Erreichung von Maßnahmezielen hin?
2: Inwiefern weist die Durchführung und Verbesserung der Sozialpädagogischen Begleitung auf eine Abnahme der Maßnahmeabbrüche hin?
3: Inwiefern bleibt die Zahl der bewilligten Maßnahmen konstant oder steigt diese Zahl aufgrund der von den Geldgebern angenommenen hohen Kompetenz bei der Durchführung Sozialpädagogischer Begleitung?

Kernprozess Persönliche und Berufliche Qualifizierung und Beschäftigung

5a: Die Persönliche und Berufliche Qualifizierung und Beschäftigung wird systematisch gestaltet und gemanagt.
1: Wie ist der Prozess Persönliche und Berufliche Qualifizierung und Beschäftigung inklusive seiner eventuellen Unterprozesse bezeichnet und wie ist er beschrieben?
2: Inwiefern und in welcher Form sind die Schnittstellen der Persönlichen und Beruflichen Qualifizierung und Beschäftigung mit anderen Diensten und Prozessen innerhalb der Organisation definiert und beschrieben?
3: Inwiefern und in welcher Form sind die Schnittstellen mit Partnern in der Persönlichen und Beruflichen Qualifizierung und Beschäftigung definiert und beschrieben?

4: Mit welchem Verfahren wird - unter Einbeziehung der TeilnehmerInnen/teilnehmenden MitarbeiterInnen - die zielorientierte Umsetzung der Persönlichen und Beruflichen Qualifizierung und Beschäftigung gesichert?

5b: Die Persönliche und Berufliche Qualifizierung und Beschäftigung wird bei Bedarf verbessert, wobei fachlich-methodische Fortentwicklungen sowie die Bedürfnisse der Schlüsselkunden, insbesondere die der TeilnehmerInnen, maßgeblich sind.

1: Mit welchem System identifizieren die Verantwortlichen für die Persönliche und Berufliche Qualifizierung und Beschäftigung den Verbesserungsbedarf auch im Hinblick auf die Schlüsselkunden?

5c: Die Persönliche und Berufliche Qualifizierung und Beschäftigung wird aufgrund der Bedürfnisse und Erwartungen der TeilnehmerInnen/teilnehmenden MitarbeiterInnen und Geldgeber entworfen und entwickelt.

1: Wie wird sicher gestellt, dass die Bedürfnisse und Erwartungen der TeilnehmerInnen/teilnehmenden MitarbeiterInnen in die Entwicklung der Persönlichen und Beruflichen Qualifizierung und Beschäftigung einfließen?
2: Wie wird sicher gestellt, dass die Anforderungen der KundInnen, der Geldgeber, in die Entwicklung der Persönlichen und Beruflichen Qualifizierung und Beschäftigung einfließen?

5d: Die Persönliche und Berufliche Qualifizierung und Beschäftigung wird bereitgestellt und angeboten.

1: Wie stellt die Organisation sicher, dass die Persönliche und Berufliche Qualifizierung und Beschäftigung grundsätzlich für jede/n TeilnehmerIn/teilnehmende/n MitarbeiterIn nutzbar ist?
2: Mit welchem Verfahren werden die anderen SchlüsselkundInnen über Leistungen der Persönlichen und Beruflichen Qualifizierung und Beschäftigung und ihrer evtl. Unterprozesse in Kenntnis gesetzt?

5e: Beziehungen zu den SchlüsselkundInnen der Persönlichen und Beruflichen Qualifizierung und Beschäftigung werden gepflegt und vertieft.

1: Wie hält der Bereich Qualifizierung und Beschäftigung den Kontakt mit ausgeschiedenen TeilnehmerInnen/teilnehmenden MitarbeiterInnen?
2: Wie werden Beschwerden über die Persönliche und Berufliche Qualifizierung und Beschäftigung von den Verantwortlichen angenommen, weitergeleitet und bearbeitet sowie Verbesserungsmaßnahmen eingeleitet?
3: Wie wird der Kontakt bezüglich der Persönlichen und Beruflichen Qualifizierung und Beschäftigung zu anderen Schlüsselkunden von den Verantwortlichen gepflegt und weiterentwickelt?

6a: Die Messergebnisse zeigen, wie die KundInnen den Prozess Persönliche und Berufliche Qualifizierung und Beschäftigung bewerten.

1: Welche Daten erheben Sie in Ihrer Organisation regelmäßig, um die Zufriedenheit der TeilnehmerInnen/teilnehmenden MitarbeiterInnen mit der Persönlichen und Beruflichen Qualifizierung und Beschäftigung zu ermitteln?
2: Inwieweit sind die Ergebnisse im Bereich der Zufriedenheit der TeilnehmerInnen/teilnehmenden MitarbeiterInnen gleichbleibend gut oder weisen einen positiven Trend über einen längeren Zeitraum (3 Jahre) auf? (auch im Vergleich mit anderen Organisationen)
3: Welche Daten erheben Sie regelmäßig, um die Zufriedenheit anderer SchlüsselkundInnen mit der Persönlichen und Beruflichen Qualifizierung und Beschäftigung in Ihrer Organisation zu ermitteln?
4: Inwieweit sind die Ergebnisse im Bereich der Zufriedenheit anderer SchlüsselkundInnen gleichbleibend gut oder weisen einen positiven Trend über einen längeren Zeitraum (3 Jahre) auf? (auch im Vergleich mit anderen Organisationen)

6b: Interne Messergebnisse, die die Organisation verwendet, um den Prozess Persönliche und Berufliche Qualifizierung und Beschäftigung zu überwachen, zu verbessern und um vorherzusagen, wie ihre SchlüsselkundInnen die Leistung wahrnehmen.

1: Welche Daten werden intern erhoben, anhand derer Sie Aussagen darüber treffen können, in welchem Maße Persönliche und Berufliche Qualifizierung und Beschäftigung von den TeilnehmerInnen angenommen wird, und wie die sich daraus ergebenden Möglichkeiten durch die Teilnehmer konkret genutzt werden?
2: Inwieweit sind die Ergebnisse zu Annahme und Nutzung der Persönlichen und Beruflichen Qualifizierung und Beschäftigung durch die TeilnehmerInnen/teilnehmenden MitarbeiterInnen gleichbleibend gut oder weisen einen positiven Trend über einen längeren Zeitraum (3 Jahre) auf?
3: Über welche Indikatoren verfügt die Organisation, um die Bindung von Schlüsselkunden aufgrund der Leistungen in der Persönlichen und Beruflichen Qualifizierung und Beschäftigung zu bewerten?
4: Inwieweit sind die Ergebnisse zu Annahme und Nutzung der Persönlichen und Beruflichen Qualifizierung und Beschäftigung durch die anderen SchlüsselkundInnen gleichbleibend gut oder weisen einen positiven Trend über einen längeren Zeitraum (3 Jahre) auf?
5: Welche Indikatoren für den Umgang mit Beschwerden zur Persönlichen und Beruflichen Qualifizierung und Beschäftigung gibt es?
6: Inwieweit sind die Ergebnisse zum Umgang mit Beschwerden zur Persönlichen und Beruflichen Qualifizierung und Beschäftigung gleichbleibend gut oder weisen einen positiven Trend über einen längeren Zeitraum (3 Jahre) auf?

9a: Messergebnisse der Schlüsselleistungen im Prozess Persönliche und Berufliche Qualifizierung und Beschäftigung.

1: Inwiefern werden die anfallenden Kosten für einzelne Leistungen im Prozess Persönliche und Berufliche Qualifizierung und Beschäftigung detailliert ermittelt?
2: Inwiefern refinanzieren sich die anfallenden Kosten der Persönlichen und Beruflichen Qualifizierung und Beschäftigung durch die Maßnahmenfinanzierungen oder andere Einkünfte aus diesem Bereich?
3: Welche konkreten Ergebnisse des Prozesses Persönliche und Berufliche Qualifizierung und Beschäftigung werden systematisch ermittelt?
4: Weisen die Ergebnisse des Prozesses Persönliche und Berufliche Qualifizierung und Beschäftigung einen positiven Trend über einen längeren Zeitraum (3 Jahre) auf?

9b: Verwendung interner Messergebnisse und Indikatoren, um den Prozess Persönliche und Berufliche Qualifizierung und Beschäftigung zu überwachen und zu verbessern.

1: Inwieweit weist die tatsächliche Teilnahme an den Angeboten der Persönlichen und Beruflichen Qualifizierung und Beschäftigung auf einen positiven Trend bei der Erreichung von Maßnahmezielen hin?
2: Inwiefern weist die (Durchführung und) Verbesserung der Persönlichen und Beruflichen Qualifizierung und Beschäftigung auf eine Abnahme der Maßnahmeabbrüche bzw. einen Abbau der Vermittlungshemmnisse hin?
3: Inwiefern bleibt die Zahl der bewilligten Maßnahmen konstant oder steigt diese Zahl aufgrund der von den Geldgebern angenommenen hohen Kompetenz bei der Durchführung der Persönlichen und Beruflichen Qualifizierung und Beschäftigung?
4: Inwiefern zeigt die wirtschaftliche Entwicklung der Organisation einen positiven Trend, der mit der Persönlichen und Beruflichen Qualifizierung und Beschäftigung in Zusammenhang steht?

Kernprozess Vermittlung in den Ersten Arbeitsmarkt

5a: Die Vermittlung in den Ersten Arbeitsmarkt wird systematisch gestaltet und gemanagt.

1: Wie ist der Prozess der Vermittlung in den Ersten Arbeitsmarkt benannt und beschrieben?
2: Inwiefern und in welcher Form sind die Schnittstellen der Vermittlung mit anderen Diensten und Prozessen innerhalb der Organisation definiert und beschrieben?
3: Inwiefern und in welcher Form sind die Schnittstellen mit anderen Anbietern von Vermittlung in den Ersten Arbeitsmarkt definiert und beschrieben?

4: Mit welchen Verfahren wird - unter Einbeziehung der TeilnehmerInnen/teilnehmenden MitarbeiterInnen - die zielorientierte Umsetzung der Vermittlung in den Ersten Arbeitsmarkt gesichert?

5b: Die Vermittlung in den Ersten Arbeitsmarkt wird bei Bedarf verbessert, wobei fachlich-methodische Fortentwicklungen sowie die Bedürfnisse der Schlüsselkunden, insbesondere die der TeilnehmerInnen, maßgeblich sind.

1: Mit welchem System identifizieren die Verantwortlichen für die Vermittlung Verbesserungsbedarf, auch im Hinblick auf die Schlüsselkunden?
2: Wie wird die Vermittlung durch Austausch/Vergleich mit anderen Organisationen kontinuierlich verbessert?

5c: Die Vermittlung in den Ersten Arbeitsmarkt wird aufgrund der Bedürfnisse und Erwartungen der TeilnehmerInnen/teilnehmenden MitarbeiterInnen und Geldgeber entworfen und entwickelt.

1: Wie wird sicher gestellt, dass die Bedürfnisse und Erwartungen der TeilnehmerInnen/teilnehmenden MitarbeiterInnen in die Entwicklung der Verfahren zur Vermittlung in den Ersten Arbeitsmarkt einfließen?
2: Wie wird sicher gestellt, dass die Anforderungen der KundInnen, der Geldgeber, in die Entwicklung der Vermittlung in den Ersten Arbeitsmarkt einfließen?

5d: Die Vermittlung in den Ersten Arbeitsmarkt wird bereitgestellt und angeboten.

1: Wie stellt die Organisation sicher, dass die Dienstleistung Vermittlung in den Ersten Arbeitsmarkt grundsätzlich für jede/n TeilnehmerIn/teilnehmende/n MitarbeiterIn nutzbar ist?
2: Mit welchem Verfahren werden die anderen SchlüsselkundInnen über Leistungen der Vermittlung in den Ersten Arbeitsmarkt und ihrer evtl. Unterprozesse in Kenntnis gesetzt?

5e: Beziehungen zu den SchlüsselkundInnen der Vermittlung in den Ersten Arbeitsmarkt werden gepflegt und vertieft.

1: Wie wird sichergestellt, dass der Kontakt zu den ausgeschiedenen TeilnehmerInnen/teilnehmenden MitarbeiterInnen in Bezug auf Fragen der Vermittlung in den Ersten Arbeitsmarkt und deren Nachhaltigkeit aufrecht erhalten wird?
2: Wie werden Beschwerden über die Vermittlung in den Ersten Arbeitsmarkt von den Verantwortlichen angenommen, weitergeleitet und bearbeitet sowie Verbesserungsmaßnahmen eingeleitet?
3: Wie wird der Kontakt bezüglich der Vermittlung in den Ersten Arbeitsmarkt zu anderen Schlüsselkunden von den Verantwortlichen gepflegt und weiterentwickelt?

6a: Die Messergebnisse zeigen, wie die KundInnen den Prozess Vermittlung in den Ersten Arbeitsmarkt bewerten.

1: Welche Daten erheben Sie in Ihrer Organisation regelmäßig, um die Zufriedenheit der TeilnehmerInnen/teilnehmenden MitarbeiterInnen mit der Vermittlung in den Ersten Arbeitsmarkt zu ermitteln?

2: Inwieweit sind die Ergebnisse im Bereich der Zufriedenheit der TeilnehmerInnen/teilnehmenden MitarbeiterInnen gleichbleibend gut oder weisen einen positiven Trend über einen längeren Zeitraum (3 Jahre) auf? (auch im Vergleich mit anderen Organisationen)

3: Welche Daten erheben Sie regelmäßig, um die Zufriedenheit anderer SchlüsselkundInnen mit der Vermittlung in den Ersten Arbeitsmarkt in Ihrer Organisation zu ermitteln?

4: Inwieweit sind die Ergebnisse im Bereich der Zufriedenheit anderer SchlüsselkundInnen gleichbleibend gut oder weisen einen positiven Trend über einen längeren Zeitraum (3 Jahre)auf? (z.B. fiskalischer Ertrag) (auch im Vergleich mit anderen Organisationen)

6b: Interne Messergebnisse, die die Organisation verwendet, um den Prozess Vermittlung in den Ersten Arbeitsmarkt zu überwachen, zu verbessern und um vorherzusagen, wie ihre SchlüsselkundInnen die Leistung wahrnehmen.

1: Welche Daten werden intern erhoben, anhand derer Sie Aussagen darüber treffen können, wie die Dienstleistung Vermittlung von den TeilnehmerInnen konkret genutzt wird und für welche Anliegen innerhalb des Prozesses sie genutzt wird?

2: Inwieweit sind die Ergebnisse zu Annahme und Nutzung der Vermittlung in den Ersten Arbeitsmarkt durch die TeilnehmerInnen/teilnehmenden MitarbeiterInnen gleichbleibend gut oder weisen einen positiven Trend über einen längeren Zeitraum (3 Jahre) auf?

3: Über welche Indikatoren verfügt die Organisation, um den Erfolg während und nach einer Vermittlung in den Ersten Arbeitsmarkt bei den Arbeitgebern festzustellen und diese gegenüber anderen Schlüsselkunden transparent zu machen?

4: Inwieweit sind die Ergebnisse zur Nutzung der Vermittlung in den Ersten Arbeitsmarkt durch andere SchlüsselkundInnen gleichbleibend gut oder weisen einen postiven Trend über einen längeren Zeitraum (3 Jahre) auf?

5: Welche Indikatoren für den Umgang mit Beschwerden zur Vermittlung in den Ersten Arbeitsmarkt gibt es?

6: Inwieweit sind die Ergebnisse zum Umgang mit Beschwerden zur Vermittlung in den Ersten Arbeitsmarkt gleichbleibend gut oder weisen einen positiven Trend über einen längeren Zeitraum (3 Jahre) auf?

9a: Messergebnisse der Schlüsselleistungen im Prozess Vermittlung in den Ersten Arbeitsmarkt.

1: Inwiefern werden die anfallenden Kosten für einzelne Leistungen im Prozess Vermittlung in den Ersten Arbeitsmarkt detailliert ermittelt?
2: Inwiefern refinanzieren sich die anfallenden Kosten der Vermittlung in den Ersten Arbeitsmarkt durch die Maßnahmenfinanzierungen oder andere Einkünfte aus diesem Bereich?
3: Welche konkreten Ergebnisse des Prozesses Vermittlung in den Ersten Arbeitsmarkt werden systematisch ermittelt?
4: Weisen die Ergebnisse des Prozesses Vermittlung in den Ersten Arbeitsmarkt einen positiven Trend über einen längeren Zeitraum (3 Jahre) auf?

9b: Verwendung interner Messergebnisse und Indikatoren, um den Prozess Vermittlung in den Ersten Arbeitsmarkt zu überwachen und zu verbessern.

1: Inwieweit weist die Inanspruchnahme der Vermittlung in den Ersten Arbeitsmarkt auf einen positiven Trend bei der Erreichung von Maßnahmezielen hin? (z.B. weniger Bewerbungen pro Vermittlung notwendig o. Ä.)
2: Inwiefern weist die Durchführung und Verbesserung der Vermittlung in den Ersten Arbeitsmarkt auf eine Abnahme der gescheiterten Vermittlungsversuche (z.B. Vermittlungsversuche, ohne dass eine Arbeitsaufnahme zustande kommt, oder Arbeitsaufnahmen, die scheitern) hin?
3: Inwiefern bleibt die Zahl der Arbeitsvermittlungen konstant oder steigt diese Zahl aufgrund der von den Arbeitgebern angenommenen hohen Kompetenz bei der Durchführung der Vermittlung in den Ersten Arbeitsmarkt?
4: Inwiefern zeigt die wirtschaftliche Entwicklung der Organisation einen positiven Trend, der mit der Vermittlung in Zusammenhang steht?

b. Musterseite

Die folgende Abbildung zeigt eine Beispielseite aus der Interviewvorlage zur Einrichtungsbefragung.

Hochschule Niederrhein
Fachbereich Sozialwesen

Name der Einrichtung:
Datum des Besuchs:
Name des/der Interviewers/in:
Namen der Gesprächspartner
in der Einrichtung

QMiB-Projekt

Erhebungsinstrument Kernprozess sozialpädagogische Begleitung

5a. Die sozialpädagogische Begleitung wird systematisch gestaltet und gemanagt.

Frage 1
Wie ist der Prozess sozialpädagogische Begleitung inkl. seiner evtl. Unterprozesse bezeichnet und wie ist er beschrieben?

Antwort in Kurzform:

Welche schriftlichen Nachweise (Dokumente) sind vorhanden?

Zu Verfahren:	Wo ist es dokumentiert?
1.	1.
2.	2.
3.	3.
4.	4.
5.	5.
6.	6.

Welche anderen Nachweise sind vorhanden?

Zu Verfahren:	Art des Nachweises
1.	1.
2.	2.
3.	3.
4.	4.
5.	5.
6.	6.

Wie bewerten Sie in der Gesamtsicht Ihr Vorgehen, die Umsetzung, Bewertung und Überprüfung zu dieser Frage?

1=min.	
2	
3	
4	
5=max.	

Musterseite der Interviewvorlage zur Einrichtungsbefragung

Anhang C:
Mitarbeiterbefragung

Sehr geehrte MitarbeiterInnen,

zu Beginn unserer Befragung möchten wir Ihnen einige Hinweise und Erklärungen zur Bearbeitung des Fragebogens geben.

Wir haben uns bemüht, die Fragen verständlich zu formulieren. Falls Sie dennoch Erklärungsbedarf haben, bitten wir Sie, sich an die anwesenden Ansprechpartner zu wenden.

Im Fragebogen finden Sie, außer den insgesamt 13 inhaltlichen Fragen, eine persönliche Bewertung des Fragebogens sowie am Anfang jedes Abschnitts grau unterlegte Felder, die zum Teil Zuordnungsfragen enthalten und die Sie durch den jeweiligen Teil der Befragung führen sollen.

Bitte lesen Sie die Hinweise sorgfältig, da das Beantwortungsschema in jedem Abschnitt variiert!

(Kleiner Tipp: Trennen Sie diese Anleitung und die Erklärung der Begriffe auf dem nächsten Blatt heraus, um sie stets bereit zu haben.)

<u>Vergessen Sie bitte nicht, die Zuordnungsfragen in den grauen Feldern zu beantworten!</u>

Um den Bogen bearbeiten zu können, möchten wir Ihnen den Begriff der „<u>Kernprozesse</u>", wie wir ihn für unsere Untersuchung definiert haben, verständlich machen. Für eine genaue Auswertung der Umfrageergebnisse ist es für uns wichtig, zwischen den Hauptaufgaben der verschiedenen Arbeitsbereiche, die es in jeder Einrichtung gibt, zu unterscheiden. Die drei für uns <u>wesentlich unterschiedlichen Arbeitsbereiche</u> haben wir als „Kernprozesse" festgelegt.

Diese Kernprozesse heißen:

Sozialpädagogische Begleitung

Allgemeine soziale, sowie lebenspraktische Hilfeleistungen (z.B. Sprachkurse, Erstellung von Lösungsstrategien für persönliche und familiäre Probleme, Hilfe bei Suchtproblemen, Entschuldung und Verhaltensprobleme).

Persönliche und Berufliche Qualifizierung und Beschäftigung

Berufliche Qualifizierung: Arbeitseinsätze die z.B. mit der Durchführung von fach- und berufsbezogenem Unterricht oder Anleitung in praktischen Tätigkeiten verbunden sind;

> Persönliche Qualifizierung: z.B. Kommunikation und Konflikttraining, Einübung von Pünktlichkeit und Verlässlichkeit, Aktivierung der Selbststeuerung.

Vermittlung in den Ersten Arbeitsmarkt

> Arbeitseinsätze im Bereich der Tätigkeiten, die direkt dazu führen, die TeilnehmerInnen in den Ersten Arbeitsmarkt zu vermitteln (bspw. Kontaktaufnahme zu Arbeitgebern, Bewerbungstraining etc).

Wir möchten uns bei Ihnen dafür bedanken, dass Sie sich an unserer MitarbeiterInnenbefragung beteiligen.

Ihr QMiB Team

Erklärung der im Fragebogen verwendeten Begriffe

Arbeitgeber: Arbeitgeber, die im Ersten Arbeitsmarkt tätig sind.

Einrichtung: Ihr Arbeitgeber und andere Organisationen des sozialen Bereichs, mit denen Sie zu tun haben könnten.

Geldgeber: Neben der Bundesanstalt für Arbeit, den einzelnen Landesministerien, der EU, vor allem die Träger kommunaler Beschäftigungshilfen (Sozial- und Jugendämter, Beschäftigungsförderungsämter oder ähnliche Institutionen).

Mitarbeiter: In der Organisation beschäftigte Personen einschließlich Voll- und Teilzeitmitarbeiter, aber auch befristet beschäftigte Personen und Beschäftigte auf Honorarbasis, die nicht durch ASS oder ABM Maßnahmen gefördert werden.

QM: Qualitätsmanagement

Regelungen im QM: Regeln und Arbeitsabläufe, die mit dem Ziel der Verbesserung der Qualität der Leistungen erstellt und entwickelt wurden. Hierbei ist es unerheblich, ob die Regelungen im Rahmen von QM-Maßnahmen entstanden sind oder aus Bemühungen um Verbesserung im Alltagsgeschehen.

Schlüsselkunde: Geldgeber und Arbeitgeber. (Zu den Schlüsselkunden gehören auch die Teilnehmer. Im Fragebogen werden diese jedoch immer ausdrücklich erwähnt, so dass der Begriff hier nur die Arbeit- und Geldgeber meint.)

Teilnehmer: Personen, die an öffentlich geförderten Beschäftigungs- und Qualifizierungsmaßnahmen teilnehmen.

Teilnehmerbezogene Maßnahmen: Die von den Geldgebern bewilligten Maßnahmen, die mit Teilnehmern in Ihrer Einrichtung durchgeführt werden.

Fragebogen:

In manchen Einrichtungen ist eine MitarbeiterIn gleichzeitig in mehreren Kernprozessen aktiv, in anderen haben die MitarbeiterInnen nur eine spezielle Aufgabe, wie etwa ausschließlich die Vermittlung. Deshalb möchten wir Sie bitten, sich zunächst entsprechend Ihren persönlichen Arbeitsanteilen den drei (im Einleitungsteil beschriebenen) Kernprozessen zuzuordnen.

Mein Arbeitsanteil ist im Kernprozess:
- Sozialpädagogische Begleitung   ca. _____ %
- Pers. und Berufl. Qualifizierung und Beschäftigung ca. _____ %
- Vermittlung in den Ersten Arbeitsmarkt   ca. _____ %

1. Gibt es in Ihrer Einrichtung leicht erreichbare QM-Unterlagen, auf die Sie bei Bedarf jederzeit zugreifen könnten?

   ja O
   nein O

   Wenn ja, welche kennen Sie:
   _____
   _____

2. Wie hilfreich sind die QM-Regelungen in Ihrer Praxis?

   sehr hilfreich O
   überwiegend hilfreich O
   manchmal hilfreich O
   selten hilfreich O
   nie hilfreich O

3. Gibt es QM-Regelungen, durch die die Zusammenarbeit zwischen den verschiedenen Arbeitsbereichen innerhalb der Einrichtung festgelegt ist?

   ja O
   nein O
   weiß nicht O

Wenn ja, welche kennen Sie?

_____

_____

Wenn ja, wenden Sie diese Regelungen an?

immer	O
meistens	O
manchmal	O
selten	O
nie	O

4. Gibt es Regelungen im QM zum Umgang mit Teilnehmerbeschwerden?

ja	O
nein	O
weiß nicht	O

Wir möchten Sie bitten, für den folgenden Abschnitt den Kernprozess auszuwählen, in dem Ihr Hauptarbeitsgebiet liegt.

Ich beantworte die Fragen in diesem Abschnitt zum Kernprozess:

Sozialpädagogische Begleitung	O
Pers. und Berufl. Qualifizierung und Beschäftigung	O
Vermittlung in den Ersten Arbeitsmarkt	O

5. Ist die Teilnahme an Fort- und Weiterbildung (zum von Ihnen oben ausgewählten Kernprozess) in Ihrem QM geregelt?

ja	O
nein	O
weiß nicht	O

Wenn ja, mit welchen Regelungen wird sichergestellt, dass Sie tatsächlich an Fort- und Weiterbildung teilnehmen?

_____

_____

6. Gibt es Regelungen im QM, durch die die Zusammenarbeit (im von Ihnen oben ausgewählten Kernprozess) mit externen (Partner-) Einrichtungen Ihres Arbeitsumfelds festgelegt ist?

ja	O
nein	O
weiß nicht	O

Wenn ja, welche kennen Sie:

_____

_____

7. Gibt es Regelungen im QM, durch die die Bedürfnisse der TeilnehmerInnen (zum von Ihnen oben ausgewählten Kernprozess) mit in Ihre Arbeit einfließen können?

　　　　　　　　　　　　　　　　　　　ja　　　　O
　　　　　　　　　　　　　　　　　　　nein　　　O
　　　　　　　　　　　　　　　　　　　weiß nicht O

Wenn ja, welche kennen Sie:

_____

_____

8. Gibt es Regelungen im QM, durch die die Bedürfnisse der ArbeitgeberInnen bzw. GeldgeberInnen (zum von Ihnen oben ausgewählten Kernprozess) in die Gestaltung Ihrer Arbeit einfließen können?

　　　　　　　　　　　　　　　　　　　ja　　　　O
　　　　　　　　　　　　　　　　　　　nein　　　O
　　　　　　　　　　　　　　　　　　　weiß nicht O

Wenn ja, welche kennen Sie:

_____

_____

9. Gibt es Regelungen im QM, die Sie bei der Entscheidung unterstützen, welche Methoden Sie (im von Ihnen oben ausgewählten Kernprozess) zur gezielten Förderung der TeilnehmerInnen einsetzen können?

　　　　　　　　　　　　　　　　　　　ja　　　　O
　　　　　　　　　　　　　　　　　　　nein　　　O

Wenn ja, welche kennen Sie:

_____

_____

In diesem Abschnitt bitten wir Sie, unabhängig von Ihrem persönlichen Arbeitsbereich, die Fragen jeweils für alle drei Kernprozesse zu beantworten.

10. Werden Sie durch Ihre Einrichtung regelmäßig über die Zufriedenheit der TeilnehmerInnen mit dem Ablauf der Kernprozesse informiert?
    zu Sozialpädagogische Begleitung:

　　　　　　　　　　　　　　　　　　　ja　　　　O
　　　　　　　　　　　　　　　　　　　nein　　　O

    zu Persönliche und Berufliche Qualifizierung und Beschäftigung:

　　　　　　　　　　　　　　　　　　　ja　　　　O
　　　　　　　　　　　　　　　　　　　nein　　　O

    zu Vermittlung in den Ersten Arbeitsmarkt:

　　　　　　　　　　　　　　　　　　　ja　　　　O
　　　　　　　　　　　　　　　　　　　nein　　　O

11. Werden Sie regelmäßig über die Ergebnisse von teilnehmerbezogenen Maßnahmen informiert?
    zu Sozialpädagogische Begleitung:
    - ja O
    - nein O
    - teilweise O

    zu Persönliche und Berufliche Qualifizierung und Beschäftigung:
    - ja O
    - nein O
    - teilweise O

    zu Vermittlung in den Ersten Arbeitsmarkt:
    - ja O
    - nein O
    - teilweise O

12. Werden Sie regelmäßig über Beurteilungen der Einrichtung durch Arbeitgeber bzw. Geldgeber informiert?
    zu Sozialpädagogische Begleitung:
    - ja O
    - nein O
    - teilweise O

    zu Persönliche und Berufliche Qualifizierung und Beschäftigung:
    - ja O
    - nein O
    - teilweise O

    zu Vermittlung in den Ersten Arbeitsmarkt:
    - ja O
    - nein O
    - teilweise O

13. Werden Sie regelmäßig über die Ziele Ihrer gesamten Einrichtung informiert?
    zu Sozialpädagogische Begleitung:
    - ja O
    - nein O
    - teilweise O

    zu Persönliche und Berufliche Qualifizierung und Beschäftigung:
    - ja O
    - nein O
    - teilweise O

    zu Vermittlung in den Ersten Arbeitsmarkt:
    - ja O
    - nein O
    - teilweise O

14. Werden Sie regelmäßig über die tatsächliche Erreichung dieser Ziele informiert?

    zu Sozialpädagogische Begleitung:

ja	O
nein	O
teilweise	O

    zu Persönliche und Berufliche Qualifizierung und Beschäftigung:

ja	O
nein	O
teilweise	O

    zu Vermittlung in den Ersten Arbeitsmarkt:

ja	O
nein	O
teilweise	O

15. Werden Sie regelmäßig durch Daten und Zahlen über die Wirkung der an den Kernprozessen durchgeführten Verbesserungsmaßnahmen informiert?

    zu Sozialpädagogische Begleitung:

ja	O
nein	O
teilweise	O

    zu Persönliche und Berufliche Qualifizierung und Beschäftigung:

ja	O
nein	O
teilweise	O

    zu Vermittlung in den Ersten Arbeitsmarkt:

ja	O
nein	O
teilweise	O

Abschließend möchten wir Sie noch zu einer Stellungnahme zum Fragebogen bitten:

Die Anleitung zu Beginn des Fragebogens war...

gut	O
ausreichend	O
unzureichend	O

Die Fragen waren...

leicht verständlich	O
überwiegend verständlich	O
überwiegend unverständlich	O
unverständlich	O

Das Finden der Antworten zu den Fragen war ...

leicht	O
nicht so leicht	O
schwierig	O
fast unmöglich	O

Wir bedanken uns bei Ihnen für Ihre Bereitschaft, unsere Fragen zu beantworten.

Das QMiB-Team der Hochschule Niederrhein

Anhang D:

Teilnehmerbefragung

In diesem Fragebogen stellen wir Ihnen verschiedene Fragen über Grün-Bau.

Wir unterscheiden drei verschiedene Bereiche.

In diesen Bereichen haben die Mitarbeiter verschiedene Aufgaben.

Hier erklären wir, welche Aufgaben die Mitarbeiter in jedem Bereich haben.

Arbeitsbereich Sozialpädagogik - Sozialpädagoge

Für diesen Bereich ist jemand zuständig,

- mit dem Sie über Ihre persönliche Probleme sprechen können, (z.B. wenn Sie verzweifelt sind, Probleme mit Ihrem Partner/-in haben, Hilfe mit Ihren Kindern brauchen)
- der Sie zu Ämtern begleitet
- (z.B. Arbeitsamt/Sozialamt/Schulen)

Arbeitsbereich Anleitung – Anleiter

Für diesen Bereich ist ein Mitarbeiter zuständig,

- bei dem Sie einen bestimmten <u>Beruf</u> oder <u>wichtige Dinge</u> für eine Arbeit lernen
- der Ihnen sagt, wie Sie die Aufgaben richtig erledigen können
- mit dem Sie über die Arbeit sprechen können

Arbeitsbereich Vermittlung – Vermittler

Für diesen Bereich ist ein Mitarbeiter zuständig,

- der Kontakt mit verschiedenen Firmen, Schulen und Praktikumstellen hat
- mit dem Sie über Ihre Berufsvorstellungen sprechen können
- der Ihnen hilft eine Arbeit oder einen Ausbildungsplatz zu bekommen

Hier erklären wir einige Wörter, die Sie in dem Fragebogen finden werden.

Angebote: Angebote sind Dinge die bei Grün-Bau gemacht werden z.B:

- Gespräche mit Ihnen
- Dinge für die Arbeit zeigen

- Hilfe eine Stelle zu finden
- Kontakt mit Firmen und Schulen

Maßnahme: Ist die Zeit bei Grün-Bau. Grün-Bau erhält für diese Zeit Geld vom Arbeitsamt oder Sozialamt.

Ziele: Ziele sind das, was Sie in der Zeit bei Grün-Bau erreichen wollen und sollen z.B.:

- Deutsch lernen
- einen Schulabschluss bekommen
- einen Beruf lernen

Plan: das, was beschreibt, was Sie in der Zeit bei Grün-Bau tun wollen und sollen.

Frageteil

Wann haben Sie bei Grün-Bau angefangen?
_____

Waren Sie schon im Praktikum?

Ja	Nein

Wenn ja, wann waren Sie im Praktikum?
_____

Wann ist Ihre Maßnahme zu Ende?
_____

Waren Sie schon mehrmals bei Grün-Bau?

Ja	Nein

Haben Sie schon mehrmals eine Maßnahme bei Grün-Bau gemacht?

Ja	Nein

Wenn ja, welche Maßnahme haben Sie bei Grün-Bau gemacht?
_____
_____

1. Kümmert sich bei Grün-Bau ein Mitarbeiter um Ihre persönlichen Probleme und Sorgen?

(Arbeitsbereich Sozialpädagogik)

Ja	Nein	weiß nicht

Bitte nur ein Kreuz.

2. Kümmert sich bei Grün-Bau ein Mitarbeiter darum, Ihnen wichtige Dinge für eine spätere Arbeit zu zeigen?

(Arbeitsbereich Anleitung)

Ja	Nein	weiß nicht

Bitte nur ein Kreuz.

3. Kümmert sich bei Grün-Bau ein Mitarbeiter darum, für Sie eine Arbeit nach der Zeit bei Werkhof zu finden?

(Arbeitsbereich Vermittlung)

Ja	Nein	weiß nicht

Bitte nur ein Kreuz.

4. Arbeiten alle Mitarbeiter von Grün-Bau, die sich um Sie kümmern, zusammen?

(Sozialpädagoge, Anleiter, Vermittler)

Ja	Nein	weiß nicht

Bitte nur ein Kreuz.

5. Haben alle Mitarbeiter von Grün-Bau, die sich um Sie kümmern, die gleichen Informationen über Sie? (Sozialpädagoge, Anleiter, Vermittler)

Ja	Nein	weiß nicht

Bitte nur <u>ein</u> Kreuz.

6. Gibt es Gespräche während der Maßnahme zwischen Ihnen, den Mitarbeitern von Grün-Bau und den Mitarbeitern von anderen Ämtern? (z.B. Arbeitsamt oder Sozialamt oder Schulen)

Fast Immer	Oft	Manchmal	Selten	Nie

Bitte nur <u>ein</u> Kreuz.

7. Bespricht der Mitarbeiter, der sich um Ihre persönlichen Probleme (Sozialpädagoge) kümmert, mit Ihnen Ziele (dass was Sie erreichen möchten/sollen)?

Ja	Nein	weiß nicht

Bitte nur <u>ein</u> Kreuz.

8. Bespricht der Mitarbeiter (der Ihnen wichtige Dinge für eine Arbeit zeigt (Anleiter), mit Ihnen Ziele?

Ja	Nein	weiß nicht

Bitte nur <u>ein</u> Kreuz.

9. Bespricht der Mitarbeiter (Vermittler), der Ihnen helfen soll, eine Arbeit zu finden, mit Ihnen Ziele (das was Sie erreichen möchten/sollen)?

Ja	Nein	weiß nicht

Bitte nur ein Kreuz.

10. Wird mit Ihnen gemeinsam ein Plan aufgestellt, was Sie in der Zeit bei Grün-Bau lernen und erreichen wollen?

Ja	Nein	weiß nicht

Bitte nur <u>ein</u> Kreuz.

11. Werden Ihre Wünsche von den Mitarbeitern ausreichend beachtet?

Bei der Beratung (persönliche Anliegen und Probleme)

Fast immer	Oft	Manchmal	Selten	Nie

Bitte nur ein Kreuz.

Bei der Arbeit und beim Lernen

Fast immer	Oft	Manchmal	Selten	Nie

Bitte nur ein Kreuz.

Beim Suchen nach einer Arbeitsstelle

Fast immer	Oft	Manchmal	Selten	Nie

Bitte nur ein Kreuz.

12. Können Sie die Mitarbeiter, die sich um Sie kümmern, erreichen, wenn Sie diese brauchen?

Fast immer	Oft	Manchmal	Selten	Nie

Bitte nur ein Kreuz.

13. Wie können Sie die Mitarbeiter, die sich um Sie kümmern, erreichen?

Den Mitarbeiter, der sich um meine persönlichen Probleme kümmert (Sozialpädagoge), kann ich erreichen:

Durch feste Sprechstunde	**Vor** der Arbeit/ Unterrricht	**Nach** der Arbeit/ Unterrricht	**während** der Arbeit/ Unterricht	Wenn ich einen Termin habe

Mehrere Kreuze sind möglich.

D-5

Den Mitarbeiter, der mir wichtige Dinge für die Arbeit zeigt (Anleiter), kann ich erreichen:

Durch feste Sprechstunde	**Vor** der Arbeit/ Unterrricht	**Nach** der Arbeit/ Unterricht	**während** der Arbeit/ Unterricht	Wenn ich einen Termin habe

Mehrere Kreuze sind möglich.

Den Mitarbeiter, der sich darum kümmert, dass ich eine Arbeit finde (Vermittler), kann ich erreichen:

Durch feste Sprechstunde	**Vor** der Arbeit/ Unterrricht	**Nach** der Arbeit/ Unterricht	**während** der Arbeit/ Unterricht	Wenn ich einen Termin habe

Mehrere Kreuze sind möglich.

14. Werden Sie von den Mitarbeitern von Grün-Bau gefragt, was Grün-Bau besser machen könnte?

Fragt der Mitarbeiter, der sich um Ihre persönlichen Probleme und Sorgen kümmert, danach, was er besser machen könnte? (Arbeitsbereich Sozialpädagogik)

Fast immer	Oft	Manchmal	Selten	Nie

Bitte nur <u>ein</u> Kreuz.

Fragt der Mitarbeiter, der Ihnen wichtige Dinge für die Arbeit zeigt, nach, was er besser machen könnte? (Arbeitsbereich Anleitung)

Fast immer	Oft	Manchmal	Selten	Nie

Bitte nur <u>ein</u> Kreuz.

Fragt der Mitarbeiter, der sich darum kümmert, dass Sie nach der Zeit bei Grün-Bau eine Arbeit finden, was er besser machen könnte? (Arbeitsbereich Vermittlung)

Fast immer	Oft	Manchmal	Selten	Nie

Bitte nur <u>ein</u> Kreuz.

15. Sind die Mitarbeiter von Grün-Bau dann bereit, Ihre Verbesserungen anzunehmen?

Ist der Mitarbeiter, der sich um Ihre persönlichen Probleme und Sorgen kümmert, bereit, Ihre Verbesserungen anzunehmen? (Arbeitsbereich Sozialpädagogik)

Fast immer	Oft	Manchmal	Selten	Nie

Bitte nur <u>ein</u> Kreuz.

Ist der Mitarbeiter, der sich darum kümmert, Ihnen wichtige Dinge für die Arbeit zu zeigen, bereit, Ihre Verbesserungen anzunehmen? (Arbeitsbereich Anleitung)

Fast immer	Oft	Manchmal	Selten	Nie

Bitte nur <u>ein</u> Kreuz.

Ist der Mitarbeiter, der sich darum kümmert, dass Sie nach der Zeit bei Grün-Bau eine Arbeit finden, bereit, Ihre Verbesserungen anzunehmen? (Arbeitsbereich Vermittlung)

Fast immer	Oft	Manchmal	Selten	Nie

Bitte nur <u>ein</u> Kreuz.

16. Wenn Ihnen bei Grün-Bau etwas nicht gefällt, wissen Sie dann, wo Sie sich beschweren können?

Fast immer	Oft	Manchmal	Selten	Nie

Bitte nur <u>ein</u> Kreuz.

17. Fragen die Mitarbeiter danach, ob Sie mit der Arbeit von Grün-Bau zufrieden sind?

Fast immer	Oft	Manchmal	Selten	Nie

Bitte nur ein Kreuz.

18. Können Sie nach der Zeit bei Grün-Bau auch weiter mit Ihren Problemen zu den Mitarbeitern gehen?

Ja	Nein	weiß nicht

Bitte nur ein Kreuz.

19. Helfen Ihnen die Angebote von Grün-Bau, damit Sie Ihre Ziele (dass was Sie bei Grün-Bau schaffen wollen) erreichen?

Ja	Nein	weiß nicht

Bitte nur ein Kreuz.

20. Glauben Sie, dass Sie nach der Zeit bei Grün-Bau bessere Chancen haben, eine Arbeit zu finden?

Ja	Nein	weiß nicht

Bitte nur ein Kreuz.

21. Haben Sie schon einmal daran gedacht, die Maßnahme bei Grün-Bau abzubrechen?

Ja	Nein	weiß nicht

Bitte nur ein Kreuz.

22. Warum haben Sie die Maßnahme nicht abgebrochen?

	Ja	Nein
Weil mir bei meinen persönlichen Problemen geholfen wird!		
Weil ich hier etwas lernen kann!		
Weil mir hier geholfen wird, eine Arbeit zu finden!		
Ich habe andere Gründe, die Maßnahme nicht abzubrechen!		
Ich weiß nicht, warum ich die Maßnahme bisher nicht abgebrochen habe!		

Mehrere Kreuze sind möglich.

23. Sprechen Arbeitsamt oder Sozialamt mit Grün-Bau darüber, welche Hilfe Sie brauchen, damit Sie später eine Arbeit finden?

Ja	Nein	weiß nicht

Bitte nur ein Kreuz.

24. Sprechen Firmen oder Praktikumsstellen mit Grün-Bau darüber, was Sie für eine spätere Arbeit lernen sollen?

Ja	Nein	weiß nicht

Bitte nur ein Kreuz.

25. Sind Sie mit den Angeboten (das was Grün-Bau macht) bei Grün-Bau zufrieden?

Fast immer	Oft	Manchmal	Selten	Nie

Bitte nur ein Kreuz.

26. Hat Ihnen bei Grün-Bau bisher etwas gefehlt?

Ja	Nein	weiß nicht

Bitte nur ein Kreuz.

D-9

27. Wenn ja, was hat Ihnen gefehlt?

_____

_____

28. Warum haben Sie bisher keine Arbeit gefunden?

	Ja	Nein
Ich spreche zu wenig/kein Deutsch		
Ich habe persönliche Probleme		
Ich habe einen geringen/keinen Schulabschluss		
Ich habe keinen Beruf gelernt		
Ich war zu lange ohne Arbeit		
Es gibt zu viele Arbeitslose		
Ich habe gesundheitliche Probleme		
Ich habe keinen Führerschein		
Sonstiges:		

29. Haben Sie bei Grün-Bau etwas Neues gelernt?

Ja	Nein	weiß nicht

Bitte nur ein Kreuz.

30. Was haben Sie neues gelernt?

_____

_____

31. Denken Sie, dass das Neugelernte Ihnen dabei helfen wird, eine Arbeit zu finden?

Ja	Nein	weiß nicht

Bitte nur ein Kreuz.

Anhang E: Vergleich Teilnehmer- u. Organisationsbefragung

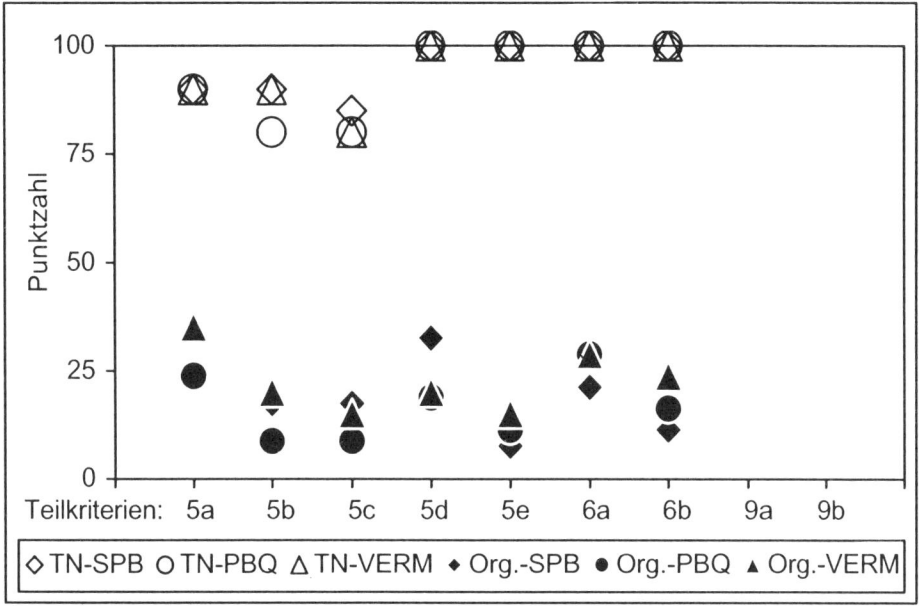

Teilkriterien: 5a 5b 5c 5d 5e 6a 6b 9a 9b

◇ TN-SPB ○ TN-PBQ △ TN-VERM ◆ Org.-SPB ● Org.-PBQ ▲ Org.-VERM

Organisation 1

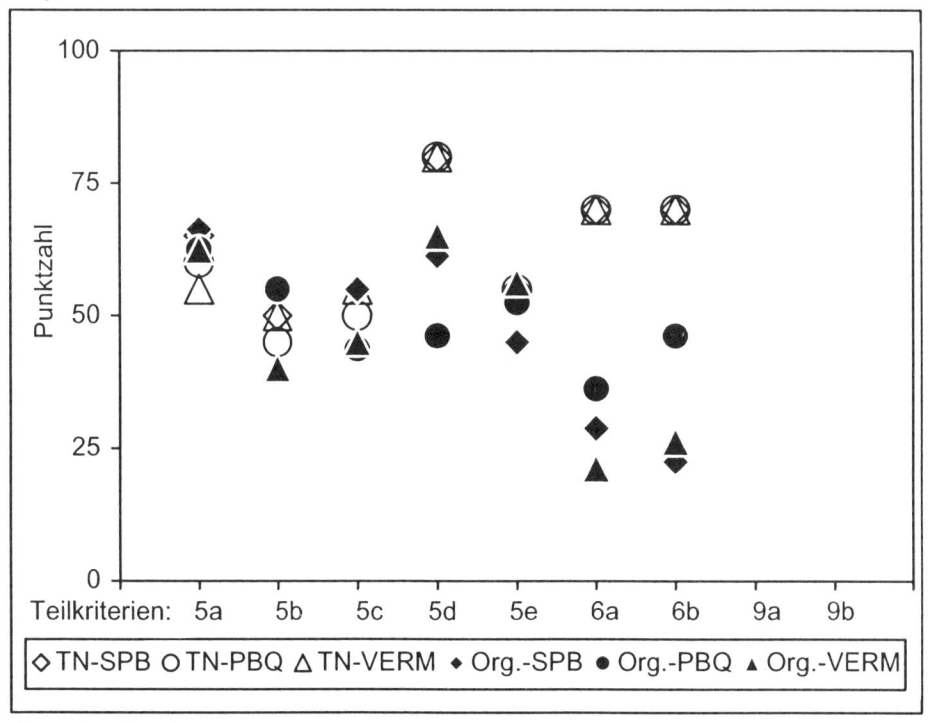

Teilkriterien: 5a 5b 5c 5d 5e 6a 6b 9a 9b

◇ TN-SPB ○ TN-PBQ △ TN-VERM ◆ Org.-SPB ● Org.-PBQ ▲ Org.-VERM

Organisation 2

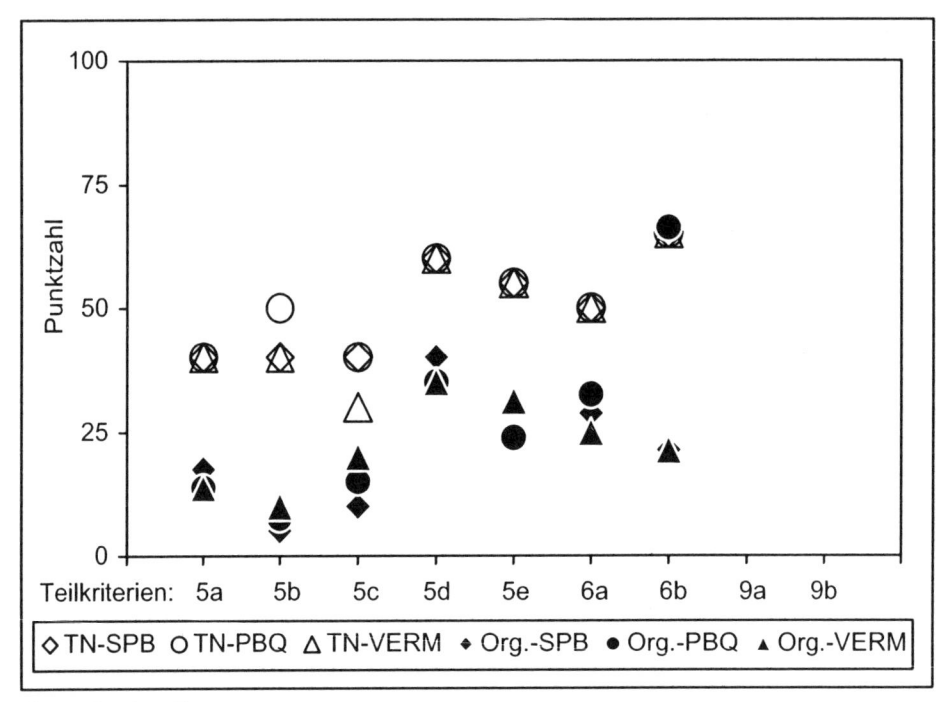

Organisation 3

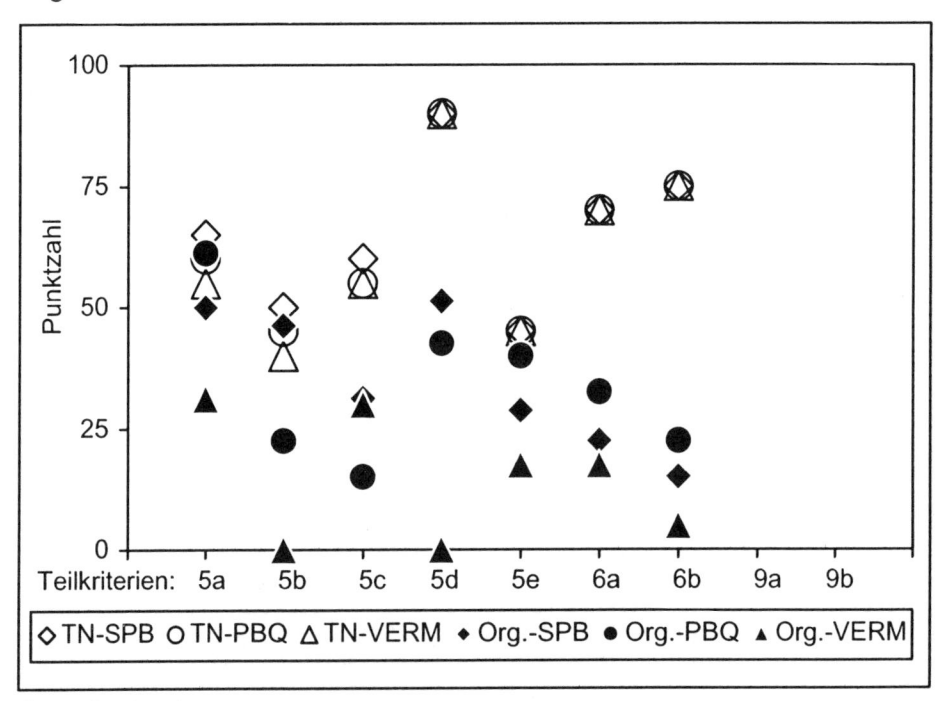

Organisation 4

E-2

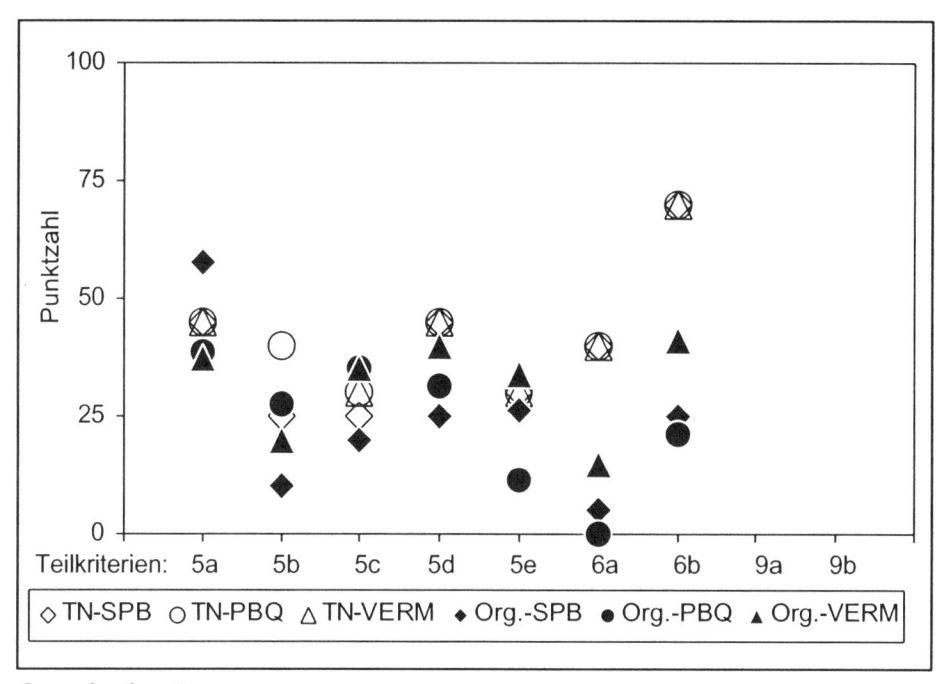

Organisation 5

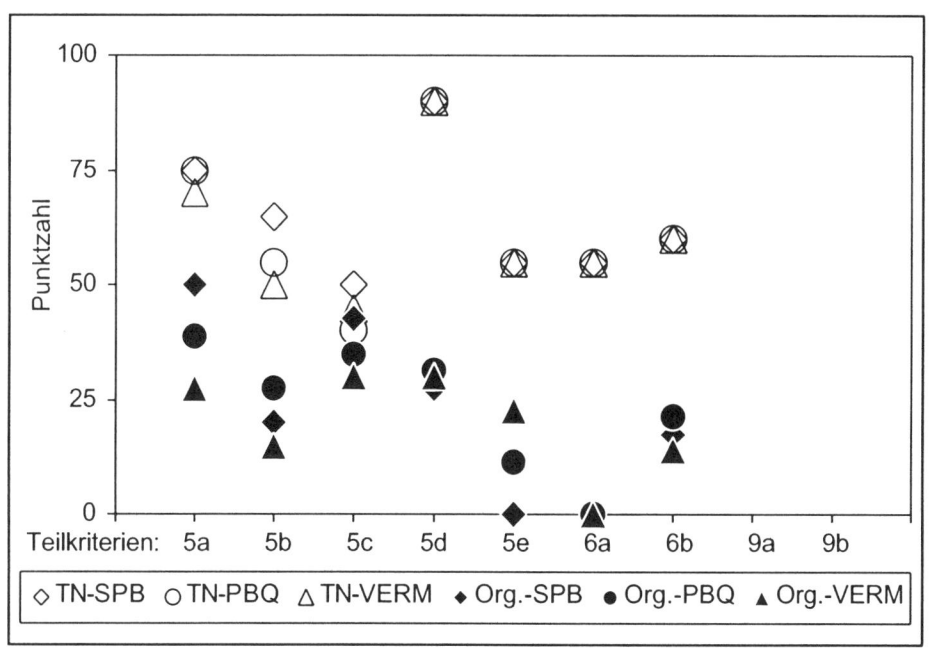

Organisation 6

E-3

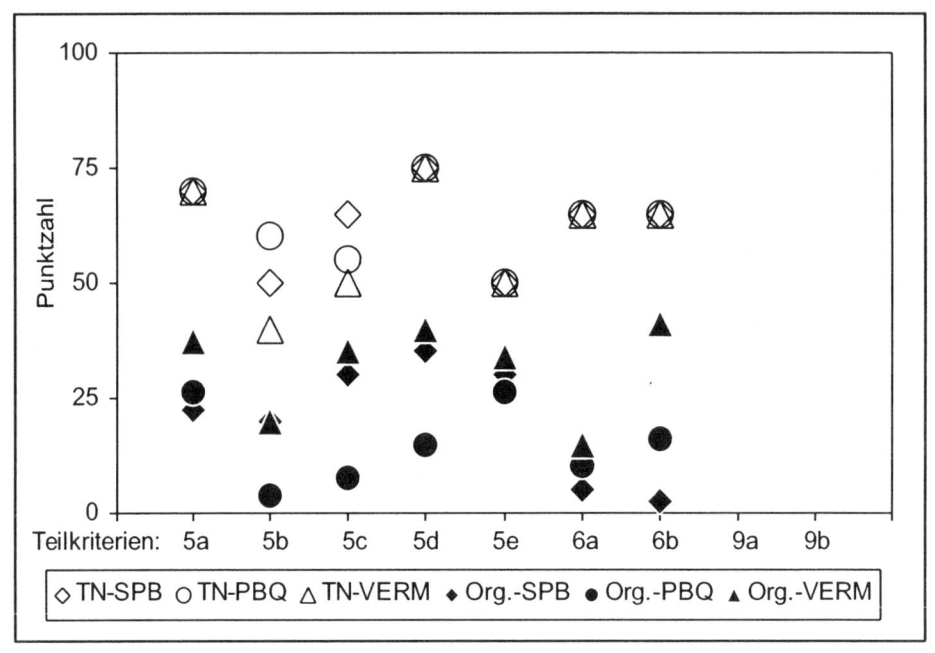

Organisation 7

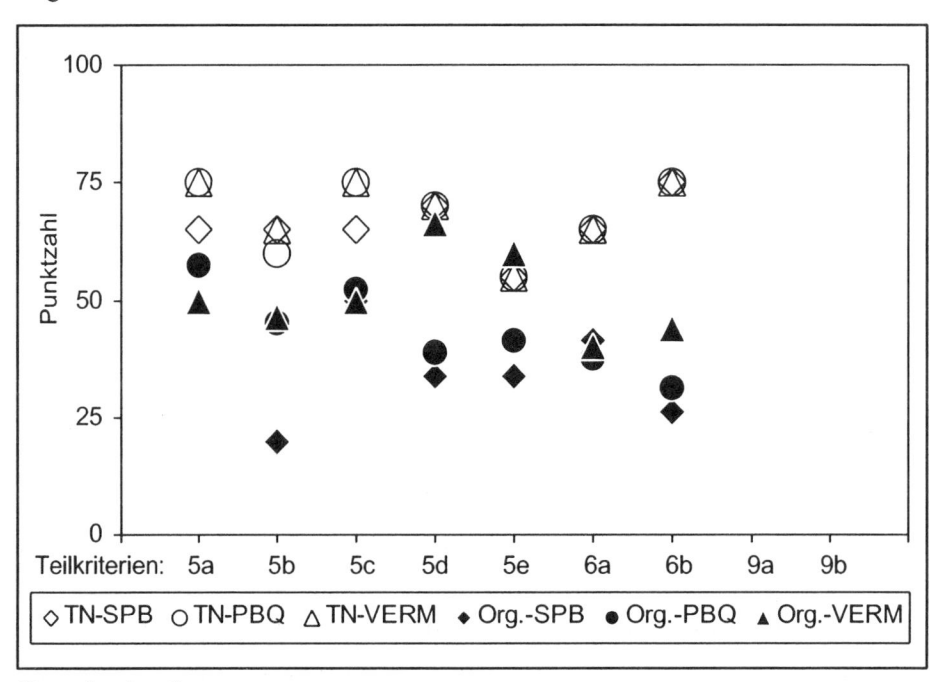

Organisation 8

E-4

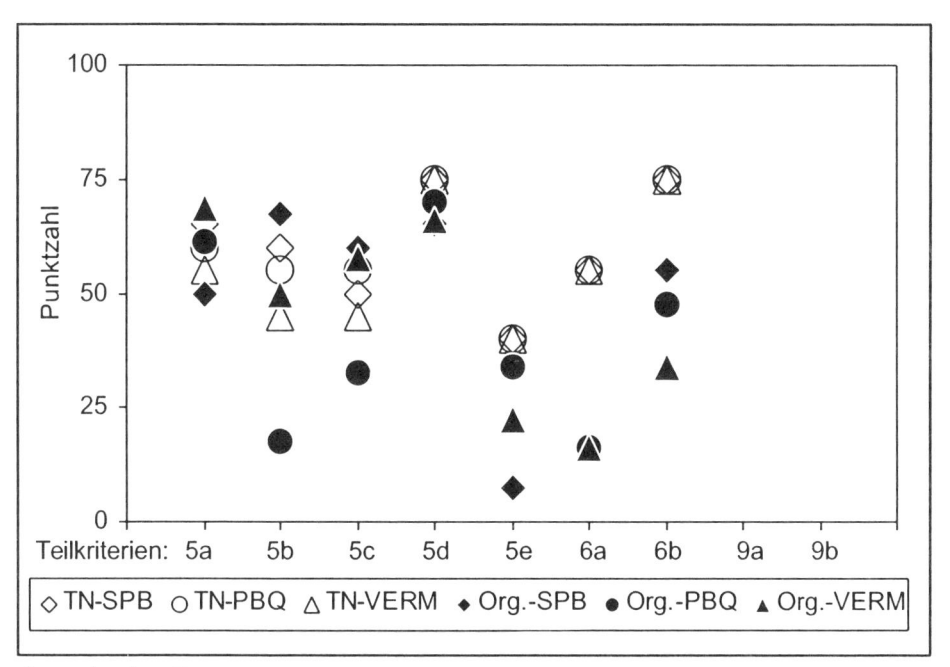

Organisation 9

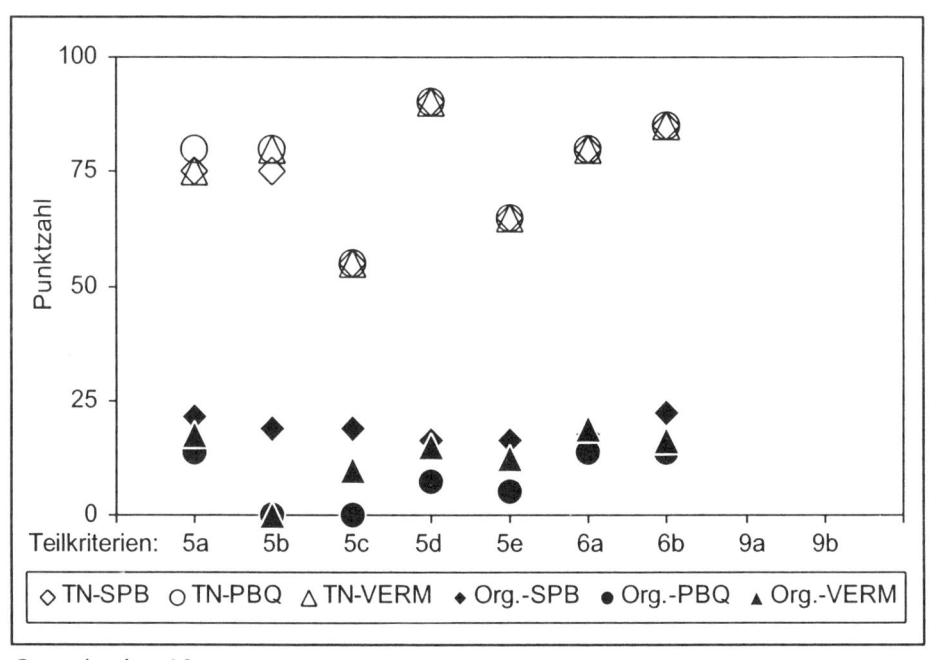

Organisation 10

E-5

Anhang F:

Arbeitgeberbefragung

Alle Informationen, die aus diesem Fragebogen gewonnen werden, sind streng vertraulich, werden nicht weitergegeben und werden anonym ausgewertet. *Nennen Sie bitte* Merkmale und Eigenschaften, *die* ein Bewerber um eine Arbeitsstelle in Ihrem Unternehmen mindestens aufweisen muss, *und geben Sie dazu bitte jeweils eine kurze Erläuterung.*

Antwortbeispiel: Eigenschaft: deutsche Sprachkenntnisse; Erläuterung: fließend in Wort und Schrift oder eine Verständigung mit den Kollegen muss möglich sein.

1. in Bezug auf die Lebenslage des Bewerbers:
   ....
2. in Bezug auf die persönlichen und sozialen Kompetenzen:
   ....
3. in Bezug auf außerfachliche Fähigkeiten:
   ....
4. in Bezug auf die körperliche Konstitution:
   ....

Welche Merkmale und Eigenschaften eines Bewerbers in Ihrem Unternehmen schließen eine Einstellung grundsätzlich aus?

5. in Bezug auf die Lebenslage:
   ....
6. in Bezug auf die persönlichen und sozialen Kompetenzen:
   ....
7. in Bezug auf die außerfachlichen Fähigkeiten:
   ....
8. in Bezug auf die körperliche Konstitution:
   ....
9. Haben Sie in der Vergangenheit Mitarbeiter eingestellt, die aus Beschäftigungs- und Qualifizierungsmaßnahmen (z.B. ABM oder Anpassungsmaßnahmen) kamen?
   ja   nein (bei 12 weiter)
10. Wenn ja, haben diese Ihre Erwartungen an einen „guten" Mitarbeiter erfüllt?
    immer   häufig   selten   nie

11. Welche Merkmale haben Sie vermisst?

....

12. Wenn nein, was fehlte denen von Ihnen nicht eingestellten Bewerbern?

....

13. Gibt es Personengruppen, die Ihrer Meinung nach generell nicht vermittelbar sind?

    ja   nein

14. Wenn ja, welche?

....

15. Gibt es Ihrer Meinung nach Verbesserungsbedarf hinsichtlich der Förderung der Beschäftigungsfähigkeit von besonders benachteiligten Personen in Beschäftigungs- und Qualifizierungsmaßnahmen?

    ja   nein   kann ich nicht beurteilen

16. Wenn ja, welche?

....

17. Welche Defizite in der Beschäftigungsfähigkeit sind für Sie durch finanzielle Anreize in Form von öffentlicher Förderung (z.B. Eingliederungszuschüsse) bei der Einstellung ausgleichbar?

....

Wir bedanken uns ganz herzlich, dass Sie sich die Zeit genommen haben, unsere Fragen zu beantworten.

Prof. Dr. Edeltraud Vomberg   Silke Albuschkat

Anhang G:

Einzelergebnisse der Organisationsbefragung

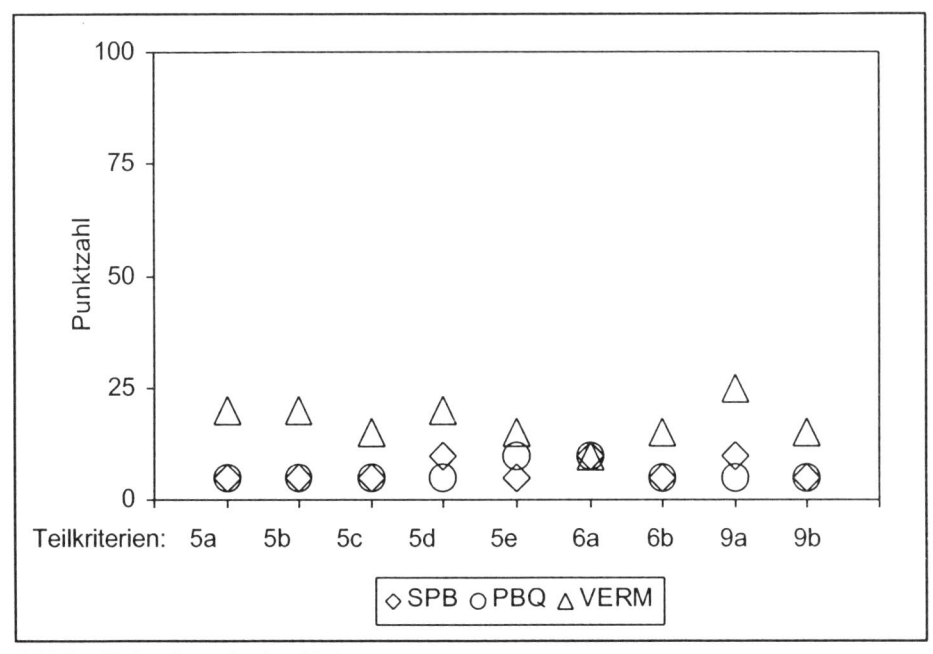

Die Realisierung des QM-Systems in den 10 Partnerorganisationen wird in den nachfolgenden Darstellungen durch

- das QM-Profil-Diagramm der Organisation
- die Analyse der Stärken und Verbesserungsbereiche

beschrieben.

Das QM-Profil-Diagramm weist die zu jedem EFQM-Teilkriterium erreichte Punktzahl aus. Es bietet damit einen Überblick über die Ausprägung des QM-Systems in der Organisation. Die Darstellung der Analyse der Stärken und Verbesserungsbereiche ist auf die wichtigsten Aspekte beschränkt. Die Aussagen nehmen aus dem EFQM Blickwinkel wertend Bezug auf die zu den jeweiligen Teilkriterien vorgefundenen Verfahren und Nachweise in der Organisation sowie auf die im Interview herausgearbeiteten Aspekte. Auf die differenzierte Darstellung der durch uns identifizierten Best-Practice-Verfahren der Organisationen müssen wir hier verzichten, da dies Stoff für eine gesonderte Veröffentlichung bietet.

Ergebnisse der Organisation 1

QM-Profil der Organisation Nr.1

	Kernprozess SPB	Kernprozess PBQ	Kernprozess VERM
		Teilkriterium 5a	
Stärke	Teilnahme an vernetzenden Organisationen und Systemen	Es gibt aus Sicht der Mitarbeiter klare Hinweise, dass die Organisation die Verfahren systematisch umgesetzt hat.	Einbeziehung und Vorbereitung der Teilnehmer in den Kernprozess; interne Vernetzung durch Teamarbeit.
Verbesserungsbereich	Verfahren zur Zielorientierten Umsetzung des Kernprozesses	Dokumentation der Verfahren. Beschreibung der internen und externen Schnittstellen	Dokumentation der Verfahren. Beschreibung der externen Schnittstellen
		Teilkriterium 5b	
Stärke	Persönlicher Kontakt mit den Geldgebern	k.A.	Detaillierter Abschlussfragebogen für die Teilnehmer zur Identifizierung von Verbesserungsbedarf; aktive Identifizierung von Verbesserungsbedarf bei Geldgebern und Arbeitgeber.
Verbesserungsbereich	Beschreibung der Verfahren; System zur Identifizierung von Verbesserungsbedarf; Benchmarking / Vergleich mit anderen Organisationen	Insgesamt ist die Umsetzung des Teilkriteriums im Kernprozess wenig überzeugend.	k.A.
		Teilkriterium 5c	
Stärke	k.A.	k.A.	Gespräche zur Erhebung der Bedürfnisse und Erwartungen der Teilnehmer
Verbesserungsbereich	Insgesamt ist die Umsetzung des Unterkriteriums im Kernprozess wenig überzeugend.	Insgesamt ist die Umsetzung des Unterkriteriums im Kernprozess wenig überzeugend.	Explizite Erhebung der Bedürfnisse und Erwartungen der Geld- und Arbeitgeber für den Kernprozess.
		Teilkriterium 5d	
Stärke	Es gibt umfassende Hinweise von Seiten der Mitarbeiter, dass der Kernprozess angeboten und bereitgestellt wird.	Es gibt umfassende Hinweise von Seiten der Mitarbeiter, dass der Kernprozess angeboten und bereitgestellt wird.	Information der Geldgeber zu Leistungen im Kernprozess; Einbindung der Teilnehmer über „interne Stellenbörse".
Verbesserungsbereich	Sicherstellung der Nutzung des Prozesses durch die Teilnehmer; aktives in Kenntnis setzen der Geldgeber über Leistungen des Kernprozesses.	Keine Beschreibung der vorhandenen Verfahren; keine Verfahren zur Nutzbarmachung für Teilnehmer definiert; keine Verfahren zur Information der übrigen Schlüsselkunden zu Leistungen im Kernprozess.	Information der Arbeitgeber über Leistungen im Kernprozess.

	Kernprozess SPB	*Kernprozess PBQ*	*Kernprozess VERM*
		Teilkriterium 5e	
Stärke	k.A.	Informelle Beziehungspflege zu ausgeschiedenen Teilnehmern.	Nachbetreuung von ausgeschiedenen TN ist Vertragsbestandteil.
Verbesserungsbereich	Kein Verfahren zum Umgang mit Beschwerden; kein definiertes Verfahren zur Kontaktpflege zu Schlüsselkunden.	Kein definiertes Verfahren zur Kontaktpflege zu Schlüsselkunden.	Kein Verfahren zum Umgang mit Beschwerden; kein definiertes Verfahren zur Kontaktpflege zu Schlüsselkunden.
		Teilkriterium 6a	
Stärke	Die Mehrheit der Mitarbeiter gaben an, regelmäßig über die Zufriedenheit der TN mit dem Ablauf des Kernprozesses informiert werden.	Die überwiegende Mehrheit der Mitarbeiter gaben an, regelmäßig über die Zufriedenheit der TN mit dem Ablauf des Kernprozesses informiert werden.	Die überwiegende Mehrheit der Mitarbeiter gaben an, regelmäßig über die Zufriedenheit der TN mit dem Ablauf des Kernprozesses informiert werden.
Verbesserungsbereich	Es werden nur wenige kundenbezogene Ergebnisse ermittelt.	Es werden einige kundenbezogene Ergebnisse ermittelt.	Es werden nur wenige kundenbezogene Ergebnisse ermittelt.
		Teilkriterium 6b	
Stärke	k.A.	k.A.	k.A.
Verbesserungsbereich	Keine Indikatorenbildung.	Keine Indikatorenbildung.	Keine Indikatorenbildung.
		Teilkriterium 9a	
Stärke	Es liegen von Seiten der Mitarbeiter klare Hinweise vor, dass die Organisation im Kernprozess Messergebnisse zu Schlüsselleistungen vorlegen kann.	Es liegen von Seiten der Mitarbeiter klare Hinweise vor, dass die Organisation im Kernprozess Messergebnisse zu Schlüsselleistungen vorlegen kann.	Refinanzierung wird ermittelt; Vermittlungsquote wird ermittelt.
Verbesserungsbereich	Kernprozess bezogene Ergebnisse werden nur sehr begrenzt ermittelt.	Kernprozess bezogene Ergebnisse werden nur sehr begrenzt ermittelt.	Kernprozess bezogene Ergebnisse werden nur sehr begrenzt ermittelt.
		Teilkriterium 9b	
Stärke	k.A.	k.A.	k.A.
Verbesserungsbereich	Es werden keine Indikatoren gebildet.	Es werden keine Indikatoren gebildet.	Es werden keine Indikatoren gebildet.

Ergebnisse der Organisation 2

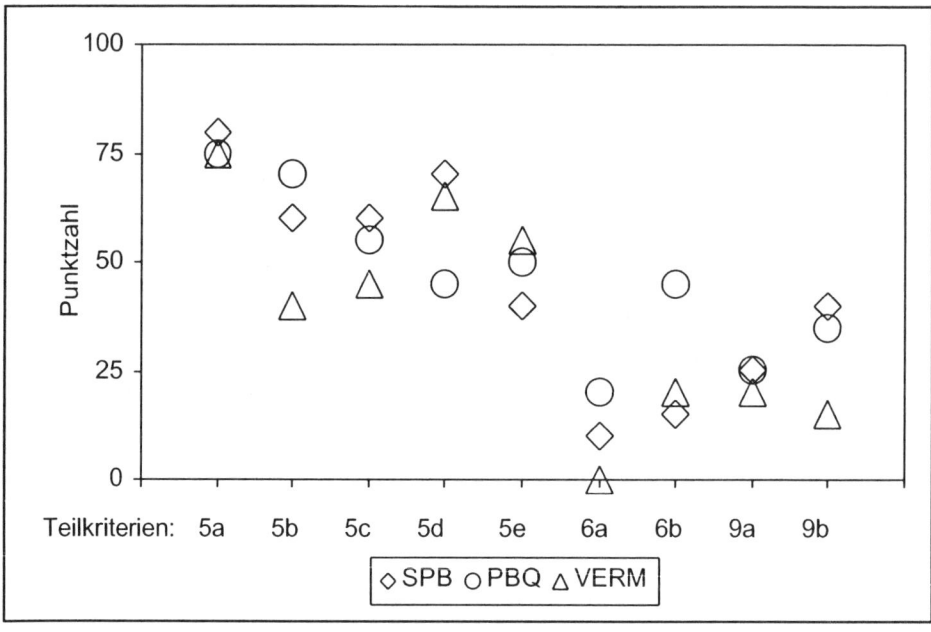

QM-Profil der Organisation Nr.2

	Kernprozess SPB	Kernprozess PBQ	Kernprozess VERM
	Teilkriterium 5a		
Stärke	Prozess ist nach den Vorgaben von ISO 9000ff gestaltet und zertifiziert; interne Schnittstellen sind u.a. über Zuständigkeitsmatrix präzise definiert.	Vorbildliche Prozessbeschreibung mit teilnehmerorientierter Steuerungsmatrix; interne Schnittstellen sind klar definiert und beschrieben; reichhaltige Zusammenarbeit mit Partnern und Mitbewerbern.	Vorbildliche Prozessbeschreibung mit teilnehmerorientierter Steuerungsmatrix; interne Schnittstellen sind klar definiert und beschrieben Die Einbindung der Teilnehmer ist klar nachvollziehbar.
Verbesserungsbereich	Teilnehmerprofil erfasst nur wenige „weiche" Faktoren; Mitarbeiter nannten QM-Handbuch überwiegend „nur manchmal hilfreich".	Mitarbeiter nannten QM-Handbuch überwiegend „nur manchmal hilfreich".	Mitarbeiter nannten QM-Handbuch überwiegend „nur manchmal hilfreich".
	Teilkriterium 5b		
Stärke	Es gibt einen klar definierten KVP mit systematischen Audits.	KVP im Hinblick auf die Geldgeber ist klar definiert und eingeführt.	Intensive Zusammenarbeit mit verschiedenen externen Organisationen (Gremienarbeit).
Verbesserungsbereich	Einbindung der Schlüsselkunden in KVP ist nicht klar nachzuvollziehen; laut Mitarbeitern keine Regelung zu Fort- und Weiterbildung.	Nur einige Hinweise von Seiten der Mitarbeiter, dass der KVP im Kernprozess systematisch umgesetzt wird.	Einbindung der Schlüsselkunden bei der Verbesserung des Prozesses wird nicht transparent.

	Kernprozess SPB	Kernprozess PBQ	Kernprozess VERM
		Teilkriterium 5c	
Stärke	Bedürfnisse der Geldgeber sind optimal in die Gestaltung und Weiterentwicklung der Verfahren einbezogen.	Das System zur Einbindung der Bedürfnisse der Geldgeber ist genau definiert und Beschrieben.	Die Einbindung der Geldgeber in die Entwicklung von Verfahren ist vorbildlich.
Verbesserungsbereich	Einbeziehung der Teilnehmer wird nicht deutlich.	Verfahren der Einbindung der Teilnehmerbedürfnisse ist nicht expliziert formuliert.	Inwieweit subjektive Bedürfnisse der Teilnehmer in die Entwicklung der Prozesse einfließen ist nicht eindeutig nachvollziehbar.
		Teilkriterium 5d	
Stärke	Geldgeber sind aktiv an der Leistungsgestaltung beteiligt.	Die Öffentlichkeitsarbeit der Organisation ist umfangreich.	Gut entwickelte Verfahren zur Bereitstellung des Kernprozesses.
Verbesserungsbereich	Mitarbeiter verneinen, dass QM bei der gezielten Förderung der TN unterstützend wirkt.	Nutzbarmachung des Kernprozesses für die Teilnehmer ist nicht klar nachvollziehbar.	Einbindung der Schlüsselkunden Arbeitgeber wird nicht deutlich.
		Teilkriterium 5e	
Stärke	Kontaktpflege über Maßnahme bezogene Pflichtnachsorge hinaus mit Teilnehmern (Stadtteilintegration); für den Umgang mit Beschwerden gibt es ein definiertes Verfahren.	Die Kontaktpflege zu den Schlüsselkunden ist beispielhaft entwickelt; für gravierende Beschwerden ist ein beispielhaftes Verfahren eingeführt.	Kontakte zu Schlüsselkunden werden mit verschiedenen Verfahren gepflegt und weiterentwickelt.
Verbesserungsbereich	Inwieweit die Aussage der Teilnehmer Einfluss haben wird nicht ersichtlich.	Das Beschwerdemanagement unterhalb der Schwelle gravierender Beschwerden ist nicht definiert und festgelegt (fallweise Regelung).	Kontaktpflege zu Teilnehmern über angeordnete, projektbezogene Evaluation wird nicht deutlich.
		Teilkriterium 6a	
Stärke	In Teilbereichen werden Befragungen der Teilnehmer und Geldgeber durchgeführt; Mitarbeiter gaben an, regelmäßig über Zufriedenheit der TN informiert zu werden.	In einigen Teilbereichen finden Teilnehmerbefragungen statt; in Teilbereichen gibt es Befragungen von anderen Schlüsselkunden; Mitarbeiter gaben an, regelmäßig über Zufriedenheit der TN informiert zu werden.	Mitarbeiter gaben an, regelmäßig über Zufriedenheit der TN informiert zu werden.
Verbesserungsbereich	Die erhobenen Daten werde nur sehr begrenzt ausgewertet; Trends werden nicht ermittelt.	Trends werden nicht ermittelt.	Es werden keine Trends ermittelt.

	Kernprozess SPB	*Kernprozess PBQ*	*Kernprozess VERM*
Teilkriterium 6b			
Stärke	Die Organisation hat Auszeichnungen für ihre hochwertigen Leistungen erhalten.	Die Organisation verfügt über einige Indikatoren zur Bindung der Schlüsselkunden.	Mitarbeiter werden regelmäßig über Ergebnisse von teilnehmerbezogenen Maßnahmen informiert.
Verbesserungsbereich	Es werden keine Trends ermittelt.	Trends werden nicht explizit ermittelt.	Die Auswertung der Indikatoren ist in manchen Bereichen verbesserungsbedürftig.
Teilkriterium 9a			
Stärke	In Teilbereichen wird eine statistische Auswertung der Prozessergebnisse durchgeführt.	Es werden alle zertifizierten Ergebnisse in einigen Bereichen erfasst.	k.A.
Verbesserungsbereich	Kosten für SPB werden nicht detailliert ermittelt. Trends werden nicht ermittelt. Mitarbeiter fühlen sich überwiegend nicht über Ergebnisse informiert.	Von Seiten der Mitarbeiter liegen nur einige Hinweise vor, dass die Organisation im Kernprozess Ergebnisse zu Schlüsselleistungen vorlegen kann.	Keine konkreten Nachweise zu Kostenermittlung und Refinanzierung.
Teilkriterium 9b			
Stärke	Die Organisation kann die Geldgeber bewegen Modellförderung zu bewilligen; die Zahl der Bewilligten Maßnahmen steigt.	Trend bei der Anzahl der bewilligten Maßnahmen ist im Vergleich zu Mitbewerbern beispielhaft; wirtschaftliche Lage ist angesichts der Lage gleichbleibend gut.	Organisation absolviert ihre Arbeit offensichtlich sehr erfolgreich.
Verbesserungsbereich	Trends sind nicht eindeutig zu belegen; es gibt keinen Hinweis von Seiten der Mitarbeiter darauf, dass die Organisation im Kernprozess über Indikatoren verfügt.	Es gibt keinen Hinweis von Seiten der Mitarbeiter darauf, dass die Organisation im Kernprozess über Indikatoren verfügt.	Zu allen angesprochenen Bereichen sind über wiegend anekdotische Aussagen zu verzeichnen.

Ergebnisse der Organisation 3

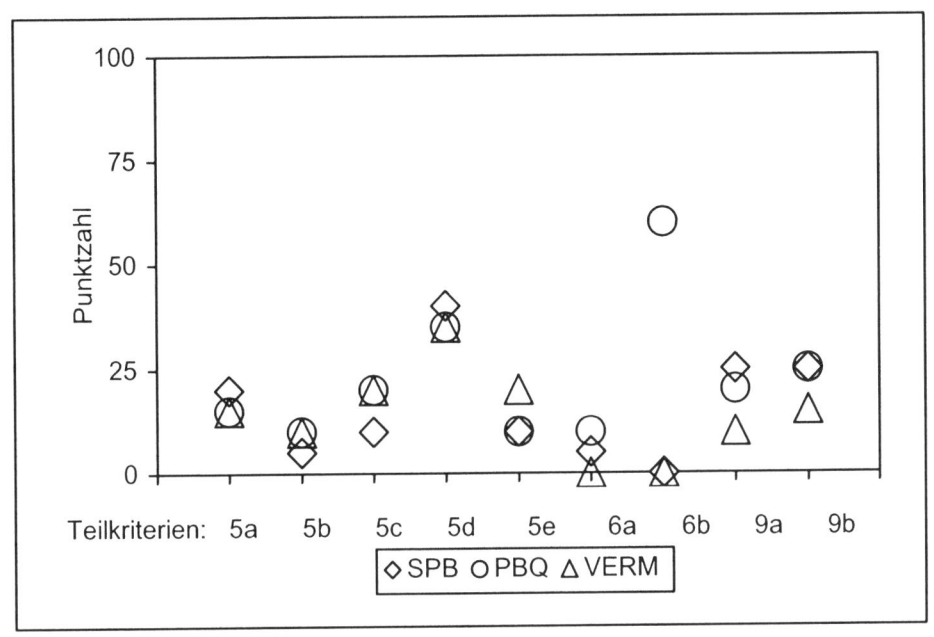

QM-Profil der Organisation Nr.3

	Kernprozess SPB	Kernprozess PBQ	Kernprozess VERM
		Teilkriterium 5a	
Stärke	Es gibt eine „Umweltkarte" der Organisation die die Außenbeziehungen darstellt.	k.A.	k.A.
Verbesserungsbereich	Es gibt keine zentralen Prozessdefinitionen; es gibt aus Sicht der Mitarbeiter keine Hinweise, dass die Organisation die genannten Verfahren systematisch umgesetzt hat.	Prozessdefinition ist noch in Erstellungsphase. Schnittstellen sind nicht definiert.	Der Prozess ist nicht beschrieben; Konzept zu Teilbereich Bewerbungsplan ist wenig aussagekräftig.
		Teilkriterium 5b	
Stärke	Aus Zielvereinbarungen werden Beobachtungsdaten zur Anpassung der Begleitangebote gewonnen.	Geldgeber sind über Abstimmungsgespräche eingebunden.	k.A.
Verbesserungsbereich	Es gibt kein definiertes System zur Identifikation von Verbesserungsbedarf.	Kein zentrales Verfahren zur Identifizierung fachl.-meth. Weiterbildungsbedarfs; keine Hinweise von Seiten der Mitarbeiter, dass Verfahren zur Fortentwicklung der Prozesse systematisch umgesetzt werden	System zur Identifizierung des Verbesserungsbedarfs ist in der Entwicklung; Vergleich mit anderen Organisationen findet nicht statt.

	Kernprozess SPB	Kernprozess PBQ	Kernprozess VERM
		Teilkriterium 5c	
Stärke	Dokumentiertes Verfahren zur Erfassung der Situation des Teilnehmers bei der Einstellung.	Es gibt institutionalisierte Gespräche mit Teilnehmern und Geldgebern.	k.A.
Verbesserungsbereich	Abgleich und Analyse der Daten nur für externe Zwecke.	Kein definiertes Verfahren zur Einbindung von Teilnehmerbedürfnissen.	Keine definierten Verfahren.
		Teilkriterium 5d	
Stärke	Es gibt klare Nachweise, dass der Prozess für alle Teilnehmer nutzbar ist	Umfangreiche und ansprechende Öffentlichkeitsarbeit; zu anderen Schlüsselkunden werden persönliche Kontakte gepflegt.	Es gibt Verfahren die die Teilnahme am Kernprozess sicherstellen.
Verbesserungsbereich	Die Verfahren sind nicht in Form von verbindlichen QM-Unterlagen definiert.	Verfahren sind nicht explizit formuliert.	Es gibt kein Verfahren zur Information der Arbeitgeber.
		Teilkriterium 5e	
Stärke	Organisation geht in der Kontaktpflege zu TN über das maßnahmespezifisch Geforderte hinaus.	Es gibt Angebote zur Nachsorge über die maßnahmespezifisch geförderten hinaus.	Es gibt Verfahren zur Kontaktpflege mit ehem. Teilnehmern die über die Vorgaben hinausgehen.
Verbesserungsbereich	Es gibt kein Verfahren zum Umgang mit Beschwerden.	Es gibt kein definiertes Verfahren zum Umgang mit Beschwerden von Arbeitgeber und Teilnehmer.	Es gibt kein geregeltes Verfahren zum Umgang mit Beschwerden.
		Teilkriterium 6a	
Stärke	Mitarbeiter werden regelmäßig über Zufriedenheit der TN mit dem Ablauf des Kernprozesses informiert.	In einem Teilbereich wird im Auftrag des Arbeitsamtes eine Teilnehmerbefragung durchgeführt.	Mitarbeiter werden regelmäßig über die Zufriedenheit der TN mit Ablauf des Kernprozesses informiert.
Verbesserungsbereich	Es gibt keine verwertbaren Daten oder Trends zur Zufriedenheit der übrigen Schlüsselkunden.	Keine weiteren Ergebnisse und generell keine Trendermittlung.	Keine sonstigen Ergebnisse, keine Trends.
		Teilkriterium 6b	
Stärke	Es gibt Indikatoren zur Feststellung der Entwicklung der Teilnehmer im Maßnahmeverlauf.	In Teilbereichen gibt es Indikatoren zur Nutzung des Prozess durch Teilnehmer; die Organisation ist für Ihre Leistungen ausgezeichnet worden	Mitarbeiter fühlen sich in Bezug auf Ergebnisse von teilnehmerbezogenen Maßnahmen gut informiert.
Verbesserungsbereich	Es gibt nur anekdotische Hinweise zur Bindung von Schlüsselkunden; keine Aussagen zum Umgang mit Beschwerden.	Kein Trend Annahme und Nutzung durch Teilnehmer. Keine Indikatoren oder Trends zu Beschwerden.	Keine Indikatoren, keine Trends.
		Teilkriterium 9a	
Stärke	Refinanzierungsquote 80%.	Mitarbeiter bestätigen, über die Ziele regelmäßig informiert zu werden.	Mitarbeiter bestätigt, über die Zielerreichung regelmäßig informiert zu werden.

	Kernprozess SPB	*Kernprozess PBQ*	*Kernprozess VERM*
Verbesserungsbereich	Es wird kein Trend in Bezug auf die Ergebnisse ermittelt.	Es gibt keine Trends zu Ergebnissen.	Kosten werden nicht detailliert ermittelt; Trends zu Ergebnissen können nicht festgestellt werden.
Teilkriterium 9b			
Stärke	Bewilligung von Maßnahmen steigt aufgrund von Kompetenzvermutung durch Geldgeber	Organisation ist von den Maßnahmekapazitäten her voll ausgelastet.	Mitarbeiter werden regelmäßig über Wirkungen von Verbesserungsmaßnahmen zum Kernprozess informiert.
Verbesserungsbereich	Kein nachvollziehbarer Zusammenhang zwischen Prozessverbesserung und Abnahme der Maßnahmeabbrüche.	Zusammenhang zwischen Prozessteilnahme und Zielerreichung kann nicht belegt werden; Zusammenhang zwischen Maßnahmeverbesserung und Reduzierung der Abbrüche kann nicht belegt werden.	Kein Zusammenhang herstellbar zwischen Inanspruchnahme des Prozesses und Maßnahmezielerreichung; keine Trends dazu vorhanden; Konstanz der Vermittlung ohne Beleg.

Ergebnisse der Organisation 4

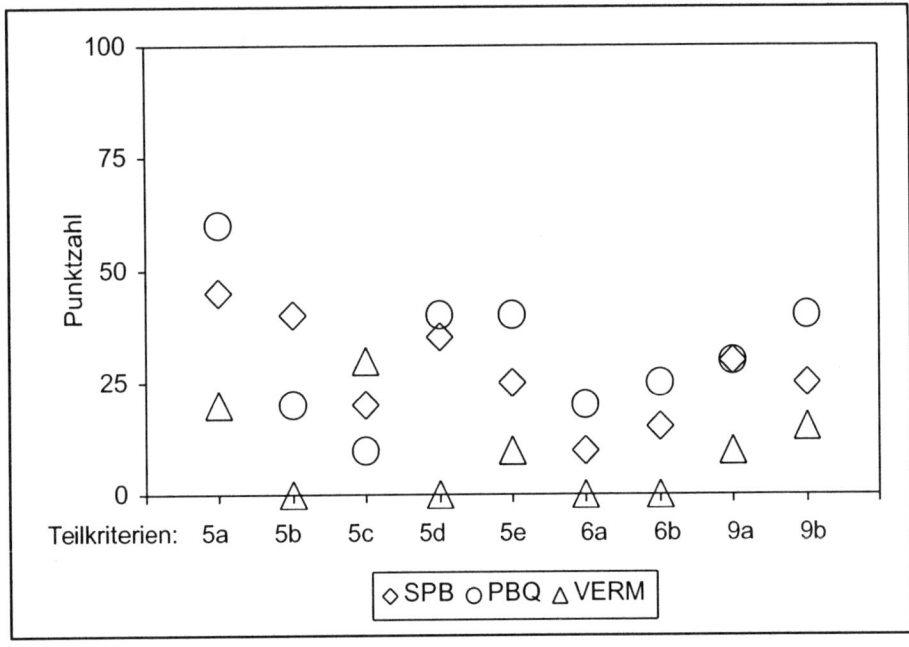

QM-Profil der Organisation Nr.4

	Kernprozess SPB	Kernprozess PBQ	Kernprozess VERM
	Teilkriterium 5a		
Stärke	Die Verfahren zur Einbeziehung der Teilnehmer sind entwickelt; es gibt aus Sicht der Mitarbeiter klare Hinweise, dass die Organisation Verfahren systematisch gestaltet und managt.	Der Prozess sowie die Unterprozesse sind klar definiert und beschrieben; die internen und externen Schnittstellen sind beschrieben.	Es gibt Verfahren zur Einbeziehung der Teilnehmer; es gibt aus Sicht der Mitarbeiter klare Hinweise, dass die Organisation Verfahren systematisch gestaltet und managt.
Verbesserungsbereich	Schnittstellenbildung bleibt unklar.	k.A.	Der Prozess ist nicht explizit beschrieben; interne und externe Schnittstellen sind nicht beschrieben.
	Teilkriterium 5b		
Stärke	Es gibt ein klares System zur fachl.-meth. Verbesserungsbedarfermittlung; Teilnehmer können Verbesserungsbedarf formulieren.	k.A.	k.A.
Verbesserungsbereich	Einflussnahme der übrigen Schlüsselkunden bleibt wenig konkret.	Keine Aussagen zu Einflussnahme der Arbeitgeber; widersprüchliche Angaben zu Fort- und Weiterbildung zwischen strategischer Ebene und Mitarbeitern.	Kein Verfahren zum Austausch mit anderen Organisationen; ein System zur Identifizierung des Veränderungsbedarfs ist nicht zu erkennen.

	Kernprozess SPB	Kernprozess PBQ	Kernprozess VERM
	\multicolumn{3}{c}{Teilkriterium 5c}		
Stärke	Es gibt Verfahren um die Bedürfnisse der Teilnehmer einzubinden.	Im Rahmen von Gesprächskreisen mit Arbeitgebern fließen deren Ansprüche ein.	Es gibt ein Verfahren zur Sicherstellung des Einfließens der Bedürfnisse der Teilnehmer.
Verbesserungsbereich	Die Einbindung der Geldgeber bleibt undeutlich.	Die Einbindung der Teilnehmer ist nicht systematisch sichergestellt	Die Einbindung der Geldgeber erfolgt ausschließlich über Maßnahmevorgaben.
	\multicolumn{3}{c}{Teilkriterium 5d}		
Stärke	Die Teilnahme an SPB ist Vertraglich fixiert; Geldgeber werden über Leistungen in Kenntnis gesetzt.	Nutzung des Prozesses ist mit Teilnehmer Vertraglich vereinbart; es gibt institutionalisierte Gremienarbeit mit Geldgebern.	k.A.
Verbesserungsbereich	Die in Kenntnissetzung der Geldgeber beschränkt sich auf die Anforderungen aus der Maßnahmebewilligung.	Ein definiertes Verfahren zur in Kenntnissetzung der Arbeitgeber wurde nicht nachgewiesen.	Keine Regelung zur Teilnahme am Prozess; andere Schlüsselkunden werden nicht über Leistungen informiert.
	\multicolumn{3}{c}{Teilkriterium 5e}		
Stärke	Gut entwickelte Kommunikationsstruktur zwischen Organisation und Geldgebern; aktives Verhalten zur Kontaktpflege zu Arbeitgebern.	Kontaktpflege zu anderen Schlüsselkunden; Einladungen und Gespräche über den reinen Geschäftsbetrieb hinaus.	Hinweise von Seiten der Mitarbeiter auf QM-Regelungen zur Beziehungspflege zu Schlüsselkunden.
Verbesserungsbereich	Kein klarer Nachweis zum Umgang mit Beschwerden.	Keine Kontaktpflege mit TN über Maßnahmevorgabe hinaus; kein systematischen Umgang mit Beschwerden.	Es gibt keine Regelung zum Umgang mit Beschwerden.
	\multicolumn{3}{c}{Teilkriterium 6a}		
Stärke	Mitarbeiter fühlen sich regelmäßig über die Zufriedenheit der TN mit dem Ablauf des Kernprozesses informiert.	Mitarbeiter fühlen sich regelmäßig über die Zufriedenheit der TN mit dem Ablauf des Kernprozesses informiert.	Mitarbeiter fühlen sich regelmäßig über die Zufriedenheit der TN mit dem Ablauf des Kernprozesses informiert.
Verbesserungsbereich	Keine Trends zur Teilnehmerzufriedenheit; keine Ergebnisse und Trends zu Schlüsselkunden.	Keine eigeninitiative Erhebung von Teilnehmerdaten (in Planung); keine Erhebung zur Zufriedenheit anderer Schlüsselkunden.	Keine Daten, keine Trends.
	\multicolumn{3}{c}{Teilkriterium 6b}		
Stärke	Indikatoren zur Bindung von Schlüsselkunden; ein positiver Trend wird hierzu festgestellt.	Aus Qualifizierungsplänen werden Indikatoren zu Prozessnutzen gebildet; es gibt einzelne Indikatoren zur Bindung von Schlüsselkunden. Einer zeigt pos. Trend.	k.A.

	Kernprozess SPB	*Kernprozess PBQ*	*Kernprozess VERM*
Verbesserungsbereich	Keine Indikatorenbildung zur Nutzung des Kernprozesses sowie kein Trend; keine Ergebnisse oder Trends zu Umgang mit Beschwerden.	Trend zur Nutzung durch Teilnehmer wird nicht ermittelt; kein Indikator zum Umgang mit Beschwerden ebenso kein Trend.	Keine Indikatoren, keine Trends.
Teilkriterium 9a			
Stärke	Die Refinanzierungsquote liegt bei 90%.	Refinanzierungsquote beträgt ca. 80%; Ergebnisse des Prozesses werden ermittelt.	k.A.
Verbesserungsbereich	Es werden keine Kosten für einzelne Leistungen ermittelt; es werden keine Ergebnisse des Prozesses ermittelt; es gibt keine Trends.	Keine detaillierte Kostenermittlung für Leistungen des Prozesses; kein Trend zu den Ergebnissen.	Kosten für Leistungen werden nicht detailliert ermittelt; keine Angaben zur Refinanzierung; es gibt nur die Vermittlungsquote als Ergebnis; es konnte bisher kein Trend ermittelt werden.
Teilkriterium 9b			
Stärke	Zahl der bewilligten Maßnahmen steigt.	Zahl der Maßnahmen steigt trotz schwieriger Umstände; die wirtschaftliche Entwicklung ist positiv.	Die wirtschaftliche Situation bei der Auftragslage ist gut.
Verbesserungsbereich	Angaben zu positiv Trend bei Maßnahmezielerreichung anekdotisch; keine Aussagen zum Zusammenhang zwischen Maßnahmeabbrüchen und Prozessverbesserung möglich.	Keine Aussage zum Zusammenhang zwischen Teilnahme am Prozess und Zielerreichung; keine Nachweise zum Zusammenhang zwischen Kernprozessverbesserung und Maßnahmeabbrüchen.	Keine Aussage zu Zusammenhang zwischen Prozessnutzung und Zielerreichung; keine Nachweise zu Zusammenhang zwischen Verbesserung und Abnahme der gescheiterten Vermittlungsversuche.

Ergebnisse der Organisation 5

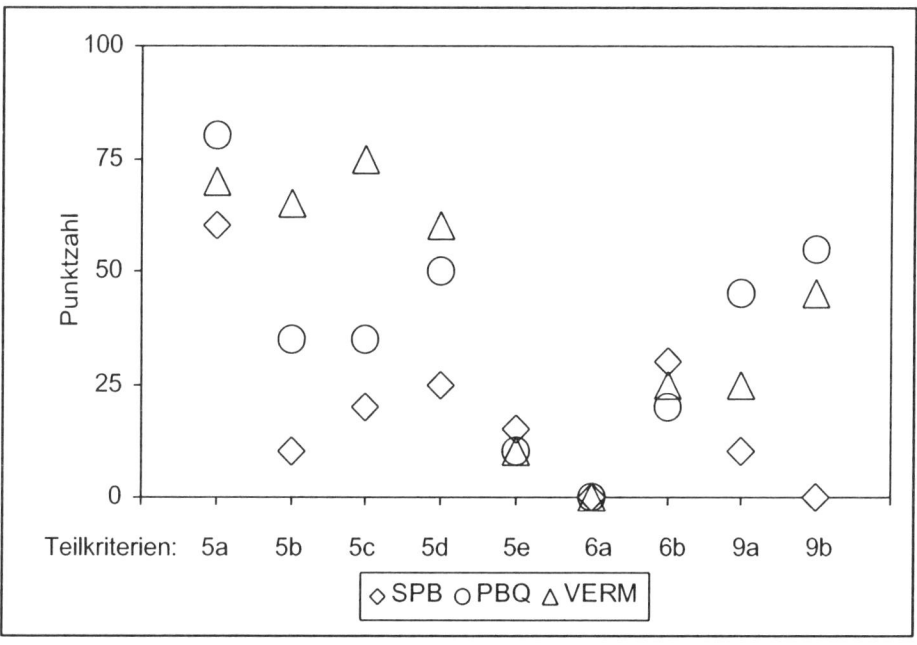

QM-Profil der Organisation Nr.5

	Kernprozess SPB	Kernprozess PBQ	Kernprozess VERM
		Teilkriterium 5a	
Stärke	Es gibt klare Beschreibung zum Verlauf des Prozesses „interne Arbeitsvermittlung" in Form von Verfahrensvereinbarungen; interne Schnittstellen sind klar definiert; das Anamneseverfahren ist vorbildlich.	Beispielhaftes Konzept zur Qualifizierung mit modularem Charakter; die Einbeziehung der Teilnehmer ist umfassend (Qualifizierungsvertrag).	Es gibt eine klare Definition des Verfahrens der passgenauen Arbeitsvermittlung; die internen Schnittstellen sind benannt; die Einbindung der Teilnehmer ist klar definiert.
Verbesserungsbereich	Es gibt von den Mitarbeitern nur einige Hinweise auf die Realisierung von internen Schnittstellenregelungen die nur wenig genutzt werden.	Schnittstellen sind nicht explizit definiert und beschrieben.	Es gibt von den Mitarbeitern nur einige Hinweise auf die Realisierung von internen Schnittstellenregelungen die nur wenig genutzt werden.
		Teilkriterium 5b	
Stärke	Die fachliche Vernetzung mit anderen Organisationen der Beschäftigung und Qualifizierung ist intensiv.	Es werden lernorientierte Verfahren zur Prozessverbesserung eingesetzt; TN und Geldgeber sind systematisch eingebunden.	Organisation ist Mitglied in einem Vermittlungsverbund.
Verbesserungsbereich	Das System zur Verbesserung der Prozesse erscheint nicht weit genug entwickelt	Kein definiertes Verfahren zur Identifikation des Verbesserungsbedarfs.	Es gibt kein definiertes Verfahren zur Identifizierung des Verbesserungsbedarfs.

	Kernprozess SPB	*Kernprozess PBQ*	*Kernprozess VERM*
		Teilkriterium 5c	
Stärke	Umfangreicher Datenbestand über TN als Indikatoren zur Prozessgestaltung.	Teilnehmer sind durch systematische Profilgespräche eingebunden; Geldgeber werden aktiv einbezogen.	Teilnehmerbedürfnisse fließen aus Daten des Teilnehmerprofils ein.
Verbesserungsbereich	Kundenzufriedenheit wird nicht abgefragt.	Der Prozessverlauf ist nicht dokumentiert.	Kundenzufriedenheit wird nicht abgefragt.
		Teilkriterium 5d	
Stärke	Teilnahme an organisationsinternen Angeboten ist vertraglich bindend.	Eigenständiger Qualifizierungsvertrag sichert die Nutzung durch Teilnehmer; persönlicher Kontakt zu Geldgebern und Arbeitgebern verstärkt die Zusammenarbeit	Teilnahme am Kernprozess ist Vertragsbestandteil.
Verbesserungsbereich	Bereitstellung und Angebot des Kernprozesses wird aus den bereitgestellten Unterlagen nicht deutlich.	Nur die Hälfte der Mitarbeiter können bestätigten, dass es Regelungen im QM gibt, die sie bei der gezielten Förderung der TN unterstützen.	k.A.
		Teilkriterium 5e	
Stärke	QM-Regelungen zum Umgang mit Beschwerden der Teilnehmern werden von der Mehrheit der Mitarbeitern bestätigt.	Zeitgemäße Öffentlichkeitsarbeit.	Der Umgang mit Geldgebern ist durch festgelegte Verfahren geregelt.
Verbesserungsbereich	Es gibt keine definierten Verfahren zur Kontaktpflege zu ausgeschiedenen Teilnehmern.	Ein definierter Umgang mit Beschwerden findet nicht statt.	Die Kontaktpflege zu ausgeschiedenen Teilnehmern beschränkt sich auf die Maßnahmevorgaben; es gibt kein Verfahren zum Beschwerdemanagement.
		Teilkriterium 6a	
Stärke	k.A.	k.A.	k.A.
Verbesserungsbereich	Es werden keinerlei Ergebnisse ermittelt.	Es werden keinerlei Ergebnisse ermittelt.	Es werden keinerlei Ergebnisse ermittelt.
		Teilkriterium 6b	
Stärke	Die Indikatorenbildung in Bezug auf die Teilnehmer und Geldgeber ist ausgeprägt; Trend wird als gleichbleibend gut gewertet.	Indikatorenbildung bezüglich der Teilnehmer ist umfangreich.	Indikatorenbildung bezüglich der Teilnehmer ist umfangreich.

	Kernprozess SPB	*Kernprozess PBQ*	*Kernprozess VERM*
Verbesserungsbereich	Es gibt aus Sicht der Mitarbeiter keine Hinweise, dass die Organisation zum Kernprozess interne Messergebnisse zur Prozessverbesserung verwendet.	Keine Trendermittlung in Bezug auf Teilnehmerergebnisse; keine weiteren Indikatoren.	Keine Analyse bzw. Trendermittlung in Bezug auf Teilnehmerergebnisse; keine weiteren Indikatoren; es gibt aus Sicht der Mitarbeiter keine Hinweise, dass die Organisation zum Kernprozess interne Messergebnisse zur Prozessverbesserung verwendet.
Teilkriterium 9a			
Stärke	Hohe Refinanzierungsquote.	Volle Refinanzierung der Kosten; es werden viele Ergebnisse des Prozesses ermittelt.	Der Prozess Vermittlung ist vollständig refinanziert.
Verbesserungsbereich	Es werden keine Ergebnisse des Kernprozesses ermittelt.	Es liegen von Seiten der Mitarbeiter nur einige Hinweise vor, dass die Organisation im Kernprozess Messergebnisse zu Schlüsselleistungen vorlegen kann.	Es liegen von Seiten der Mitarbeiter keine Hinweise vor, dass die Organisation im Kernprozess Vermittlung in den Ersten Arbeitsmarkt Messergebnisse zu Schlüsselleistungen vorlegen kann.
Teilkriterium 9b			
Stärke	k.A. aufgrund von Widersprüchen zwischen Aussagen und Nachweisen.	Zahl der Maßnahmen bleibt konstant aufgrund von max. Kapazitätsauslastung; wirtschaftliche Entwicklung ist positiv.	k.A.
Verbesserungsbereich	Es gibt keinen Hinweis von Seiten der Mitarbeiter darauf, dass die Organisation im Kernprozess über Indikatoren verfügt um diesen zu überwachen und zu verbessern.	Es gibt keinen Hinweis von Seiten der Mitarbeiter darauf, dass die Organisation im Kernprozess über Indikatoren verfügt um diesen zu überwachen und zu verbessern.	Es gibt keinen Hinweis von Seiten der Mitarbeiter darauf, dass die Organisation im Kernprozess über Indikatoren verfügt um diesen zu überwachen und zu verbessern.

Ergebnisse der Organisation 6

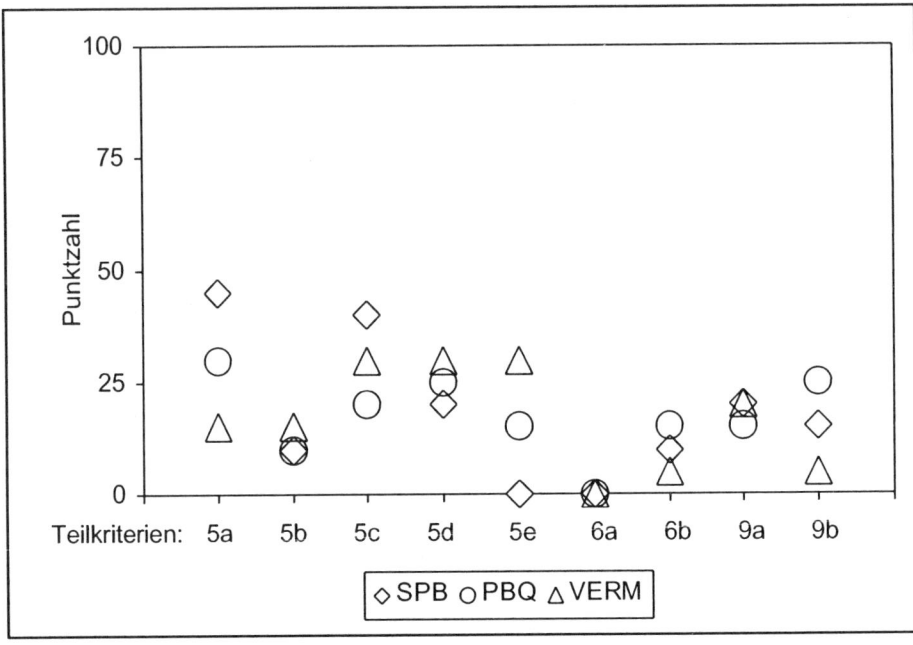

QM-Profil der Organisation Nr.6

	Kernprozess SPB	Kernprozess PBQ	Kernprozess VERM
	Teilkriterium 5a		
Stärke	Es gibt aus Sicht der Mitarbeiter klare Hinweise, dass die Organisation die benannten Verfahren systematisch umgesetzt hat.	Es gibt aus Sicht der Mitarbeiter klare Hinweise, dass die Organisation die benannten Verfahren systematisch umgesetzt hat.	Es gibt aus Sicht der Mitarbeiter klare Hinweise, dass die Organisation die benannten Verfahren systematisch umgesetzt hat.
Verbesserungsbereich	Externe Schnittstellen sind nicht definiert; das QMH ist nicht prozessorientiert aufgebaut.	Es gibt keine explizite externe Schnittstellendefinition.	Der Prozess ist nicht explizit ausformuliert, es gibt lediglich eine Checkliste für das Bewerbungstraining; es gibt keine interne oder externe Schnittstellendefinition.
	Teilkriterium 5b		
Stärke	Es gibt einen institutionellen Rahmen zur Identifikation des Verbesserungsbedarfs	k.A.	Es findet ein systematischer Austausch mit anderen Organisationen statt
Verbesserungsbereich	Ein System zur fachlich-methodischen Fortbildung ist nicht zu erkennen.	Ein System zur Identifizierung des Verbesserungsbedarf und der Einbeziehung der Schlüsselkunden ist nicht zu erkennen.	Es gibt kein System zur Ermittlung des Verbesserungsbedarfs.

	Kernprozess SPB	Kernprozess PBQ	Kernprozess VERM
		Teilkriterium 5c	
Stärke	Anforderungen der Geldgebern fließen über mehrere Verfahren ein	k.A.	k.A.
Verbesserungsbereich	Ein System zur Identifizierung des Verbesserungsbedarfs und der Einbeziehung der Schlüsselkunden ist nicht zu erkennen.	Ein System zur Identifizierung des Verbesserungsbedarfs und der Einbeziehung der Schlüsselkunden ist nicht zu erkennen.	Einfließen der Bedürfnisse der Geldgeber nur über den Anspruch auf Maximierung der Vermittlungszahlen.
		Teilkriterium 5d	
Stärke	Es gibt Verfahren zur Nutzung des Prozesses durch Teilnehmer.	k.A.	Nutzung durch Teilnehmer ist über Angebotsstruktur sichergestellt.
Verbesserungsbereich	Information der Geldgeber über Leistungen im Kernprozess erfolgt nur im Rahmen der Maßnahmeanforderung.	Es gibt kein Verfahren das sicherstellt das Qualifizierung grundsätzlich für jeden Teilnehmer möglich ist.	
		Teilkriterium 5e	
Stärke	k.A.	Institutionalisierte Kontakte zu Geldgebern.	k.A.
Verbesserungsbereich	Keine Kontaktpflege zu ausgeschiedenen Teilnehmer außerhalb der maßnahmeabhängigen Verpflichtung; kein systematischer Umgang mit Beschwerden; keine systematische Kontaktpflege zu anderen Schlüsselkunden.	Kontakte zu Ausgeschiedenen nur im Rahmen der Maßnahmeanforderungen. Kontakt zur Arbeitgebern ist nicht durch Verfahren geregelt.	Kontakte zu ausgeschiedenen Teilnehmern nur im Rahmen der Maßnahmeanforderung; es gibt kein System zum Umgang mit Beschwerden.
		Teilkriterium 6a	
Stärke	k.A.	k.A.	k.A.
Verbesserungsbereich	Es werden keine Kundenbezogenen Ergebnisse ermittelt.	Es werden keine Kundenbezogenen Ergebnisse ermittelt.	Es werden keine Kundenbezogenen Ergebnisse ermittelt.
		Teilkriterium 6b	
Stärke	Es werden teilnehmerbezogene Daten erhoben.	Es werden Indikatoren zur Nutzung durch Teilnehmer gebildet.	Es gibt Indikatoren zur Nutzung des Prozesses durch die Teilnehmer.
Verbesserungsbereich	Es gibt keine teilnehmerbezogene Auswertung der Daten; es gibt keine handfesten Indikatoren zur Bindung von Schlüsselkunden; keine Indikatoren zu Beschwerden.	Keine relevante Aussage zu Trend in Bezug auf Annahme und Nutzung durch andere Schlüsselkunden; keine Indikatoren zum Umgang mit Beschwerden	Keine Indikatoren zu kundenbezogenen Ergebnissen; kein Trend zur Nutzung des Prozesses durch Teilnehmer; keine Indikatoren zur Nachhaltigkeit des Erfolgs nach einer Vermittlung; es gibt keine Indikatoren zum Umgang mit Beschwerden.

	Kernprozess SPB	*Kernprozess PBQ*	*Kernprozess VERM*
	Teilkriterium 9a		
Stärke	Refinanzierung des Kernprozesses beträgt 80%.	Es werden Ergebnisse zum Kernprozesses ermittelt.	Alle Mitarbeiter fühlen sich zu den Zielen der Organisation regelmäßig informiert; das trifft für die Information über die Erreichung der Ziele in ähnlicher Weise zu.
Verbesserungsbereich	Keine detaillierte Kostenermittlung für Einzelleistungen; keine Daten, keine Trends zu anderen Prozessergebnissen.	Keine detaillierte Kostenermittlung für Kernprozess; eine detaillierte Erfassung der Refinanzierung für den Prozess gibt es nicht.	Keine detaillierte Kostenermittlung; keine detaillierte Ermittlung der Refinanzierungsquote; es wird nur ein Ergebnis des Prozesses erfasst.
	Teilkriterium 9b		
Stärke	Maßnahmezahl konstant auf hohem Niveau trotz starker Mitbewerber.	Maßnahmezahl konstant auf Grund von Vollauslastung. Anhaltend guter wirtschaftlicher Erfolg.	k.A.
Verbesserungsbereich	Keine Indikatoren zum Zusammenhang zwischen Prozessnutzung und Maßnahmezielerreichung; keine expliziten Indikatoren zum Zusammenhang zwischen Prozessverbesserung und Minderung von Maßnahmeabbrüchen.	Keine Indikatoren über Zusammenhang zwischen Prozessteilnahme und Zielerreichung; keine Indikatoren zum Zusammenhang zwischen Prozessverbesserung und Maßnahmeabbrüchen.	Es werden keine Indikatoren gebildet.

Ergebnisse der Organisation 7

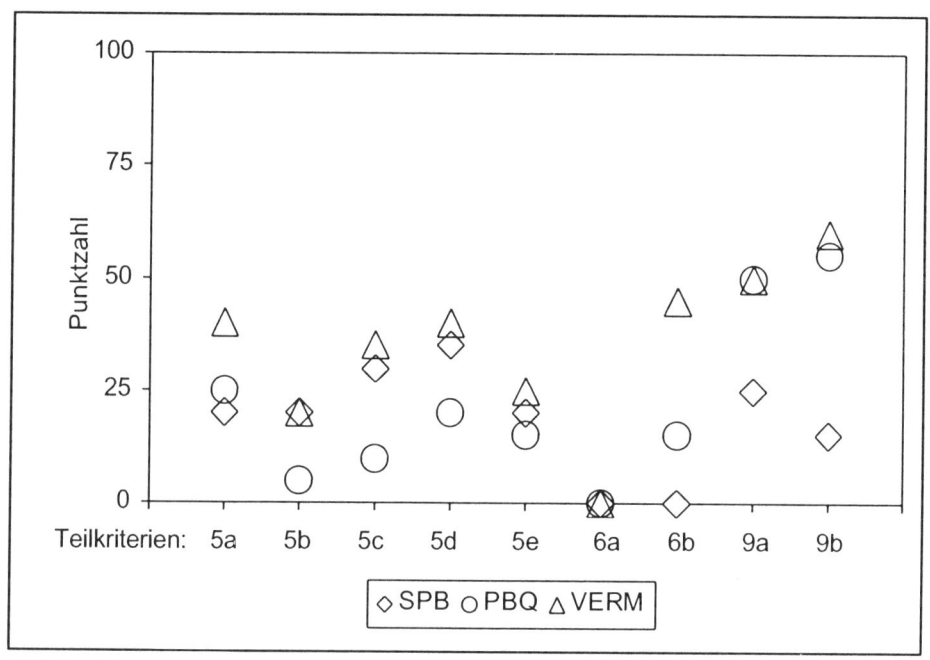

[Diagramm: Punktzahl (0–100) für Teilkriterien 5a, 5b, 5c, 5d, 5e, 6a, 6b, 9a, 9b mit Symbolen ◇ SPB, ○ PBQ, △ VERM]

QM-Profil der Organisation Nr. 7

	Kernprozess SPB	Kernprozess PBQ	Kernprozess VERM
		Teilkriterium 5a	
Stärke	Es gibt ein zentrales prozessbegleitendes interprofessionelles Gremium.	Es gibt einen begründeten und eingeführten Prozess; es gibt ein prozessbegleitendes Gremium; es gibt Kooperationsverträge mit anderen sozialen Organisationen.	Prozess ist definiert und beschrieben; es gibt ein prozessbegleitendes Gremium; es gibt Verfahren zur zielorientierten Vermittlung unter Einbeziehung der Teilnehmer.
Verbesserungsbereich	Prozess ist benannt aber nicht beschrieben; interne und externe Schnittstellen sind nicht beschrieben.	Der Prozess ist nicht zentral bezeichnet und beschrieben; Schnittstellen sind nicht definiert.	Es gibt keine zentrale Schnittstellendefinition.
		Teilkriterium 5b	
Stärke	Es gibt Gremien zur Identifikation von Verbesserungsbedarf.	k.A.	Es gibt einen Hinweis auf Austausch/Vergleich zum Kernpr. mit Mitbewerbern
Verbesserungsbereich	Die Einbeziehung der Schlüsselkunden ist nicht deutlich erkennbar.	Es gibt kein System zur Identifikation des Verbesserungsbedarfs; das Verfahren zur Einbeziehung der Teilnehmer ist nicht auf die Prozessverbesserung ausgerichtet; Fortbildung wird nicht zentral geregelt.	Es gibt kein strukturiertes Verfahren zur Identifizierung des Verbesserungsbedarfs.

	Kernprozess SPB	Kernprozess PBQ	Kernprozess VERM
		Teilkriterium 5c	
Stärke	Im zentralen Gremium werden Bedürfnisse in Prozessen eingearbeitet.	Es gibt eine institutionelle Gesprächsrunde mit Geldgebern.	Es gibt Verfahren zur Einbeziehung der Bedürfnisse und Erwartungen der Teilnehmer.
Verbesserungsbereich	Nachweise in schriftlicher Form für Einfließen der Teilnehmerbedürfnisse sind nicht vorhanden.	Es gibt keinen Nachweis, dass Bedürfnisse und Erwartungen der Teilnehmer in Prozessentwicklung einfließen.	Es gibt kein Verfahren zur Einbeziehung der Geldgeber.
		Teilkriterium 5d	
Stärke	Kernprozess ist als kontinuierliche Begleitung in der Praxis angelegt.	Es gibt Hinweise, dass die Nutzung des Prozesses für alle Teilnehmer sichergestellt ist.	Es gibt Verfahren zur in Kenntnissetzung der Arbeitgeber.
Verbesserungsbereich	In Kenntnissetzung der Geldgeber über Leistungen zum Kernprozess erfolgt ausschließlich im Rahmen der Maßnahmeabwicklung.	Es gibt kein definiertes Verfahren zur Sicherstellung der Nutzung.	Es gibt kein definiertes Verfahren zur Sicherstellung der Nutzung.
		Teilkriterium 5e	
Stärke	Über die Maßnahmebedingung hinaus gehende Nachbetreuung der Teilnehmer; Beziehungen zu Arbeitgebern werden durch einige Verfahren gepflegt.	Der Kontakt zu ausgeschiedenen Teilnehmern geschieht durch persönliche Beratung.	Es gibt Kontaktpflege zu ehem. Teilnehmern; es gibt institutionelle Gremien mit Geldgebern.
Verbesserungsbereich	Es gibt kein beschriebenes Verfahren zum Umgang mit Beschwerden.	Es gibt kein Verfahren zum Umgang mit Beschwerden.	Kein entwickeltes Verfahren zum Umgang mit Beschwerden; keine Nachweise auf Kontaktpflege abseits der Geschäftsvorgänge in Bezug auf andere Schlüsselkunden.
		Teilkriterium 6a	
Stärke	k.A.	k.A.	k.A.
Verbesserungsbereich	Keine aktuellen Ergebnisse, keine aktuellen Trends.	Keine aktuellen Ergebnisse, keine aktuellen Trends.	Keine aktuellen Ergebnisse, keine aktuellen Trends.
		Teilkriterium 6b	
Stärke	Es gibt einige Indikatoren zur Bindung von Schlüsselkunden.	Es gibt Indikatoren zur Bindung der Schlüsselkunden.	Es werden Indikatoren zur Nutzung des Prozesses durch Teilnehmer gebildet (positiver Trend); es werden Indikatoren zur Feststellung des Prozesserfolges in Bezug auf Arbeitgeber gebildet.
Verbesserungsbereich	Es gibt nur einen Indikator zur Prozessnutzung durch Teilnehmer.	Keine Indikatoren zum Umgang mit Beschwerden; keine Trends.	Es gibt keine Indikatoren zum Umgang mit Beschwerden.

	Kernprozess SPB	*Kernprozess PBQ*	*Kernprozess VERM*
	Teilkriterium 9a		
Stärke	Refinanzierungsquote ist 80%.	Kosten für einzelne Leistungen des Prozesses werden ermittelt; Refinanzierung bei 90%; es werden auch andere Prozessergebnisse ermittelt; der Trend ist positiv.	Es werden Ergebnisse des Prozesses ermittelt; der Trend ist uneinheitlich, tendenziell aber gleichbleibend.
Verbesserungsbereich	Keine detaillierte Kostenermittlung einzelner Leistungen; keine nachweisbare, weitere Ermittlung von Prozessergebnissen.	k.A.	Kosten der Vermittlungsleistungen werden nicht detailliert ermittelt; es gibt keine Refinanzierung der Vermittlung.
	Teilkriterium 9b		
Stärke	Anzahl der Maßnahmen steigt.	Es kann einen Zusammenhang zwischen Prozessergebnissen und Prozessverbesserung hergestellt werden.	Prozessverbesserung kompensiert nachgewiesene Verschlechterung der Ausgangsbedingungen der Teilnehmer; absolute Zahl der Vermittlung bleibt konstant.
Verbesserungsbereich	Keine Aussage zum Zusammenhang von Prozessnutzung und Erreichung von Maßnahmezielen; keine Nachweise zum Zusammenhang zwischen Prozessverbesserung und Abnahme Maßnahmeabbrüchen.	Wirtschaftliche Entwicklung ist negativ.	Behaupteter positiver Trend bei Erreichung der Maßnahmeziele ist nicht nachvollziehbar; prozentualer Vermittlungsanteil sinkt; kein Zusammenhang zwischen Vermittlungs- und Geschäftserfolg nachweisbar.

Ergebnisse der Organisation 8

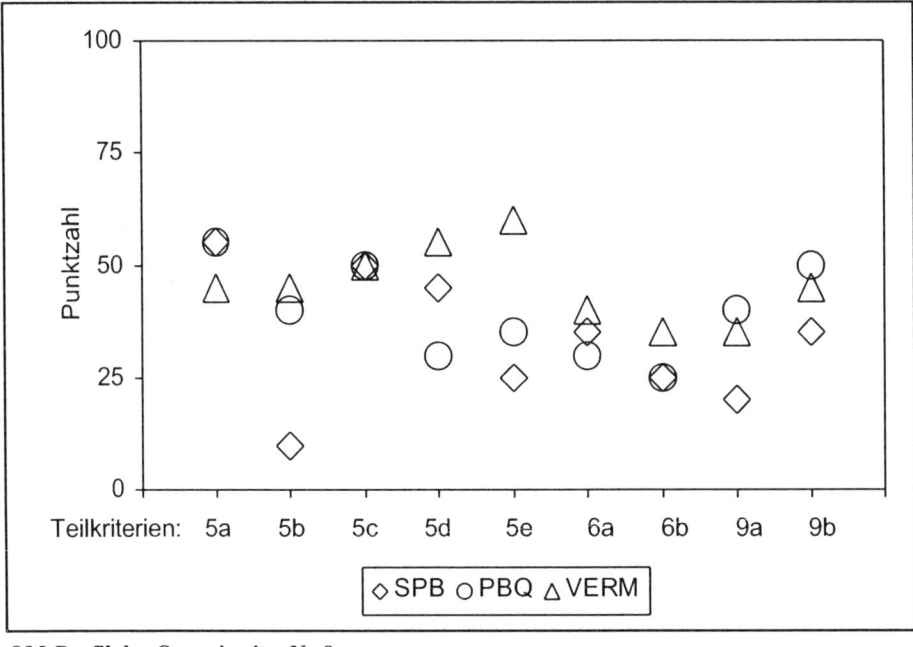

QM-Profil der Organisation Nr.8

	Kernprozess SPB	Kernprozess PBQ	Kernprozess VERM
Teilkriterium 5a			
Stärke	Ausführliche Definition des Kernprozesses; detaillierte externe und interne Schnittstellenbeschreibung; Einbeziehung der Teilnehmer in den Kernprozess vorbildlich.	Zielorientierte Umsetzung des Kernprozesses durch viele ausdifferenzierte Verfahren.	Zielorientierte Umsetzung ist mit Hilfe einer Vielzahl von definierten Verfahren sichergestellt.
Verbesserungsbereich	Es gibt von Seiten der Mitarbeiter nur einige Hinweise auf eine systematische Regelung der externen Schnittstellen.	Beschreibung der internen Schnittstellen ist verbesserungswürdig.	Beschreibung der internen Schnittstellen ist verbesserungswürdig; Nutzung lernorientierter Verfahren zur Prozessverbesserung nicht erkennbar.
Teilkriterium 5b			
Stärke	k.A.	Verfahren zur Fortentwicklung des Kernprozesses werden methodisch umgesetzt.	Identifizierung von Verbesserungsbedarf zum Kernprozess.
Verbesserungsbereich	Kein Verfahren zur Ermittlung des Verbesserungsbedarfs der Schlüsselkunden.	Einbeziehung von Geldgebern und Arbeitgebern; QM-Regelungen zu Fort- und Weiterbildung bei Mitarbeitern unbekannt.	Austausch/Vergleich mit anderen Institutionen erfolgt ausschließlich über die Geschäftsleitung.

	Kernprozess SPB	*Kernprozess PBQ*	*Kernprozess VERM*
		Teilkriterium 5c	
Stärke	Einbeziehung der Teilnehmer in den Kernprozess.	Bedürfnisermittlung bei Teilnehmern.	Einbeziehung der Teilnehmer; regionale Einbindung der Organisation (z.B. in die Innungen).
Verbesserungsbereich	Einbeziehung der Anforderungen der Geldgeber in die Sozialpädagogische Begleitung nicht deutlich nachvollziehbar.	Verfahren zur Bedürfnisermittlung bei Geldgebern und Arbeitgebern; QM-Regelungen zu Fort- und Weiterbildung bei Mitarbeitern unbekannt.	Abfrage der Erwartungen der Geldgeber.
		Teilkriterium 5d	
Stärke	Sozialpädagogischer Mitarbeiter befindet sich mitten im Geschehen, ständige Ansprechbarkeit ist gewährleistet; Austausch mit Geldgebern.	Es gibt klare Hinweise von Seiten der Mitarbeiter, dass der Kernprozess angeboten und bereitgestellt wird und dies der Förderung der Teilnehmer dient.	Sicherstellung des Angebotes Vermittlung; in Kenntnissetzung der anderen Schlüsselkunden durch eine Vielzahl von Verfahren.
Verbesserungsbereich	Es gibt keine Hinweise von Seiten der Mitarbeiter, dass der Kernprozess systematisch angeboten und bereitgestellt wird.	Information der Schlüsselkunden in Bezug auf Leistungen der Organisation.	k.A.
		Teilkriterium 5e	
Stärke	Kontaktpflege zu ausgeschiedenen Teilnehmern.	k.A.	Kontaktpflege zu den Schlüsselkunden.
Verbesserungsbereich	Kein Beschwerdemanagement; Kontaktpflege zu anderen Schlüsselkunden	Nachbetreuung der TN; kein standardisiertes Beschwerdemanagement.	Kein Beschwerdemanagement.
		Teilkriterium 6a	
Stärke	Zufriedenheitsermittlung bei den Teilnehmern.	Ermittlung der Teilnehmerzufriedenheit.	Datenerhebung zur Zufriedenheit der Teilnehmer mit positivem Trend.
Verbesserungsbereich	Ermittlung der Zufriedenheit der Schlüsselkunden.	Ermittlung der Zufriedenheit der übrigen Schlüsselkunden.	Keine Daten zur Zufriedenheit der übrigen Schlüsselkunden; Mitarbeiter fühlen sich nicht ausreichend über Ergebnisse informiert
		Teilkriterium 6b	
Stärke	k.A.	Mitarbeiter fühlen sich gut informiert zu Ergebnissen teilnehmerorientierter Maßnahmen.	Erfolgsindikatoren über Vermittlung; Indikatorenbildung über Umgang mit Beschwerden; Mitarbeiter fühlen sich zu Ergebnissen teilnehmerorientierter Maßnahmen sowie zur Beurteilung durch Schlüsselkunden gut informiert.

	Kernprozess SPB	*Kernprozess PBQ*	*Kernprozess VERM*
Verbesserungsbereich	Erfassung der Nutzung des Kernprozesse durch Teilnehmer nicht standardisiert; Indikatoren zur Bindung der übrigen Schlüsselkunden nicht standardisiert und systematisch.	Indikatorenbildung zur Bindung der Schlüsselkunden.	k.A.
	Teilkriterium 9a		
Stärke	Mitarbeiter bestätigen, über die Ziele des Kernprozesses regelmäßig informiert zu werden.	Refinanzierung und Gewinn; Ermittlung des Teilnehmerkostensatzes; Mitarbeiter bestätigen regelmäßig über die Ziele des Kernprozesses informiert zu werden.	Vielzahl von Ergebnissen und positive Trends; Mitarbeiter bestätigen regelmäßig über die Ziele des Kernprozesses informiert zu werden.
Verbesserungsbereich	Systematische Ergebnisermittlung wird für den Kernprozess als nicht notwendig eingeschätzt.	Systematische Ermittlung der Teilnehmererfolge.	Keine detaillierte Kostenermittlung im Bereich Vermittlung; keine Angabe über Refinanzierung.
	Teilkriterium 9b		
Stärke	Kausalzusammenhang zu Maßnahmeabbrüchen kann hergestellt werden.	Erhöhung der Maßnahmebewilligungen; positiver Trend bei wirtschaftlicher Entwicklung.	Steigende Anzahl der Vermittlungen; positiver Trend bei wirtschaftlicher Entwicklung.
Verbesserungsbereich	Es gibt von Seiten der Mitarbeiter nur einige Hinweise darauf, dass die Organisation im Kernprozess über Indikatoren verfügt um ihre Kernprozesse zu überwachen und zu verbessern.	Es gibt nur einige Hinweise von Seiten der Mitarbeiter darauf, dass die Organisation zum Kernprozess über Indikatoren verfügt um diesen zu überwachen und zu verbessern.	Indikatorenbildung zum Kernprozesses in Bezug auf Teilnehmererfolge/-misserfolge unzureichend.

Ergebnisse der Organisation 9

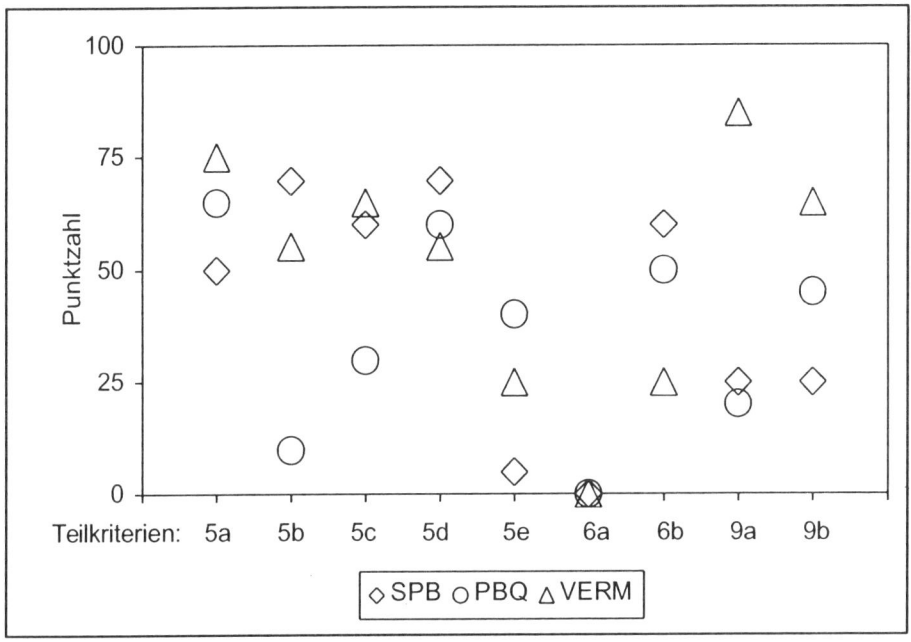

QM-Profil der Organisation Nr.9

	Kernprozess SPB	Kernprozess PBQ	Kernprozess VERM
	Teilkriterium 5a		
Stärke	Die Einbeziehung der Teilnehmer in die zielorientierte Umsetzung ist durch die Hilfeplanung beispielhaft geregelt.	Der Prozess ist definiert und beschrieben; die internen und externen Schnittstellen sind in Stellenbeschreibung beschrieben.	Der Prozess ist beschrieben und in einem Großteil der Organisation verbindlich eingeführt; die externen Schnittstellen sind definiert und über ein Intranet realisiert; Verfahren zur Einbeziehung der Teilnehmer sind definiert und im Prozess beschrieben.
Verbesserungsbereich	Die Schnittstellendefinition ist nicht verbindlich festgelegt; zentrale Prozessbeschreibung ist noch nicht erfolgt.	Es gibt keine zentrale Schnittstellendefinition; Schnittstellenregelung ist bei den Mitarbeitern wenig bekannt.	Interne Schnittstellen sind nicht zentral definiert.
	Teilkriterium 5b		
Stärke	Es gibt ein Gremium zur Sicherstellung eines KVP's; die Anforderungen der Geldgeber finden Eingang in die Prozessverbesserung.	Es gibt einen institutionalisierten Austausch mit den Geldgebern.	Organisation ist an einem Benchmarkingprozess mit Mitbewerbern beteiligt.

	Kernprozess SPB	Kernprozess PBQ	Kernprozess VERM
Verbesserungsbereich	Die Verbesserungsbedarfe der Teilnehmer fließen nur indirekt über Bewertung der MA in den Prozess ein; es gibt laut MA keine systematische Fort- und Weiterbildung.	Es ist ein zentrales Fortbildungskonzept in der Entwicklung; der Einfluss der Teilnehmer sowie der Arbeitgeber hinsichtlich ihres Verbesserungsbedarfs bleibt unklar.	Keine Aussagen zu fachlicher Weiterbildung; keine Aussagen zur Einbindung der Schlüsselkunden.
Teilkriterium 5c			
Stärke	Die Verfahren zum Einfließen der Bedürfnisse und Erwartungen der Teilnehmer sind klar definiert; intensiver, institutionalisierter Kontakt sichert die Einbindung der Bedürfnisse der Geldgeber.	Die Teilnehmererwartungen werden systematisch erfragt. Teilnehmerdispositionen tragen zur Prozessformung bei; Anforderungen der Geldgeber fließen in die Prozessentwicklung ein.	Bedürfnisseinbindung der Teilnehmer ist durch Prozessformulierung „zwingend" integriert; Bedürfnisse der Geldgeber sind aufgrund erfolgsabhängiger Bezahlung sichergestellt.
Verbesserungsbereich	Der Dokumentationsstand zum Verfahren ist noch unbefriedigend.	Einfluss der Teilnehmererwartungen auf Prozessgestaltung wird nicht deutlich.	Keine Aussagen zu Vermittlung außerhalb der Jobbörse.
Teilkriterium 5d			
Stärke	Das Verfahren zur Nutzbarmachung des Kernproz. für die Teilnehmer ist klar beschrieben und eingeführt; die Verfahren zur Information der Geldgeber sind entwickelt und beispielhaft umgesetzt.	Die Nutzung des Prozesses ist für TN vertraglich bindend; Schlüsselkunden werden durch mehrere Verfahren über Leistungen in Kenntnis gesetzt.	Es existieren institutionalisierte Kontakte zu den Geldgebern; die Vermittlung ist konzeptionell für jeden TN nutzbar.
Verbesserungsbereich	Die angegebene vertragliche Verpflichtung der TN zur Teilnahme am Kernprozess konnte nicht nachvollzogen werden.	k.A.	k.A.
Teilkriterium 5e			
Stärke	Der Kontakt zu Teilen der Geldgeber ist institutionalisiert; der Kontakt zu Arbeitgebern ist teilweise institutionalisiert.	Es gibt institutionalisierte Kontakte zu Geldgebern und Arbeitgebern; die Organisation ist Referenzorganisation für Modellprojekte.	Mitarbeiter pflegen persönlichen Kontakt zu Geldgebern und Arbeitgebern.
Verbesserungsbereich	Die Kontaktpflege zu ehem. TN ist nicht über die Maßnahmeauflage hinaus geregelt; ein systematisches Beschwerdemanagement ist nicht vorhanden.	Kontaktpflege zu Teilnehmern ist Entwicklungsfähig; es gibt kein Verfahren zum Umgang mit Beschwerden.	Der Kontakt zu ausgeschiedenen TN ist auf die Vorgaben der Geldgeber beschränkt; es gibt kein Verfahren zum Umgang mit Beschwerden.

	Kernprozess SPB	*Kernprozess PBQ*	*Kernprozess VERM*
	Teilkriterium 6a		
Stärke	Aus Sicht der Mitarbeiter klare Hinweise, dass die Organisation Messergebnisse ermittelt, wie die Kunden den Kernprozess bewerten.	Aus Sicht der Mitarbeiter klare Hinweise dass die Organisation Messergebnisse ermittelt, wie die Kunden den Kernprozess bewerten.	Aus Sicht der Mitarbeiter klare Hinweise das die Organisation Messergebnisse ermittelt, wie die Kunden den Kernprozess bewerten.
Verbesserungsbereich	Im Widerspruch dazu werden laut Aussagen der GF keine Ergebnisse ermittelt.	Im Widerspruch dazu werden laut Aussagen der GF keine Ergebnisse ermittelt.	Im Widerspruch dazu werden laut Aussagen der GF keine Ergebnisse ermittelt.
	Teilkriterium 6b		
Stärke	Umfassende Indikatoren zur Annahme des Prozesses durch die Teilnehmer sowie zur Bindung der Schlüsselkunden; positive Trends zur Kundenbindung.	Es gibt einige Indikatoren zur Nutzung des Prozesses durch TN mit positivem Trend.	Es gibt Indikatoren zur Nutzung des Prozesses durch die Teilnehmer.
Verbesserungsbereich	Es gibt keine Trends zur Annahme durch TN sowie keine Indikatoren zum Umgang mit Beschwerden.	Indikatorenbildung zu Teilnehmern aufgrund vorhandener Daten ausbaufähig; keine Indikat. zum Umgang mit Beschwerden.	Keine Trends zur Nutzung des Kernprozesses durch Teilnehmer; es wird nur ein Indikator zum Erfolg der Vermittlung erhoben.
	Teilkriterium 9a		
Stärke	Der Prozess ist voll refinanziert; es werden systematisch Prozessergebnisse ermittelt.	Refinanzierung 100%; Mitarbeiter bestätigen regelmäßig über die Zielerreichung im Kernprozess informiert zu werden.	Bereich Vermittlung erwirtschaftet Überschüsse; Ergebnisse des Kernprozesses werden erfasst; die Ergebnisse zeigen pos. Trends.
Verbesserungsbereich	Kosten für einzelne Leistungen der SPB werden nicht ermittelt; Trend zu Prozessergebnissen ist uneinheitlich.	Kosten für Leistungen werden nicht detailliert ermittelt; es werden nur wenige Ergebnisse des Prozesses ermittelt.	Kosten für Prozessteilleistungen werden nicht detailliert ermittelt.
	Teilkriterium 9b		
Stärke	Stark gestiegene Teilnehmerzahl.	Positive geschäftliche Entwicklung (finanziell und nach Teilnehmerzahl) über mehr als 3 Jahr.	Verbesserung der Nachhaltigkeit der Vermittlung durch Kernprozessverbesserung; konstante Vermittlungszahlen, trotz schwieriger Bedingungen; wirtschaftliche Entwicklung zeigt positiven Trend aufgrund der Vermittlung.
Verbesserungsbereich	Trend zu Maßnahmezielerreichung nicht hinreichend belegt; Zusammenhang zwischen Verbesserung des Kernprozesses und Abnahme der Maßnahmeabbrüche wird nicht ermittelt.	Kein belegter Zusammenhang zwischen tatsächlicher Teilnahme am Prozess und Erreichung von Maßnahmeziel.	Keine Nachweise zum Zusammenhang zwischen Inanspruchnahme des Prozesses und Maßnahmeerfolg.

G-27

Ergebnisse der Organisation 10

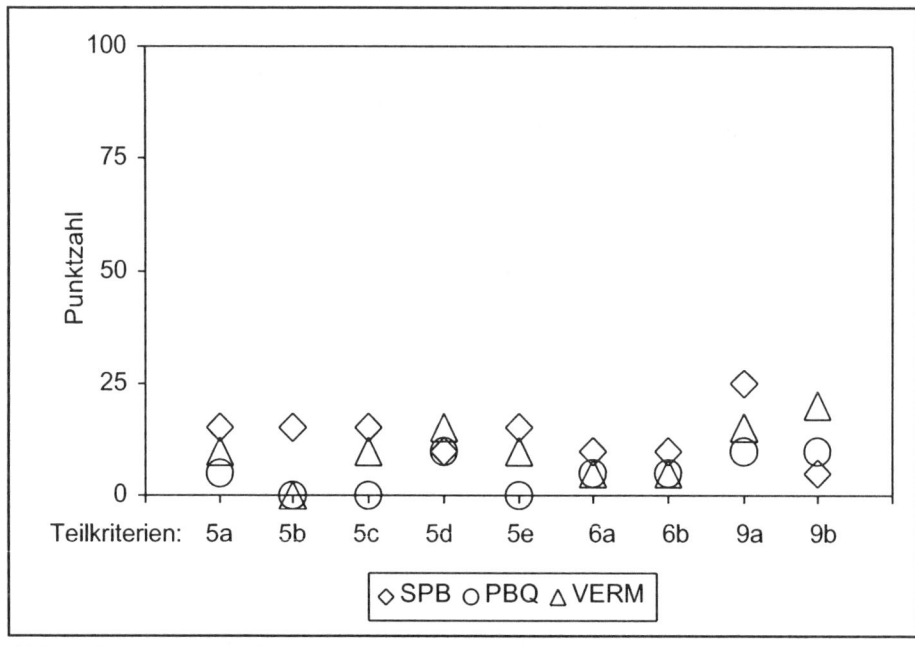

QM-Profil der Organisation Nr.10

	Kernprozess SPB	Kernprozess PBQ	Kernprozess VERM
		Teilkriterium 5a	
Stärke	Es gibt einige Verfahren zur Einbindung der Teilnehmer.	k.A.	Bereichsübergreifender Vermittlungsservice.
Verbesserungsbereich	Zielorientierte Umsetzung wenig systematisch	Keine standardisierten Beschreibungen; niedriger Dokumentationsstand.	Zielorientierte Umsetzung wenig systematisch; keine Schnittstellenbeschreibungen.
		Teilkriterium 5b	
Stärke	In wenigen Teilbereichen wird eine Teilnehmerbefragung durchgeführt.	k.A.	k.A.
Verbesserungsbereich	Es gibt nur einige Hinweise von Seiten der Mitarbeiter, dass die Verfahren im Kernproz. zur Fortentwicklung der Prozesse methodisch umgesetzt werden.	Es gibt keine Hinweise von Seiten der Mitarbeiter, dass die Verfahren im Kernprozess zur Fortentwicklung der Prozesse methodisch umgesetzt werden.	Systematische Identifizierung von Verbesserungsbedarf wird als nicht notwendig erachtet.
		Teilkriterium 5c	
Stärke	k.A.	k.A.	k.A.
Verbesserungsbereich	Bedürfnisse und Erwartungen der Schlüsselkunden werden nicht ermittelt.	Bei keiner Kundengruppe erfolgt Bedarfsermittlung.	Nachweise Bedürfnisermittlung Teilnehmer anekdotisch; keine standardisierten Verfahren zur Ermittlung der Anforderungen von Geldgeber und Arbeitgeber.

	Kernprozess SPB	Kernprozess PBQ	Kernprozess VERM
	Teilkriterium 5d		
Stärke	k.A.	k.A.	Viele Verfahren zur Nutzbarmachung des Angebotes.
Verbesserungsbereich	Keine schriftlichen Nachweise zur Nutzbarmachung für Teilnehmer; Information der Geldgeber erfolgt eher reaktiv; Mitarbeiter verneinen, dass QM-Regelungen sie bei der Förderung der TN unterstützen.	Kein entwickeltes Verfahren; geübte Praxis für TN nicht transparent; keine Hinweise von Seiten der Mitarbeiter, dass der Kernprozess angeboten und bereitgestellt wird.	Verfahren sind nur wenig beschrieben und dokumentiert.
	Teilkriterium 5e		
Stärke	k.A.	k.A.	k.A.
Verbesserungsbereich	Keine aktive Pflege der Kundenbeziehungen; keine systematischen Verfahren.	Keine Verfahren definiert oder beschrieben; keine Nachweise vorhanden.	Keine systematische Kontaktpflege; kein Beschwerdemanagement.
	Teilkriterium 6a		
Stärke	Teilnehmerbefragung im Teilbereich Quasar.	Teilnehmerbefragung im Teilbereich Quasar	k.A.
Verbesserungsbereich	Darüber hinaus keine systematische Ergebnisermittlung zum Kernprozess.	Darüber hinaus keine systematische Ergebnisermittlung zum Kernprozess.	Keine systematische Ergebnisermittlung zum Kernprozess
	Teilkriterium 6b		
Stärke	Die überwiegende Mehrheit der Mitarbeiter bejahen regelmäßig zum Kernprozess über Ergebnisse von teilnehmerbezogenen Maßnahmen informiert zu werden.	Die Mehrheit der Mitarbeiter bejahen regelmäßig zum Kernprozess über Ergebnisse von teilnehmerbezogenen Maßnahmen informiert zu werden.	Die Mehrheit der Mitarbeiter bejahen regelmäßig zum Kernprozess über Ergebnisse von teilnehmerbezogenen Maßnahmen informiert zu werden.
Verbesserungsbereich	Im Widerspruch dazu laut GF keine Indikatorenbildung.	Im Widerspruch dazu laut GF keine Indikatorenbildung.	Im Widerspruch dazu laut GF keine Indikatorenbildung.
	Teilkriterium 9a		
Stärke	Transparenz bezüglich Kosten ist gegeben, Refinanzierung ist gegeben, individuelle Ergebnisse der Teilnehmer können nachvollzogen werden.	Detaillierte Kostenermittlung bei Quasar aufgrund Leistungsbeschreibung; Refinanzierung gegeben.	Detaillierte Kostenermittlung; Refinanzierung ist gegeben.
Verbesserungsbereich	Keine detaillierte Kostenermittlung für Teilleistungen des Kernprozesses.	Keine weitere systematische Ergebnisermittlung im Kernprozess.	Die Mehrzahl der Mitarbeiter kann nicht bestätigen über die Zielerreichung im Kernprozess regelmäßig informiert zu werden.

	Kernprozess SPB	*Kernprozess PBQ*	*Kernprozess VERM*
	Teilkriterium 9b		
Stärke	Die überwiegende Mehrzahl der Mitarbeiter bestätigen regelmäßig durch Daten und Zahlen über die Wirkung von Verbesserungsmaßnahmen informiert zu werden.	Die Mehrheit der Mitarbeiter bestätigen regelmäßig durch Daten und Zahlen über die Wirkung von Verbesserungsmaßnahmen informiert zu werden.	Die Mehrheit der Mitarbeiter bestätigen regelmäßig durch Daten und Zahlen über die Wirkung von Verbesserungsmaßnahmen informiert zu werden.
Verbesserungsbereich	Kaum Indikatorenbildung; anekdotische Nachweise.	Keine Indikatorenbildung.	Nachweise für Aussagen fehlen; Zusammenhang zwischen Maßnahmenerfolg und der Vermittlungsarbeit unklar.

Anhang H:

Ergebnisse der Teilnehmerbefragung bezogen auf die einzelnen Organisationen

Im folgenden werden die Ergebnisse der Teilnehmerbefragung aller zehn am QMiB-Forschungsprojekt beteiligten Organisationen erläutert. Die Ergebnisse werden dabei in Bezug zu den in der Untersuchung verwandten EFQM- Bewertungskriterien und deren Teilkriterien gesetzt[1] und für die drei erforschten zentralen Kernprozesse Sozialpädagogische Begleitung, persönliche und berufliche Qualifizierung und Beschäftigung und Vermittlung in den Ersten Arbeitsmarkt aufgeführt. Eine Differenzierung der Kernprozesse findet hier im Gegensatz zu der Einzelauswertung bei der Einrichtungs- und Mitarbeiterbefragung nicht statt, da im Zuge der Datenerhebung und -auswertung deutlich wurde, dass die Teilnehmer nur sehr marginal zwischen den einzelnen Kernprozessen unterschieden. Die Antworten bzw. Ergebnisse sind bis auf wenige gekennzeichnete Ausnahmen nahezu identisch.

Ergebnisse der Organisation 1

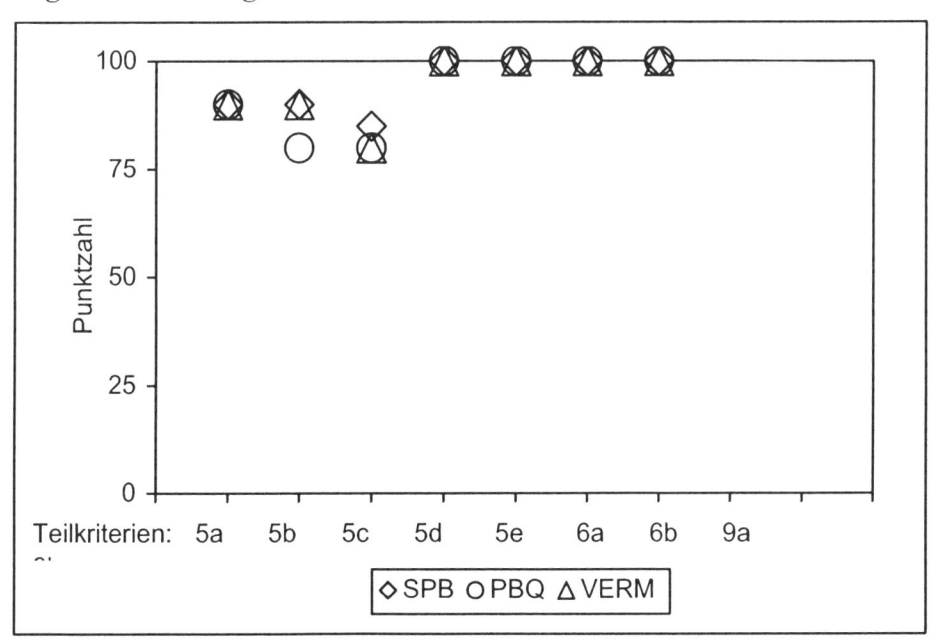

QM-Profil aus Sicht der Teilnehmer der Organisation 1

---

[1] Vgl. hierzu Kapitel 1.4.3.2. Auswertungsinstrumente und Methoden hier: Erläuterung der Inhalte der verwandten Teilkriterien des EFQM-Modells in Bezug zu den Befragungsgegenständen der Teilnehmerbefragung

Teil-kriterium	Ergebnisse	
5a	*Umfassende Hinweise*	*90 Punkte*
	Es gibt umfassende Hinweise darauf, dass die Kernprozesse bekannt sind und zielgerichtet umgesetzt werden sowie dass die Mitarbeiter zusammenarbeiten und ein Informationsaustausch untereinander stattfindet. Im Weiteren gibt es klare Hinweise, dass die Kostenträger und potentiellen Arbeitgeber im Rahmen der Leistungserbringung einbezogen werden.	
5b	*Umfassende Hinweise*	*90 Punkte*
	Es gibt umfassende Hinweise, dass die Kernprozesse bei Bedarf unter Berücksichtigung der Bedürfnisse der Teilnehmer verbessert werden	
5c	*Klare Hinweise*	*80 Punkte*
	Es gibt klare Hinweise, dass die Kernprozesse aufgrund der Erwartungen und Anforderungen der Teilnehmer, Kostenträger und potentiellen Arbeitgeber entworfen und entwickelt werden.	
5d	*Umfassende Hinweise*	*100 Punkte*
	Es gibt umfassende Hinweise, dass die Angebote innerhalb der Kernprozesse für die Teilnehmer nutzbar und die Mitarbeiter erreichbar sind.	
5e	*Umfassende Hinweise*	*100 Punkte*
	Es gibt umfassende Hinweise, dass die Beziehungen zu den Teilnehmern, Kostenträgern und potentiellen Arbeitgebern gepflegt werden.	
6a	*Umfassende Hinweise*	*100 Punkte*
	Es gibt umfassende Hinweise, dass die Einrichtung Messergebnisse ermittelt wie die Teilnehmer die Kernprozesse bewerten, ob sie zufrieden mit den angebotenen Leistungen sind und wie der Ausprägungsgrad der Zufriedenheit ist.	
6b	*Umfassende Hinweise*	*100 Punkte*
	Es gibt umfassende Hinweise, dass die Kernprozesse Einfluss auf die Vermeidung von Maßnahmeabbrüchen und auf die Zielerreichung der Maßnahme haben.	

Die wesentlichsten Aussagen der 11 befragten Teilnehmer ergaben, dass alle die drei Kernprozesse kannten und die Zusammenarbeit der Mitarbeiter bestätigten sowie 10 von ihnen eine zielorientierte Umsetzung angaben. Ebenso machten sie mit großer Mehrheit deutlich (10), dass die Mitarbeiter "fast immer" zu erreichen seien und sie weiterhin wüssten, wo sie sich beschweren könnten. Im Weiteren teilten Sie mit, dass ihre Bedürfnisse und Wünsche beim Kernprozess sozialpädagogische Begleitung "fast immer" (10) und "oft" (1) Berücksichtigung fänden[2]. Abschließend weisen 10 von 11 Antworten der Befragten darauf hin, dass die Inanspruchnahme der Leistungen aller Kernprozesse Einfluss auf

---

[2] Beim Kernprozess persönliche und berufliche Qualifizierung und Beschäftigung und Vermittlung "fast immer" (6 bzw.8) und "oft" (5 bzw. 2)

die Zielerreichung der Maßnahme und Vermeidung von Abbrüchen haben und eine Kontaktpflege zu ausgeschiedenen Teilnehmern stattfindet.

Zusammenfassend ist festzustellen, dass die Teilnehmer durchschnittlich die drei Kernprozesse der Einrichtung 1 mit einem *Punktwert* von *95* bewerteten und sich bei 6 von 7 untersuchten EFQM-Teilkriterien *umfassende Hinweise* sowie bei 1 *klare Hinweise* ergaben, dass die Einrichtung 1 ihre Prozesse gestaltet, managt und verbessert sowie teilnehmerbezogene Kundendaten und Messergebnisse ermittelt.

Ergebnisse der Organisation 2

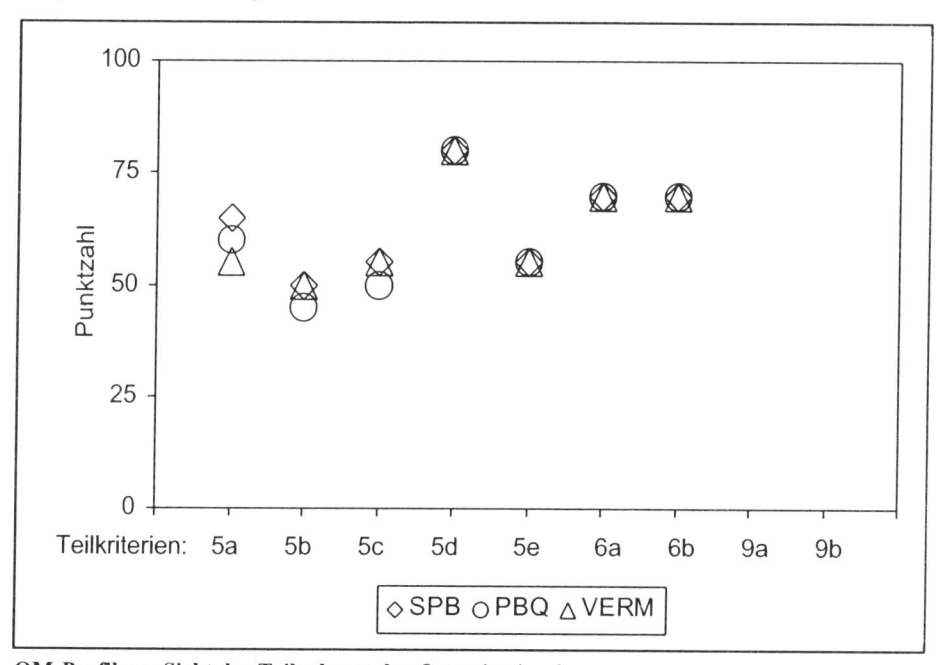

QM-Profil aus Sicht der Teilnehmer der Organisation 2

Teil-kriterium	Ergebnisse	
5a	*Hinweise*	*60 Punkte*
	Es gibt <u>Hinweise</u>, dass die Prozesse bekannt sind und zielgerichtet umgesetzt werden sowie die Mitarbeiter zusammenarbeiten und ein Informationsaustausch untereinander stattfindet. Im Weiteren gibt es <u>Hinweise,</u> dass die Kostenträger und potentiellen Arbeitgeber im Rahmen der Leistungserbringung einbezogen werden.	

5b	*Hinweise*	*50 Punkte*
	Es gibt <u>Hinweise</u>, dass die Kernprozesse bei Bedarf unter Berücksichtigung der Bedürfnisse der Teilnehmer verbessert werden.	
5c	*Hinweise*	*55 Punkte*
	Es gibt <u>Hinweise</u>, dass die Kernprozesse aufgrund der Erwartungen der Teilnehmer entworfen und entwickelt werden und <u>einige Hinweise</u>, dass die Anforderungen der Kostenträger und potentiellen Arbeitgeber einbezogen werden.	
5d	*Klare Hinweise*	*80 Punkte*
	Es gibt <u>klare Hinweise</u>, dass die Angebote innerhalb der Kernprozesse für die Teilnehmer nutzbar und die Mitarbeiter erreichbar sind.	
5e	*Hinweise*	*55 Punkte*
	Es gibt <u>Hinweise</u>, dass die Beziehungen zu den Teilnehmern, Kostenträgern und potentiellen Arbeitgebern gepflegt werden.	
6a	*Klare Hinweise*	*70 Punkte*
	Es gibt <u>klare Hinweise</u>, dass die Einrichtung Messergebnisse ermittelt wie die Teilnehmer die Kernprozesse bewerten, ob sie zufrieden mit den angebotenen Leistungen sind und wie der Ausprägungsgrad der Zufriedenheit ist.	
6b	*Klare Hinweise*	*70 Punkte*
	Es gibt <u>klare Hinweise</u>, dass die Kernprozesse Einfluss auf die Vermeidung von Maßnahmeabbrüchen und auf die Zielerreichung der Maßnahme haben.	

Die wesentlichsten Aussagen der 11 befragten Teilnehmer ergaben, dass der großen Mehrheit die Kernprozesse sozialpädagogische Begleitung und persönliche und berufliche Qualifizierung und Beschäftigung (10 bzw. 11) bekannt sind. Auffällig hier ist, dass nur eine geringe Zahl von 7 angab, den Prozess Vermittlung zu kennen. Im Weiteren werden die Bedürfnisse der Befragten "fast immer" und "oft" (jeweils 5) berücksichtigt, jedoch deren Verbesserungsvorschläge eher weniger berücksichtigt[3]. Ebenso besteht Unsicherheit hinsichtlich der Kontaktpflege nach Beendigung der Maßnahme.[4] Im Hinblick auf Zielerreichung und Vermeidung von Abbruch der Maßnahme gaben 7 Befragte als Begründung den Prozess sozialpädagogische Begleitung, 9 den Prozess persönliche und berufliche Qualifizierung und Beschäftigung und 8 den Prozess Vermittlung an.

Zusammenfassend ist festzustellen, dass die Teilnehmer durchschnittlich die drei Kernprozesse der Einrichtung 2 mit einem *Punktwert* von *60* bewerteten

---

[3] "nie" (3-4 Nennungen je nach Kernprozess), "selten" (2-3 Nennungen je nach Kernprozess), "manchmal" (2)
[4] "weiß nicht" (6), "nein" (1), "ja" (1)

und sich bei 4 von 7 untersuchten EFQM-Teilkriterien *Hinweise* sowie bei 3 *klare Hinweise* ergaben, dass die Einrichtung 2 ihre Prozesse gestaltet, managt und verbessert sowie teilnehmerbezogene Kundendaten und Messergebnisse ermittelt.

Ergebnisse der Organisation 3

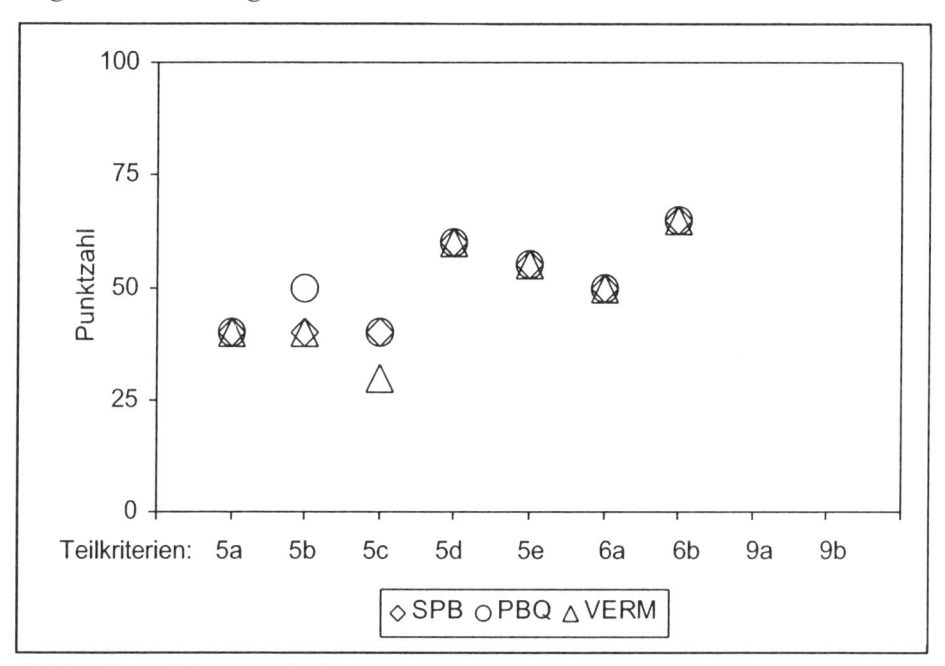

QM-Profil aus Sicht der Teilnehmer der Organisation 3

Teil-kriterium	Ergebnisse	
5a	*Hinweise*	*40 Punkte*
	Aus Sicht der Teilnehmer gibt es Hinweise, dass die Kernprozesse bekannt sind und zielgerichtet umgesetzt werden sowie einige Hinweise, dass die Mitarbeiter zusammenarbeiten und ein Informationsaustausch untereinander stattfindet. Im weiteren gibt es einige Hinweise, dass die Kostenträger und potentiellen Arbeitgeber im Rahmen der Leistungserbringung einbezogen werden.	
5b	*Hinweise*	*40 Punkte*
	Es gibt Hinweise, dass die Kernprozesse bei Bedarf unter Berücksichtigung der Bedürfnisse der Teilnehmer verbessert werden.	

5c[5]	*Hinweise*	*40 Punkte*
	Es gibt <u>Hinweise</u>, dass die Kernprozesse sozialpädagogische Begleitung und persönliche und berufliche Qualifizierung und Beschäftigung aufgrund der Erwartungen der Teilnehmer entworfen und entwickelt werden und <u>einige Hinweise,</u> dass die Anforderungen der Kostenträger und potentiellen Arbeitgeber einbezogen werden.	
5d	*Hinweise*	*60 Punkte*
	Es gibt <u>Hinweise</u>, dass die Angebote innerhalb der Kernprozesse für die Teilnehmer nutzbar und die Mitarbeiter erreichbar sind.	
5e	*Hinweise*	*55 Punkte*
	Es gibt <u>Hinweise</u>, dass die Beziehungen zu den Teilnehmern, Kostenträgern und potentiellen Arbeitgebern gepflegt werden.	
6a	*Hinweise*	*50 Punkte*
	Es gibt <u>Hinweise</u>, dass die Einrichtung Messergebnisse ermittelt wie die Teilnehmer die Kernprozesse bewerten, ob sie zufrieden mit den angebotenen Leistungen sind und wie der Ausprägungsgrad der Zufriedenheit ist.	
6b	*Klare Hinweise*	*65 Punkte*
	Es gibt klare <u>Hinweise</u>, dass die Kernprozesse Einfluss auf die Vermeidung von Maßnahmeabbrüchen und auf die Zielerreichung der Maßnahme haben.	

Die wesentlichsten Aussagen der acht befragten Teilnehmer ergaben, dass die drei Kernprozesse knapp der Hälfte der Befragten bekannt (5) und die Erreichbarkeit der Mitarbeiter selten (4) gewährleistet ist. Im Durchschnitt werden die Teilnehmer manchmal bis selten (7) nach Verbesserungsvorschlägen gefragt und deren Bedürfnisse in die Prozessentwicklung einbezogen. Die Hälfte der Befragten bestätigten den Einfluss der Kernprozesse auf die Zielerreichung der Maßnahme. 6 von 8 gaben als Begründung für die Vermeidung eines Maßnahmeabbruchs den Kernprozess persönliche und berufliche Qualifizierung und Beschäftigung an, 4 den Kernprozess Vermittlung, 3 den Kernprozess sozialpädagogische Begleitung.

Zusammenfassend ist festzustellen, dass die Teilnehmer durchschnittlich die drei Kernprozesse der Einrichtung 3 mit einem *Punktwert* von *50* bewerteten und sich bei 6 von 7 untersuchten EFQM-Teilkriterien *Hinweise* sowie bei 1 *klare Hinweise* ergaben, dass die Einrichtung 3 ihre Prozesse gestaltet, managt und verbessert sowie teilnehmerbezogene Kundendaten und Messergebnisse ermittelt.

---

[5] Beim Teilkriterium 5c gibt es beim Kernprozess Vermittlung *einige Hinweise* dass dieser aufgrund der Erwartungen der Teilnehmer entworfen und entwickelt wird.

Ergebnisse der Organisation 4

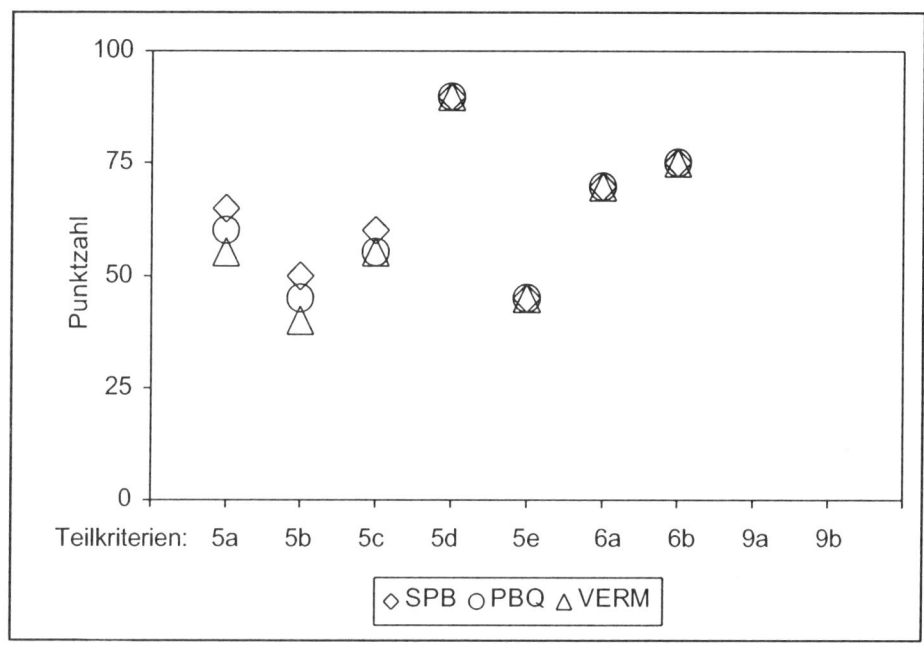

QM-Profil aus Sicht der Teilnehmer der Organisation 4

Teil-kriterium	Ergebnisse	
5a[6]	*Hinweise*	*60 Punkte*
	Es gibt <u>Hinweise</u> bei den Kernprozessen persönliche und berufliche Qualifizierung und Beschäftigung sowie Vermittlung, dass diese Prozesse bekannt sind und zielgerichtet umgesetzt werden sowie die Mitarbeiter zusammenarbeiten und ein Informationsaustausch untereinander stattfindet. Im weiteren gibt es <u>Hinweise</u>, dass die Kostenträger und potentiellen Arbeitgeber im Rahmen der Leistungserbringung einbezogen werden.	
5b	*Hinweise*	*45 Punkte*
	Es gibt <u>Hinweise</u>, dass die Kernprozesse bei Bedarf unter Berücksichtigung der Bedürfnisse der Teilnehmer verbessert werden.	
5c	*Hinweise*	*55 Punkte*
	Es gibt <u>Hinweise</u>, dass die Kernprozesse aufgrund der Erwartungen der Teilnehmer entworfen und entwickelt werden und <u>einige Hinweise</u>, dass die Anforderungen der Kostenträger und potentiellen Arbeitgeber einbezogen werden.	

---

[6] Beim Teilkriterium 5a gibt es *klare Hinweise* beim Kernprozess sozialpädagogische Begleitung (65 Punkte), dass dieser bekannt ist und zielgerichtet umgesetzt wird.

5d	_Umfassende Hinweise_	_90 Punkte_
	Es gibt <u>umfassende Hinweise</u>, dass die Angebote innerhalb der Kernprozesse für die Teilnehmer nutzbar und die Mitarbeiter erreichbar sind.	
5e	_Hinweise_	_45 Punkte_
	Es gibt <u>Hinweise</u>, dass die Beziehungen zu den Teilnehmern, Kostenträgern und potentiellen Arbeitgebern gepflegt werden.	
6a	_Klare Hinweise_	_70 Punkte_
	Es gibt <u>klare Hinweise</u>, dass die Einrichtung Messergebnisse ermittelt wie die Teilnehmer die Kernprozesse bewerten, ob sie zufrieden mit den angebotenen Leistungen sind und wie der Ausprägungsgrad der Zufriedenheit ist.	
6b	_Klare Hinweise_	_70 Punkte_
	Es gibt <u>klare Hinweise</u>, dass die Kernprozesse Einfluß auf die Vermeidung von Maßnahmeabbrüchen und auf die Zielerreichung der Maßnahme haben.	

Die wesentlichsten Aussagen der 12 befragten Teilnehmer ergaben, dass der Bekanntheitsgrad der drei Kernprozesse bei den Befragten unterschiedlich ausgeprägt ist. Allen war der Kernprozess sozialpädagogische Begleitung, 10 der Kernprozess persönliche und berufliche Qualifizierung und Beschäftigung, 7 der Kernprozess Vermittlung bekannt. Die Erreichbarkeit der Mitarbeiter ist fast immer (9) gewährleistet und im Durchschnitt gaben die Teilnehmer an, dass ihre Bedürfnisse oft (5) bis fast immer (6) einfließen. Nicht ersichtlich ist den Befragten (10) die Möglichkeit der Nachbetreuung. Nach der Mehrheit der Befragten haben die drei Kernprozesse Einfluss auf die Zielerreichung der Maßnahme und sie gaben als Begründung zur Vermeidung von Abbrüchen die sozialpädagogische Begleitung (9) und die persönliche und berufliche Qualifizierung und Beschäftigung (9) an.

Zusammenfassend ist festzustellen, dass die Teilnehmer durchschnittlich die drei Kernprozesse der Einrichtung 4 mit einem _Punktwert_ von _60_ bewerteten und sich bei 4 von 7 untersuchten EFQM-Teilkriterien _Hinweise_, bei 2 _klare Hinweise_ und bei 1 _umfassende Hinweise_ ergaben, dass die Einrichtung 4 ihre Prozesse gestaltet, managt und verbessert sowie teilnehmerbezogene Kundendaten und Messergebnisse ermittelt.

Ergebnisse der Organisation 5

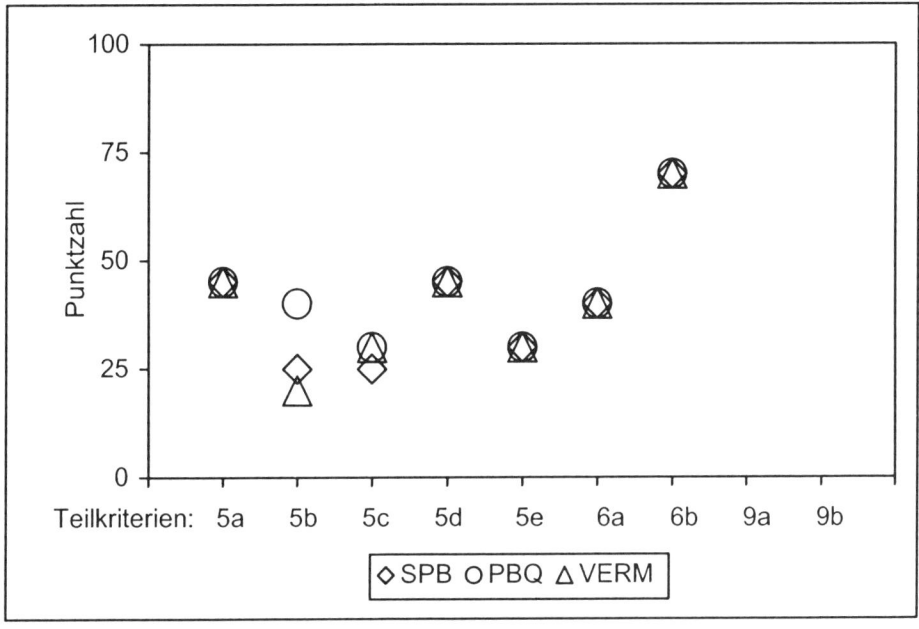

```
100
 75
 50   ◇◯△           ◇◯△
 25       ◯     ◇◯△      ◇◯△   ◇◯△
          ◇                                  ◇◯△
          △
  0
Teilkriterien:  5a   5b   5c   5d   5e   6a   6b   9a   9b

          ◇ SPB   ◯ PBQ   △ VERM
```
Punktzahl

QM-Profil aus Sicht der Teilnehmer der Organisation 5

Teil-kriterium	Ergebnisse	
5a	*Hinweise*	*45 Punkte*
	Es gibt <u>Hinweise</u>, dass die Prozesse bekannt sind und zielgerichtet umgesetzt werden sowie <u>einige Hinweise (35 Punkte)</u>, dass die Mitarbeiter zusammenarbeiten und ein Informationsaustausch untereinander stattfindet sowie die Kostenträger und potentiellen Arbeitgeber im Rahmen der Leistungserbringung einbezogen werden.	
5b[7]	*Einige Hinweise*	*25 Punkte*
	Es gibt <u>einige Hinweise</u>, dass die Kernprozesse sozialpädagogische Begleitung und Vermittlung bei Bedarf unter Berücksichtigung der Bedürfnisse der Teilnehmer verbessert werden.	
5c	*Einige Hinweise*	*30 Punkte*
	Es gibt <u>einige Hinweise</u>, dass die Kernprozesse aufgrund der Erwartungen der Teilnehmer entworfen und entwickelt werden und <u>keine Hinweise</u>, dass die Anforderungen der Kostenträger und potentiellen Arbeitgeber einbezogen werden.	

---

[7] Beim Teilkriterium 5b beim Kernprozess persönliche und berufliche Qualifizierung und Beschäftigung gibt es *Hinweise* (40 Punkte), dass dieser bei Bedarf unter Berücksichtigung der Bedürfnisse der Teilnehmer verbessert wird.

5d	*Hinweise*	*45 Punkte*
	Es gibt <u>Hinweise</u>, dass die Angebote innerhalb der Kernprozesse für die Teilnehmer nutzbar und die Mitarbeiter erreichbar sind.	
5e	*Einige Hinweise*	*30 Punkte*
	Es gibt <u>einige Hinweise</u>, dass die Beziehungen zu den Teilnehmern, Kostenträgern und potentiellen Arbeitgebern gepflegt werden.	
6a	*Hinweise*	*40 Punkte*
	Es gibt <u>Hinweise</u>, dass die Einrichtung Messergebnisse ermittelt, wie die Teilnehmer die Kernprozesse bewerten, ob sie zufrieden mit den angebotenen Leistungen sind und wie der Ausprägungsgrad der Zufriedenheit ist.	
6b	*Klare Hinweise*	*70 Punkte*
	Es gibt <u>klare Hinweise</u>, dass die Kernprozesse Einfluß auf die Vermeidung von Maßnahmeabbrüchen und auf die Zielerreichung der Maßnahme haben.	

Die wesentlichsten Aussagen der zehn befragten Teilnehmer ergaben, dass der Hälfte (5) die Kernprozesse bekannt sind sowie Gespräche mit anderen Institutionen selten (5) bis manchmal (4) stattfinden. Eine Zusammenarbeit der Mitarbeiter untereinander bestätigten 4 von 10 Befragten, die Erreichbarkeit der Mitarbeiter wurde mit nie (2), selten (2) bis manchmal (4) angegeben, eine Beratung in den Bereichen sozialpädagogische Begleitung und Vermittlung erfolgt hauptsächlich nach Terminabsprache. Die Teilnehmer vertraten im weiteren die Ansicht, dass ihre Bedürfnisse nie (2), selten (2) bis manchmal (2) in die Prozesse einfließen und ihre Verbesserungsvorschläge nie (7) bis manchmal (2) angenommen werden. Messergebnisse hinsichtlich der Zufriedenheit der Teilnehmer werden nie (4), selten (3) bis manchmal (1) ermittelt. Obwohl die Antwortkategorien nie, selten und manchmal am häufigsten benannt wurden sind 3/4 der Teilnehmer der Auffassung, dass die Kernprozesse Einflussuf die Zielerreichung der Maßnahme haben und Maßnahmeabbrüche vermeiden helfen.

Zusammenfassend ist festzustellen, dass die Teilnehmer durchschnittlich die drei Kernprozesse der Einrichtung 5 mit einem *Punktwert* von *40* bewerteten und sich bei 3 von 7 untersuchten EFQM-Teilkriterien *einige Hinweise*, bei 3 *Hinweise* und bei 1 *klare Hinweise* ergaben, dass die Einrichtung 5 ihre Prozesse gestaltet, managt und verbessert sowie teilnehmerbezogene Kundendaten und Messergebnisse ermittelt.

Ergebnisse der Organisation 6

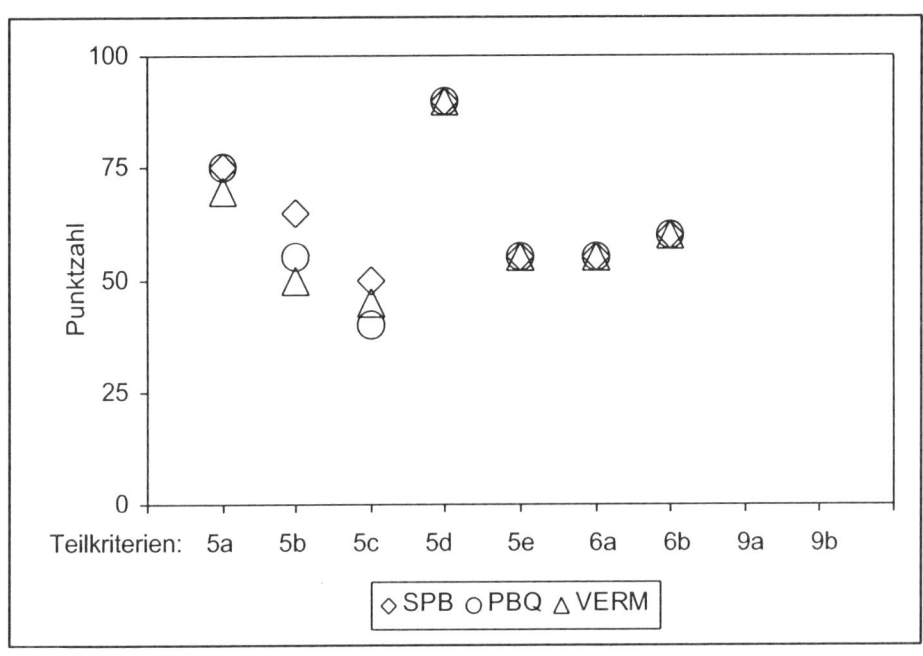

QM-Profil aus Sicht der Teilnehmer der Organisation 6

Teil-kriterium	Ergebnisse	
5a	Klare Hinweise	75 Punkte
	Es gibt <u>klare Hinweise,</u> dass die Kernprozesse bekannt sind und zielgerichtet umgesetzt werden, die Mitarbeiter zusammenarbeiten und ein Informationsaustausch untereinander stattfindet und die Kostenträger und potentiellen Arbeitgeber im Rahmen der Leistungserbringung einbezogen werden.	
5b[8]	Hinweise	50 Punkte
	Es gibt <u>Hinweise,</u> dass die Kernprozesse persönliche und berufliche Qualifizierung und Beschäftigung sowie Vermittlung bei Bedarf unter Berücksichtigung der Bedürfnisse der Teilnehmer verbessert werden.	
5c	Hinweise	45 Punkte
	Es gibt <u>Hinweise,</u> dass die Kernprozesse aufgrund der Erwartungen der Teilnehmer entworfen und entwickelt werden und <u>einige Hinweise (15 Punkte),</u> dass die Anforderungen der Kostenträger und potentiellen Arbeitgeber einbezogen werden.	

---

[8] Beim Teilkriterium 5 b gibt es beim Kernprozess Sozialpädagogische Begleitung *klare Hinweise* (65 Punkte), dass dieser bei Bedarf unter Berücksichtigung der Bedürfnisse der Teilnehmer verbessert wird.

H-11

5d	*Umfassende Hinweise*	*90 Punkte*
	Es gibt <u>umfassende Hinweise</u>, dass die Angebote innerhalb der Kernprozesse für die Teilnehmer nutzbar und die Mitarbeiter erreichbar sind.	
5e	*Hinweise*	*55 Punkte*
	Es gibt <u>Hinweise</u>, dass die Beziehungen zu den Teilnehmern, Kostenträgern und potentiellen Arbeitgebern gepflegt werden.	
6a	*Hinweise*	*55 Punkte*
	Es gibt <u>Hinweise</u>, dass die Einrichtung Messergebnisse ermittelt wie die Teilnehmer die Kernprozesse bewerten, ob sie zufrieden mit den angebotenen Leistungen sind und wie der Ausprägungsgrad der Zufriedenheit ist.	
6b	*Hinweise*	*60 Punkte*
	Es gibt <u>Hinweise</u>, dass die Kernprozesse Einfluss auf die Vermeidung von Maßnahmeabbrüchen und auf die Zielerreichung der Maßnahme haben.	

Die wesentlichsten Aussagen der 8 befragten Teilnehmer ergaben, dass im Durchschnitt 6 von ihnen die Kernprozesse bekannt sind, eine Zusammenarbeit der Mitarbeiter untereinander stattfindet und deren Erreichbarkeit oft (3) bis fast immer (5) gewährleistet ist. Nach Ansicht der Teilnehmer fließen ihre Bedürfnisse oft (3) bis fast immer (4) ein und ihre Verbesserungsvorschläge werden manchmal (2), oft (1) bis fast immer (3) angenommen. Im Weiteren vertrat die Hälfte der Teilnehmer die Auffassung, dass die Kernprozesse zur Zielerreichung beitragen und 6 von ihnen, dass diese Maßnahmeabbrüche vermeiden helfen. Im weiteren haben 4 von 8 Befragten keine Kenntnis darüber, ob eine Nachbetreuung nach Maßnahmeende erfolgt.

Zusammenfassend ist festzustellen, dass die Teilnehmer durchschnittlich die drei Kernprozesse der Einrichtung 6 mit einem *Punktwert* von *60* bewerteten und sich bei 5 von 7 untersuchten EFQM-Teilkriterien *Hinweise,* bei 1 *klare Hinweise* und bei 1 *umfassende Hinweise* ergaben, dass die Einrichtung 6 ihre Prozesse gestaltet, managt und verbessert sowie teilnehmerbezogene Kundendaten und Messergebnisse ermittelt.

Ergebnisse der Organisation 7

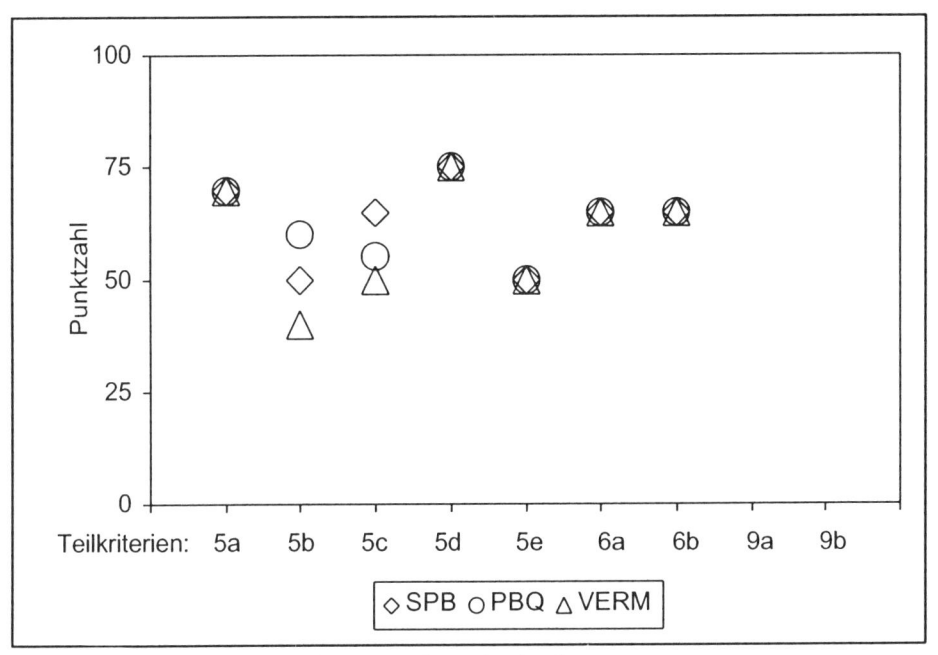

QM-Profil aus Sicht der Teilnehmer der Organisation 7

Teil-kriteri-um	Ergebnisse	
5a	Klare Hinweise	70 Punkte
	Es gibt <u>klare Hinweise</u> dass die Prozesse bekannt sind und zielgerichtet umgesetzt werden sowie die Mitarbeiter zusammenarbeiten und ein Informationsaustausch untereinander stattfindet. Im Weiteren gibt es <u>Hinweise,</u> dass die Kostenträger und potentiellen Arbeitgeber im Rahmen der Leistungserbringung einbezogen werden.	
5b	Hinweise	50 Punkte
	Es gibt <u>Hinweise</u>, dass die Kernprozesse bei Bedarf unter Berücksichtigung der Bedürfnisse der Teilnehmer verbessert werden.	
5c	Hinweise	55 Punkte
	Es gibt <u>Hinweise</u>, dass die Kernprozesse persönliche und berufliche Qualifizierung und Beschäftigung sowie Vermittlung aufgrund der Erwartungen der Teilnehmer entworfen und entwickelt werden und <u>Hinweise,</u> dass die Anforderungen der Kostenträger und potentiellen Arbeitgeber einbezogen werden.	
5d	Klare Hinweise	75 Punkte
	Es gibt <u>klare Hinweise</u>, dass die Angebote innerhalb der Kernprozesse für die Teilnehmer nutzbar und die Mitarbeiter erreichbar sind.	

5e	*Hinweise*	*50 Punkte*
	Es gibt <u>Hinweise</u>, dass die Beziehungen zu den Teilnehmern, Kostenträgern und potentiellen Arbeitgebern gepflegt werden.	
6a	*Klare Hinweise*	*65 Punkte*
	Es gibt <u>klare Hinweise</u>, dass die Einrichtung Messergebnisse ermittelt wie die Teilnehmer die Kernprozesse bewerten, ob sie zufrieden mit den angebotenen Leistungen sind und wie der Ausprägungsgrad der Zufriedenheit ist.	
6b	*Klare Hinweise*	*65 Punkte*
	Es gibt <u>klare Hinweise</u>, dass die Kernprozesse Einfluss auf die Vermeidung von Maßnahmeabbrüchen und auf die Zielerreichung der Maßnahme haben.	

Die wesentlichsten Aussagen der 11 befragten Teilnehmer ergaben, dass fast alle die Kernprozesse kannten (durchschnittlich 9) und im Weiteren die Zusammenarbeit (9) und den gleichen Informationsstand (6) der Mitarbeiter bestätigten. Die Erreichbarkeit der Mitarbeiter wird mit oft (2) bis fast immer (6) angegeben. Eine Nachbetreuung nach Maßnahmeende ist 9 von 11 Befragten nicht bekannt. Nach Ansicht der Teilnehmer fließen ihre Bedürfnisse im Durchschnitt oft (3), manchmal (3) bis fast immer (3) ein und ihre Verbesserungsvorschläge werden manchmal (5) bis oft (3) berücksichtigt. Ebenso wird die Zufriedenheit der Teilnehmer manchmal (6) ermittelt. Weiterhin sind etwas mehr als die Hälfte der Befragten der Meinung, dass die Kernprozesse Einfluss auf die Zielerreichung der Maßnahme haben und 8 von 11 Befragten gaben an, dass diese Maßnahmeabbrüche vermeiden helfen.

Zusammenfassend ist festzustellen, dass die Teilnehmer durchschnittlich die drei Kernprozesse der Einrichtung 7 mit einem *Punktwert* von *60* bewerteten und sich bei 4 von 7 untersuchten EFQM-Teilkriterien *klare Hinweise* sowie bei 3 *Hinweise* ergaben, dass die Einrichtung 7 ihre Prozesse gestaltet, managt und verbessert sowie teilnehmerbezogene Kundendaten und Messergebnisse ermittelt.

Ergebnisse der Organisation 8

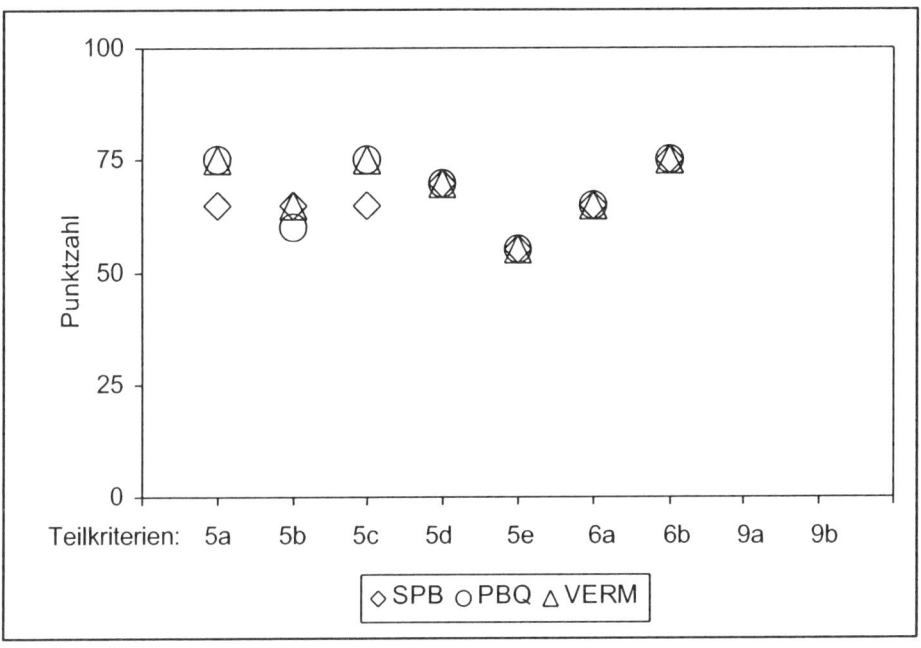

[Diagramm: Punktzahl vs. Teilkriterien 5a, 5b, 5c, 5d, 5e, 6a, 6b, 9a, 9b; Legende: ◇ SPB ○ PBQ △ VERM]

QM-Profil aus Sicht der Teilnehmer der Organisation 8

Teil-kriteri-um	Ergebnisse	
5a	*Klare Hinweise*	*75 Punkte*
	Es gibt <u>klare Hinweise</u>, dass die Kernprozesse bekannt sind und zielgerichtet umgesetzt werden sowie die Mitarbeiter zusammenarbeiten und ein Informationsaustausch untereinander stattfindet. Im Weiteren gibt es <u>Hinweise,</u> dass die Kostenträger und potentiellen Arbeitgeber im Rahmen der Leistungserbringung einbezogen werden.	
5b	*Klare Hinweise*	*70 Punkte*
	Es gibt <u>klare Hinweise</u>, dass die Kernprozesse bei Bedarf unter Berücksichtigung der Bedürfnisse der Teilnehmer verbessert werden.	
5c	*Klare Hinweise*	*75 Punkte*
	Es gibt <u>klare Hinweise</u>, dass die Kernprozesse aufgrund der Erwartungen und Anforderungen der Teilnehmer, Kostenträger und potentiellen Arbeitgeber entworfen und entwickelt werden.	
5d	*Klare Hinweise*	*70 Punkte*
	Es gibt <u>klare Hinweise</u>, dass die Angebote innerhalb der Kernprozesse für die Teilnehmer nutzbar und die Mitarbeiter erreichbar sind.	

5e	*Hinweise*	*55 Punkte*
	Es gibt <u>Hinweise</u>, dass die Beziehungen zu den Teilnehmern, Kostenträgern und potentiellen Arbeitgebern gepflegt werden.	
6a	*Klare Hinweise*	*65 Punkte*
	Es gibt <u>klare Hinweise</u>, dass die Einrichtung Messergebnisse ermittelt wie die Teilnehmer die Kernprozesse bewerten, ob sie zufrieden mit den angebotenen Leistungen sind und wie der Ausprägungsgrad der Zufriedenheit ist.	
6b	*Klare Hinweise*	*75 Punkte*
	Es gibt <u>klare Hinweise</u>, dass die Kernprozesse Einfluss auf die Vermeidung von Maßnahmeabbrüchen und auf die Zielerreichung der Maßnahme haben.	

Die wesentlichsten Aussagen der 16 befragten Teilnehmer ergaben, dass fast alle die Kernprozesse kannten (durchschnittlich 15) und im Weiteren die Zusammenarbeit (14) und den gleichen Informationsstand (9) der Mitarbeiter bestätigten. Die Erreichbarkeit der Mitarbeiter wird mit manchmal (4), oft (4) bis fast immer (6) angegeben. Eine Nachbetreuung ist 9 von 16 Befragten nicht bekannt. Weiterhin fließen nach Ansicht der Teilnehmer ihre Bedürfnisse im Durchschnitt oft (7) bis fast immer (6) ein und ihre Verbesserungsvorschläge werden manchmal (6), oft (3) bis fast immer (6) berücksichtigt. Weiterhin sind 3/4 der Befragten der Meinung, dass die Kernprozesse Einfluss auf die Zielerreichung der Maßnahme haben und 11 von 16 Befragten geben an, dass diese Maßnahmeabbrüche vermeiden helfen.

Zusammenfassend ist festzustellen, dass die Teilnehmer durchschnittlich die drei Kernprozesse der Einrichtung 8 mit einem *Punktwert* von *70* bewerteten und sich bei 6 von 7 untersuchten EFQM-Teilkriterien *klare Hinweise* sowie bei 1 *Hinweise* ergaben, dass die Einrichtung 8 ihre Prozesse gestaltet, managt und verbessert sowie teilnehmerbezogene Kundendaten und Messergebnisse ermittelt.

Ergebnisse der Organisation 9

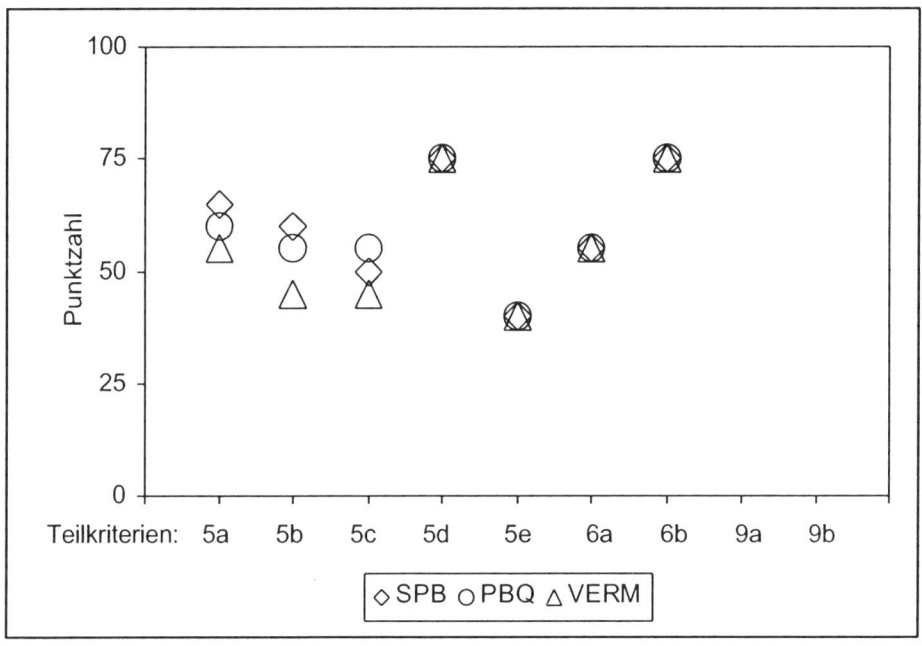

QM-Profil aus Sicht der Teilnehmer der Organisation 9

Teil-kriterium	Ergebnisse	
5a[9]	Hinweise	60 Punkte
	Es gibt Hinweise bei den Kernprozessen persönliche und berufliche Qualifizierung und Beschäftigung sowie Vermittlung, dass diese Prozesse bekannt sind und zielgerichtet umgesetzt werden, die Mitarbeiter zusammenarbeiten und ein Informationsaustausch untereinander stattfind und die Kostenträger und potentiellen Arbeitgeber im Rahmen der Leistungserbringung einbezogen werden.	
5b	Hinweise	55 Punkte
	Es gibt Hinweise, dass die Kernprozesse bei Bedarf unter Berücksichtigung der Bedürfnisse der Teilnehmer verbessert werden.	
5c	Hinweise	50 Punkte
	Es gibt Hinweise, dass die Kernprozesse aufgrund der Erwartungen der Teilnehmer entworfen und entwickelt werden und einige Hinweise, dass die Anforderungen der Kostenträger und potentiellen Arbeitgeber einbezogen werden.	

---

[9] Beim Kriterium 5a gibt es beim Kernprozess sozialpädagogische Begleitung klare Hinweise (65 Punkte), dass dieser bekannt ist und zielgerichtet umgesetzt wird.

5d	Klare Hinweise	75 Punkte
	Es gibt <u>klare Hinweise</u>, dass die Angebote innerhalb der Kernprozesse für die Teilnehmer nutzbar und die Mitarbeiter erreichbar sind.	
5e	Hinweise	40 Punkte
	Es gibt <u>Hinweise</u>, dass die Beziehungen zu den Teilnehmern, Kostenträgern und potentiellen Arbeitgebern gepflegt werden.	
6a	Hinweise	55 Punkte
	Es gibt <u>Hinweise</u>, dass die Einrichtung Messergebnisse ermittelt wie die Teilnehmer die Kernprozesse bewerten, ob sie zufrieden mit den angebotenen Leistungen sind und wie der Ausprägungsgrad der Zufriedenheit ist.	
6b	Klare Hinweise	75 Punkte
	Es gibt <u>klare Hinweise</u>, dass die Kernprozesse Einfluß auf die Vermeidung von Maßnahmeabbrüchen und auf die Zielerreichung der Maßnahme haben.	

Die wesentlichsten Aussagen der 9 befragten Teilnehmer ergaben, dass fast alle die Kernprozesse kannten (7) und im Weiteren die Zusammenarbeit (8) und den gleichen Informationsstand (5) der Mitarbeiter bestätigten. Die Erreichbarkeit der Mitarbeiter wird mit oft (4) bis fast immer (5) angegeben. Eine Nachbetreuung ist 5 von 8 Befragten bekannt. Nach Ansicht der Teilnehmer fließen ihre Bedürfnisse im Durchschnitt oft (5) bis fast immer (2) ein und ihre Verbesserungsvorschläge werden manchmal (2), oft (1) bis fast immer (4) berücksichtigt. Weiterhin geben 5 der Befragten an, dass die Zufriedenheit der Teilnehmer ermittelt wird. Die Mehrheit der Befragten (7) ist der Meinung, dass die Kernprozesse Einfluss auf die Zielerreichung der Maßnahme haben und 8 von 9 Befragten geben an, dass diese Maßnahmeabbrüche vermeiden helfen.

Zusammenfassend ist festzustellen, dass die Teilnehmer durchschnittlich die drei Kernprozesse der Einrichtung 9 mit einem *Punktwert* von *60* bewerteten und sich bei 5 von 7 untersuchten EFQM-Teilkriterien *Hinweise* sowie bei 2 *klare Hinweise* ergaben, dass die Einrichtung 9 ihre Prozesse gestaltet, managt und verbessert sowie teilnehmerbezogene Kundendaten und Messergebnisse ermittelt.

Ergebnisse der Organisation 10

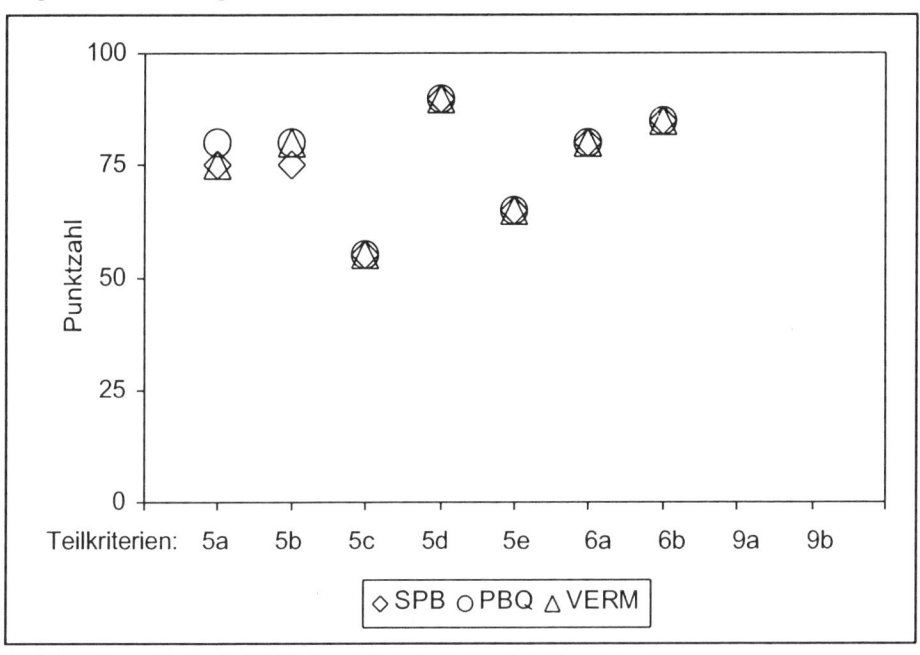

[Diagramm: Punktzahl vs. Teilkriterien 5a, 5b, 5c, 5d, 5e, 6a, 6b, 9a, 9b mit Symbolen ◇ SPB, ○ PBQ, △ VERM]

QM-Profil aus Sicht der Teilnehmer der Organisation 10

Teil-kriterium	Ergebnisse	
5a	*Klare Hinweise*	*75 Punkte*
	Aus Sicht der Teilnehmer gibt es klare Hinweise bei allen drei Kernprozessen, dass diese bekannt sind und zielgerichtet umgesetzt werden sowie die Mitarbeiter zusammenarbeiten und ein Informationsaustausch untereinander stattfindet. Im Weiteren gibt es klare Hinweise, dass die Kostenträger und potentiellen Arbeitgeber im Rahmen der Leistungserbringung einbezogen werden.	
5b	*Klare Hinweise*	*80 Punkte*
	Es gibt klare Hinweise, dass die Kernprozesse bei Bedarf unter Berücksichtigung der Bedürfnisse der Teilnehmer verbessert werden.	
5c	*Hinweise*	*55 Punkte*
	Es gibt Hinweise, dass die Kernprozesse aufgrund der Erwartungen der Teilnehmer entworfen und entwickelt werden und einige Hinweise, dass die Anforderungen der Kostenträger und potentiellen Arbeitgeber einbezogen werden.	
5d	*Umfassende Hinweise*	*90 Punkte*
	Es gibt umfassende Hinweise, dass die Angebote innerhalb der Kernprozesse für die Teilnehmer nutzbar und die Mitarbeiter erreichbar sind.	

5e	*Klare Hinweise*	*65 Punkte*
	Es gibt <u>klare Hinweise</u>, dass die Beziehungen zu den Teilnehmern, Kostenträgern und potentiellen Arbeitgebern gepflegt werden.	
6a	*Klare Hinweise*	*80 Punkte*
	Es gibt <u>klare Hinweise</u>, dass die Einrichtung Messergebnisse ermittelt wie die Teilnehmer die Kernprozesse bewerten, ob sie zufrieden mit den angebotenen Leistungen sind und wie der Ausprägungsgrad der Zufriedenheit ist.	
6b	*Klare Hinweise*	*85 Punkte*
	Es gibt <u>Hinweise</u>, dass die Kernprozesse Einfluß auf die Vermeidung von Maßnahmeabbrüchen und auf die Zielerreichung der Maßnahme haben.	

Die wesentlichsten Aussagen der 9 befragten Teilnehmer ergaben, dass fast alle die Kernprozesse kannten (7) und im Weiteren die Zusammenarbeit (8) und den gleichen Informationsstand (5) der Mitarbeiter bestätigten. Die Erreichbarkeit der Mitarbeiter wird mit oft (4) bis fast immer (5) angegeben. Eine Nachbetreuung ist 5 von 9 Befragten bekannt. Nach Ansicht der Teilnehmer fließen ihre Bedürfnisse im Durchschnitt manchmal (1), oft (5) bis fast immer (2) ein und ihre Verbesserungsvorschläge werden manchmal (2), oft (1) bis fast immer (4) berücksichtigt. Weiterhin geben 5 der Befragten an, dass die Zufriedenheit der Teilnehmer ermittelt wird. Die Mehrheit der Befragten (7) ist der Meinung, dass die Kernprozesse Einfluss auf die Zielerreichung der Maßnahme haben und 8 von 9 Befragten geben an, dass diese Maßnahmeabbrüche vermeiden helfen.

Zusammenfassend ist festzustellen, dass die Teilnehmer durchschnittlich die drei Kernprozesse der Einrichtung 10 mit einem *Punktwert* von *75* bewerteten und sich bei 5 von 7 untersuchten EFQM-Teilkriterien *klare Hinweise*, bei 1 *Hinweise* und bei 1 *umfassende Hinweise* ergaben, dass die Einrichtung 10 ihre Prozesse gestaltet, managt und verbessert sowie teilnehmerbezogene Kundendaten und Messergebnisse ermittelt.

Wissenschaftliche Paperbacks
Soziologie

Hartmut Lüdtke
Freizeitsoziologie
Arbeiten über temporale Muster, Sport, Musik, Bildung und soziale Probleme
In diesem Sammelband sind 14 Beiträge des Autors aus etwa 30 Jahren vereint, die bisher verstreut in Sammelbänden, Festschriften und Zeitschriften erschienen sind. Neben theoretischen Arbeiten liegt der Schwerpunkt auf solchen aus der empirischen Werkstatt der Sozialforschung. Das Spektrum an Themen erstreckt sich über Temporale Muster und soziale Zeit, Zeitstress bei Studenten; Bildung, Sport, Alltagstechnik und Umweltprobleme im Kontext von Freizeit sowie Musikrezeption, Stadt- und Raumplanung, so dass "Freizeitsoziologie" nur als lose Klammer zu verstehen ist, zumal sich dieses Feld ohnehin inzwischen mit verschiedenen angrenzenden und allgemeineren Gebieten überlagert. Der Band ist in drei Teile gegliedert: Der erste umfasst die eher theoretisch orientierten Beiträge, der zweite empirische Arbeiten zu speziellen Aspekten von Freizeit, Zeitverwendung und Kultur, der "strategische" dritte Teil Beiträge zu Problemen der Sozialisation, Umweltethik sowie Infrastrukturplanung. Die Arbeiten widerspiegeln die theoretische ebenso wie empirisch-methodische, nicht immer geradlinig "fortschreitende" Entfaltung eines zentralen Arbeitsfeldes des Autors, das in der Soziologie unverdient eher zu den Stiefkindern der professionellen Aufmerksamkeit gehörte, aber durch interessante Entwicklungen charakterisiert ist.
Bd. 5, 2001, 248 S., 17,90 €, br., ISBN 3-8258-5359-4

Rudolph J. Rummel
'DEMOZID' – der befohlene Tod
Massenmorde im 20. Jahrhundert. Mit einem Vorwort von Yehuda Bauer, Yad Vashem (Übersetzung aus dem Amerikanischen)
Mit diesem Buch liegt die erste wissenschaftliche Abhandlung zu Massenmorden im 20. Jahrhundert vor. Sie stützt sich auf Datenmaterial, das der Autor in zahlreichen Untersuchungen erhoben hat. Aber Rummel bietet mehr als reine Empirie: "Macht tötet, uneingeschränkte Macht tötet uneingeschränkt." Dieses neue Macht-Prinzip ist die Kernaussage, die sich aus diesem Buch über Völkermord und regierungsamtlichen Massenmord – für den er den Begriff *'Demozid'* verwendet – herausbildet. Je mehr Macht eine Regierung besitzt, desto eher kann sie willkürlich, entsprechend den Launen und Wünschen ihrer Elite, handeln. Desto eher wird sie Krieg gegen andere Regierungen führen und ihre aus- und inländischen Bürger töten. Je eingeschränkter die Macht einer Regierung ist und je stärker ihre Macht verteilt, kontrolliert und ausgewogen ist, desto seltener wird sie andere Regierungen bedrohen und Demozid verüben. Totalitäre kommunistische Regime, im Besitz uneingeschränkter Macht, vernichteten mehrere zehn Millionen ihrer Staatsbürger. Im Gegensatz dazu können sich viele Demokratien nicht einmal dazu durchringen, ihre Serienmörder hinzurichten.
Bd. 12, 2003, 408 S., 39,80 €, gb., ISBN 3-8258-3469-7

Rudolph J. Rummel
Statistics of Democide
Genocide and mass murder since 1900
'Statistics of Democide' has two purposes. First, it links all the relevant estimates, sources, and calculations for each of the case studies in Death by Government ('Demozid' – der befohlene Tod. Massenmorde im 20. Jahrhundert), and all additional cases of lesser democide for which data have been collected. The value of this is the listing of each source, its estimate, and comments qualifying the estimate. From these others can check and evaluate Rummel's totals, refine and correct them, and build on this comprehensive set of data. These data are presented and annotated for pre-20th century democide for the megamurderers and for the United States and lesser murderers. All data sources referenced in the democide tables are listed in the references. The methodological underpinnings for this collection have been given in Rummels previous work, i. e. Death by Government.
Second, having finished collecting all these data and completing the major case studies Rummel finally could systematically test the assumed inverse relationship between democracy and democide. That is the substance of this book. Rummel details the tests and summarizes them. Conclusion is that the diverse tests are positive and robust, that the less liberal democracy and the more totalitarian a regime, the more likely it will commit democide. The closer to absolute

LIT Verlag Münster – Hamburg – Berlin – London
Grevener Str./Fresnostr. 2 48159 Münster
Tel.: 0251 – 23 50 91 – Fax: 0251 – 23 19 72
e-Mail: vertrieb@lit-verlag.de – http://www.lit-verlag.de

power, the more a regime's disposition to murder one's subjects or foreigners multiplies. As far as this work is concerned, Rummel concludes: "it is empirically true that Power kills, absolute Power kills absolutely."
Bd. 13, 1998, 544 S., 65,90 €, gb., ISBN 3-8258-4010-7

Michael Ley
Holokaust als Menschenopfer
Vom Christentum zur politischen Religion des Nationalsozialismus

Der Mord am europäischen Judentum unterscheidet den Nationalsozialismus von anderen Formen totalitärer Herrschaft. Fast alle Forschungen über den Nationalsozialismus konnten keine überzeugende Interpretation des Holokaust vorlegen, da er sich konventionellen Erklärungen entzieht.

Das vorliegende Buch unternimmt deshalb den Versuch, den Nationalsozialismus als politische Religion zu definieren. Nicht nur die äußeren Formen öffentlicher Inszenierungen und die Architektur des Nationalsozialismus zeigen seinen religiösen Charakter; der Holokaust selbst wurde von führenden Personen des Nationalsozialismus als heilsnotwendige Tat begriffen. Sie verstanden den Holokaust als apokalyptische Rettung der Menschheit.

In diesem Sinne zeigt sich eine verblüffende Affinität zu den millenaristischen Bewegungen des Mittelalters und der Reformation, die vor allem in Deutschland weit verbreitet waren.

Michael Ley geht der grundlegenden Fragestellung nach, inwieweit in der christlichen Religion apokalyptisches Gedankengut und Judenhaß zusammenhängen und in der europäischen Hochkultur tradiert werden.

Er charakterisiert den Holokaust als ein modernes Menschenopfer auf dem Hintergrund der christlichen Apokalyptik.
Bd. 15, 2002, 192 S., 18,80 €, br., ISBN 3-8258-6408-1

Zweiter Arbeitsmarkt
herausgegeben von Prof. Dr. Achim Trube
(Universität Siegen)

Achim Trube
Zur Theorie und Empirie des Zweiten Arbeitsmarktes
Exemplarische Erörterungen und praktische Versuche zur sozioökonomischen Bewertung lokaler Beschäftigungsförderung

Massenarbeitslosigkeit war der Entstehungshintergrund eines sogenannten Zweiten Arbeitsmarktes, der sich zum Teil jenseits vom regulären Markt und einem gezielt steuernden Staat expansiv entwickelt hat. Dem Terrain des Zweiten Arbeitsmarktes fehlen – obwohl bereits in vieler Munde – bisher die scharfen Grenzen als Erkenntnisgegenstand. Die vorliegende Studie macht angesichts dessen den Versuch einer grundsätzlichen Ortsbestimmung: Hat der zweite Arbeitsmarkt nur eine Legitimationsfunktion für eine "aus den Fugen geratene Arbeitsgesellschaft" oder aber bietet er tatsächlich Ausblicke auf eine andere Form des Wirtschaftens und existenzieller Sicherung? Ausgehend von dieser Fragestellung, wird im zweiten Teil der Untersuchung anhand einer empirischen Kosten-Nutzen-Analyse örtlicher Maßnahmen gegen Arbeitslosigkeit eine Fiskal-, eine Arbeitsmarkt- und eine Sozialbilanz für öffentlich geförderte Beschäftigungsangebote entwickelt, um durch diese sozialwissenschaftlichen Analysen Antworten auf die theoretische Eingangsfrage zu gewinnen. Die Ergebnisse dieser empirischen Studien sind dabei für die kommunale Ebene durchaus positiv: Arbeit statt Arbeitslosigkeit zu finanzieren, rechnet sich offensichtlich sowohl fiskalisch als auch arbeitsmarktlich und last but not least sozial. Dies ist Anlaß für die Abschlußüberlegungen zu dem Thema, ob der Zweite Arbeitsmarkt – zumindest exemplarisch – Perspektiven bieten mag, Wirtschaft und Gesellschaft nicht nur örtlich wieder zu "versöhnen".
Bd. 1, 3. Aufl. 2001, 624 S., 45,90 €, gb.,
ISBN 3-8258-3309-7

Jürgen Kempken; Achim Trube
Effektivität und Effizienz sozialorientierter Hilfen zur Arbeit
Lokale Analysen aktivierender Sozialhilfe

Die Ausgrenzung von Millionen Menschen aus dem regulären Arbeitsmarkt seit über zwei Jahrzehnten ist inzwischen zum zweifelhaften "Markenzeichen" der sozialen Marktwirtschaft geworden. Kennzeichnend für die Krise ist nicht nur das Schicksal der Betroffenen, sondern daß die Kosten dieser Krise von der Bundesebene und den Sozialversicherungen zunehmend zu Lasten der lokalen Ebene – sprich: der Sozialhilfe und der Kommunen – umgeschuldet wurden. Städte und Gemeinden stehen vor der Alternative,

LIT Verlag Münster – Hamburg – Berlin – London
Grevener Str./Fresnostr. 2 48159 Münster
Tel.: 0251 – 23 50 91 – Fax: 0251 – 23 19 72
e-Mail: vertrieb@lit-verlag.de – http://www.lit-verlag.de

Arbeitslosigkeit und Nichtstun über die Sozialhilfe oder aber Projekte örtlicher Beschäftigung aus ihren und aus Mitteln anderer zu finanzieren. Die empirische Studie, die diesem Buch zugrunde liegt, untersucht exemplarisch anhand eines differenzierten Beschäftigungs- und Qualifizierungskonzepts in einem Kreis des Landes Nordrhein-Westfalen, inwieweit solche Ansätze auch unter wissenschaftlichen Kriterien als effektiv und effizient bezeichnet werden können. Im Rahmen der Effektivitätsuntersuchungen wird die Treffgenauigkeit der Maßnahmen hinsichtlich der anvisierten Zielgruppen, die materiellen und psychosozialen Stabilisierungseffekte für die Teilnehmer sowie die Arbeitsmarktintegration analysiert. Die Effizienzstudien hingegen berechnen eine fiskalische Kosten-Nutzen-Bilanz der kommunalen Maßnahmen sowie die Multiplikationseffekte lokaler Mittel für die Einwerbung von Finanzierungen aus nicht-kommunalen Quellen. Effektivität und Effizienz des kommunalen Arbeitsmarktkonzepts sind – so zeigen die empirischen Analysen im Ergebnis auf –, insbesondere was die inhaltliche Zielerreichung und wirtschaftliche Amortisation betrifft, bedeutend. Allerdings zeigt sich in den Studien auch die bedrückende Tendenz, daß sich die nachhaltigen Erfolge vor allem bei den weniger belasteten Personen ohne Arbeit und gerade eben eher nicht bei jenen langfristig ausgegrenzten Opfern der Arbeitsmarktentwicklung erzielen lassen. Dieser Umstand ist ein Ansporn für die Optimierung der lokalen Strategien gegen Arbeitslosigkeit, zu denen dann das Buch zum Abschluß Spezialvorschläge einer Einbeziehung ausgegrenzter Gruppen in das örtliche Konzept entwickelt.
Bd. 2, 1997, 280 S., 20,90 €, gb., ISBN 3-8258-3429-8

Achim Trube; Jürgen Kempken;
Andreas Schendera; Guido Solbach
Evaluations-Instrumentarium kommunaler Arbeitsmarktpolitik
Ein Handbuch mit Arbeitsmaterialien, Instrumenten- und Controlling-Sets
Bd. 3, 1998, 450 S., 30,90 €, gb., ISBN 3-8258-4162-6

Holger Wittig-Koppe; Achim Trube (Hg.)
Effekthascherei – oder: Wie effektiv ist die Arbeitsmarktpolitik?
Die Frage nach der Orientierung und Effektivität von Arbeitsmarktpolitik zu stellen, wird immer unausweichlicher: Einerseits gilt es zu problematisieren, ob mit den zahlreichen Projekten, Maßnahmen und Programmen das Richtige getan wird, wenn die Arbeitsmarktbilanz unabhängig von allen Anstrengungen zur Beschäftigungsförderung noch weit bis ins nächste Jahrzehnt hinein ein Defizit von mehr als 3 Millionen Arbeitsplätzen aufweist. Wird hier nur "aufgerüstet" in einen Verdrängungswettbewerb um viel zu knappe Stellen? Andererseits gilt es jenseits dieser Grundsatzfrage zu thematisieren, was denn auf der Ebene der einzelnen Angebote für Arbeitslose Qualitäts- bzw. Erfolgskriterien wären, um sie als solche professionell zu bewerten und auch zu vergleichen.
Was war also naheliegender, als eine Tagung zur Arbeitsmarktpolitik zu konzipieren, die die Frage aufwirft, ob wir in der Arbeitsmarktpolitik überhaupt noch das Richtige tun und diese Frage zu verknüpfen mit der Frage, ob wir das Richtige auch richtig tun, also mit dem Thema, wie man die Wirksamkeit von Arbeitsmarktpolitik erfassen und ggf. auch nachweisen kann? Genau dies hat der Paritätische Wohlfahrtsverband Schleswig-Holstein mit seiner Tagung "Effekthascherei oder: Wie effektiv ist die Arbeitsmarktpolitik?" im Frühjahr 1999 versucht. Herausgekommen ist ein differenziertes Angebot von Antworten, das von der grundsätzlichen Auseinandersetzung mit der Arbeitsgesellschaft bis hin zur Vorstellung eines konkreten Evaluationsprogramms für kommunale Arbeitsmarktpolitik reicht. Der rote Faden, der sich durch alle Beiträge des Buches zieht, ist letztlich die Erkenntnis, dass in der Debatte um die Effektivität von Arbeitsmarktpolitik und Beschäftigungsförderung Fragen der Wirksamkeit ausdrücklich nicht mit denen nach der Wirtschaftlichkeit verwechselt werden dürfen, was allzu leicht in der ökonomisierten Auseinandersetzung der Gegenwart passiert. Auf der Tagesordnung steht vielmehr die Klärung von Zielen der Arbeitsmarktpolitik, und dies genau ist auch das Thema der in dem vorgelegten Buch zusammengeführten Autoren und ihrer je spezifischen Perspektiven auf das Problem.
Bd. 4, 2000, 224 S., 17,90 €, gb., ISBN 3-8258-4633-4

LIT Verlag Münster – Hamburg – Berlin – London
Grevener Str./Fresnostr. 2 48159 Münster
Tel.: 0251 – 23 50 91 – Fax: 0251 – 23 19 72
e-Mail: vertrieb@lit-verlag.de – http://www.lit-verlag.de

Carsten Weiß
Zur Frage arbeitsweltorientierter Identitätsbildung bei Jugendlichen
Ausgehend von der fachpraktischen Frage einer arbeitsweltorientierten Identitätsbildung bei erwerbslosen Jugendlichen wird die theoretische Entfaltung der Begriffe Identität und Arbeit erörtert sowie anhand einer exemplarischen Untersuchung der Jugendwerkstatt Froschkönigweg in Düsseldorf empirische Daten zu konzeptionellen Ansprüchen und ihrer Realisation in der Jugendberufshilfe erhoben und analysiert.
Carsten Weiß ist Diplom Sozialpädagoge. Seine Forschungs- und Arbeitsschwerpunkte liegen im Bereich der beruflichen Integration.
Bd. 5, 2002, 152 S., 20,90 €, br., ISBN 3-8258-5845-6

Ines Nitsche; Peter Richter
Tätigkeiten ausserhalb der Erwerbsarbeit
Evaluation des TAURIS-Projektes
Die stetige Verringerung des Volumens von Erwerbsarbeit und die notwendige Erweiterung bürgerschaftlichen Engagements erfordern Projekte, um die psychosozialen Bedingungen für zukünftige Übergangsarbeitsmärkte zu erfassen. Das sächsische TAURIS-Projekt, das auf die Integration von älteren Langzeitarbeitslosen und arbeitsfähigen Sozialhilfeempfängern in Tätigkeiten ausserhalb der Erwerbsarbeit gerichtet ist, wird hinsichtlich seiner psychologischen Effekte evaluiert. Der Anforderungsreichtum gesellschaftlicher Aufgaben ausserhalb der klassischen Erwerbsarbeit wird dokumentiert und die Notwendigkeit eines erweiterten Tätigkeitsbegriffes verdeutlicht.
Bd. 6, 2003, 232 S., 20,90 €, gb., ISBN 3-8258-6059-0

Axel Gerntke; Jürgen Klute; Axel Troost; Achim Trube (Hg.)
Hart(z) am Rande der Seriosität?
Die Hartz-Kommission als neues Modell der Politikberatung und -gestaltung? Kommentare und Kritiken
Weder Schröder noch Clement sind Freunde gesellschaftlicher Debatten. Doch sowohl der sozialpolitische Paradigmenwechsel, der den Vorschlägen der Hartz-Kommossion zugrunde liegt, als auch die Kritikwürdigkeit und -bedürftigkeit aus fachlicher Sicht erfordern einen gesellschaftlichen Diskurs der Vorschläge.
Der vorliegende Band versteht sich gleichermaßen als Anstoß und als Beitrag zu diesem Diskurs. Er bündelt Kritiken aus unterschiedlichen Fachdizipilnen und aus unterschiedlichen gesellschaftlichen Perspektiven.
Die Bundesregierung sieht in der Hartz-Kommission mittlerweile ein neues Modell der Politikberatung und -gestaltung, dass nun auch im Blick auf Gesundheitsreform und Rentenreform angewandt werden soll. Allerdings ist dies ein Modell ohne demokratische Legitimation.
Angesichts dessen hat die vorliegende kritische Reflexion der Hartz-Kommission exemplarische Bedeutung.
Bd. 7, 2002, 216 S., 12,00 €, br., ISBN 3-8258-6457-x

Arbeitsgestaltung – Technikbewertung – Zukunft
herausgegeben von Eva Senghaas-Knobloch und Wilfried Müller

Wilfried Müller;
Eva Senghaas-Knobloch (Hg.)
Arbeitsgerechte Softwaregestaltung
Leitbilder, Methoden, Beispiele
Bd. 1, 1993, 220 S., 19,90 €, br., ISBN 3-89473-902-9

Hellmuth Lange; Eva Senghaas-Knobloch
Springen aus dem Stand
Akteure der Arbeits- und Technikgestaltung in der Transformation
Bd. 2, 1995, 240 S., 19,90 €, br., ISBN 3-8258-2326-1

Wilfried Müller (Hg.)
Der ökologische Umbau der Industrie
Beiträge zur sozialwissenschaftlichen Umweltforschung
Bd. 3, 1995, 250 S., 19,90 €, br., ISBN 3-8258-2440-3

Hellmuth Lange (Hg.)
"Man konnte und man mußte sich verändern"
Natur- und ingenieurwissenschaftliche Fachkräfte aus der DDR in der Marktwirtschaft der BRD. Veränderungen der beruflichen Umstände und Wege ihrer Bewältigung
Bd. 4, 1995, 190 S., 19,90 €, br., ISBN 3-8258-2474-8

LIT Verlag Münster – Hamburg – Berlin – London
Grevener Str./Fresnostr. 2 48159 Münster
Tel.: 0251 – 23 50 91 – Fax: 0251 – 23 19 72
e-Mail: vertrieb@lit-verlag.de – http://www.lit-verlag.de

Magdalene Deters †
Organisationsentwicklung und Technikanwendung
Sozio-technisches Handeln in Industrieunternehmen am Beispiel von CAD
Bd. 5, 1999, 304 S., 25,90 €, br., ISBN 3-8258-2685-6

Hellmuth Lange; Wilfried Müller (Hg.)
Kooperation in der Arbeits- und Technikgestaltung
Bd. 6, 1995, 208 S., 19,90 €, br., ISBN 3-8258-2701-1

Eva Senghaas-Knobloch; Brigitte Nagler; Annette Dohms
Zukunft der industriellen Arbeitskultur
Persönliche Sinnansprüche und Gruppenarbeit
Bd. 7, 1996, 240 S., 19,90 €, br., ISBN 3-8258-2869-7

Hellmuth Lange; Eva Senghaas-Knobloch (Hg.)
Konstruktive Sozialwissenschaft
Herausforderung Arbeit, Technik, Organisation
Bd. 8, 1997, 224 S., 19,90 €, br., ISBN 3-8258-3454-9

Ingrid Rügge; Bernd Robben; Eva Hornecker; F. Wilhelm Bruns
Arbeiten und begreifen: Neue Mensch-Maschine-Schnittstellen
Bd. 9, 1998, 208 S., 20,90 €, br., ISBN 3-8258-3850-1

Brita Modrow-Thiel
Ressourcenreichtum als Voraussetzung und Folge von Lernfähigkeit
am Beispiel von Innovationen in kleinen und mittleren Unternehmen
Bd. 10, 1999, 400 S., 30,90 €, br., ISBN 3-8258-4232-0

Christel Kumbruck
"Angemessenheit für situierte Kooperation"
Ein Kriterium arbeitswissenschaftlicher Technikforschung und -gestaltung
Bd. 11, 2000, 520 S., 35,90 €, br., ISBN 3-8258-4455-2

Eva Senghaas-Knobloch (Hrsg.)
Macht, Kooperation und Subjektivität in betrieblichen Veränderungsprozessen
Mit Beispielen aus Aktionsforschung und Prozeßberatung in Klein- und Mittelbetrieben
Traditionelle Unternehmen mit einer langen Geschichte müssen Wege suchen, auch unter veränderten ökonomischen Vorzeichen ihr Bestehen zu sichern. Existenzgründungen stehen vor der Aufgabe, über die Schubkraft der Startjahre hinaus zukunftssichernde Strukturen zu finden. Die Privatisierung zuvor öffentlicher Dienstleistung erfordert ein Denken in neuen Kategorien. Alle Organisationsmitglieder stehen dabei vor der Aufgabe, sich mit ihrem persönlichen Arbeitsverständnis und ihrem beruflichen Selbstbild auseinander zu setzen.
In der arbeitsbezogenen Sozialwissenschaft gibt es die Tradition der Aktionsforschung, die sich auf solche Probleme bezieht und bei ihrer Beantwortung den betrieblichen Akteuren zur Seite steht. Zudem hat sich in den letzten Jahren eine sozialwissenschaftlich orientierte Beratung herausgebildet. Der Band versammelt Analysen aus beiden Erkenntnisquellen, und es wird der Versuch gemacht, den abgerissenen Faden der Debatte über die Humanisierung des Arbeitslebens wieder aufzugreifen und mit den praktisch gewordenen Konzepten sozialwissenschaftlichen Organisationsverständnisses zu verknüpfen.
Bd. 12, 2001, 208 S., 20,90 €, br., ISBN 3-8258-5487-6

Jan Dirks
Positives Regulieren in der Handelsschifffahrt im Kontext der Globalisierung
Als Arenen für die Bearbeitung von globalen Problemen und als Akteure, die die Politik und administrativen Strukturen in den Staaten beeinflussen, stehen internationale Regierungsorganisationen unter den Zwängen der neuen Herausforderungen der Globalisierung begegnen zu müssen. Dieser Band untersucht am Beispiel einer internationalen, positiven und für alle Staaten verbindlichen Regulierung der Internationalen Seeschiffahrtsorganisation wie es gelungen ist, die unterschiedlichen Interessenlagen der staatlichen und nichtstaatlichen Akteure soweit in Übereinstimmung zu bringen, dass das Übereinkommen verabschiedet werden konnte. Die hier gegebenen Antworten zeigen, dass positive internationale Regulierungen auch im Bereich der Arbeit erreichbar sind, wenn vorhandene ermöglichende Strukturen konsequent genutzt werden.
Bd. 13, 2001, 344 S., 20,90 €, br., ISBN 3-8258-5488-4

LIT Verlag Münster – Hamburg – Berlin – London
Grevener Str./Fresnostr. 2 48159 Münster
Tel.: 0251 – 23 50 91 – Fax: 0251 – 23 19 72
e-Mail: vertrieb@lit-verlag.de – http://www.lit-verlag.de

Erhard Tietel
Emotionen und Anerkennung in Organisationen
Wege zu einer triangulären Organisationskultur
Organisationen sind nicht nur Arenen instrumentellen Handelns und mikropolitischer Auseinandersetzungen, sondern auch Orte gelingender Kooperation und gegenseitiger Anerkennung. Dies setzt jedoch voraus, daß die Organisationsmitglieder in der Lage sind, emotional auszuhalten, aus der Mehrzahl der in der Organisation bestehenden Beziehungen ausgeschlossen zu sein. Idealerweise können sie es sogar schätzen, wenn die anderen entlang der zu erledigenden Aufgaben eigenständige formelle und informelle Beziehungen zueinander pflegen. Dafür steht das Konzept der triangulären Kultur.
Bd. 14, 2003, 296 S., 25,90 €, br., ISBN 3-8258-6661-0

Henrike Jütting
Freiwilliges Engagement von Jugendlichen
Eine empirische Fallstudie über AbsolventInnen des European Voluntary Service
Die Europäische Union (EU) hat zur Förderung freiwilligen Engagements und zur Stärkung der Zivilgesellschaft das Programm „European Voluntary Service" eingeführt. Der European Voluntary Service richtet sich an junge Menschen im Alter zwischen 18-25 Jahren und bietet ihnen die Möglichkeit, sich im europäischen Ausland für 6-12 Monate freiwillig zu engagieren. Im Mittelpunkt dieses Buches stehen Jugendliche, die an diesem Programm teilgenommen haben. Ihre Handlungsorientierungen und Lernerfahrungen, ihr Verständnis von freiwilligem Engagement und ihr Europabewusstsein sowie die Beurteilung des Programms werden dargelegt. Dabei ergibt sich ein detailliertes Bild über jugendliches Engagement und über ein noch junges internationales Freiwilligenprogramm.
Bd. 15, 2003, 144 S., 20,90 €, br., ISBN 3-8258-6682-3

Michael Schottmayer
Subkulturen im Betrieb
Die Entwicklung der Industriegesellschaft hat zur Ausbildung unterschiedlicher Berufe geführt. Diese Berufe haben ihre je eigenen Traditionen, Sprachen, Fachlogiken und Wissensbestände sowie spezifische berufliche Identitäten. Verständigungsprobleme in der interdisziplinären Zusammenarbeit, so z. B. zwischen Ingenieuren und Kaufleuten, sind nicht selten die Folge. In dem Buch werden empirische Befunde aufgearbeitet und mit Hilfe sozial- und organisationspsychologischer Theorien analysiert. Auf dieser Grundlage werden Strategien zur Überwindung von Kooperationsbarrieren diskutiert und empfohlen.
Bd. 16, 2003, 304 S., 25,90 €, br., ISBN 3-8258-6713-7

Eva Senghaas-Knobloch; Jan Dirks; Andrea Liese
Internationale Arbeitsregulierung in Zeiten der Globalisierung
Politisch-organisatorisches Lernen in der Internationalen Arbeitsorganisation (IAO)
Die Internationale Arbeitsorganisation (IAO), bekannter unter den englischen Initialen ILO, ist vor über 80 Jahren angetreten, um weltweit Rechtsverpflichtungen mit Blick auf universale Mindeststandards für die Arbeits- und Lebensverhältnisse zu befördern. Seitdem hat sich die Welt grundlegend verändert, nicht aber die Dringlichkeit der Aufgabe. Mit ihrem neuen Leitbild *menschenwürdige Arbeit weltweit* stellt sich die IAO diesen neuen Herausforderungen. Die vorliegende Untersuchung zeichnet die Wege politisch-organisatorischen Lernens nach, die von der IAO eingeschlagen wurden, um den Herausforderungen Rechnung zu tragen. Im Besonderen werden die Politikveränderungen im Zusammenhang mit der Kinderarbeit als menschenrechtsbezogenem Politikfeld und mit der Handelsschifffahrt als einem der globalisiertesten Wirtschaftsbereiche überhaupt untersucht. Dabei zeigen sich politikfeldspezifisch zwei sehr unterschiedliche Neuerungen: zum einen der Nachdruck auf die Befähigung der Akteure vor Ort, grundlegende Rechte umzusetzen (capacity building) – so im Politikfeld Kinderarbeit, und zum anderen der Versuch, Normeinhaltung erzwingbar zu machen – so in der Handelsschifffahrt.
Bd. 17, 2003, 336 S., 29,90 €, br., ISBN 3-8258-7216-5

LIT Verlag Münster – Hamburg – Berlin – London
Grevener Str./Fresnostr. 2 48159 Münster
Tel.: 0251 – 23 50 91 – Fax: 0251 – 23 19 72
e-Mail: vertrieb@lit-verlag.de – http://www.lit-verlag.de